Karl Bartsch

Deutsche Liederdichter des zwölften bis vierzehnten Jahrhunderts

Karl Bartsch

Deutsche Liederdichter des zwölften bis vierzehnten Jahrhunderts

ISBN/EAN: 9783743416925

Hergestellt in Europa, USA, Kanada, Australien, Japan

Cover: Foto ©Thomas Meinert / pixelio.de

Manufactured and distributed by brebook publishing software (www.brebook.com)

Karl Bartsch

Deutsche Liederdichter des zwölften bis vierzehnten Jahrhunderts

Deutsche Liederdichter

des

zwölften bis vierzehnten Jahrhunderts.

Eine Auswahl

von

Karl Bartsch.

———

Leipzig.
G. J. Göschen'sche Verlagshandlung.
1864.

Buchdruckerei der J. G. Cottaschen Buchhandlung in Stuttgart und Augsburg.

Inhalt.

	Seite
Einleitung	VII
I. Der von Kürenberc	1
II. Hêr Dietmâr von Aiste	3
III. Spervogel	5
IV. Hêr Meinlôh von Sevelingen	10
V. Der burcgrâve von Regensburc	11
VI. Der burcgrâve von Rietenburc	12
VII. Hêr Heinrich von Veldeke	12
VIII. Hêr Friderich von Hûsen	17
IX. Grâve Ruodolf von Fenis	22
X. Hêr Heinrich von Rugge	23
XI. Hêr Albreht von Jôhansdorf	25
XII. Hêr Bernger von Horheim	27
XIII. Der von Kolmas	28
XIV. Hêr Heinrich von Morungen	29
XV. Hêr Reinmâr	39
XVI. Der junge Spervogel	55
XVII. Hêr Bligger von Steinach	58
XVIII. Hêr Hartman von Ouwe	59
XIX. Der marcgrâve von Hôhenburc	63
XX. Hêr Hiltbolt von Swanegou	65
XXI. Hêr Walther von der Vogelweide	68
XXII. Hêr Wolfram von Eschenbach	94

	Seite
XXIII. Hêr Heinrich von Frowenberc	98
XXIV. Der tugenthafte Schrîber	98
XXV. Hêr Nîthart	99
XXVI. Grâve Otte von Botenlouben	120
XXVII. Der herzoge von Anehalt	122
XXVIII. Hêr Liutolt von Savene	123
XXIX. Hêr Reimâr der Videler	125
XXX. Der truhsæze von Sant Gallen	126
XXXI. Grâve Friderich von Liningen	131
XXXII. Hêr Kristân von Hamle	132
XXXIII. Hêr Uolrîch von Liehtenstein	135
XXXIV. Hêr Burkart von Hôhenvels	144
XXXV. Der burcgrâve von Lüenz	150
XXXVI. Hêr Gotfrit von Nîfen	151
XXXVII. Der Taler	157
XXXVIII. Schenk Uolrîch von Wintersteten	158
XXXIX. Der von Sahsendorf	169
XL. Hêr Reinmâr von Zweter	169
XLI. Bruoder Wernher	174
XLII. Der Marner	175
XLIII. Hêr Ruodolf von Rôtenburc	179
XLIV. Der Schenke von Limpurc	184
XLV. Der Hardegger	186
XLVI. Hêr Reinmâr von Brennenberc	186
XLVII. Der Tanhûser	189
XLVIII. Grâve Kraft von Toggenburc	195
XLIX. Hêr Hûc von Werbenwâc	196
L. Hêr Walther von Metze	198
LI. Hêr Rubin	199
LII. Hêr Wahsmuot von Mülnhûsen	201
LIII. Marcgrâve Heinrich von Missen	202
LIV. Der von Scharpfenberc	203
LV. Hêr Wahsmuot von Kunzich	204
LVI. Gedrût	205
LVII. Hêr Geltâr	206
LVIII. Der von Wildonje	207

Inhalt.

	Seite
LIX. Der von Suonegge	208
LX. Meister Heinrich Teschler	208
LXI. Hêr Heinrich von Stretelingen	209
LXII. Meister Friderich von Sunburc	210
LXIII. Meister Sigehêr	211
LXIV. Hêr Walther von Klingen	213
LXV. Künic Kuonrât der junge	215
LXVI. Meister Rûmzlant	216
LXVII. Meister Singûf	217
LXVIII. Meister Stolle	218
LXIX. Meister Kuonrât von Würzeburc	219
LXX. Boppe	222
LXXI. Der wilde Alexander	223
LXXII. Hêr Kuonrât der Schenke von Landegge	228
LXXIII. Der Schuolmeister von Ezzelingen	232
LXXIV. Süezkint der jude von Trimberc	233
LXXV. Der von Trôstberc	233
LXXVI. Hêr Steimâr	235
LXXVII. Der Kanzeler	239
LXXVIII. Herman der Damen	240
LXXIX. Meister Heinrich Vrouwenlop	242
LXXX. Marcgrâve Otte von Brandenburc mit dem pfîle	252
LXXXI. Herzoge Heinrich von Presselâ	253
LXXXII. Herzoge Jôhans von Brabant	254
LXXXIII. Künic Wenzel von Beheim	257
LXXXIV. Wizlâv	258
LXXXV. Grâve Kuonrât von Kilchberc	260
LXXXVI. Grâve Wernher von Hûnberc	263
LXXXVII. Meister Jôhans Hadloub	263
LXXXVIII. Der von Bûwenburc	272
LXXXIX. Der Guotære	273
XC. Der Dürner	275
XCI. Hêr Kuonrât von Altsteten	276
XCII. Hêr Kristân von Lupin	277
XCIII. Hêr Heinrich Hetzbolt von Wizensê	277
XCIV. Regenboge	279

	Seite
XCV. Albreht marchschal von Raprehtswile	279
XCVI. Hêr Otte zem Turne	280
XCVII. Heinrich von Muglin	282
XCVIII. Namenlose Lieder	284
Anmerkungen	306
Glossar	364
Namenverzeichniss	385

Einleitung.

Die Anfänge der ritterlichen Lyrik im zwölften Jahrhundert weisen uns nach dem südöstlichen Deutschland, nach Oesterreich, wo seit dem elften Jahrhundert eine rege Thätigkeit im Betriebe deutscher Poesie herrschte. Diese älteste Liederdichtung von volksthümlicher Einfachheit trägt noch häufig ein episches Gewand; die Erzählung tritt an die Stelle der persönlichen Empfindung, die Gefühle werden mehr angedeutet als ausgeführt. Was ihr an Kunst abgeht, ersetzt sie reichlich durch Natürlichkeit und Frische; sie bedarf noch nicht gesuchter Wendungen, weil das später tausendmal gesagte hier zum erstenmale seinen Ausdruck fand, weil es noch nicht galt durch Originalität der Einkleidung einen Gedanken neu erscheinen zu lassen. Von Oesterreich drang die Poesie in das benachbarte Baiern, auch hier ihren einfachen Charakter nicht verleugnend. Im Gegensatze zu dieser schlichten deutschen volksthümlichen Lyrik begegnet ihr, vom Niederrhein kommend, im letzten Viertel des zwölften Jahrhunderts eine auf wesentlich anderer Grundlage beruhende, angeregt durch die früher und reicher entwickelte französische, in Deutschland eingeführt durch Heinrich von Veldeke, der seiner Heimath nach den natürlichen Vermittler deutscher und romanischer Elemente bildet. Wie in der Epik, so verdrängt auch in der Lyrik der französische Geschmack sehr rasch den einheimischen, die raffinierte Künstlichkeit der Formen und eines ausgebildeten höfischen Frauendienstes die ältere Einfachheit, Deutschland mit scheinbarer Fülle überschüttend, aber innerlich die Poesie kaum gehaltvoller machend. Unmittelbares Nachahmen provenzalischer und französischer Muster währte zwar nur kurze Zeit; aber mittelbar blieb der Stempel der romanischen Kunstlyrik im eigentlichen Minneliede der deutschen Lyrik aufgeprägt. An Tiefe und Innigkeit des Gemüthes steht die letztere vor ihrem Vorbilde ebenso wie an Vertiefung der Gedanken die Epik; doch nur wenige Dichter verstanden es, eine dichterische Persönlichkeit zu bewahren und nicht im Strome allgemeinster Empfindungen aufgehen zu lassen. Die grosse Masse der lyrischen Sänger seit dem Ende des zwölften bis in den Anfang des vierzehnten Jahrhunderts beherrscht zwar die von den Meistern geschaffene Form und die Sprache in einer Weise wie seitdem kaum wieder die lyrische Kunst der Deutschen gethan; im Inhalt aber gleichen die meisten einander so sehr, dass, wenn uns nicht die Namen überliefert wären, wir in den wenigsten Fällen im Stande sein würden, das Eigenthum auszusondern. Wenn in vorliegender Sammlung die Eintönigkeit nicht so bemerklich wird, so hat das seinen Grund darin, dass des allzu farblosen nur wenig aufgenommen wurde. Ohne diesen günstigeren Eindruck als ein Verdienst der Auswahl bezeichnen zu wollen, darf er doch zur Rechtfertigung des Gedankens, eine Auswahl aus den deutschen Liederdichtern des Mittelalters zu geben, etwas beitragen.

Drei Abschnitte in der Geschichte der mittelhochdeutschen Lyrik können wir unterscheiden: der erste, bis etwa 1190 reichend, zeigt auf der einen Seite die volksthümlichen Anfänge derselben und auf der andern den Einfluss, den dann die romanische Kunstlyrik ausübte. Der zweite beginnt da wo die unmittelbare Nachahmung der letzteren aufhört; in ihm erreicht die deutsche Lyrik gleichzeitig mit der Epik ihre höchste Vollendung nach Inhalt und Form, geniesst die Gunst der Fürsten und Herren und der grösste Theil ihrer Träger gehört dem ritterlichen Stande an. Der dritte, dem Herbste vergleichbar, wird durch das Zurücktreten des ritterlichen, das Hervortreten des bürgerlichen Standes, das Ueberwiegen des lehrhaften Elementes, der Spruchpoesie, bezeichnet und verläuft in den eigentlichen Meistergesang, der bis zum Schlusse des Mittelalters und darüber hinaus sein Leben fristet.

Den Mittelpunkt der deutschen wie jeder andern Lyrik bildet das Verhältniss der Geschlechter, das im Liebesliede seinen Ausdruck findet. Nach ihm sind unsere mhd. Liederdichter vorzugsweise *minnesinger*, *minnesenger*[1] genannt, und der Ausdruck *minneliet*[2], *minnewîse*[3] oder *minnesanc*[4] darf daher auf den grössten Theil der Lieder dieser Sammlung angewendet werden. Der Name *meistersanc*[5] bezeichnet ursprünglich bloss vortrefflichen Gesang, ohne den Gegensatz, den wir heute zwischen Minnesängern und Meistersängern machen.

Ein ziemlich durchgehender Zug des Minneliedes ist es, dass der Dichter mit einer Naturschilderung, der Lust des Sommers oder dem Leide des Winters, anhebt und an sie seine Gefühle knüpft. Mögen nun dieselben ein Abbild der Jahreszeit darstellen oder mit ihr im Widerspruche stehen,

---

[1] 18, 89. 57, 19.   [2] 25, 699.   [3] 57, 10.   [4] 42, 121.   [5] 78, 13.

immer bildet diese Anknüpfung eine ungesuchte Vermittelung der äussern und innern Welt, wenngleich ihr häufiges Vorkommen etwas Ermüdendes haben kann. Die Art und Weise, wie der Liebende seinen Gefühlen Worte leiht, ist selbstverständlich ungemein manichfaltig; doch ist auf einen charakteristischen Unterschied der älteren und späteren Lyrik hinzuweisen. In jener finden wir noch das natürliche Verhältniss der Geschlechter: die Liebende blickt zu dem geliebten Manne als zu einem höheren Wesen empor, um dessen Huld sie bittet,[6] während er ihrer Liebe trotzig entfliehen will.[7] Sie ist ihm in Treue unterthan,[8] wünscht seine Liebe allein zu besitzen[9] und klagt, dass er um einer andern willen sie vernachlässige.[10] Dem Geschiedenen ruft sie sehnsüchtig nach;[11] das Weib ist es, das nach der Liebe des Mannes sich sehnt, der wie ein Falke von ihr gehegt und gepflegt ihr treulos entflogen.[12] Wenn der jüngste Dichter unserer Sammlung dasselbe Bild anwendet,[13] so gewinnt es etwas Komisches hier die Liebende den Wunsch aussprechen zu hören, sie möchte statt des entflogenen Falken wenigstens einen Blaufuss, eine geringere Falkenart, haben.

Der Einfluss der französischen Lyrik gestaltete jenes Verhältniss zwischen Mann und Frau wesentlich anders. Da lässt die Frau sich um ihre Huld bitten und wehrt den Mann ab, der zu hohen Lohn für seinen Dienst begehrt;[14] da beginnt das immer wiederkehrende Flehen um Gnade, um eine kleinere oder grössere Gunst; von nun an finden wir jene oft edle und herrliche, oft aber überschwängliche Verehrung der Frauen im allgemeinen wie im einzelnen. Am schönsten hat wohl Walther[15] die Frauen und zumal die deutschen Frauen gepriesen; in allegorisches Gewand hüllt ein ungenannter Dichter die Frauentugenden ein.[16] Dass die Geliebte die schönste in allen Landen,[17] ist ein begreiflich oft wiederkehrender Gedanke. Aber nicht die Schönheit allein, auch die Anmuth (*liebe*) wird hervorgehoben[18] und Anmuth und Schönheit daher streitend eingeführt.[19] Der Markgraf von Hohenburg weiss, dass es schönere Weiber als seine Dame gibt; aber er kann nur die Vereinigung von Schönheit und Herzensgüte wirklich lieben.[20] Ja Heinrich von Rugge sagt, man solle nach der Schönheit von Frauen nicht fragen, wenn sie nur gut seien.[21] Was jedes Geschlecht an dem andern als die wünschenswerthesten Eigenschaften schätzt, lässt Walther im Gespräche einen Ritter und eine Dame entwickeln,[22] und Frauenlob lehrt eine Frau, wie sie selbst und wie der Mann sein müsse, den sie lieben solle.[23]

Wie von Zauber wähnt der Liebende sich umfangen;[24] die ihn umgebende

---

[6] 1, 4. [7] 1, 21. [8] 5, 1. [9] 2, 20. [10] 98, 44. [11] 98, 23. 39. 298. [12] 1, 35.
[13] 97, 37. [14] 7, 31. [15] 21, 628. 21, 767. [16] 98, 617. [17] 72, 103. [18] 21, 610.
[19] 48, 29. [20] 19, 17. [21] 10, 13. [22] 21, 661. [23] 79, 186. [24] 14, 281.

Welt erscheint ihm verwandelt und er selbst im Besitze übernatürlicher Kräfte.²⁵ In der Gegenwart der Geliebten ist er verstummt, während er sonst um Worte nicht verlegen.²⁶ Sie ist sein Hort,²⁷ sein Gold, seine Edelsteine;²⁸ der Wind, der von ihr herweht, entzückt ihn.²⁹ Er beneidet den Anger, auf dem ihre zarten Füsse gewandelt,³⁰ und das Kind, das sie vor seinen Augen geherzt, zieht er an sich heran und küsst es an dieselbe Stelle, wo sie es geküsst.³¹ Wenn sie es verlangt, singt er,³² und weil ihre Huld ihm fehlt, ist er verstummt.³³ Noch ein halber Knabe, ehe er weiss was Minne ist, liebt er sie;³⁴ von klein auf hat er ihr treu gedient;³⁵ aber seine Treue hilft ihm nicht,³⁶ er muss ohne Lohn dienen,³⁷ und wird nicht ablassen, auch wenn er darüber stürbe, und wünscht, dass man auf seinem Grabsteine lese wie treu er gewesen:³⁸ seine Hoffnung ist, dass sein Sohn, schöner als er, ihn an der Geliebten räche.³⁹ Vergebens versuchte er ihr zu entfliehen, über Länder und Meere, sie hielt ihn fest und zog ihn immer wieder zurück.⁴⁰ In Zweifel versunken misst er den Halm, an ihm sein 'sie liebt, sie liebt nicht, sie liebt' abzuzählen und Hoffnung daraus zu schöpfen.⁴¹ Die Natur ruft er zu Hülfe, den Mai, die Sommerwonne, den Klee, die Sonne, und klagt ihnen die Grausamkeit der Geliebten; aber wenn sie ihm helfen wollen, da bangt er, sie möchte es nicht ertragen, und fleht um Schonung für sie.⁴² Ja er droht ihr, Recht beim Könige, Kaiser und Pabste zu suchen, lässt sich aber leicht durch sie besänftigen.⁴³ Auch würde es ihm ja nichts nützen, seine Sache vor Gericht zu bringen, da er ihren Namen nicht nennen darf.⁴⁴ In Träumen malt er sich sein Glück, wie ein Rosenbaum mit zwei blühenden Aesten ihn umfieng, und deutet den Traum auf Erfüllung seiner Wünsche.⁴⁵ Diese sind bescheidenster und kühnster Art. Ein Winken und heimliches Sehen, wenn die Nähe anderer nicht mehr gestattet, beglückt schon;⁴⁶ ein Gruss von ihr macht ihn froh. Er bittet um ein 'ja' statt des beständigen hartnäckigen 'nein',⁴⁷ und wünscht, wo am Frühling alle Welt sich freue, dass auch ihm ein *fröidelin* zu Theil werde.⁴⁸ Seine Sorge würde entschwinden, wenn sie ihm ein Küssen leihen wollte;⁴⁹ mit einem Kusse möchte er sich an ihrem Mündlein rächen und dazu sprechen 'das habe dir für deine Röthe',⁵⁰ und verspricht, wenn es ihm gelungen ein Küsschen zu stehlen, es gewissenhaft wieder an den Platz, wo er es genommen, hintragen zu wollen.⁵¹ Aber noch höher versteigen die Wünsche sich: wenn er den Kuss erreicht, dann will er wieder etwas wünschen;⁵² in Gedanken hält er die allerbeste

²⁵ 12, 28. ²⁶ 13, 181. 43, 137. ²⁷ 33, 266. ²⁸ 38, 201. ²⁹ 27, 23. ³⁰ 32, 34. ³¹ 87, 120. ³² 13, 170. ³³ 60, 1. ³⁴ 66, 19. ³⁵ 16, 230 ³⁶ 16, 110. 13, 273. ³⁷ 38, 81. 82, 64. ³⁸ 14, 161. ³⁹ 14, 19. ⁴⁰ 35, 71. ⁴¹ 21. 701 ⁴² 81, 1. ⁴³ 49, 1. ⁴⁴ 38, 109. ⁴⁵ 90, 17. ⁴⁶ 98, 71. ⁴⁷ 14, 280. ⁴⁸ 28, 92 ⁴⁹ 85, 60. ⁵⁰ 92, 18. 93, 13. ⁵¹ 13, 118 ⁵² 52, 24.

umfangen,'⁵³ und oft genug wird unverhohlen diese höchste Gunst gefordert.
Wenn sie ihn fragt was Minne sei, von der er so viel rede, so verheisst
er sies zu lehren, wenn sie eine Weile mit ihm allein sein wolle.⁵⁴
   Die überschwänglichen Liebesversicherungen konnten mit Recht Zweifel
an der Echtheit der Empfindungen wecken; und so verwahrt sich Hadloub
gegen solche Bedenken, weil er gesund und gar nicht kränklich aussehe;⁵⁵
'ihr seid zu feist,' sagt ein anderer, 'wäre euch euer Liebesgram Ernst,
ihr wäret lange todt.'⁵⁶ Es begreift sich, dass bei so überströmendem Lobe
die Frauen etwas preciös werden mussten, und mit ihren Liebhabern sich
allerlei Spott erlaubten: Tanhauser zählt eine Menge unmöglicher Dinge
auf, die seine Geliebte von ihm verlange, ehe sie ihn erhöre.⁵⁷ Ebenso
erklärlich ist, dass die Männer ihrerseits die Launen satt bekamen, und
mit der Dame wechselten: nach lange erlittenem Unrecht entschliesst der
Sänger sich sie zu verlassen,⁵⁸ und wünscht, dass sein neues Werben ihm
besser als sein früheres glücke.⁵⁹ Hartmann will von ritterlichen Frauen
nichts mehr wissen, bei denen er nichts gewinne als dass er müde werde
vom langen Stehen, und zieht es vor die Zeit mit armen Weibern besser
zu vertreiben.⁶⁰ Steimar aber, dem seine Geliebte nicht lohnen will, be
schliesst die Freuden des Herbstes zu preisen.⁶¹
   Die letzte Erwähnung, in der die Liebe ironisch behandelt wird, gehört
der Zeit des Verfalles an; aber die Klagen über denselben beginnen schon
im zwölften Jahrhundert. Walther klagt, dass Unfuge die Herrschaft erlangt
und dass darum sein Singen nicht mehr so minniglich wie einst erklinge;⁶²
und der tugendhafte Schreiber nennt nicht Minne, sondern Unminne, was
jetzt käuflich sei und Minne heisse.⁶³ Eine Jungfrau betrauert den Unter-
gang der alten Zeit; jetzt nenne man einen treuen Liebhaber nur spöttisch
ein argez minnerlin.⁶⁴ Walther von Metz wünscht, es möchten treue und
falsche Minner äusserlich unterschieden sein,⁶⁵ und Heinrich von Veldeke
klagt bereits, dass die Männer die Frauen schelten.⁶⁶ Daher ist es nicht
zu verwundern, wenn die Frau zweifelnd den Werbenden abweist, da seine
Lieder einer andern gelten.⁶⁷ Dass der mittelalterliche Liebescultus so frühe
in Rohheit und Sittenlosigkeit ausartete, findet seine Haupterklärung in
dem Umstande, dass verheirathete Frauen in der Regel die vom Dichter
besungenen Geliebten waren. Ein Mädchen gefeiert zu sehen, gehört zu
den Ausnahmen; des Kürenbergers Liebchen ist eine Jungfrau.⁶⁸ Meist
ist es nur niedere Minne, die sich an Mädchen knüpft: so ist das *frowelin*
bei Reinmar gemeint, das mit den Gespielinnen Ball wirft,⁶⁹ und nicht

---

⁵³ 98. 88   ⁵⁴ 85. 75.   ⁵⁵ 87, 141.   ⁵⁶ 57, 7.   ⁵⁷ 17. 131 und Anm   ⁵⁸ 38, 91.
⁵⁹ 29, 32   ⁶⁰ 18. 139.   ⁶¹ 76. 1.   ⁶² 21. 607.   ⁶³ 25, 1.   ⁶⁴ 38, 414   ⁶⁵ 50, 1. 50, 23.
⁶⁶ 7, 94.   ⁶⁷ 38, 141.   ⁶⁸ 1, 53; vgl. 75, 33.   ⁶⁹ 15, 585.

anders bei Walther.⁷⁰ Auch die von Vater und Mutter behütete Geliebte des Junkers⁷¹ gehört wohl den unteren Ständen an.

Dass in der Regel verheirathete Frauen Gegenstand der Huldigung waren, erklärt verschiedene Bräuche der Liebespoesie. Zunächst das Gesetz den Namen der Geliebten nicht zu nennen. Die Provenzalen und Franzosen bedienten sich zur Bezeichnung allegorischer Namen, und ähnlich ist wohl Veldekes Antwort auf die Frage, wer sie sei, gemeint: 'es ist die Wohlgethane.'⁷² Sicher aber ist ein Versteckname *der Schöne Glanz* bei Heinrich von Weissensee.⁷³ Walther nennt die Geliebte mit Bezug auf seinen eigenen Namen Hildegunde.⁷⁴ Winterstetten würde sie beim König verklagen; aber er darf sie nicht nennen.⁷⁵ Der Schenk von Limburg kann sich kaum enthalten den Namen auszusprechen; aber er besinnt sich noch im rechten Augenblicke: 'es würde mir und ihr nicht anstehen.'⁷⁶ Der Herr, der den Knecht im Verdacht hat, er liebe sein Weib, verlangt von ihm den Namen der besungenen Geliebten zu wissen.⁷⁷

Sodann das häufige Erwähnen der Merker, die bereits beim Kürenberger vorkommen;⁷⁸ sie werden mit verschiedenen Namen bezeichnet, ausser *merkære, merker,*⁷⁹ noch *huote,*⁸⁰ *huoter.*⁸¹ Gegen sie richten die Dichter die stärksten Ausdrücke, weil sie in ihnen das grösste Hinderniss ihrer Wünsche sahen. Sie meint wohl Walther, wenn er diejenigen verwünscht, die ihm den Winter Freude benommen.⁸² Die *argen schalke* nennt sie ein anderer⁸³ und Hadloub verflucht sie mit ihren langen Zungen.⁸⁴ Heinrich von Meissen wünscht, dass sie zu Stein werden und auf dem Meer verschlagen werden möchten.⁸⁵ Sie sind schuld, dass von den Wangen der Geliebten Schönheit und Farbe schwindet.⁸⁶ Sie zu betrügen gilt für eine Pflicht des Liebenden⁸⁷ und ihren Hass zu verdienen für eine wünschenswerthe Sache.⁸⁸ Die Nutzlosigkeit des Behütens wird mehrfach ausgesprochen, ja wer hüte, schade nur sich selbst und verderbe die Frauen.⁸⁹

Endlich erheischte der erwähnte Umstand die grösste Vorsicht des Liebenden. Die Geliebte unbehütet zu finden, war ein seltener Glücksfall;⁹⁰ meist durfte er ihr mit seinen Werbungen und Liedern gar nicht nahen und musste dieselben durch einen Boten in ihre Hände gelangen lassen. Entweder mit einem Briefe⁹¹ oder mündlich wurde die Botschaft ausgerichtet. Der Kürenberger würde gern selbst statt des Boten zu ihr gehen, wenn es nicht ihr Schade wäre.⁹² In einer Strophe lässt Meinloh von Sevelingen den Boten die Werbung anbringen;⁹³ ebenso Dietmar von Aist.⁹⁴

⁷⁰ 21, 596. ⁷¹ 52, 1. ⁷² 7, 47. ⁷³ 93, 8. 36, u. Anm. ⁷⁴ 21, 750. ⁷⁵ 39, 174.
⁷⁶ 44, 13. ⁷⁷ 57, 1. ⁷⁸ 1, 13. ⁷⁹ 4, 18. 5, 11. 12, 44. 87, 113. ⁸⁰ 2, 24. 7, 150.
14, 265. 87, 113. ⁸¹ 52, 1. ⁸² 21, 747. ⁸³ 27, 10. ⁸⁴ 87, 113. ⁸⁵ 53, 26.
⁸⁶ 15, 508. ⁸⁷ 4, 18. ⁸⁸ 12, 44. ⁸⁹ 7, 150. 8, 179. 14, 264. ⁹⁰ 11, 33. 18, 125.
⁹¹ 98, 59. 139. ⁹² 1, 50. ⁹³ 4, 1. ⁹⁴ 2, 39.

worauf die Frau antwortet.⁹⁵ Namentlich in Reinmars Liedern spielen Boten eine wichtige Rolle: die Liebende fragt den Boten nach dem Geliebten aus⁹⁶ und entbietet diesem, in seinen Wünschen sich zu bescheiden. In einem andern⁹⁷ trägt sie dem Boten auf was ihr am Herzen liegt, fügt aber am Schlusse hinzu, er möge nicht alles dem Geliebten wiedersagen. Rudolf von Rotenburg möchte tausend Boten an sie senden, damit nicht, wenn er einen schicke, dieser etwa verhindert werde; denn sie hat ihn gebeten durch Boten ihr seine Lieder zu schicken.⁹⁸ Aber auch die Frau entbietet dem Manne durch einen Boten, dass er ihr hold sein möge.⁹⁹ In Ermangelung eines Boten hängt Hadloub der Geliebten, als sie in der Dämmerung aus der Kirche kommt, seinen Liebesbrief an das Kleid.¹⁰⁰ Die komische Seite des Botendienstes zeigt uns der Taler,¹⁰¹ der das Künzlein sendet, um seiner Geliebten die Lieder zu singen; der Angeredete aber schiebt das Amt dem Heinzlein zu, worauf dieser sich mit seiner Furcht vor Ermordung im Korne losmacht. Uneigentlich wird die Minne als Bote gesendet,¹⁰² und mit poetischer Uebertragung dient auch die Nachtigall zu diesem Amte.¹⁰³

Der Botendienst, auch im dreizehnten Jahrhundert, wie wir aus Lichtenstein sehen, noch sehr im Schwange, gibt Anlass zu dramatischer Einkleidung.¹⁰⁴ Aber auch sonst ist diese Art des Minneliedes bei romanischen wie deutschen Dichtern beliebt: Mann und Frau sprechen Strophe um Strophe;¹⁰⁵ doch findet auch ein rascherer Wechsel statt, so dass jeder Redende mitunter nur ein paar oder eine Zeile spricht. Sehr geschickt und zierlich haben die Dichter von diesem Mittel Gebrauch zu machen gewusst; so Albrecht von Johansdorf¹⁰⁶ und der Truchsess von St. Gallen.¹⁰⁷ Namentlich in den neidhartischen Liedern ist die Gesprächsform häufig. Durch eine Erzählung leitet das Gespräch Wintersteten ein.¹⁰⁸

Die dramatische Form findet ihren eigentlichen Schwerpunkt in einer besonderen Gattung der Liebespoesie, dem Tageliede, mhd. *tageliet, tagewise,*¹⁰⁹ das das Scheiden der Liebenden nach heimlichem Zusammensein beim anbrechenden Morgen schildert.¹¹⁰ Die einfachste und ursprünglichste Art desselben ist die, dass die Liebenden durch den Tag geweckt sich zum Scheiden rüsten: ein Vöglein auf der Linde ist der einzige Wächter und Wecker in dem ältesten Tageliede, das wir besitzen.¹¹¹ Auch 98, 107 ist die Situation, wie es scheint, die, dass der Ritter die Nacht bei der Geliebten gewesen und am Morgen fortreitet. Heinrich von Morungen¹¹²

---

⁹⁵ 2, 45; vgl. noch 15, 43. 18, 97.   ⁹⁶ 15, 280.   ⁹⁷ 13, 310.   ⁹⁸ 43, 182. 176.
⁹⁹ 1, 4.   ¹⁰⁰ 87, 1.   ¹⁰¹ 37, 1.   ¹⁰² 80, 8.   ¹⁰³ 61, 1 u. Anm. 98, 159.   ¹⁰⁴ 15, 280.
¹⁰⁵ 15, 1. 15, 544. 21, 661.   ¹⁰⁶ 11, 33.   ¹⁰⁷ 30, 13. 30, 31.   ¹⁰⁸ 38, 191.   ¹⁰⁹ 29, 4. 22, 60.
¹¹⁰ Vgl. auch 62, 21.   ¹¹¹ 2, 61.   ¹¹² 14, 340.

lässt ebenfalls die Liebenden erwachen und Strophe um Strophe mit dem Refrän 'da tagte es' klagen, ohne dass ein anderer um ihr Geheimniss weiss. Dem weckenden Wächter begegnen wir bei Wolfram von Eschenbach, dessen Beispiel von entscheidendem Einflusse auf diese Gattung war:[113] er lässt den Wächter mit seinem Rufe beginnen; daran knüpft sich im ersten Liede ein Zwiegespräch der Frau mit ihm; im zweiten folgt Erzählung wie im ersten schliesslich auch, und nur wenige Worte spricht der Ritter. Das Wechselgespräch zwischen Wächter und Frau hat der mit Wolfram etwa gleichzeitige Markgraf von Hohenburg,[114] aber ohne erzählendes Element. Ebenso ist nur dramatisch das Tagelied Botenlaubens,[115] während der Ungenannte[116] nach einem Gespräch zwischen Frau und Wächter erzählend abschliesst. Episch hebt Frauenberg an,[117] worauf der Wächter seinen Ruf erklingen lässt und ein Dialog zwischen ihm und der Liebenden folgt. Lichtenstein nahm an der Mitwissenschaft des Wächters Anstoss und lässt ihn durch eine Dienerin ersetzen;[118] sein Beispiel scheint den Markgrafen von Lilenz beeinflusst zu haben.[119] Die ironische Kehrseite zeigt uns ein Lied Steinmars, der den Knecht und seine Dirne durch den Hirten wecken lässt:[120] dieselbe Ironie also, die den Dichter auch das Minnelied verspotten macht.

Der niederen Minne neben der hohen sahen wir die vorzüglichsten Dichter huldigen. Bei den Romanen haben solche Verhältnisse ritterlicher Liebhaber und ländlicher Schönen eine besondere Gattung, die Pastourelle, prov. *pastorela*, *pastoreta*, veranlasst. Vereinzelte Beispiele liefert auch die deutsche Poesie. So gehört hierher das reizende Lied Walthers[121] und mehrere Lieder Neifens, der bald mit einem Garn windenden Mädchen,[122] bald mit der am Brunnen schöpfenden Magd,[123] bald mit der flachsbrechenden Schönen[124] Gespräche und Scherze anknüpft. Steinmar hat sich eine *süeze selderin* erwählt, die nach Gras auf die Wiese geht,[125] und eine kluge Dienerin, die hinterm Pfluge her schreitet.[126] Der Anfang einer Pastourelle ist in einer namenlosen Strophe[127] erhalten; an Walthers Lied erinnert eins von Hadloub,[128] wiewohl hier der Dichter nicht eine bäuerliche Geliebte meint.

Der Zug zum realistischen, im Gegensatz zu dem übertriebenen Idealismus der eigentlichen Minnepoesie, tritt am schärfsten in der von Neidhart begründeten höfischen Dorfpoesie hervor. Angeregt durch die romanische Pastourelle, gestaltete er das lange vor ihm im Volke vorhandene Tanzlied zu einer Unterhaltung der höfischen Kreise um, in denen er selbst lebte;

[113] 22, 1. 23, 59. [114] 19, 25. [115] 26, 44. [116] 96, 315. [117] 23, 1. [118] 33, 266 u. Anm. [119] 35, 1. [120] 76, 101. [121] 21, 562. [122] 36, 81. [123] 36, 109. [124] 36, 183. [125] 76, 53. [126] 76, 119. [127] 96, 169. [128] 87, 148.

und welchen Beifall diese neue Gattung fand, sieht man am besten aus der zahlreichen namentlich österreichischen Nachfolgerschaft. Neidharts Lieder zerfallen in Reigen und Tänze oder Sommerlieder und Winterlieder: mhd. *reie*[129] oder *reige*[130] (das Verbum *reien*[131] oder *reigen*[132]) und *tanz*.[133] Auch *hovetanz* (98, 500), *hovetenzel* (25, 440), *tanzwise* (33, 1. 73), *tanzliet* (29, 4) kommt vor. Lichtenstein nennt ein Lied[134] *vrowen tanz*, auch *sincwise*[135] ist wohl ein Tanzlied. Namen von bestimmten Tänzen sind *govenanz*,[136] vom französ. *convenance*, eigentlich also Zusammenkunft, und da bei geselligen Zusammenkünften der Tanz eine grosse Rolle spielte, auch eine Art Tanz bezeichnend; *hoppaldei*[137] von *hoppen*, hüpfen, abgeleitet; *ridewanz*,[138] vom böhmischen *radowa*, einem noch heute lebenden Tanze; *trei*,[139] nicht näher zu bestimmen. Auch die *stampenie*[140] ist vielleicht ein zur Begleitung des Tanzes gesungenes Lied. Der Tanz wird getreten, der Reigen gesprungen;[141] einer tanzt vor, der *voretanzer*,[142] wie auch den Gesang beim Tanze ein Vorsänger anstimmt.[143] Neidharts Lieder führen uns lebendig mitten in die bäuerliche Welt ein, die mit feinem Humor behandelt wird. Eine sehr häufige Form der Einkleidung ist, wie schon bemerkt, das Gespräch, entweder erzählend oder durch eine Naturbetrachtung eingeleitet. Gewöhnlich unterhalten sich die alte Bäuerin und ihre Tochter, welch letztere den von Reuenthal (den Dichter) liebt und an seiner Hand zum Tanze möchte, wogegen die Mutter vor den gefährlichen Folgen warnt. Aber auch die Alte ist oft von Tanzlust erfüllt und wetteifert mit dem Mädchen.[144] Zwei Gespielinnen werden nach einer einleitenden Strophe redend eingeführt und klagen sich ihr Leid.[145] Mitunter tritt nach dem Eingange nur der Dichter erzählend hervor.[146] Auch ernstere Töne lässt er hindurchklingen und berührt die trüben Zeitverhältnisse;[147] in einem Tanzliede bekennt er, wie lange er seiner Geliebten, der Weltsüsse, gedient, um deren willen er achtzig neue Weisen gesungen.[148] Die Winterlieder, wo in der Stube getanzt wird, entwickeln andere Scenen. Da versammeln sie sich bei dem, der die grösste Stube hat; aber der Raum ist doch zu enge, als dass nicht zuweilen Zank und Schlägerei daraus entstünde.[149] Zugleich nimmt der Dichter hier Gelegenheit den üppigen Kleiderprunk der reichen Bauern zu schildern, die sich ganz wie Ritter gebärden.

Die Hauptzüge haben Neidharts Nachahmer sich angeeignet, namentlich

[129] 25, 257. 338. 486. [130] 34, 5. 47, 117. 91, 30 98, 181. [131] 25, 70. 78. 107. 36, 208. 47, 18. 78, 202. [132] 34, 21. [133] 14, 304. 25. 174. 34, 128. 77. 52. [134] 33, 315. [135] 33, 41; vgl. 33. 49. [136] 25, 362. [137] 98, 379. [138] Vgl. 25, 443. [139] 98, 519. [140] 70, 28. [141] 25, 439. 34. 133. 99, 181. [142] 25, 437. [143] 25, 405. [144] Vgl. 25, 1. 22 83. 113 190. [145] 25, 161. 230. [146] 25, 50. 65. [147] 25, 307. 672. [148] 25, 568. [149] Vgl 25, 347. 417. 509.

das Gespräch zwischen Mutter und Tochter; so Scharpfenberg [150] und Geltar, [151] so wie ein Ungenannter; [152] zwischen zwei Gespielinnen, Burkart von Hohenvels. [153] Auch das Lied Ulrichs von Wintersteten, [154] in welchem Mutter und Tochter redend eingeführt werden, und jene den Dichter, dessen Sang man auf den Gassen singt, vor dem liebenden Mädchen herabzusetzen sucht, ist wohl ein Tanzlied. Ein Nachahmer Neidharts benutzt das Ballspiel zum Gegenstande; [155] ein anderer lässt den auch bei Neidhart vorkommenden Zank von einer Blase ausgehen, die durch den Kreis der Tanzenden geschlagen wird; [156] ein dritter nimmt sich der von Neidhart verspotteten Bauern an und lässt einen derselben in Neidharts Melodie antworten. [157] Doch finden wir auch Tanzlieder ohne Beziehung auf Schilderungen des bäuerlichen Lebens: so bei Burkart von Hohenvels, der den Winter in der Stube zu empfangen auffordert; [158] in einem andern, worin der Name *stadelwise* begegnet, kommt man in der Scheuer (dem Stadel, daher der Name) zusammen. [159] Einen volksmässigen Charakter anderer Art trägt ein Lied Neifens, [160] worin die junge tanzlustige Mutter der Amme das Kind übergibt, um zum Reigen zu eilen. Bruchstücke von volksthümlich gehaltenen Tanzliedern stehen unter den namenlosen Strophen. [161] Ganz im höfschen Tone ist das Lied Hildbolds von Schwangau, [162] aus dessen Refrän man allein die Bestimmung zum Tanze entnehmen kann; im übrigen ist es ein Minnelied wie alle andern. Nicht minder die Lieder Lichtensteins [163] und Sachsendorfs, [164] während das von Wizlav [165] ein wenig populärern Beigeschmack hat. Wintersteten [166] knüpft an das Tanzlied Klagen über den Verfall der Minne und der Sitten an, was schon Neidhart gethan.

In das Volksleben hinein greift das Erntelied Hadloubs, [167] während die zum Preise des Herbstes gedichteten Esslieder Steinmars [168] und Hadloubs [169] mehr die Kehrseite des idealen Minnedienstes als das volksthümliche Element zur Anschauung bringen. Ganz in die Weise des Volksliedes tritt hinüber Neifens Lied vom Büttner [170] und desselben Bruchstück vom Pilgrim, [171] die sogar wirkliche Volkslieder sein könnten. [172] Auch das lateinisch-deutsche Liedchen [173] ist rein episch. Sonst ist die epische Einkleidung, gewisse Gattungen abgerechnet, selten: der Dichter tritt dann meist als Erzähler auf, wie in dem volksthümlich gehaltenen an die Pastourelle streifenden Liedchen Johanns von Brabant, [174] der in einem Baumgarten drei

[150] 54, 1. [151] 57, 20. [152] 98, 435. [153] 34, 21. 161. [154] 38, 1. [155] 98, 345. [156] 98, 473. [157] 98, 454. [158] 34, 1. [159] 35, 111. [160] 36, 203. [161] 98, 181. 202. 256. 263. [162] 20. 51. [163] 33, 1. 73. 315. [164] 39, 1. [165] 85, 1. [166] 38, 136. [167] 87, 321. [168] 76, 1. [169] 87, 256. [170] 36, 148. [171] 36, 173. [172] Uhland, der feinste Kenner des Volksliedes, hat letzteres wirklich unter seine Sammlung aufgenommen (S. 235). [173] 98, 7. [174] 82, 37.

Jungfrauen findet; oder bei Walther, der seinen Traum und die Deutung des alten Weibes erzählt.[174] Eine liebliche Erinnerung an die längst entschwundene Kinderzeit kleidet Meister Alexander ebenfalls in erzählende Form.[175] In die bäuerliche Welt führt wiederum Hadloub, der sich als Zeugen eines Zwistes zwischen zwei Bauern darstellt.[176]

Eine Gattung lyrischer Gedichte nennt Reinmar der Fiedler *hügeliet*,[177] was Freudengesang bedeutet, ohne dass wir durch den Namen einen näheren Einblick in das Wesen derselben erhielten.

Die dramatische Form sahen wir im eigentlichen Liebesliede wie im Tanzliede mehrfach auftreten. Zu einer besonderen Gattung, wie die Tenzone der Provenzalen ist, hat sie sich nicht entwickelt; man könnte Walthers Zwiegespräch[178] beinahe so nennen, doch fehlt das eigentlich streitende Element, auch stehen sich nicht zwei Dichter mit ihren Ansichten gegenüber. Dies findet erst in der letzten Periode der mhd. Lyrik statt; so, wenn ein Dichter dem andern ein Räthsel aufgibt.[179] Die Räthsel waren in der zweiten Hälfte des 13. Jahrhunderts sehr beliebt; ein Beispiel gibt Raumsland.[180] Einen Anklang an die Liebestenzone der Provenzalen enthält eine Strophe Rubins,[181] worin eine Frau zu entscheiden aufgefordert wird.

In die heitere Welt des Liebesliedes klingen die ernsteren Töne der Zeit, die Verhältnisse des Lebens hinein. Die Verbindung von Liebe und Leben bildet den Hauptstoff des Kreuzliedes, mhd. *kriuzliet*.[182] Die feurige Begeisterung provenzalischer Dichter vermissen wir allerdings in den deutschen Liedern dieser Art, aber sie thun wohl durch die Innigkeit der religiösen Empfindung und die sanfte Schwermuth, die aus ihnen athmet. Herz und Leib sind mit einander im Streite: während dieser zur Fahrt gegen die Heiden bereit ist, wird jenes von süssen Banden zurückgehalten.[183] Der Dichter meint, er hätte wohl Ursache gehabt, in der Heimath zu bleiben, aber die Pflicht des Glaubens hat den Sieg davongetragen.[184] Erzählend und dramatisch führt den Abschied von der Geliebten Johansdorf vor,[185] der den Wunsch ausdrückt, er möge, wenn er heimkehre, die Geliebte treu wiederfinden.[186] Im Wechselgespräch beim Scheiden stellt sich Botenlouben dar.[187] Bei Friedrich von Leiningen, der im Begriff steht, eine Fahrt nach Apulien zu machen, und nur die fünf Worte 'fahr hin zu guter Stunde' von der Geliebten zu hören verlangt, ist dieser die letzte Strophe zugetheilt.[188] Nicht unpassend spricht ein anderer Dichter seinen Entschluss an Christi Grab zu ziehen, am Ende eines Tageliedes aus, welches das letzte Beisammensein der Liebenden vor der langen Trennung schildert.[190] Seinen Freunden vererbt seine Liebe Hildbold von Schwangau,[191] während Rubin beim Abschied jenen einen Gruss an die Geliebte aufträgt.[192]

Aber das Kreuzlied stimmt auch anderen Ton an. Der Ritter, der dem göttlichen Dienste sich weiht, fühlt die Nothwendigkeit aller irdischen Liebe zu entsagen: 'nun will ich dienen dem der lohnen kann,' sagt Friedrich von Hausen,[193] nachdem er lange, ohne Gnade zu finden, einer Frau sich geweiht. Hartmann rühmt die Gottesminne, von der sein Herz erfüllt ist, gegen die weltliche.[194] Noch ist das Herz im Kampfe mit der Lust der Welt, noch nicht ausschliesslich dem Dienste Gottes gewidmet;[195] aber das Trügerische der Welt hat der gottbegeisterte Sänger erkannt[196] und erblickt in der Kreuzfahrt die Rettung vor der Sünde, die uns umfangen hält.[197]

Dem Fernen aber erwacht die Sehnsucht nach der verlassenen Heimath, auch wenn es nur die Berge (die Alpen) sind, die ihn von der Geliebten trennen.[198] Sein Herz jubelt, wenn er durch einen Pilgrim von ihr vernommen,[199] und von Wien her, wo er mit dem Heere des Königs liegt, sendet der Schenk von Landegg der Geliebten in Schwaben seinen Gruss.[200] Beim Ausziehen auf ritterliche Fahrten singt der Dichter eine *ûzreise*[201] zum Lobe der Frauen im allgemeinen. Der Tanhauser dichtet ein Lied auf der Seefahrt,[202] worin aber das minnigliche Element nicht hervortritt.

Religiöse Lieder ausser den Kreuzliedern haben wir nur wenige; zwischen Spruch und Lied mitten inne stehen Spervogels Strophen über Weihnachten,[203] Ostern,[204] Himmel und Hölle.[205] Die Allmacht Gottes feiert eine schöne Strophe desselben.[206] Die Mariendichtung war in Deutschland nicht so verbreitet wie in Frankreich; eine Probe geben wir in Sigeher.[207] Im vierzehnten Jahrhundert, wo die trüber sich gestaltenden Zeitverhältnisse den weltlichen Sinn ernster stimmten, dichtete man beliebte weltliche Weisen in geistlichen Inhalt um: so wurde Steinmars Lied zum Preise der Sommerzeit[208] geistlich gewendet und aufs Himmelreich bezogen,[209] und wahrscheinlich ist auch das folgende,[210] das dieselbe Handschrift enthält, Umdichtung eines weltlichen, und zwar eines Tanzliedes: wie sonst die Tochter gegen den Willen der Mutter zum Tanze eilt, so geht sie hier fröhlich ins Kloster, ein rechtes Gegenstück zu dem Klageliede der Nonne,[211] die mit schwerem Herzen ihr junges Leben in die Klostermauern eingesargt sieht. Den Schluss unserer Sammlung bilden zwei tiefinnige religiöse Lieder,[212] die den Geist der Mystik des 14. Jahrhunderts athmen.

Die Nichtigkeit alles Irdischen klingt aus ihnen nieder; schon viel

---

[190] 35, 51. [191] 90, 15. [192] 51, 52. [193] 8, 98. [194] 18, 73. [195] 13, 352. [196] 18, 1. [197] 21, 427. [198] 8, 1. [199] 43, 186. [200] 72, 1. [201] 33, 08 u. Anm. [202] 47, 103. [203] 3, 91. [204] 3, 13. [205] 3, 97. 103. [206] 3, 163. [207] 61, 1. [208] 76, 51. [209] 98, 611. [210] 98, 671. [211] 98, 581. [212] 98, 695. 716.

früher haben Dichter in ähnlichem Grundton gesungen. Heinrich von Rugge klagt wie die Freude aus der Welt schwinde,[213] und ähnliche Klage erhebt Walther,[214] wenn er sich der frohen Vergangenheit erinnert. Der von Kolmas weist von den trügerischen Freuden der Welt auf den Himmel und dessen Gnade hin,[215] und ein Ungenannter mahnt wie alle Freude mit Leid zergeht.[216] Walther lässt einen Meister sagen, dass alle Weltlust zerbrechlich wie Glas und flüchtig wie ein Traum sei.[217] Er nimmt Abschied von der Welt, der er sein Leben lang gedient,[218] wie sein Nachahmer, der Truchsess von St. Gallen, auch thut.[219] Der Guter führt uns in erzählender Form das Bild der Frau Welt vor, die einem kranken Ritter erscheint, und knüpft daran ernste Betrachtungen (89, 1 ff.).

Zu solchen musste namentlich dann der Dichter Anlass finden, wenn der Tod ihm einen Gönner entriss, dessen Freigebigkeit sein Leben verschönte. Diese Klagelieder um Todte, mhd. *klageliet*,[220] haben zumal die Provenzalen gepflegt und zu einer besondern Gattung, *planh*, ausgebildet. Das älteste Lied der Art sind Spervogels Strophen auf den Tod Wernharts von Steinberg.[221] Reinmar widmet, indem er die Welt redend einführt, seinem Gönner Herzog Leopold von Oesterreich einen tief empfundenen Nachruf,[222] und ein Ungenannter beklagt Ottakers von Böhmen Tod.[223] Auch dem geschiedenen Kunstgenossen wird ein Wort der Erinnerung geweiht, so Reinmarn zwei schöne Strophen von Walther;[224] diesem von dem Truchsessen von St. Gallen;[225] Konrad von Würzburg durch Frauenlob.[226] Mit wehmüthigem Hinblick auf die Vergangenheit klagen um die geschiedenen Meister der Kunst, in denen die Herrlichkeit der Poesie lebte, der Marner,[227] Reinmar von Brennenberg[228] und Herman der Damen;[229] doch sind das nicht eigentliche Klagelieder, sondern einzelne Strophen,[230] die demnach dem Bereiche der Spruchpoesie angehören.

Wenn Walther den Verfall der höfischen Sangeskunst, das Eindringen unhöfischer Töne beklagt,[231] wenn derselbe ein anderes dem Leben entnommenes Thema, die Erziehung der Kinder, in Liedesform behandelt,[232] so streift er damit an die Grenze desjenigen Gebietes, welches die zweite Hauptgattung der Lyrik, die Spruchdichtung, umfasst. Im Bau sich von den eigentlichen Liedern wenig unterscheidend, nur in der Wahl der Verse die längeren vor den kurzen bevorzugend, aber nicht in Strophen sich aufbauend wie das Lied, sondern nur je eine Strophe enthaltend, geht die Spruchdichtung neben der Liederpoesie einher; auch sie uralt und gleich

---

[213] 10, 23. [214] 21, 895. [215] 13, 1. [216] 98, 2 ff. [217] 21, 859. [218] 21, 846. [219] 30, 133. [220] 29, 4; in allgemeinerem Sinne 118, 345; *klagesanc* 60, 25. [221] 3, 7. [222] 15, 190. [223] 98, 557. [224] 21, 361. [225] 30, 115. [226] 79, 250. [227] 42, 55. [228] 46, 63. [229] 78, 18. [230] Wie auch 30, 115. 79, 250. [231] 21, 163. [232] 21, 387.

am Beginne unserer Lyrik durch ein treffliches Beispiel, Spervogel, vertreten. Er berührt die verschiedensten Seiten des Lebens, die Freundschaft, die Ehe, die Standesverhältnisse, nur die eigentliche Minne schliesst er aus. Die Einkleidung ist wie auch bei den ältesten Liederdichtern zum Theil episch, Fabeln mit kurzer Nutzanwendung, und darin sind ihm spätere Dichter gefolgt, wie der Marner,[233] Konrad von Würzburg,[234] und der letzte Dichter unserer Sammlung, Heinrich von Muglin,[235] den wir auch im Liede mit dem ältesten Lyriker sich berühren sahen. Aehnliches Inhalts wie die des alten sind die Strophen des jungen Spervogels.[236] Episches Gewand wie die Fabel trägt das Lügenmärchen, das auch uralten Ursprunges ist,[237] bei Reinmar von Zweter[238] und dem Marner;[239] das mhd. *spet* bedeutet Lüge und Märchen zugleich.[240] Bald von diesem, bald von jenem Dichter werden die manichfaltigsten Gegenstände behandelt. Gott, dessen Huld zu erringen des Menschen höchstes Streben sein muss;[241] das Gebet, eine Umdichtung des Vaterunsers;[242] die Sündhaftigkeit des Menschen.[243] Den Lügner und Meineidigen straft der Marner,[244] während Friedrich von Sunburg dem Armen, dem Freigebigen und Liebenden zu lügen erlaubt;[245] gegen den Schmeichler wie gegen den Geizigen wendet sich der Marner;[246] gegen den Verschwender Herman der Damen.[247] Die Macht des Geldes als die höchste in der Welt bezeichnet Boppe;[248] von Ehre und Glück handelt Frauenlob.[249] Die Stände, namentlich Ritter- und geistlichen Orden, vergleicht Reinmar von Zweter[250] und Frauenlob;[251] Pfaffen, Ritter und Bauern Regenbogen;[252] dem jungen Herrn gibt Stolle ironisch gemeinte Lehren.[253] Von Frauen und Minne wird auch in der Spruchpoesie viel geredet, namentlich schön von Reinmar von Zweter, der das Wesen der Liebe treffend zeichnet,[254] das Weib dem Grale vergleicht[255] und die Minneschule als die höchste hinstellt.[256] Die Macht der Minne an Beispielen der alten und mittleren Zeit veranschaulicht Frauenlob,[257] der in begeistertes Lob der Frauen öfter ausbricht.[258] Die Tugenden eines reinen Weibes stellt Regenbogen zusammen.[259] Von Freundschaft handelt Heinrich von Rugge[260] und Walther.[261] Auch die Vergänglichkeit des Irdischen wird ebenso wie in den Liedern ausgesprochen;[262] die unablässige Reise, die der Mensch dem Tode entgegen macht;[263] die Thorheit der Menschen, die meinen, man könne in Wahrheit der Welt entsagen,[264] die die Gefahr der Sünde kennen und doch in ihre Stricke gehen.[265] Das

[233] 42, 91. [234] 69, 67. [235] 97, 1. 19. [236] Nr. 16. [237] Vgl. 42, 21. [238] 40, 49.
[239] 42, 39. [240] 42, 131. 87, 340. [241] 70, 1. [242] 40, 97. [243] 21, 243. [244] 42, 91.
[245] 62, 1. [246] 42, 131. 71. [247] 78, 35. [248] 70, 19. [249] 79, 212. [250] 40, 1.
[251] 79, 36. [252] 94, 1. [253] 68, 1. [254] 40, 25. [255] 40, 121. [256] 40, 109.
[257] 79, 160. [258] 79, 268. 285. [259] 94, 14. [260] 10, 1. [261] 21, 313. [262] 79, 353.
[263] 45, 1. [264] 62, 11. [265] 45, 16.

unnütze Thun vergeblicher Dinge verspottet Frauenlob[266] in einer später vielbeliebten Form, der Priamel, lat. *preambulum*, die eine Reihe von Vordersätzen durch einen den Gedanken enthaltenden Nachsatz vereinigt. Auch diese Form ist sehr alt; das früheste Beispiel gewährt der junge Spervogel.[267]

Von den ewig sich erneuernden allgemeinen Verhältnissen des Lebens wendet der Dichter seinen Blick auf bestimmtere seiner Zeit; auf die Sitten der Rheinländer, die französischem Geschmacke huldigen;[268] auf den Verfall der Kunst;[269] auf die trübe Lage der Dinge im allgemeinen[270] und insonderheit auf die Zustände des Reiches und der Kirche.[271] Seine persönlichen Beziehungen und Erfahrungen namentlich den Grossen gegenüber veranlassen den Dichter zu Lob und Tadel: zwei besondere Abarten bilden sich daraus, das *lobeliet*[272] und das *rüegliet*,[273] vielleicht auch *schimpfliet*,[274] wiewohl dies auch Scherzlied bedeuten kann. Das Rügelied kommt dem *sirventes* der Provenzalen am nächsten. Wichtige Ereignisse im Leben des Gönners feiert der ihn begleitende Sänger.[275] Er ermahnt zur Freigebigkeit[276] und spendet sein volles Lob, wo er Tugend und zumal Freigebigkeit, die dem fahrenden Dichter am höchsten erscheinende Tugend, findet.[277] Seit der zweiten Hälfte des dreizehnten Jahrhunderts werden die Lobsprüche häufiger, aber auch geschmackloser und plumper. Gegen ungerechtfertigtes Lob schmeichelnder Sänger richten sich die Strophen Bruder Wernhers.[278] Der karge Grosse wird ebenso scharf getadelt wie der Freigebige begeistert gepriesen.[279] Sehr beissend äussert sich Walther über die ungastliche Aufnahme in dem reichen Tegernsee.[280] An den Gönner richtet der bedürftige Dichter die Bitte um eigenen Besitz,[281] da er das Glück des eigenen Heerdes nicht gekannt, sondern wandernd die Welt durchziehen muss,[282] oder er fügt diese Bitte am Schlusse eines Liedes in einer besonderen Strophe an,[283] wie namentlich romanische Dichter ähnliches lieben. Jubelnd bricht er nach Gewährung der Bitte in wärmsten Dank aus;[284] aber das Geschenk reicht nicht hin, die Abgaben sind zu gross, um ihn und seine Familie ernähren zu können.[285]

Ueberhaupt findet im Spruche der Dichter am häufigsten Anlass, seine persönliche Lage zu berühren, seine Standesverhältnisse zu schildern. Ein eigenes Lied hat darüber Hadloub gedichtet,[286] worin er die Haussorgen eines verheiratheten armen Dichters uns vorführt. Der eigenen Armuth gedenkt schon Spervogel, der seinen Kindern nicht Lehen noch Eigen hinterlassen kann.²⁸⁹ Die meisten Dichter, auch wenn sie ritterliches Standes waren, befanden sich in ärmlichen Verhältnissen und waren auf die Freigebigkeit der Grossen angewiesen; eine Ausnahme ist es, wenn der Truchsess von St. Gallen Gott dankt, dass er nicht wie sein Meister von der Vogelweide von anderer Gnade leben müsse.²⁸⁹ Namentlich seit der Mitte des 13. Jahrhunderts, wo die politische Lage der Dichtkunst mehr und mehr ungünstig wurde, häufen sich die Klagen;²⁹⁰ freilich muss sich Herman der Damen selbst vorwerfen, dass er verschwenderisch gelebt und nichts erspart habe.²⁹¹ Dem auf das verschiedenste gerichteten Geschmack des Publikums kann der Dichter nicht nachkommen,²⁹² wenn auch seine ausgebreiteten Kenntnisse ihm allen möglichen Stoff zuführen.²⁹³ Die Spielleute, die durch erbärmliche Gaukeleien und Sittenlosigkeit sich ihren Unterhalt suchen, sieht er mehr berücksichtigt als wahre Kunst,²⁹⁴ und daher zieht er es vor, wiewohl alle Arten des Minnesanges ihm bekannt sind, keine Lieder zu singen, weil Weiber beim Weine zu schelten den jungen Herrn lieber geworden, als der Frauen Lob zu hören.²⁹⁵

Mit der Abnahme der Gunst der Grossen steigt der Neid unter den Sangesgenossen, indem noch landschaftliche und sprachliche Unterschiede hinzutreten;²⁹⁶ doch sind auch schon früher spottende Bemerkungen der Dichter über einander üblich gewesen.²⁹⁷ Der allzu zärtlich und ideal liebende Minnesänger muss sich den Spott seines realistischer denkenden Sangesbruders gefallen lassen.²⁹⁸ Den jüngern Dichter sehen wir von dem älteren in die Kunst eingeführt werden; jener huldet ihm als seinem Herrn und wird wie ein Ritter in den Orden der Poesie aufgenommen.²⁹⁹ Doch ist die bestimmte Gestaltung des Verhältnisses zwischen Meister und Schüler erst ein Ergebniss später Zeit, die den Uebergang in die Kunst der Meistersänger bildet.

Anderer Art sind die persönlichen Angriffe Walthers auf Gerhard Atze, die auf einem Streit um ein erschossenes Pferd beruhen.³⁰⁰ Er entschliesst sich zu 'scharfem Sange', weil er gesehen, dass man Herren Gut und Weibes Gruss nicht auf die höfische wohlerzogene Weise wie er bisher gethan erwerben könne.³⁰¹

Die Spruchpoesie von meiner Sammlung auszuschliessen schien unthunlich, wiewohl der Titel nicht genau den Inhalt ausdrückt. Ohne sie würde die Entwickelung der deutschen Lyrik eine unvollständige gewesen sein; denn wir fanden, dass sie sich ebenso im Inhalt mit der eigentlichen Liederdichtung berührt, wie die Form eine in allen Hauptpunkten übereinstimmende ist.

²⁸⁸ 3, 1.   ²⁸⁹ 30, 105.   ²⁹⁰ Vgl. 57. 185. 74, 1. 77, 20. 79, 334.   ²⁹¹ 78, 39.   ²⁹² 42, 111.   ²⁹³ 42, 131.   ²⁹⁴ 77, 1.   ²⁹⁵ 63, 21.   ²⁹⁶ Vgl. 43, 20. 60, 1 11. 69, 82. 78, 83.   ²⁹⁷ 29, 1.   ²⁹⁸ 56, 1.   ²⁹⁹ 79, 131.   ³⁰⁰ 21, 323. 348.   ³⁰¹ 21, 203.

Ueber die Form seien noch einige Bemerkungen gestattet. Die Strophe, mhd. gewöhnlich *liet*,[302] hat natürlich die grösste Mannichfaltigkeit, was Wahl und Verbindung der Versarten, Verkettung der Reime betrifft. Wir unterscheiden den Text, mhd. *wort*, und die Melodie, *wise* oder *dôn*, auch *gedæne*.[303] Der Dichter war in der Regel auch Componist der begleitenden Melodie. Schon im zwölften Jahrhundert sehen wir das Gesetz zwar nicht ausgesprochen, aber in Wirklichkeit durchgeführt, dass kein Dichter den von einem andern erfundenen Ton (Strophenform und Melodie) sich aneignen durfte. Wer das that, hiess ein *dænediep*.[304] Daher jene Fülle von Tönen, von der unsere moderne Lyrik kaum eine Vorstellung hat. Wenn manche Formen sich sehr nahe berühren, manche vielleicht auch in der Wahl der Versarten und Verkettung der Reime übereinstimmen (und das konnte bei einfachen Formen leicht geschehen, weil es in der Zeit breiterer Entwickelung unmöglich war, alle schon dagewesenen Verbindungen zu kennen und zu vermeiden), so ist daraus auf eine Nachahmung oder Aneignung noch keineswegs zu schliessen, denn die begleitende Melodie konnte verschieden sein. Die Provenzalen fanden von Anfang an nichts darin, in der Weise eines andern Dichters zu singen, und behielten dann nicht nur seine Melodie, sondern auch dieselben Reime bei.

In Deutschland war bis zur Mitte des 13. Jahrhunderts die Anwendung der Form eines andern nur in besonderen Fällen gestattet, z. B. wenn man gegen eines Dichters Ausspruch sich wandte, so brauchte man dieselbe Form, wie Walther ein paar Mal Reinmar gegenüber; der Truchsess von St. Gallen, wenn er über Walthers Armuth scherzt, braucht den Ton, in dem Walther über seine Dürftigkeit klagte; und der Vertheidiger der Bauern gegen Neidhart wendet die Form an, in der der Dichter den Kleiderschmuck jener verhöhnt. Von der zweiten Hälfte des 13. Jahrhunderts an, wo die Erfindungskraft an Form und Inhalt schwächer zu werden beginnt, kommen auch andere Fälle vor, und bei den Meistersängern galt es für ganz unanstössig, in Tönen älterer oder gleichzeitiger Dichter zu singen.

Das allgemeine Gesetz der deutschen Strophenbildung ist der dreitheilige Bau; die Strophe besteht aus zwei einander gleichen (Stollen) und einem von jenen verschiedenen gewöhnlich längeren Theile (Abgesang). In meiner Sammlung sind die drei Theile durch grosse Buchstaben kenntlich gemacht. Doch fügen sich keineswegs alle Strophen diesem Gesetze; namentlich die Tanzlieder Neidharts zum Theil, auch eine Anzahl Spruchformen, z. B. Walthers, kennen es nicht. Eine besondere Beziehung

---

[302] 56. 20; demin. *liedel* 39, 2. 96, 339. *liedelin* 38, 99; doch hat *liet* daneben schon die heutige Bedeutung, 84, 57. [303] 21, 214. 1, 17. 25, 648. 39, 3.11. 53. 39, 1. 37, 6. [304] 42, 33.

zwischen Stollen und Abgesang braucht nicht zu walten; erst in späterer Zeit wird es üblich in dem Schlusse des Abgesanges den Stollen ganz oder theilweise zu wiederholen. Dagegen haben die älteren Dichter die Eigenthümlichkeit, die Reime durch alle drei Theile der Strophe hindurchgehen zu lassen, während sonst gewöhnlich im Abgesange neue Reime eintreten. Dass diese Wiederholung nicht ursprünglich deutsche Art ist, zeigen die ältesten Dichter; sie beginnt erst mit der Nachahmung romanischer Formen, und bei den Romanen war diese Art die herrschende. Fast nur Dichter, die entschieden romanischen Einfluss verrathen (Veldeke, Hausen, Johansdorf, Neuenburg, Horheim, Schwangau), zeigen auch die Durchreimung von Stollen und Abgesang.

Die Anwendung dactylischer Verse findet sich am häufigsten im 12. Jahrhundert und hängt gleichfalls mit der romanischen Poesie zusammen. Der am häufigsten vorkommende dactylische Vers von vier Hebungen ist genau der zehn- oder elfsilbige Vers der Romanen, der wie alle romanischen Verse kein festes Mass, sondern wie noch heutzutage im allgemeinen den geflügelten Charakter von Anapästen und Dactylen an sich trägt. Indem die deutschen Dichter ihn herübernahmen, ahmten sie die Zahl der Silben (den Auftakt abgerechnet, der stehen und fehlen darf) und den rhythmischen Klang nach. So finden sich die dactylischen Vierfüssler rein gebraucht bei Johansdorf,[305] Horheim,[306] Bligger von Steinach,[307] Hartmann von Aue,[308] dem Markgrafen von Hohenburg,[309] Hildbold von Schwangau,[310] Walther,[311] dem Herzog von Anhalt[312] und einem ungenannten Dichter,[313] doch hier theilweise durch innere Reime unterbrochen, die die Romanen bei dieser Versart ebenfalls häufig haben; derselbe Fall bei Heinrich von Rugge.[314] Mit kürzeren dactylischen Versen gemischt bei Hausen[315] und dem tugendhaften Schreiber;[316] mit mehr als vierfüssigen bei dem von Kolmas,[317] Kristan von Hamle,[318] Ulrich von Lichtenstein[319] und Burkart von Hohenvels,[320] überall zugleich mit inneren Reimen versehen. Nur längere Verse hat der von Weissensee;[321] mit andern (trochäischen und jambischen) Versen mischen den dactylischen Vierfüssler Veldeke, Morungen und Buwenburg.[322]

Am Schlusse der Strophe begegnet nicht selten der Refrän: entweder als ein Jodelruf, wie Walthers *tandaradei*, das zwischen die beiden letzten Strophenzeilen eingeschoben ist,[323] und ähnliche kürzere und längere Rufe bei Neidhart,[324] Stretelingen.[325] Johann von Brabant,[326] einem Namenlosen[327] und einem Nachahmer Neidharts;[328] auch *wâfen*, das an der Spitze der

Schlusszeile jeder Strophe bei Steinmar wiederkehrt, gehört hierher.[329] Oder es sind wirklich bestimmte sich wiederholende Worte und Verse, namentlich im Tanzliede, wo sie das vom Chore gesungene bezeichnen;[330] aber auch sonst im Liebesliede,[331] im Tageliede,[332] beim Markgrafen von Hohenburg am Schlusse der Stollen und des Abgesanges, je nach der redenden Person wechselnd.[333] Diesen Wechsel je nach dem sprechenden hat Strophe um Strophe auch Wintersteten.[334] Der Umfang des Refräns ist sehr verschieden; er umfasst eine Zeile;[335] gewöhnlich zwei Verse,[336] seltener drei,[337] vier,[338] fünf,[339] sechs;[340] eine höhere Anzahl kommt in unserer Sammlung nicht vor.

Provenzalische Dichter pflegen am Schlusse des Liedes ein Geleit anzufügen, welches meist persönliche Beziehungen enthält und die letzten Verse der vorhergehenden Strophe in der Form wiederholt. Der Art, aber ohne persönliche Beziehung, die ausserhalb des Inhalts des Liedes stände, ist bei Morungen die dreizeilige Strophe 14, 294—296, die dem Abgesang der vorhergehenden gleich ist. Und wie romanische Dichter mehrere Geleite anhängen, so hat Walther[341] den Abgesang der letzten Strophe mit Veränderung eines Reimwortes und Variation des Gedankens zweimal wieder aufgenommen.

Der strophischen Form widerstrebt nur eine Dichtungsart, die die dritte Hauptgattung bildet, der *leich*,[342] von dem wir im Ganzen nur vier Belege geben konnten. Seinem Inhalte nach kann der Leich sehr verschieden sein: dem Lobe der Geliebten ist der Lichtensteins[343] und der Rotenburgs[344] gewidmet; vom Wesen des Gottes Amor handelt der wilde Alexander,[345] und Tanhauser erzählt nach Art der Pastourelle in launigem, absichtlich mit Fremdwörtern stark gemischtem Stile sein Liebesabenteuer mit einer ländlichen Schönen.[346] Der letztere Leich zeigt die Bestimmung, beim Tanze gesungen zu werden, wie denn der Dichter nach Beendigung seiner Erzählung in die übliche Weise des Tanzliedes übergeht. Aber es gibt auch religiöse Leiche; in andern werden Bezüge auf Gönner, auf Erlebnisse des Dichters (namentlich beim Tanhauser) niedergelegt; die meisten jedoch haben die Minne zum Gegenstande. Den regelmässigsten Bau zeigt Lichtensteins Leich: er zerfällt in zwei grosse sich vollkommen gleiche Absätze, die durch grössere Anfangsbuchstaben kenntlich gemacht sind;[347] ihnen folgt ein kürzerer,[348] der dieselben Melodien noch einmal, aber nur zur

Hälfte wiederholt. Einige einleitende Verse (33, 133—138) und die Schlusszeilen (227—229) stehen in keiner nahen Verbindung und bilden eine Art musikalischen Vor- und Nachspiels. Freier gebaut ist der Leich Rotenburgs, wo nur die Zweitheiligkeit jedes einzelnen Leichabsatzes fest gehalten zu werden pflegt, die manchmal auch viertheilig auftritt, und gewisse Formen sich aufs neue mit derselben Melodie wiederholen. So kommt der sechszeilige Abschnitt 43, 21—26 noch sechsmal vor.[149] Beim Tanhauser, wo die Zweitheiligkeit fast gar nicht begegnet, kehrt eine Form (47, 5—9) ebenfalls mehrfach wieder.[150] Der wilde Alexander hat durchgehends zweitheiligen Bau der Absätze, und ausserdem Wiederholung einer grösseren Parthie: so sind die vier Absätze 71, 67—84 vollkommen gleich den vier folgenden 85—102. Der dichterischen Freiheit war hier ein ziemlicher Spielraum gegeben, und die Lyriker des 13. Jahrhunderts haben davon den ausgedehntesten Gebrauch gemacht. Gegen Ende desselben wurde es Brauch, jedem Absatze, in sich zweitheilig, eine eigene Melodie zu geben, die nicht wiederholt wurde.

Vorstehenden Bemerkungen über Inhalt und Form unserer mhd. Lyrik lasse ich folgen, was über Zeit, Heimath und Leben der in meine Sammlung aufgenommenen Dichter bisher ermittelt worden ist. Eine so reiche Quelle wie für die Troubadours in den provenzalischen Biographien derselben besitzen wir leider bei unsern mhd. Dichtern nicht; die geringen Anhaltspunkte in ihren Liedern wie urkundliche Nachweise und Form und Charakter ihrer Poesie sind fast das einzige, worauf wir unsere Kenntniss bauen. Dennoch würde eine Darstellung des Lebens und Wirkens der deutschen Liederdichter in der Weise von Diez' Leben und Werken der Troubadours eine dankenswerthe Aufgabe sein und ein anschauliches Bild vom mittelalterlichen deutschen Sängerleben geben, da die Abhandlungen Hagens im vierten Bande seiner Minnesinger weder kritisch genug den Stoff behandeln, noch eine klare Entwickelung der einzelnen Dichter wie der gesammten Lyrik geben.

I. Der von Kürenberc.

Urkundlich sind mehrere dieses Geschlechtes, dessen Burg an der Donau eine Stunde westlich von Linz bei dem Kloster Wilhering lag, seit dem Anfang des zwölften Jahrhunderts nachgewiesen. Es erscheinen Burchard und Markward in einer Urkunde zwischen 1100—1139; Magnes 1121; Konrad 1140 und 1147; Heinrich 1159; Gerold 1155—60; Walther 1191; Otto

[149] 39—44. 51—46. 63—68. 90—95. 104—109. 118—123. [150] 17, 10—14. 29—33. 43—49. 81—83.

und Burchard zwischen 1160—90; Heinrich zwischen 1190—1217. Die vier letztgenannten können nicht in Betracht kommen. Ob einer der früheren der Dichter ist, lässt sich nicht entscheiden: aber dem Geschlechte gehörte er an, und im Breisgau haben wir ihn nicht zu suchen. Seine Lieder, meist einzelne Strophen, habe ich alle aufgenommen. Ausgabe in 'Kiurenbergii et Alrammi Gerstensis poetarum theotiscorum carmina carminumque fragmenta recensuit G. Wackernagel. Berolini 1827' (wiederholt in Hoffmanns Fundgruben 1, 263—267); 'Minnesinger, deutsche Liederdichter des 12. 13. und 14. Jahrhunderts, von F. H. von der Hagen (MSH). Leipzig 1838' (4 Theile 4°) 1, 97; und 'des Minnesangs Frühling (MF) herausgegeben von Karl Lachmann und Moriz Haupt. Leipzig 1857' (gr. 8. VIII, 340 SS.) S. 7—10. Vgl. dazu die Recension von K. Bartsch und Fr. Pfeiffer, Germania 3, 481—508, und Haupts Erwiderung, Zeitschrift 11, 563—593, so wie Germania 4, 232—237. Die urkundlichen Nachweise MF. S. 229 fg. Germania 2, 492 fg. Vgl. Hagen 4, 109. Dem Dichter hat, auf die Uebereinstimmung der strophischen Form gestützt, neuerdings Franz Pfeiffer das Nibelungenlied zugeschrieben: 'Der Dichter des Nibelungenliedes. Ein Vortrag von Franz Pfeiffer, Wien 1862' (12. 48 SS).

II. Hêr Dietmâr von Aiste.

Der Familienname lautet in Urkunden des 12. Jahrhunderts Agast, Agist, Aist: B hat Aste, C Ast. Das Geschlecht war im Lande ob der Ens, in der Riedmark, ansässig und leitete den Namen von dem Bache Agist, jetzt Aist. Dietmar erscheint in Urkunden seiner Heimath nicht selten. Zuerst in einer zu Lorch ausgestellten Urkunde von 1143, in einem Gütertausch der Probstei Berchtesgaden um 1144, in einer Urkunde Herzog Heinrichs, Wien 1158, in einer Urkunde des Bischofs Konrad von Passau 1159, in der Bestätigung des Privilegiums von 1158 im Jahre 1161. Im Salbuche des Klosters Aldersbach findet sich eine um 1170 angesetzte Urkunde über eine Schenkung Dietmars. Im Jahre 1171 war er sicher schon todt: eine Urkunde Herzog Heinrichs aus diesem Jahre gedenkt seiner Schenkungen an das Kloster Garsten und bezeichnet ihn als verstorben. Auch dem Kloster Baumgartenberg machte er Schenkungen, die 1209 Herzog Leopold VI. bestätigte. Seine Lieder tragen nicht alle das alterthümliche Gepräge, das in Form und Ausdruck der Zeit vor 1170 zukommt. Daher ist Wackernagels Vermuthung, es seien unter seinem Namen zwei Dichter gemischt, nicht unwahrscheinlich; aber nicht zwei dieses Geschlechtes, denn mit Dietmar starb dasselbe aus. Sein Erbe gieng vermuthlich an seine Schwester Sophia über, die mit Engilbert von

Schonberingen vermählt war. Ich habe nur die alterthümlicheren Strophen ausgehoben. — Seinen Tod beklagt Heinrich vom Türlein (um 1220) in der Krone 2438 ouch muoz ich klagen den von Eist, den guoten Dietmâren, an der Spitze von andern Lyrikern des 12. Jahrhunderts. — MF. 32—41. MSH. 1, 93—102. Die urkundlichen Nachweise MF. 245 und Germania 2, 493; vgl. 3, 505. Hagen 4, 111.

III. Spervogel.

Die Handschriften unterscheiden einen Spervogel und einen jungen Spervogel, weisen also auf zwei Dichter hin, wenngleich sie die Strophen beider vermischen. Die Unterscheidung bestätigt Metrik und Reimgebrauch. Nach Simrock (Lieder der Minnesänger S. IX) hiess der ältere Dichter Herigêr, was aus 38 gefolgert werden kann, aber nicht muss. Er war ein wandernder Sänger von bürgerlichem Stande, dessen Zeit namentlich durch die in 8—12 erwähnten Persönlichkeiten sich bestimmt. Wernhard von Steinberg erscheint in einer Wormser Urkunde Lothars III. vom 27. December 1228 und könnte der vom Dichter beklagte sein. Steinberg ist Gräfensteinberg bei Gunzenhausen, wo die Fürsten von Oettingen noch im 18. Jahrhundert Besitz hatten. Er müsste aber lange gelebt haben, wenn Spervogel seinen Tod zugleich mit dem Walthers von Husen beklagen konnte (8); denn dieser, der Vater des Dichters Friedrich von Husen, in Urkunden seit 1159, lebte noch im Jahre 1173. Heinrich von Giebichenstein ist noch nicht nachgewiesen; Heinrich von Staufen ist wahrscheinlich der Burggraf von Regensburg, denn die Steveninger Burggrafen nannten sich auch von Regenstauf oder von Stauf. Baiern war vermutlich die Heimath des Dichters. Seine Strophen habe ich sämmtlich aufgenommen. Sie stehen hinter denen des jüngern Dichters im MF. 25—30. MSH. 2, 374—377. Die urkundlichen Nachweise MF. 237. Haupt, Hartmanns Lieder S. XVI. Pfeiffer, Germania 2, 494. Hagen 4, 685—692.

IV. Hêr Meinlôh von Sevelingen.

Die von Sevelingen, jetzt Süßingen, bei Ulm waren Truchsessen der Grafen von Dillingen. Nur ein jüngerer Meinlôh de Sevelingen ist in einer Urkunde des Klosters Kaisersheim von 1240 nachgewiesen (Stälin, wirtembergische Geschichte 2, 761); wahrscheinlich ein Enkel des Dichters. Derselbe hat nur gepaarte, keine überschlagenden Reime: die Strophenform seiner Lieder ist eine Erweiterung der Nibelungenstrophe. MF. 11—15; vgl. S. 231. MSH. 1, 219 fg. 4, 156—158.

V. Der burcgrâve von Regensburc.

Die Burggrafschaft Regensburg war bis zum Jahre 1184 in dem Geschlechte der Grafen von Steveningen und Rietenburg erblich: daher die von Hagen (4, 155) ausgesprochene Vermuthung, es sei der Burggraf von Regensburg und der von Rietenburg eine und dieselbe Person, manches für sich hat. Demselben Geschlechte haben beide Dichter sicher angehört. Der Zeit nach würde am besten passen Heinrich von Stevening und Rietenburg, der 1161—1176 Burggraf von Regensburg war. MF. 16—17; vgl. S. 232. MSH. 1, 171. 4, 480—484.

VI. Der burcgrâve von Rietenburc.

Formell unterscheidet er sich von dem vorigen durch künstlichere Strophenformen und überschlagende Reime, während jener in seinen einfachen an die Nibelungenstrophe sich anlehnenden Weisen nur gepaarte kennt. Daher vielleicht der Sohn des vorigen, Friedrich, von 1176 bis um 1181 Burggraf von Regensburg. MF. 18—19. 232. MSH. 1, 218. 4, 155 fg.

VII. Hêr Heinrich von Veldeke.

Stammt aus einem ritterlichen Geschlechte, das in der jetzigen belgischen Provinz Limburg heimisch war. Bis jetzt ist nur eine bei dem Dorfe Spalbecke gelegene Mühle namens Veldeke und um 1235 ein Heinrich von Veldeke, wahrscheinlich ein Nachkomme des Dichters nachgewiesen. In seiner Heimat fand er einen Gönner an Grafen Ludwig von Loz († 1171) und dessen Gemahlin, Agnes, der einzigen Tochter des Grafen von Reineck: auf ihren Anlass dichtete er nach lateinischer Quelle die Legende von S. Servatius, dem Schutzheiligen von Mastricht. Am Hofe von Cleve wurde vor 1175 der grösste Theil seines Hauptwerkes, der Eneit, bei dem er dem Roman d'Eneas von Benoit de Sainte Moore folgte, geschrieben, allein das Manuscript durch einen Grafen Heinrich von Schwarzburg dem Dichter entführt, der sein Werk etwa zehn Jahre später auf der Neuenburg an der Unstrut im Dienste des Landgrafen Hermann von Thüringen, damals noch Pfalzgrafen, vollendete. Zu Pfingsten 1184 war der Dichter bei dem Feste zu Mainz anwesend, welches Friedrich I. zu Ehren der Schwertleite seiner Söhne veranstaltete. Seinen Ruhm verdankt Heinrich hauptsächlich der Eneit; als Lyriker nennt ihn der Marner (XLII, 58) und ein Meistergesang des vierzehnten Jahrhunderts (m. Meisterlieder 24, 41). Bei ihm zuerst finden wir den Einfluss französischer Lyrik auf die deutsche im

Strophenbau, in einzelner Nachbildung und im ganzen Geiste. Ausgabe des Servatius: Sinte Servatius Legende van Heynrijck von Veldeken, uitgegeven door J. H. Bormans. Maestricht, 1858 (8. 285 SS.); vgl. dazu K. Bartsch, Germania 5, 406—431. Eneit und Lieder in Heinrich von Veldeke herausgegeben von Ludwig Ettmüller. Leipzig 1852 (8. XX, 476 SS.); über die französische Quelle: A. Pey, essai sur li romans d'Eneas. Paris 1856, und derselbe in Eberts Jahrbuch für romanische und englische Literatur 2, 1—45. Die Lieder im MF. 56—68. MSH. 1, 35—40; vgl. 4, 72—79.

VIII. Hêr Friderich von Hûsen.

Der Sohn Walthers von Husen, dessen Tod Spervogel (III) beklagt. Mit seinem Vater zugleich erscheint er als Zeuge in einer Urkunde des Mainzer Erzbischofs Christian I. (Baur, hessische Urkunden. Darmstadt 1860. 2, 23). Im Jahre 1175 war er in Italien: in Pavia bezeugt Fridericus filius Waltheri de Husen eine Urkunde desselben Bischofs aus diesem Jahre (Baur 2, 24). Nochmals war er 1186 mit Heinrich VI. in Italien und bezeugt am 6. October des genannten Jahres einen Schutzbrief des Königs zu Bologna (Stälin 2, 768). Im December 1187 war er bei dem Gespräche Friedrichs I. und Philipp Augusts zwischen Mouson an der Maas und Ivoi, sowie auf dem Rückwege bei einer Verhandlung zu Virton gegenwärtig. 1188 geleitete er den Grafen Balduin V. von Hennegau und bezeugt zu Weihnachten 1188 in Worms die Belehnung Balduins mit Namur. 1189 zog er mit Friedrich I. ins heilige Land, und kam am 6. Mai in einem Gefechte bei Philomelium, von seinen Genossen lebhaft beklagt, um. Seiner gedenken Dichter des 13. Jahrhunderts mehrfach rühmend, so Heinrich von dem Türlin (Krone 2443), Reinmâr von Brennenberg (unten XLVI, 73) und der von Gliers (MSH. 1, 107b) Seine Lieder tragen die niederrheinische Färbung und lehnen sich wie die Veldekes an romanische Vorbilder an: bis jetzt sind nur provenzalische Belege nachgewiesen (zu VIII, 68. 170). Die Reime zeigen noch viele Freiheiten; ganz rein gereimt sind nur MF. 52, 37—53, 14 (nur in C) und 53, 15—30 (in BC), die auch keine Spur mundartlicher Abweichung zeigen. — MF. 42—53. MSH. 1, 212—217. 3, 321. Die urkundlichen Nachweise MF. 249. 251. MSH. 4, 150—154. Haupt, Hartmanns Lieder S. XVI. Stälin 2, 768.

IX. Grâve Ruodolf von Fênis.

Es ist Rudolf II., Graf von Neuenburg in der Schweiz, der in Urkunden 1158—1192 erscheint und vor dem 30. August 1196 starb. Seine

Lieder sind meist Nachbildungen provenzalischer Originale, die bis jetzt aus Peire Vidal und Folquet von Marseille nachgewiesen sind. Und zwar müssen ihm die Originale bald nach ihrer Entstehung bekannt geworden sein, denn das dem Peire Vidal nachgedichtete Lied fällt ins Jahr 1189 (s. meinen Peire Vidal S. XL) und in die achtziger Jahre auch die Lieder Folquets. Seine Heimath erklärt die rasche Verbreitung. Unter verstorbenen Liederdichtern nennen ihn der Marner (unten XLII, 57) und Reinmar von Brennenberg (XLVI, 71). MF. 80—85. MSH. 1, 18—20. Urkundliche Nachweise MF. 262. MSH. 4, 47—52. Ueber das Verhältniss zur provenzalischen Poesie: K. Bartsch in Haupts Zeitschrift 11, 145—162.

X. Hêr Heinrich von Rugge.

Er erscheint als Zeuge (Heinricus miles de Rugge) in einer zwischen 1175—1178 ausgestellten Urkunde des Abtes Eberhard von Blaubeuren. Seine Lieder haben noch hin und wieder Assonanzen, während sein Leich, der eine Ermahnung zur Theilnahme am Kreuzzuge enthält und im Spätjahr 1191 geschrieben ist, als die Trauerkunde von Friedrichs I. Tode (10. Juni 1190) nach Deutschland gekommen war, nur reine Reime hat. Daher müssen seine Lieder früher fallen. Als Leichdichter ist er nach Ulrich von Gutenburg (MF. 69—77) der älteste, denn von Friedrich von Husen sind uns keine Leiche erhalten, und als solchen rühmt ihn neben andern der von Gliers (MSH. 1, 107[b]), als Liederdichter Heinrich von dem Türlin (Krone 2442) und Reinmar von Brennenberg (unten XLVI, 72). MF. 96—111. MSH. 1, 220—222. 3, 468[a]. Der urkundliche Nachweis durch Pfeiffer, Germania 7, 110.

XI. Hêr Albreht von Jôhansdorf.

Aus einem bayerischen ritterlichen Geschlechte. Albertus et frater ejus Eberhardus de Jahenstorff in einer Urkunde des Bischofs Hermann von Bamberg, Osterhofen 1172, unter den Ministerialen; Albert allein als Ministeriale desselben Bischofs 1188. In einer Urkunde des Klosters S. Nicolas zu Passau (um 1185) Albert und sein Sohn Adalbert. Der Sohn ist wahrscheinlich der unter Ministerialen des Bischofs Wolfker von Passau 1201 und 1204, des Bischofs Manegold 1209 vorkommende. Ich halte den 1185—1209 erscheinenden für den Dichter. Er nahm an einem Kreuzzuge Theil, wahrscheinlich dem Friedrichs I. (1189); auf denselben beziehen sich mehrere Strophen. Das Gesprächslied (33—34) gehört wohl seiner spätern Zeit an. Rühmend gedenkt seiner Reinmar von

Brennenberg (unten XLVI, 73). MF. 86—95. MSH. 1, 321—325. 3, 329. Urkundliche Nachweise MF. 267.

XII. Hêr Berngêr von Horheim.

Vermuthlich im Enzgau (Wirtemberg) heimisch, wo es Herren von Horheim gab. Er war an der Heerfahrt nach Apulien betheiligt, die im Frühling 1190 Heinrich VI. nach dem Tode Wilhelms II. von Sicilien sendete; Heinrich selbst folgte am Ende desselben Jahres nach. Seine Lieder verrathen französischen Einfluss; bestimmte Nachahmung ist an éinem Liede dargethan (1—27). MF. 112—115. MSH. 1, 319—321. Die historischen Nachweise MF. 275 fg.

XIII. Der von Kolmas.

Aus einem thüringischen Geschlechte, aus dem ein Henricus de Kolmas in Eisenacher Urkunden von 1274, 1277 und 1279 nachgewiesen ist. Von ihm kennen wir nur das eine tiefempfundene Lied, dessen Ton und Rhythmus mehr als die Reime für die Zeit, in der er lebte, zeugen. MF. 120—121. MSH. 3, 468ª. Altd. Blätter 2, 122. Urkundliche Nachweise MF. 277.

XIV. Hêr Heinrich von Môrungen.

Auch er ist ein thüringischer Ritter aus der Gegend von Sangerhausen, wo ein Geschlecht seines Namens, doch nicht der Dichter selbst nachgewiesen ist. Dazu stimmt seine Mundart, über welche Pfeiffers Germania 3, 503 zu vergleichen ist. Unter den Lyrikern vor Reinmar und Walther ist Heinrich von Morungen an Tiefe und Manichfaltigkeit unbestritten der bedeutendste. Auffallend ist, dass keiner der spätern Lyriker seiner gedenkt. Als Dichter von Tageliedern erwähnt ihn Seifried Helbling 1, 759; als Dichter überhaupt Hugo von Trimberg (Renner S. 20). Er war eingebildeter Dichter dem auch das klassische Alterthum nicht fremd war (MF. S. 284). Seine Zeit bestimmt sich nicht aus äusseren Beziehungen, auch nicht aus den Reimen, denn diese sind, das mundartliche abgerechnet, durchaus rein, sondern aus dem ganzen Charakter seiner Lieder, der Durchreimung von Stollen und Abgesang, der Anwendung des daktylischen Rhythmus und der Nachachmung provenzalischer Dichter, die ich Germania 3, 304 gezeigt habe. MF. 122 bis 147; vgl. 278. MSH. 1, 120—131. 3, 317. 4, 122—126. Vgl. auch Germania 8, 54.

XV. Hêr Reinmâr.

Ein Elsässer von Geburt, und ohne Zweifel die Nachtigall von Hagenau, deren Tod (um 1207) Gottfried von Strassburg beklagt. Hauptsächlich scheint er sich am österreichischen Hofe aufgehalten zu haben, wo er auf Walthers Entwickelung nicht unwesentlich einwirkte. Er schloss sich dem Kreuzzuge Herzog Leopolds VI. (1190) an (352—381) und widmete diesem seinem Gönner, als derselbe Ende des Jahres 1194 starb, ein schönes Klagelied (199—234). Sein Verhältniss zu Walther muss nicht immer freundlich geblieben sein; dennoch klagt Walther mit aufrichtigem Schmerze um seinen Tod (361—386). Reinmar neben Hartmann wird von Heinrich von dem Türlein (Krone 2416 ff.) beklagt. Der Beiname 'der Alte', den er in der Handschrift C hat, soll ihn von dem jüngern Reinmar von Zweter unterscheiden, mit dem zusammen (zwêne Regimâr) der Marner ihn nennt (unten XLII, 57). Er ist unter den eigentlichen Liederdichtern nächst Walther der fruchtbarste. MF. 150—204. Hagen 1, 174—201. 3, 318—321. 468ᵃ. 4, 137—144. Lachmann zu Walther 82, 24.

XVI. Der junge Spervogel.

Von dem älteren Dichter (III) wohl um 20—30 Jahre abstehend, aber noch dem Schlusse des 12. Jahrhunderts angehörend, da er, wenn auch wenige, Reimungenauigkeiten hat und hin und wieder die Senkungen auslässt. Seine Strophen stehen MF. 20—25 vor denen des ältern Dichters; dem jüngern können die S. 242—245 gedruckten Strophen wohl angehören; vgl. Germania 2, 494. 3, 482. MSH. 2, 371. 374. 375—376.

XVII. Hêr Bliggêr von Steinach.

Ein rheinpfälzischer Ritter, dessen Stammburg am Neckar noch heute in Trümmern sichtbar ist. Er und sein Bruder Konrad erscheinen mit ihrem Vater Bligger bereits 1165 in Urkunden, 1184 er mit Konrad als Zeuge einer Schönauer Urkunde des Pfalzgrafen Konrad; 1196 einer Urkunde Heinrichs VI. in Worms, ohne den Bruder; 1198 mit Konrad und Ulrich bei dem Kaufe des Gutes Lochheim, und Bligger noch 1209 als Vermittler eines Streites zwischen dem Kloster Eberach und Eberhard Waro von Hagen. Er war 1194 mit Heinrich VI. in Italien: in Piacenza bezeugt er eine Urkunde Heinrichs, eine Schenkung an das Bisthum Brixen betreffend. Er dichtete schon vor 1193, da er Saladins († 3. März 1193) als eines lebenden gedenkt (XVII, 38). Sein Sohn Bligger, urkundlich seit 1211, und 1228 gestorben, den Hagen (MS. 4, 256) für den Dichter hält, ist zu jung. Als Gottfried seinen Tristan schrieb (um 1207), lebte er noch: Gottfried hebt preisend seinen 'Umhang' hervor, ein episches Gedicht, das novellenartige Erzählungen vermuthlich des klassischen Alterthums unter dem Bilde eines

Wandteppichs an einander reihte. Nicht minder rühmt ihn Rudolf von Ems im Willehalm und Alexander. Von dem verloren geglaubten 'Umhang' hat Franz Pfeiffer (zur deutschen Literaturgeschichte, Stuttgart 1855. S. 1—18) mit grosser Wahrscheinlichkeit ein anonym überliefertes Bruchstück entdeckt. Benutzt scheint der Umhang in des Pleiers Meleranz (S. 365 meiner Ausgabe, vgl. Germania 8, 61). Von den Liedern sind nur die beiden von mir ausgehobenen (1—39) ächt: das dritte (MF. 119, 13—27), das nur C hat, verräth strophischen Bau, wie er zur Zeit des Dichters nicht üblich war. Es könnte einer der jüngern Bligger der Verfasser sein. — MF. 118—119. MSH. 1, 326. 4, 254—260.

XVIII. Hêr Hartman von Ouwe.

Ein Dienstmann der Herren von Aue, im Breisgau, 1¼ Stunde südlich von Freiburg, dichtete etwa von 1190—1204. Er war noch am Leben, als Gottfried den Tristan dichtete (um 1207); um 1220, wo Heinrich von dem Türlein um ihn klagt (Krone 2348), bereits todt. Eines seiner Lieder ist in Franken (XVIII, 88) nach Saladins Tode (3. März 1193) gedichtet. Er nahm an einem Kreuzzuge Theil, wahrscheinlich dem Zuge, den Berthold von Zäringen mit anführte, denn die von Aue waren Ministerialen der Zäringer. Hartmann stand bei seinen Zeitgenossen in hohem Ansehen und wird von ihnen und spätern Dichtern oft gepriesen, am schönsten wohl von Gottfried in der bekannten Stelle des Tristan. Doch bezieht sich dies Lob fast ausschliesslich auf seine epischen Dichtungen: nur die Stelle der Krone nennt ihn neben Reinmar und andern Lyrikern; und der von Gliers (MSH. 1, 107ᵇ) erwähnt ihn unter Leichdichtern. Leiche von ihm haben sich nicht erhalten. Hartmanns erzählende Dichtungen (Erec, Gregor, armer Heinrich, Iwein) so wie die beiden Büchlein können wir hier übergehen. Seine Lieder im MF. 205—218 und in 'die Lieder und Büchlein und der arme Heinrich von Hartmann von Aue herausgegeben von Moriz Haupt, Leipzig 1842; wo S. X. fg. die Nachrichten über Hartmanns Leben zusammengestellt sind. MSH. 1, 328—334. 3, 468ff. 4, 261—278. Stälin 2, 762.

XIX. Der marcgrâve von Hôhenburc.

Nach dem Charakter der Lieder kann dies nur der Markgraf Diepold von Vohburg sein, der 1212 die Wittwe Friedrichs Grafen von Hohenburg, Mathilde, eine Gräfin von Andechs, heirathete und 1212—1225 in Urkunden den Titel eines Markgrafen von Hohenburg führt. Er ward von Heinrich VI. mit der Grafschaft Acerra in Sicilien belehnt, führte nach dem Tode Heinrichs

(1197) den Oberbefehl des deutschen Heeres und die Statthalterschaft, und besiegte, nachdem er selbst mehrmals Niederlagen erlitten und gefangen worden, 1205 den Grafen Walther von Brienne, der als Gatte der ältesten Tochter Tancreds, Albinia, Anspruch auf Sicilien erhob. Mit Friedrich II. kehrte 1212 Diepold nach Deutschland zurück und starb 1226. Dass er, nicht sein Sohn Berthold, der Dichter, ist, zeigt der daktylische Rhythmus mehrerer Lieder (1—24 bei mir und Hagen 1, 34b), der alterthümliche Reim verlât: gedâht 1, 34b, das Durchreimen in Stollen und Abgesang nach romanischer Weise (1, 33a). Das Lied 1, 34b hat C allerdings nochmals unter Hildbold von Schwangau, aber A hilft die Autorschaft des Hohenburgers bestätigen, indem es diese Strophen dem Markgrafen von Rotenburg beilegt. Der König (1, 34b) ist daher nicht Konrad, sondern Friedrich II. vor seiner Kaiserkrönung. MSH. 1, 33—34. 3, 317. 4, 68—72.

XX. Hêr Hiltbolt von Swanegou.

Ein schwäbischer Ritter: am linken Ufer des obern Lechs, jetzt zu Baiern gehörend, stand das Schloss, wo jetzt, Hohenschwangau genannt, eine neu erbaute Burg steht. Er kann weder der Hiltbolt sein, der 1146 eine Schenkung des Herzogs Welf bezeugt, noch derjenige, der von 1221 bis 1254 in Urkunden vorkommt, vermuthlich ein Enkel des erstern, sondern der Vater des zweiten, der auch Hiltbold geheissen haben wird, aber in Urkunden nicht nachgewiesen ist. Denn seine Zeit fällt, wie der Charakter seiner Lieder zeigt, in das Ende des 12. und den Anfang des 13. Jahrhunderts. Darauf weist bestimmt der häufige daktylische Rhythmus seiner Lieder, die Beibehaltung der Stollenreime im Abgesange nach romanischem Muster, in einem Liede die ebenfalls romanische Umstellung der Reime in den Stollen (XX, 15—50), die einreimigen Strophen (45—46 C), die zweistrophigen (XX, 1—14. C 14—15. 19—20. 22—23. 43—44. 45—46) und vierstrophigen Lieder (1—4. 7—10 C). Doch können leicht zwei Dichter desselben Geschlechtes gemischt sein, denn C 11—13 (= XX, 51—80) und 33 stimmen nicht zu der Art der übrigen. Er machte eine Kreuzfahrt mit, auf die sich XX, 15—50 bezieht und von der er glücklich heimkehrte; vermuthlich ist der Zug Leopolds VII. von Oesterreich 1217 gemeint, wenn nicht ein früherer. Hiltbold mag um 1220 gestorben sein, denn von 1221 erscheint der dritte Hiltbold in Urkunden. — MSH. 1, 280—284. 4, 190—192.

XXI. Hêr Walther von der Vogelweide.

Einem in Franken ansässigen niedern Adelsgeschlechte entstammend, begab sich Walther frühe nach Oesterreich, wo er nach seiner eigenen

Aussage singen und sagen lernte. Nach dem Tode Herzog Friedrichs in Palästina (Mitte April 1198) verliess er Oesterreich (XXI, 85—96) und begieng nach einem kurzen Aufenthalte am thüringischen Hofe, von wo ihn der lästige Zusammenfluss von Begehrenden verscheuchte (73—84), nach Mainz, wo er der Krönung Philipps von Schwaben am 8. September 1198 beiwohnte (97—108). Die nächste Zeit blieb er in Philipps Gefolge, und besang die Weihnachtsfeier des Königs zu Magdeburg 1199 ebenfalls als Augenzeuge (109—120). Zu Pfingsten 1200 finden wir ihn bei der Schwertleite Leopolds zu Wien; aber nur vorübergehend. Zwischen dem September 1204 und dem Sommer 1211 hielt der Dichter sich eine Zeit lang am thüringischen Hofe auf (322—338. 348—360), wo er Wolframs Bekanntschaft machte; noch vorher fällt sein Aufenthalt beim Herzog Bernhard von Kärnten (163—212). Im Jahre 1212 erscheint er im Dienste des Markgrafen Dietrich von Meissen (149—162), bei dem er jedoch längstens bis Herbst 1213 verweilte. Demnächst folgt der Dienst bei Otto IV., der dem Dichter die gegebenen und erneuten Versprechungen nicht hielt und dadurch sich ihn entfremdete (263—272. 273—282). Er verliess ihn und begab sich zu Friedrich II., der ihm den lang gehegten Wunsch eines eigenen Heerdes durch Ertheilung eines kleinen Lehens erfüllte (283—312). Allein auch jetzt hörte sein Wanderleben nicht auf: er gieng im Frühjahr 1217 nach Oesterreich, als Herzog Leopold gerade zum Kreuzzuge sparte, den er im Sommer 1217 wirklich antrat. Um 1220 finden wir ihn in der Umgebung des Sohnes Friedrichs II., König Heinrichs, zu dem er in einem schwerlich mit Sicherheit aufzuklärenden Verhältnisse stand. Nach der Lösung dieses Verhältnisses lebte er in Würzburg, vielleicht auf dem ihm ertheilten Lehen, ohne jedoch dem öffentlichen Leben seine Theilnahme zu entziehen. Den besten Beleg dafür gibt der von ihm mitgemachte Kreuzzug im Jahre 1227 (427—506). Er kehrte von demselben zurück: seine letzten poetischen Spuren fallen in das Jahr 1230. In Würzburg wird er gestorben sein; er wurde im Kreuzgange des ehemaligen Collegialstifts zum neuen Münster begraben und hinterliess der Sage nach ein Vermächtniss, nach welchem täglich auf seinem Leichensteine die Vögel gefüttert werden sollten: eine offenbar aus dem Namen gefolgerte Erzählung. — Die Schriften über diesen fruchtbarsten und bedeutendsten Lyriker des deutschen Mittelalters sind bereits zu einer stattlichen Reihe herangewachsen. Die Gedichte Walthers von der Vogelweide herausgegeben von Karl Lachmann. Berlin 1827. 1843. 1853. Walther von der Vogelweide nebst Ulrich von Singenberg und Leutold von Seven herausgegeben von W. Wackernagel und M. Rieger. Giessen 1862. MSH. 1, 222—279. 3, 321—325. 451. 468^c. 468^{dd}. Hornig, Glossarium zu den Gedichten Walthers von der Vogelweide. Quedlinburg 1814. Gedichte Walthers von der Vogelweide, übersetzt von Karl Simrock und erläutert von K. Simrock und W. Wackernagel. 2 Bde. Berlin 1833. (1853. 1862). Andere Uebersetzungen von F. Koch, Halle 1848; G. A. Weiske, Halle 1852. Zur Texteskritik: Fr. Pfeiffer in seiner Germania 5, 21—44. 2, 470—472. 6, 365—368. K. Bartsch, Germania 6, 187—214. Zum Leben des Dichters: L. Uhland, Walther von der Vogelweide, ein altdeutscher Dichter. Stuttgart 1822. MSH. 4, 160—190. Böhmer, Fontes rerum germanicarum 1, XXXVI. W. Grimm in Haupts Zeitschrift 5, 381—384. O. Abel, über die Zeit einiger Gedichte Walthers von der Vogelweide ebd. 9, 138—144. Karajan, über zwei Gedichte Walthers von der Vogelweide in den Sitzungsberichten der Wiener Akademie 1851. Daffis, zur Lebensgeschichte Walthers von der Vogelweide, Berlin 1854. G. A. Weiske, die Minneverhältnisse Walthers von der Vogelweide im Weimar. Jahrbuch 1 (1854), 357—371. Fr. Pfeiffer, Germania 5,1—20. Opel, mîn guoter klôsenære. Halle 1860. Rieger, Max, das Leben Walthers von der Vogelweide. Giessen 1863. [Walther von der Vogelweide identisch mit Schenk Walther von Schipfe. Eine auf Urkunden gestützte Untersuchung von E. H. Meyer. Bremen, 1863. Vgl. Germania 8, 127.] Ueber Walthers von der Vogelweide Herkunft und Heimath von Dr. Heinrich Kurz. Programm der Aargauischen Kantonsschule 1863.

XXII. Hêr Wolfram von Eschenbach.

Aus einem ritterlichen aber armen Geschlechte im baierischen Nordgau, Eschenbach bei Ansbach, wo ihm neuerdings ein Denkmal errichtet worden. Er stand einige Zeit im Dienste von Herren seiner engern Heimath, so der Herren von Wertheim in Unterfranken, bis er eine dauernde Stätte am Hofe des Landgrafen Hermann von Thüringen fand. Er überlebte seinen Gönner, der im Jahre 1216 starb, und scheint dann sich in seine Heimath zurückbegeben zu haben, da er in Eschenbach begraben liegt. Auch Wolfram verdankt wie Hartmann den besten Theil seines Ruhmes seinen epischen Dichtungen (Tschionatulander, Parzival, Willehalm), von welchen nur die zweite vollendet wurde. Unter seinen Liedern nehmen die Tagelieder eine bedeutende Stelle ein. Dass er jedoch der Erfinder der Gattung gewesen, dass wenigstens die Einführung des Wächters von ihm herrührt, lässt sich nicht beweisen. Wolfram von Eschenbach von Karl Lachmann. Berlin 1833. 1854, enthält S. 3—10 die Lieder. MSH. 1, 284—287. Ueber sein Leben: Leben und Dichten Wolframs von Eschenbach von San Marte. 2 Bde. Magdeburg 1836—41. 2. Ausg. Leipzig 1858. Schmeller, über Wolframs von Eschenbach Heimath, Grab und Wappen in den Abhandlungen der Münchener Akademie (philos. philol. Classe) 1837,

2, 189. MSH. 4, 192—230. Frommann, das Wappen Wolframs von Eschenbach im Anzeiger für Kunde der deutschen Vorzeit 1861, 355—359.

XXIII. Hêr Heinrich von Frowenberc.

Den schweizerischen Frauenbergern angehörig, da er eine Reihe schweizerischer Dichter in C beschliesst. Auch in Baiern gab es ritterliche Frauenberger (vgl. die Stammburg der Frauenberger von Dr. M. A. Vogel im oberbayrischen Archiv 9, 202—210). Seine Zeit ist spätestens der Anfang des 13. Jahrhunderts; der H. miles de Frouenberch 1257 (Hagen 4, 918) ist entschieden zu jung. Dafür spricht das Subst. holde 'Geliebter' 24; der Reim gelouben: ougen 16 C und der daktylische Rhythmus des zweiten Liedes. MSH. 1, 95—96. 4, 108.

XXIV. Der tugenthafte Schriber,

der im Wartburgkriege auftritt, und dem spätere Chroniken den Vornamen Heinrich geben, ist wahrscheinlich der Henricus Notarius oder Henricus Scriptor, der in thüringischen Urkunden von 1208—1228 erscheint. Zwei seiner Lieder, unter welchen das letzte, das Streitgedicht zwischen Kai und Gawan, von der Jenaer Handschrift dem Stolle beigelegt wird, in dessen Alment es gedichtet ist, und demnach dem Schreiber nicht zukommt, haben daktylischen Rhythmus 1—5 C und bei mir 1—35; ein anderes (29—31 C) das Durchreimen aller drei Theile der Strophe, daher wir ihn in den Anfang des 13. Jahrhunderts zu setzen berechtigt sind. Auffallen muss, dass seine Lieder gar keine Spur thüringischer Mundart zeigen. MSH. 2, 148 bis 153. 4, 463—468. Haupts Zeitschrift 6, 186—188.

XXV. Hêr Nithart.

Ein baierischer Ritter, der sich nach einem von seiner Mutter ererbten Gute von Reuental nannte. Er hatte schon um 1215 dichterischen Ruf, denn um 1217 bezieht sich Wolfram im Willehalm (312, 11) auf seine Lieder. 1217—1219 nahm er an dem Kreuzzuge Herzog Leopolds VII. von Oesterreich Theil: ein Lied ist während des Krieges, ein anderes auf der Heimreise gedichtet. Um 1230 verliess er, durch Umtriebe eines Ungenannten aus der Gunst des Herzogs von Baiern vertrieben, seine Heimath und scheint nicht mehr dahin zurückgekehrt zu sein. Er begab sich nach Oesterreich, wo er bei Friedrich dem Streitbaren gute Aufnahme fand; derselbe ertheilte ihm auf seine Bitte (736—749) eine Wohnstätte in Medlick (bei Wien), wo er aber ähnlich wie Walther über grosse Ausgaben

(Zins) und kleine Einnahmen zu klagen hatte, die zur Erhaltung seiner Familie nicht ausreichten (575—587). Ueber 1236 hinab können wir seine Spuren nicht verfolgen. Neidhart nimmt eine bedeutsame Stellung in der Lyrik ein als Schöpfer der volksmässigen Lyrik der Höfe, die im Gegensatze zu der ritterlichen das Leben und Treiben der Bauern zum Gegenstande sich wählte und in Oesterreich auch nach Neidhart hauptsächlich gepflegt wurde. Seine Lieder, deren Zahl bedeutend war, die aber nicht alle auf uns gekommen sind (er selbst gibt achtzig Weisen an 648), scheiden sich in Frühlings- und Winterlieder, jene zum Reigen im Freien, diese in der Stube zum Tanze gesungen. Die spätere Zeit, die seinen Namen allegorisch deutete, hat auf ihn eine Menge unächter zum Theil höchst roher Lieder gehäuft, von denen die namenlosen Lieder (XCVIII, 305—518) Proben geben. Neidhart von Reuenthal herausgegeben von Moriz Haupt. Leipzig 1858; vgl. Germania 4, 247—250. MSH. 2, 98—125. 3, 185—313. 468d—468s. W. Wackernagel in MSH. 4, 435—442. Liliencron in Haupts Zeitschrift 6, 69—117. K. Schröder, die höfische Dorfpoesie des Mittelalters, in Gosches Jahrbuch 1 (1864), 45—98.

XXVI. Grâve Otte von Botenlouben.

Ein Graf von Henneberg, der nach der vielleicht von ihm erbauten, noch heut in Trümmern sichtbaren Burg Botenlauben bei Kissingen in Unterfranken (vgl. XXXVI, 100) genannt ist. Er erscheint als Graf von Henneberg urkundlich 1196 und öfter; meist im Gefolge Heinrichs VI., den er nach Italien begleitete. Der Kreuzzug, an dem er Theil nahm und auf den sich 30—43 bezieht, ist wahrscheinlich der von 1217. Im Jahre 1234 verkaufte er Botenlauben an den Bischof Hermann von Würzburg, und starb am 4. Oktober 1244 in dem von ihm und seiner Gemahlin Beatrix gestifteten Kloster Frauenrode, dessen Probst er, nachdem er der Welt entsagt, geworden war. Er liegt mit seiner Gemahlin in dem Kloster begraben. Seiner Lieder gedenkt Hugo von Trimberg (Renner S. 20). MSH. 1, 27—30. 4, 62—68. L. Bechstein, Geschichte und Gedichte des Minnesängers Otto von Botenlauben Grafen von Henneberg, Leipzig 1845. 4.

XXVII. Der herzoge von Anehalt.

Ohne Zweifel ist Heinrich I. gemeint, der mit Irmengard, einer Tochter des gesangliebenden Landgrafen Hermann von Thüringen vermählt war. Er war ein Anhänger der Staufer, stand 1199 auf Philipps Seite, war nach Philipps Ermordung Otto's IV. Parteigänger, später Friedrichs II., machte also dieselben politischen Wandlungen durch, die wir an Walther u. a. wahrnehmen. Seinem Vater Bernhard I. folgte er 1212 und starb 1252, nachdem er bereits um 1245 die Regierung niedergelegt hatte. Seine Lieder fallen in seine Jugendzeit: das eine derselben, in daktylischem Rhythmus und mit Durchreimung von Stollen und Abgesang (1—24) zeugt bestimmt für den Anfang des dreizehnten Jahrhunderts. Von der heimischen Mundart haben sich noch Spuren erhalten, ich habe sie desshalb hergestellt. MSH. 1, 14—15. 4, 36—38.

XXVIII. Hêr Liutolt von Savene.

Ein jüngerer Zeitgenosse und Nachahmer Walthers, aus einem ritterlichen Geschlechte in der Steiermark. Seine Zeit bestimmt sich ungefähr durch die Beziehung auf den byzantinischen Kaiser Robert von Courtenay (1221—1228), der unter dem künec von Kriechen (Wackern. Walther 261, 141) gemeint ist. Die Zahl seiner Lieder muss nach der Angabe Reinmars des Fiedlers (XXIX) viel grösser gewesen sein als die uns erhaltene. Leutold entzückt uns 'durch die anmuthige Beziehung, in welche er die Liebe zum Leben der Natur bringt, durch eine eigene Schlichtheit und Einfalt der leichthinschreitenden Rede, durch schmelzenden Wohllaut des Vers- und Strophenbaues, zumal durch einen süssen melodischen Reiz der Abgesänge.' Ausgabe seiner Lieder im Anhange zu Wackernagel-Riegers Ausgabe Walthers S. 259—270. MSH. 1, 305—306. 3, 327. 451. 468c. 4, 239—243. Wackernagel S. XX—XXIV.

XXIX. Hêr Reimâr der Videler.

Das ihm von C gegebene Prädikat Hêr weist auf ritterliche Herkunft. Er wird derselben Gegend wie der vorige angehören, wenngleich die Autorschaft für die mitgetheilte Strophe (1—10), die in einem Tone Walthers gedichtet ist und den von Seven erwähnt, nicht sicher ist, weil in A, die sie allein enthält, Strophen vorausgehen, die andern Dichtern angehören. Aeussere Merkmale der Unächtheit liegen ebensowenig vor, als sich die Aechtheit beweisen lässt. MSH. 2, 161—162. 3, 330. 4, 474—475.

XXX. Der truhsæze von Sant Gallen.

Ulrich von Singenberg mit Namen: wie Leutold ein jüngerer Zeitgenosse und Schüler Walthers, den er ausdrücklich als seinen Meister bezeichnet, den er parodiert, dem er vieles in Worten und Gedanken entlehnt. Urkundlich begegnet er von 1209—1230. Er scherzt über Walthers Armuth (105—114) und preist im Gegensatze dazu die eigene behagliche Lage. Walthern hat er eine schöne Strophe (115—122) nach dessen Tode (nach 1230) gewidmet. Ebenso widmete er dem Abt Ulrich VI. von Sanct Gallen (1204—1219) einen Nachruf (Wackern. Walth. 215, 4—15). Auch der politischen Dichtung wandte er wie sein Meister sich zu: ein paar Sprüche, die um 1230 fallen, beziehen sich auf Heinrich, Friedrichs II. Sohn, und greifen denselben, der unter schädlicher Umgebung 'aus dem ungezogenen Knaben von ehemals zum fertigen Wüstling geworden' (Rieger, Walther S. 51) heftig an. Ausgabe seiner Lieder in Wackernagel-Riegers Walther S. 209 bis 256. MSH. 1, 288—299. 3, 325—327. 4, 231—235. Wackernagel S. XIV bis XX. Rieger, Leben Walthers S. 52 fg.

XXXI. Grâve Friderich von Liningen.

In ihm den Grafen Friedrich zu erblicken, der mit Landgraf Ludwig V. von Thüringen 1190 nach dem heiligen Lande zog, wie Hagen (MS. 4, 60) und Holtzmann (Germania Pf. 1, 254) annehmen, denselben, der dem Landgrafen Hermann das französische Trojerlied brachte (Herbort 95) liegt kein Grund vor. Das einzige von ihm in C erhaltene Lied trägt nicht die Weise des 12. Jahrhunderts; dasselbe gilt von dem strophischen Baue, der Wiederholung der Stollen am Schluss des Abgesanges, der Kürzung mei für meie u. a. Der Dichter scheint Wolframs Parzival gekannt zu haben. Ich halte ihn daher für den Grafen Friedrich von Leiningen, der in elsässischen Urkunden 1214—1239 vorkommt. Zu Fahrten nach Apulien (37) war in dieser Zeit oft Anlass, ohne dass wir die vom Dichter gemachte, vor der er sich von seiner Fraue verabschiedet, näher bestimmen könnten. MSH. 1, 26. 4, 59—61.

XXXII. Hêr Kristân von Hamle.

Kein alemannischer Dichter, wie Hagen annimmt, sondern, wie die apokopierten Infinitive u. a. zeigen, dem mittleren Deutschland, wahrscheinlich Thüringen, angehörig. Die Zeitbestimmung Hagens (um 1225) mag annähernd richtig sein, eher möchte er noch etwas früher fallen. MSH. 1, 112—114. 4, 118.

XXXIII. Hêr Uolrich von Liehtenstein.

Aus einem steirischen Rittergeschlechte. Urkundlich erscheint er zuerst 1239, 1. December zu Wien, und von da an häufig, zuletzt am 27. Juli 1274. Nicht lange darauf, am 6. Januar 1275 oder 1276 starb er, nachdem seine Gattin Bertha schon vor ihm gestorben; ihn überlebte sein Sohn

Otto. Seine dichterische Laufbahn begann er 1223, im Dienste einer adelichen Dame, der ihn zu den abenteuerlichsten und tollsten Streichen im Stile eines Ritters der Tafelrunde veranlasste, wie er dies Leben selbst in seinem 'Frauendienst' (verfasst 1255) beschrieben hat. Seine Erzählungsweise ist nicht unangenehm, mitunter freilich roh und in der Form ungelenk; aber anziehend und wichtig ist der Frauendienst durch die treue Schilderung des damaligen Lebens. Die Lieder, die er in den Frauendienst einschaltet, sein Leich (83—179) und die Büchlein, stechen vortheilhaft durch Melodie und Wohlklang von dem erzählenden Theile ab. Im 'Frauenbuche', worin sich der Dichter mit einer Dame redend einführt, zeigt er sich von einer ernsteren und würdigeren Seite als im Frauendienst, wenngleich er auch hier über ein äusserliches Erfassen des Verhältnisses zwischen Mann und Weib nicht hinauskommt. Ulrich von Lichtenstein mit Anmerkungen von Theodor von Karajan herausgegeben von Karl Lachmann. Berlin 1841. Das Frauenbuch gedruckt durch J. Bergmann in den Wiener Jahrbüchern 1840, Band 41. Frauendienst, bearbeitet von L. Tieck. Stuttgart 1812. MSH. 2, 32—62. 4, 321—404. Die urkundlichen Nachweise durch Karajan bei Lachmann S. 661 ff. — A. W. Schopf, die Töne Uolrichs von Liechtenstein. Programm des katholischen Gymnasiums zu Pressburg 1854. 4. Abbildung seines Siegels (1250) im Sphragistisch. Album von Fürst von Hohenlohe-Waldenburg. 1. Heft. Frankf. a. M. 1863.

XXXIV. Hêr Burkart von Höhenvels.

Die Burg Hohenfels am Bodensee in der Nähe von Ueberlingen, deren Thurm sich bis auf die Gegenwart erhalten hat, ist das Stammschloss dieses Sängers, der zuerst in Weingarten am 6. November 1226 bei König Heinrich urkundlich erscheint, ausserdem in Urkunden des Klosters Wettingen 1228 und 1229 vorkommt. Ein jüngerer Burkardus de Hohenvels in einer Ueberlinger Urkunde vom 17. März 1296 (im germanischen Museum) kann daher nicht wohl der Dichter sein. Seine Lieder zeigen eine Vorliebe für Bilder aus dem Jagdleben, die er in den Minnegesang hineinträgt, und auf der andern Seite die Neigung zur volksmässigen Lyrik im Sinne Neidharts. MSH. 1, 201—210. 4, 145—147. Stälin, wirtemberg. Geschichte 2, 765.

XXXV. Der burcgrâve von Lüenz.

Wahrscheinlich der Burggraf Heinrich von Lüenz in Kärnthen (an der Drau), der zuerst in einer Urkunde des Grafen Meinhard von Görz in Brixen 1231 als Zeuge erscheint, ebenso in Urkunden desselben Grafen von 1237,

1241, 1249 und 1256, in letzterer zugleich mit seinem Sohne Konrad, der allein 1263 und 1265 vorkommt. Des Burggrafen Heinrich gedenkt mehrfach Ulrichs Frauendienst, zuerst bei dem Turnier in Frisach (1224), bei welchem auch Graf Meinhard von Görz war (89, 26); dann 1227 bei der Fahrt Ulrichs als Frau Venus (191, 5. 11) und 1240 bei der von Ulrich veranstalteten Tafelrunde, wo Heinrich den Namen Parziväl führte (490, 11). Er nahm an einer Kreuzfahrt Theil (vgl. 51—60), entweder schon der Leopolds VII. (1217—19) oder Friedrichs II. (1227—28). Das erste seiner beiden Wächterlieder, dem die Kreuzfahrtsstrophe angefügt ist, unterscheidet sich von den gewöhnlichen durch die erzählende Einkleidung. MSH. 1, 211. 212. 4, 149. 150.

XXXVI. Hêr Gotfrit von Nîfen.

Ein schwäbischer Dichter aus ritterlichem Geschlechte, dessen Burg, jetzt Hohenneufen, in stattlichen Ruinen noch sichtbar ist, der jüngere Sohn Heinrichs von Neifen (1213—1246), kommt urkundlich 1234—1235 vor: 1234 und 1235 zu Wimpfen in der Umgebung König Heinrichs, 1241 in Blankenhorn in einer Schenkung an das Kloster Wald mit seinem Vater und seinem ältern Bruder Heinrich, 1246 am 15. März zu Ulm mit denselben in einer Schenkung an das Kloster Salem; am 6. Februar 1253 stiftete er mit seiner Gattin Mathilde an das Kloster Maulbronn Wein und Weizen von dem Zehnten in Güglingen; endlich 1255, am 23. April in einer Urkunde des Klosters Rechenzhofen als Zeuge. Mit seinem Bruder Heinrich kämpfte er am S. Albanstage (21. Juni) 1243 gegen den Bischof Heinrich von Constanz im Schwiggersthale, ein Kampf, in welchem der Bischof den Sieg behielt. Seine Lieder zeigen die Ausbildung der Form auf dem Höhepunkte und zeugen von ungemeiner Beherrschung der Sprache, in andern tritt die einfache Weise des Volksliedes hervor, so dass man manche gradezu Volkslieder nennen konnte und genannt hat. Er hat neben der höfischen Minne auch eine niedere, ein Verhältniss zu einem Landmädchen, das wahrscheinlich in Winnenden (84), einer den Neifern gehörigen Burg, wohnte. Von spätern Lyrikern wird er mehrfach genannt und gerühmt: von Friedrich von Sunburg, Hugo von Trimberg u. a. Die Lieder Gottfrieds von Neifen herausgegeben von Moriz Haupt. Leipzig 1851. MSH. 1, 41-62. Die urkundlichen Nachweise bei Stälin, wirtembergische Geschichte 2, 582—585. 576. 765. MSH. 4, 80—83. 754.

XXXVII. Der Taler.

Ein Zeitgenosse und Landsmann des von Neifen, den er in einem seiner Lieder (8 C) nennt: vielleicht aus dem adelichen Geschlechte derer von dem

Tal, die in Schwaben vorkommen. Doch ist Taler auch bürgerlicher Name: Jacob der Taler z. B. in Urkunden vom 27. April 1340 und 8. December 1348 zu Brixen (im germanischen Museum). Auch er neigt wie Neifen in dem von mir ausgehobenen Liede zum derben volksthümlichen Tone. Seine Lieder, an deren Spitze ein Leich steht, MSH. 2, 146—148. Vgl. 4, 461—463.

XXXVIII. Schenk Uolrich von Wintersteten.

Ein schwäbischer Ritter, schwerlich ein Bruder des Schenken Konrad von Wintersteten, der unter der Regierung Friedrichs II. eine bedeutende Rolle spielte und der Gönner der Dichter Rudolf von Ems und Ulrich von Türheim war, erscheint um 1239 als Zeuge in einer Urkunde, in welcher Schenk Konrad zwischen den Aebten von Kempten und Isny vermittelt, nicht neben diesem, auch nicht als Schenke bezeichnet, sondern einfach als Ulricus de Wintersteten. Da der Dichter jedoch sich selbst als Schenken bezeichnet, so ist an eine andere Linie des Geschlechtes zu denken; in der Schmalneckischen Linie begegnet ein Ulrich, ein Sohn Konrads von Smalnecke, 1241 und 1244. 1258 war dieser Ulrich Kanonikus zu Augsburg und wird als solcher noch 1265 und 1269 erwähnt. Dazu stimmt dass das Wappen der Pariser Handschrift das schmalneckische ist. Die meisten seiner Lieder und Leiche mögen in die Jugendzeit fallen; aber auch als er Domherr geworden, entsagte er dem Gesange nicht, wie ein Lied bezeugt, das den Tod eines Bruders beklagt und demnach nach 1258 entstanden sein muss. Neben der ausgelassenen Fröhlichkeit, die sich in den meisten seiner zahlreichen Lieder und in den fünf Leichen findet, klingen doch auch ernstere Töne, die an den Verfall der Sitte und Zucht mahnen, und das Absinken der Poesie bezeichnen. Seine Lieder müssen sehr verbreitet gewesen sein: auf allen Gassen wurden sie gesungen (10), wozu sie sich wegen ihrer leichten Formen und Melodien, in welchen der volksthümliche Refrän eine grosse Rolle spielt, gut eignen mochten. MSH. 1, 134—174. 4, 132—137. Stälin 2, 615, 765.

XXXIX. Der von Sahsendorf.

Vermutblich ein Oesterreicher, wenn auch nicht identisch mit dem von Lichtenstein (472, 17) erwähnten Ulrich von Sachsendorf. Seine Zeit lässt sich durch nichts näher bestimmen. MSH. 1, 300—302. 4, 236.

XL. Hêr Reinmâr von Zweter.

Er war ritterlicher Abkunft, am Rheine geboren, in Oesterreich aufgewachsen (145 ff.). Einen Theil seines Lebens verbrachte er am böhmischen

Hofe, bei Wenzel I. (1229—1252) und war wie dieser auch ein eifriger Anhänger Friedrichs II., dessen Lobe als Kaiser (seit 1220, † 1250) er mehrere Strophen gewidmet hat. Damit hängt von selbst zusammen, dass er ein Gegner des Pabstes war: er richtet heftige Angriffe besonders gegen Gregor IX. (Hugolinus, 1227—1241); allein um 1245, als Innocenz IV. Friedrich zu Lyon entsetzt hatte, scheint auch Reinmar des Kaisers Parthei aufgegeben zu haben. Unter denen, die er als der Reichskrone würdig bezeichnet, nennt er Wenzel I. und Erich VI. von Dänemark (1242—1250): möglich dass ihn seine Wanderungen auch nach Dänemark führten. Später kehrte er in seine Heimath an den Rhein zurück. Er lebte bis gegen 1260 und sah noch die traurigen Anfänge des Interregnums. Nach einer Nachricht des 14. Jahrhunderts liegt er zu Essfeld in Franken begraben. Wir besitzen von ihm ausser einem Leiche religiösen Inhalts ein paar hundert Sprüche, in welchen alle Fragen des Lebens erörtert werden, und die mit wenigen Ausnahmen in ein und derselben Strophenform (Frau Ehren-Ton) verfasst sind. In allen verräth sich ein ernster männlicher Charakter, der in mancher Hinsicht an Walther erinnert. Der Gedanke überwiegt aber bei ihm die Form, während bei Walther beide in schöner Harmonie stehen; daher sind seine Verse oft hart, und dass er eben das verschiedenartigste, auch die Minne, in einer und derselben Form überall abhandelt, bezeugt die Vernachlässigung der formellen Seite am besten. Seinen Tod beklagt der Marner, der ein jüngerer Zeitgenosse war, da er ihn in einer Strophe angreift, was doch nur auf den noch Lebenden gehen kann. Die spätere Zeit vermischt ihn vielfach mit dem ältern Reinmar: bei den Meistersängern, die den Frau Ehren Ton vielfach anwendeten (m. Meisterlieder S. 159) stand er in hohem Ansehen. MSH. 2, 175—221. 3, 332. 468g. 4, 587—510. De Reinmaro de Zweter. Von Oberlehrer B. Hüppe. Programm des Gymnasiums zu Cœsfeld 1861.

XLI. Bruoder Wernher.

Vermuthlich ein Oesterreicher, wenigstens hauptsächlich in Oesterreich lebend, auch er wie Reinmar ein ausschliesslich lehrhafter Dichter, dessen erste Strophen bereits um 1220 (Lachmann Walther S. 198) fallen. Auch er war ein Anhänger Friedrichs II., an den er warnend und rathend, ein Nachahmer Walthers, mehrere Strophen gerichtet hat. Nicht minder bezieht er sich auf König Heinrich, Friedrichs unglücklichen Sohn. Er klagt über den Tod des Fürsten von Baierland (3, 19b) d. h. Herzog Ludwig, der im September 1231 ermordet wurde, und rühmt den Grafen Boppe von Henneberg in Osterfrankenland (3, 15b). Auch am Rhein und in Schwaben hat er sich aufgehalten, so dass die Erklärung seines Titels 'Bruder' als 'wallender Pilger' annehmbar erscheint und auf geistlichen Stand nicht geschlossen werden darf. Am längsten aber weilte er doch in Oesterreich, wohin auch die meisten persönlichen Beziehungen, auf den von Ort in Steiermark (3, 233b) Graf Wilhelm von Hunesburg (3, 14b), den Grafen von Ortenberg (wie nach Hagen statt Osterberc 3, 19a zu lesen ist), Herzog Leopold VII. (2, 233b) und Friedrich den Streitbaren von Oesterreich (2, 234a. 3, 12b) hinweisen. Unter Gestorbenen beklagt ihn Rubin (Hagen 3, 31b). MSH. 2, 227—235. 3, 11—20. 4, 514—521. Lachmann zu Walther 84, 20.

XLII. Der Marner.

Ein schwäbischer Dichter (vgl. LXVI, 17) von bürgerlichem Stande, nach der Ueberlieferung der Meistersänger und nach Andeutungen von Zeitgenossen (3, 101b) Konrad geheissen. Da er Walthern seinen Meister nennt (55. 56), so muss er schon vor 1230 gedichtet haben. Er besingt einen Grafen von Henneberg, vermuthlich Hermann, der nach Heinrich Raspes Tode (1247) zur Königswahl stand; das Lob des Dichters sollte wohl günstig auf die Stimmung wirken (2, 218b). Von dem unglücklichen Konradin († 1268) hegte er grosse Erwartungen, die leider durch das traurige Ende des letzten Staufers nicht erfüllt wurden (2, 249a). Ein fahrender Sänger, durchwanderte er das Land, war am Rhein (1—19), wo er über die gezierten und hochmüthigen Sitten der Rheinländer sich ärgerte, und anderwärts. Er überlebte von Zeitgenossen Rubin, Wachsmut und Reinmar von Zweter, den er nebst ältern Dichtern beklagt (55—70). Eine Strophe (20—37) greift Reinmar heftig an und zeigt bereits jene gehässige Anfeindung der Sänger unter einander, die mit dem Verfall der Kunst und dem abnehmenden Interesse der Herren zunimmt. Dass er von Selbstüberschätzung nicht frei war, lehrt die Strophe eines jüngern Zeitgenossen, Raumlands von Sachsen (LXVI, 11—20), der ein heftiges Räthsel (LXVI, 1—10) gegen den hochmüthigen Schwaben dichtete. Er ward während des Interregnums vor Konrads von Würzburg Tode (1287) als alter Mann erschlagen, wenn eine Strophe Raumlands (3, 53) mit Recht auf ihn gedeutet wird. Hermann der Damen nennt ihn unter Verstorbenen (LXXVIII, 23), als Konrad von Würzburg noch lebte. Mit hohem Lobe gedenkt seiner Hugo von Trimberg als Verfassers von lateinischen und deutschen Gedichten (Renner S. 20). Er hat Lieder, doch vorzugsweise Sprüche geistlichen und weltlichen Inhalts gedichtet, an Formen reicher und gewandter als Reinmar von Zweter, aber an männlichem Charakter ihm nicht zu vergleichen. MSH. 2, 236—258. 3, 332—334. 451. 468b. 4, 524—536.

XLIII. Hêr Ruodolf von Rôtenburc.

Aus einem ritterlichen Geschlechte in der Schweiz, in der Gegend von Luzern, wohin ihn schon seine Stellung in der Pariser Handschrift mitten unter Schweizer Dichtern weist. Rudolf von Rotenburg bezeugt mit seinem Bruder Wernher 1257 in Luzern eine Urkunde, die den Streit zwischen Arnold und Markward von Rotenburg und dem Kloster Murbach schlichtet. Auf eine Fahrt ausser Landes weisen die mehrfachen Andeutungen, dass er fern von der Geliebten ist, der er Boten und Lieder sendet, von der ein fremder Pilger (188) ihm erzählt. Die Leiche, deren dritten ich mittheile, bilden den grösseren Theil seiner Dichtungen. Unter verstorbenen Leichdichtern wird er von dem von Gliers (MSH. 1, 107b) gerühmt. MSH. 1, 74—90. 4. 105—107.

XLIV. Der Schenke von Limpurc.

Seinen Vornamen nennt C nicht: am bekanntesten ist der Schenke Konrad, der von 1230 an häufig in Urkunden erscheint (Stälin, 2, 603 ff.). Er war 1241 mit Friedrich II. in Italien, wo er im Oktober zu Cremona eine Urkunde des Kaisers bezeugt. Er starb zwischen 1237—53, ist also wohl für den Minnesänger, dessen Vorbild zunächst Ulrich von Wintersteten scheint, zu alt. Sein jüngerer Sohn Konrad (der ältere hiess Walther) erscheint in Urkunden: so 1263 im Februar in einer Schenkung an das Kloster Lichtenstern; im März desselben Jahres in einer Schenkung an das Hospital zu Hall, immer mit seinem Bruder Walther zusammen. Er begleitete Konradin auf seinem Zuge nach Italien, und bezeugt zu Verona am 27. December 1267 eine Urkunde Konradins, und am 14. Juni 1268 eine andere desselben für Pisa. In Italien mögen die Strophen 9—11 C entstanden sein, in denen er sagt, dass er durch Gebirge von der fernen Geliebten getrennt sei. Als Dichter erwähnt ihn Hugo von Trimberg (Renner S. 20). MSH. 1, 131—134. 4, 126—132. Stälin 2, 602. 767.

XLV. Der Hardegger.

Nach Hagen und Lassberg aus dem Geschlechte der Edlen von Hardegge in der Schweiz, wo namentlich Heinrich 1227—1264 in Urkunden erscheint. In der ersten Urkunde (1227) zugleich mit Ulrich von Singenberg, dem Truchsessen von St. Gallen, auf dessen Lied (zu XXX, 135) er (2, 136b) anspielt. Auch die historischen Beziehungen seiner Lieder stimmen dazu: in dem einen (2, 136a) bittet er die Himmelskönigin um Gnade für den

Kaiser und den König, dass jener gegen diesen seinen Zorn fahren lasse, und um Hülfe für König Konrad, dass er Vogt von Rom werde, im Hinblick auf die Absetzung König Heinrichs durch Kaiser Friedrich II. (1235) und die 1237 erfolgte römische Königswahl Konrads. Er muss aber lange gedichtet haben, denn Stolle, der auf eine seiner Strophen antwortet und in dessen Tone er dichtete, lebte noch im letzten Viertel des 13. Jahrhunderts. Auch tragen seine Strophen (eigentliche Lieder hat er nicht gedichtet) mehr den Charakter der bürgerlichen lehrhaften Poesie, so dass die Annahme adelicher Herkunft zweifelhaft erscheint. MSH. 2, 134—137. 4, 445—447.

XLVI. Hêr Reinmâr von Brennenberc.

Aus einem adelichen Geschlechte in der Nähe von Regensburg, urkundlich 1238 mit seiner Mutter Adelheid nachgewiesen. Er wurde aus unbekanntem Anlasse von den Regensburgern erschlagen: im Jahre 1276 wurde seinem Bruder, dem Kanonikus Bruno, noch beim Leben der Mutter, von dem Bischof von Regensburg Sühne für den Mord verheissen, und wie es scheint auch geleistet. Ob er oder ein früherer des Geschlechtes der im Volksliede gefeierte Brennenberger ist (eine spätere Chronik verlegt die Sage ins 12. Jahrhundert), muss unentschieden bleiben. Der 1238 vorkommende, vor 1276 Erschlagene ist ohne Zweifel der Dichter, nicht der jüngere Reinmar, der 1295—1325 urkundlich erscheint; denn in der ihm gehörenden Strophe (65—76) nennt er als verstorben nur Dichter, die vom Ende des 12. Jahrhunderts bis in die Mitte des 13. reichen. MSH. 1, 335—338. 3, 329. 331. 4, 278—284.

XLVII. Der Tanhûser.

Er gehörte zu dem edlen Geschlechte derer von Tanhusen, die im Salzburgischen und in Baiern urkundlich vorkommen. Ein unstätes Wanderleben führte ihn weit in der Welt, auch über die Grenzen des deutschen Reiches hinaus, herum. In seinen Leichen, die er, was vor und nach ihm kein andrer gethan, zum Preise der Gönner verwendet, rühmt er Friedrich den Streitbaren von Oesterreich (2, 81) Herzog Otto VI. von Baiern und eine Menge andrer Fürsten, aus deren Anführung sich als die Zeit seines Dichtens etwa die Jahre 1240—1270 ergeben. Er war auch zur See, worauf sich das letzte der von mir mitgetheilten Gedichte (193—247) bezieht. Seine Leiche verrathen eine ungewöhnliche geographische und Sagenkenntniss: doch ist in Bezug auf letztere zu bemerken, dass er die Sagenelemente willkürlich zu mischen liebt. Ihm wird, jedoch mit Unrecht, auch eine Hof-

und Tischzucht (Zeitschrift 6, 488) beigelegt. Wie andere seiner Sangesgenossen, der Morunger, der Brennenberger, ging er in das Volkslied über und lebte in solcher Gestalt durch Jahrhunderte fort. Anlass zu der Tanhausersage mochte das Busslied (Hagen 3, 48) geben, das allerdings nur J enthält, das aber keinen Anstoss bietet. Seine Leiche, deren wir sechs besitzen, behandeln die verschiedensten Gegenstände, Minne, Zeitgeschichte, Länderkunde und Sage. Im Liede zeigt sich bei ihm die Parodie des Minneliedes und Minnedienstes. MSH. 2, 81—97. 3, 48. 4, 421—434.

XLVIII. Gräve Kraft von Toggenburc.

Aus dem thurgauischen Grafengeschlechte. Der Sohn von Diethelm dem Brudermörder und Gertrud von Neuenburg, urkundlich seit 1243. Eine unstäte wilde Natur, führte er mit seinen Brüdern vereint mehrfache Fehden gegen St. Gallen (1249), bis er von einem Edelknechte, Namens Locher, in einem Hohlwege (vor 1260) erschlagen ward. Er scheint als junger Mann gestorben zu sein. Doch kann man auch an den jüngern Kraft denken, der 1309—1321 Propst in Zürich war. MSH. 1, 20—23. 4, 52—55. Drei Schweizerdichter aus dem 13. Jahrhundert von Dr. A. Rochat. Heidelberg 1856.

XLIX. Hêr Hûc von Werbenwâc.

Ein schwäbischer Ritter (in Baden), der als Zeuge in einer Urkunde zu Ettlingen 1263 erscheint. Seine Zeit bestimmt sich durch das von mir ausgehobene Gedicht (49), in welchem er der Geliebten, die einen Franken ihm, dem Schwaben, vorzog, droht, er werde sie beim König Konrad verklagen, und wenn dieser ihm nicht Recht verschaffe, sich an den jungen König aus Thüringenland (Heinrich Raspe 1246), ja sogar an den Pabst wenden. MSH. 2, 67—69. 4, 409—410. Stälin 2, 767.

L. Hêr Walther von Metze.

Ein ritterlicher Dichter, eher aus Tirol, wo Herren von Metz nachgewiesen sind, als aus der Rheinpfalz, wo es ein Geschlecht desselben Namens gab (zu MF. 4, 1. Bertoldus et Godilmannus de Methis in Flersheim betreffenden Urkunden von 1249 und 1253, Baur, hessische Urkunden 2, 117), weil er in C unter Dichtern Tirols steht. Er war um 1270 bereits gestorben, da der vor 1276 erschlagene Reinmar von Brennenberg ihn unter verstorbenen Dichtern nennt (XLVI, 75). Mit dem französischen Dichter Gautier de Metz, der 1245 seine Mappemonde dichtete, hat er in keinem Falle etwas zu thun. MSH. 1, 307—310. 3, 328. 468c. 4, 243—248.

LI. Hêr Rubin.

Wie der Vorige aus einem tirolischen Adelsgeschlechte, dessen Stammburg noch steht. Unter bereits verstorbenen Dichtern wird er vom Marner (XLII, 58) vom Brennenberger (XLVI, 75) und von Hermann Damen (LXXVIII, 18) beklagt. Schwerlich ist er eins mit dem Robin der Jenaer Sammlung, der den Tod Reinmars, Walthers, Stolles, Nitharts beklagt und Bruder Wernher unter den noch Lebenden nennt, denn Robin reimt sêre : klagebære (Hagen 3, 31b), was einem tirolischen Dichter um 1250 nicht zukommt. Er nahm an einer Kreuzfahrt Theil, auf die sich 55—75 bezieht; vermuthlich ist der Kreuzzug Friedrichs II. 1228 gemeint, so dass schon damals der Dichter gesungen hätte. Seine Lieder verrathen in Form und Gedanken Walthers Schule. MSH. 1, 311—319. 4, 249—251.

LII. Hêr Wahsmuot von Mülnhûsen.

Hagen sucht ihn im Oberelsass, wogegen aber seine Spracheigenthümlichkeiten sprechen, die ihn vielmehr dem Niederrhein zuweisen (zu 52, 4). Ungewiss ist, ob er oder Wachsmut von Künzich der von dem Marner (XLII, 58) und Brennenberger (XLVI, 75) beklagte Wachsmut ist. MSH. 1, 327—328. 4, 260. Vgl. Germania 9, 147.

LIII. Marcgrâve Heinrich von Missen.

Es kann nur Heinrich III. der Erlauchte (illustris) gemeint sein, der, 1218 geboren, als zweijähriges Kind seinem Vater Dietrich IV. nachfolgte. Er vermählte sich 1234 mit Constanze, der Tochter Leopolds VII. von Oesterreich, nach deren Tode (1243) mit Agnes, der Tochter Wenzels I. von Böhmen, die 1268 starb, und zum drittenmale mit Elisabeth von Militiz. 1237 machte er eine Preussenfahrt, nahm später an den Kriegen Ottakers von Böhmen gegen Rudolf I. Theil, hielt prachtvolle Turniere zu Nordhausen (1263), Meissen (1265) und Merseburg (1268), und starb 1288. Wahrscheinlich ist er im Kloster Altenzelle begraben. Er war wie schon sein Vater ein Dichterfreund: ihn rühmt der Tanhauser (Hagen 2, 90a). Andere Erwähnungen gelten nicht ihm, sondern dem bürgerlichen Meissner, einem Zeitgenossen Konrads von Würzburg (Vgl. LXIX, 82). Auch Componist war er; er componierte einige Stücke der Messe und legte seine Arbeit Innocenz IV. vor, der durch Bulle vom 23. Januar 1253 ihre Einführung in die Kirche gestattete. MSH. 1, 13—14. 4, 29—35. Codex diplom. Saxon. reg. v. Gersdorf, 1. Band.

LIV. Der von Soharpfenberc.

Wie die ihm unmittelbar in C vorausgehenden Dichter ein Oesterreicher, dessen Vorname nicht überliefert ist: mehrere des Geschlechtes, das in Kärnten ansässig war, kommen seit 1250 in Urkunden vor. Seine Lieder schliessen sich an Neidhart an, dem er eine Strophe (8 C) beinahe wörtlich entlehnt. MSH. 1, 349—350. 4, 302—307.

LV. Hêr Wahsmuot von Kunzich.

So lautet der Name in B, welche Form durch LVI, 1 bestätigt wird: C nennt ihn von Künzingen. Wohl ein schwäbischer Dichter, wesshalb er von Marner und Brennenberger, die einen Wachsmut unter den verstorbenen Dichtern beklagen (XLII, 58. XLVI, 75), eher gemeint ist, als Wachsmut von Mülhausen. Seine Zeit wird die Mitte des 13. Jahrhunderts sein. Er muss mehr gedichtet haben als wir von ihm besitzen: ein andrer Dichter (LVI, 1 ff.) verspottet ihn wegen seiner überzarten Minne, mit Bezug auf ein uns verlorenes Lied. MSH. 1, 302—303. 4, 237.

LVI. Gedrût.

Ein Frauenname, unter welchem A meist Strophen verschiedener Dichter enthält, so dass die Autorschaft nicht sicher ist. An eine Dichterin haben wir, wie der Inhalt des einzigen Liedes zeigt, nicht zu denken. Die Beziehung auf Wachsmut von Künzich zeigt, dass er derselben Zeit und Heimath angehört. Auffallend für seine Zeit ist der Reim schiede : liebe 12, weniger unsich 13, was ich ergänzt habe und was noch bei Hadlaub vorkommt. MSH. 3, 332. 4, 758.

LVII. Hêr Geltâr.

Ein ritterliches Geschlecht dieses Namens (C gibt ihm das Prädicat 'Herr') ist nicht nachgewiesen: aber die Beziehung auf Mergersdorf (in Oesterreich unter der Ens) stellt die Heimath ausser Zweifel. Darum kann er auch nicht Verfasser der unter Gedrut mitgetheilten Strophen sein, unter welchem Namen A die in C Geltar beigelegten hat. Auch er gehört zu der Schule Neidharts und bezeichnet die realistische Richtung des Minnegesanges, die in Oesterreich hauptsächlich heimisch war (zu LVII, 17). Eine Beziehung auf die Dichter Alram von Gresten (MF. 4, 1 Anm.) und Friedrich den Knecht hat Hagen mit Unrecht in der ersten Strophe (4) erblickt. MSH. 2, 173. 4, 485. 758.

LVIII. Der von Wildonje.

Vermuthlich Herrand von Wildonje, der als Novellendichter bekannter ist, aus einem steirischen Adelsgeschlechte, ein jüngerer Zeitgenosse Ulrichs von Liechtenstein, den er als Gewährsmann einer seiner Erzählungen anführt. Ottacker ist für seine und seines Geschlechtes Geschichte eine reiche Quelle. Sein Leben lässt sich darnach und nach Urkunden von 1251—1277 verfolgen. Hugo von Trimberg nennt ihn unter andern namhaften Lyrikern (Renner S. 20). Seine vier Erzählungen (diu getriuwe kone, der blosse Kaiser, die Katze, der verkehrte Wirth) hat Jos. Bergmann (Wien 1841) herausgegeben. MSH. 1, 347—348. 4, 294—301.

LIX. Der von Suonegge.

Ein kärntischer Ritter, ebenfalls ein Zeitgenosse Ulrichs von Liechtenstein, möglicherweise der von ihm genannte Konrad von Sounecke, der 1224 beim Turnier von Frisach zugegen war. Er folgt in C unmittelbar auf den von Wildonje und theilt mit ihm demnach wohl Zeit wie Heimath. MSH. 1, 348—349. 4, 301—302. K. Tangl, die Freien von Suneck. Mittheilungen des histor. Vereins für Steiermark. 12. Heft. 1863.

LX. Meister Heinrich Teschler.

Ein bürgerlicher Dichter der Schweiz, der eine von Rüedeger Manesse ausgestellte Urkunde von 1252 bezeugt. Er war, wie man aus dem Eingange des von mir ausgehobenen Liedes sieht, ein nicht unberühmter und unbeliebter Dichter. MSH. 2, 125—130. 4, 442. Haupts Zeitschrift 7, 168.

LXI. Hêr Heinrich von Stretelingen.

Von der Burg seines Geschlechtes am Thuner See in der Schweiz sind noch Ruinen erhalten. Er selbst erscheint in Urkunden seiner Heimath von 1252—1263. Sein Wohnsitz war Laubegg. Mancherlei Sagen von ihm und seinem Geschlechte soll eine Strätlinger Chronik enthalten haben, die Johannes Müller benutzt haben will. Eine Sage hat in poetischer Form und mittelhochdeutscher Sprache ein Freund bearbeitet: Heinrich von Stretelingen. Ein altdeutsches Gedicht. 1854. MSH. 1, 110—111. 4, 116—117. Die urkundlichen Nachweise Germania 9, 147.

LXII. Meister Friderich von Sunburc.

Schwerlich aus einem edlen Geschlechte, da er nur als 'Meister' bezeichnet wird. Seine Heimath ist wohl Sonnenburg (Suoneburc) bei Brixen in Tirol, in jedem Falle ist er ein oberdeutscher Dichter. Sein Wanderleben als Begehrender brachte er hauptsächlich in Baiern zu, wo er nach einander Otto II. († 1253) und Heinrich von Niederbaiern († 1290) verherrlichte. Aber auch im mittleren Deutschland hat er gelebt: er rühmt den Grafen Friedrich III. von Beichlingen († 1275) und den König Ottacker von Böhmen († 1278). In Friedrichs II. Dienste hat er wohl nicht gestanden: die Strophe auf dessen Tod (1250) deutet auf keine näheren Beziehungen. Dagegen verherrlicht er durch einen Spruch Rudolfs I. Krönung zu Aachen (October 1273). Ereignisse, die über 1274 hinabgehen, werden in seinen Liedern nicht berührt. In jedem Falle starb er vor 1287, da er zur Zeit, als Konrad von Würzburg noch lebte, von Hermann dem Damen als todt beklagt wird. (LXXVIII, 19.) Er hat nur Sprüche, keine Lieder gedichtet. MSH. 2, 352—360. 3, 69—78. 4, 647—660.

LXIII. Meister Sigehêr.

Ein fahrender Sänger bürgerlicher Abkunft, der meist am böhmischen, in der zweiten Hälfte des dreizehnten Jahrhunderts vielbesuchten Hofe lebte. Er dichtete bereits vor 1253, da er Wazlav (Wenzel I.) von Böhmen († 1253) preist (71—83); ebenso diente er dem Nachfolger desselben, Ottacker, und widmete ihm mehrere Strophen. In andern berührt er die politischen Verhältnisse Deutschlands und Europas während des Interregnums, deutet auf die Eroberung Constantinopels (1261), durch die das lateinische Kaiserthum aufhörte, und fordert 1272 Ottacker auf, das Reich zu erstreiten, ohne jedoch auf Rudolf Bezug zu nehmen, so dass wohl anzunehmen ist, dass mit 1272 seine dichterische Laufbahn schliesst. Das Marienlied ist als ein Beleg der nicht zahlreich vertretenen Mariendichtung ausgehoben. MSH. 2, 360—364. 4, 661—664. 760.

LXIV. Hêr Walther von Klingen.

Aus einem ritterlichen Geschlechte im Thurgau. Bei dem Tode seines Vaters, Ulrich (1230 oder 1231) theilten die drei Brüder Ulrich, Walther und Ulrich Walther die Besitzungen. Walther erhielt die Güter im Aargau und im Schwarzwald mit der Burg Klingnau. Reich beschenkte er Kirchen und Klöster: 1252 stiftete er und Ulrich ein Kloster, das sie

1259 mit Gütern im Werthe von 50 Mark Silber begabten. Walther allein gründete 1256 das Kloster Klingenthal bei Basel, 1269 zu Klingnau das Wilhelmiterkloster Syon. Seine Gattin Sophia hatte ihm drei Söhne und fünf Töchter geboren, alle drei Söhne aber und eine Tochter fanden einen frühen Tod. Der Mangel eines Erben mochte zu seinen frommen Werken beitragen. König Rudolf stand er nahe und begleitete ihn mehrfach auf Kriegszügen. Er starb am 1. März 1284 und ist entweder im Predigerkloster zu Basel oder in Klingenthal begraben. Seine Frau überlebte ihn und setzte die Mildthätigkeit ihres Gatten fort: sie starb wahrscheinlich 1291. W. Wackernagel, Walther von Klingen, Stifter des Klingenthals und Minnesänger. Basel 1845. Die Klosterkirche Klingenthal in Basel von Dr. C. Burckhardt und C. Riggenbach. (Mittheilungen der Gesellschaft für vaterländische Alterthümer in Basel. VIII). Basel 1860. MSH. 1, 71—74. 4, 100—105. Vgl. Germania 9, 148.

LXV. Künic Kuonrât der junge.

Bekannter in der Geschichte unter dem ihm in Wälschland gegebenen Namen Konradin, der Sohn Konrads IV, geboren am 25. März 1252. Mit einem Heere nach Italien gezogen (im Sommer 1267), um das sicilische Reich seinem Hause wieder zu erobern, mit Jubel in Rom empfangen, wurde er bei Tagliacozzo (23. August 1268) von Karl von Anjou geschlagen, in Astura auf der Flucht gefangen genommen, und mit Friedrich von Oesterreich am 29. Oktober, erst 16½ Jahr alt, enthauptet. Die ihm beigelegten Strophen sind wohl noch in Deutschland, also in sehr jugendlichem Alter entstanden. Lebend wie nach dem Tode, der allgemeine Entrüstung hervorrief, wurde er von deutschen und romanischen Sängern gefeiert und beklagt. MSH. 1, 4. 4, 8—11. Stälin, wirtemb. Geschichte 2, 208—227.

LXVI. Meister Rûmzlant.

Ein jüngerer Zeitgenosse des Marner, den er wegen seines Hochmuthes verspottet, dem er aber doch ein Klagelied nachsendet, als er, ein alter Mann, ermordet wurde: von Geburt ein Sachse, wie er selbst (17) sagt, und wie seine Sprache ausserdem bezeugen würde, unterschieden von Rumelant von Swaben (Hagen 3, 68). Er war bürgerlicher Herkunft und führte ein wanderndes Leben hauptsächlich in Norddeutschland. Er besingt die Krönung Rudolfs I. zu Aachen (24. October 1273), rühmt den Fürsten Barnam von Stettin (1222—1278), Herzog Albrecht von Braunschweig (1252—1279), Guncelin von Schwerin (gestorben vor 1276) und

König Erich von Dänemark, über dessen Mord (1286) er Klage erhebt. Von süddeutschen Fürsten rühmt er Ludwig von Baiern (1253—1294) (21—30), so dass sich daraus die Grenzen seiner Wanderungen und seines Dichtens (etwa 1260—1290) ergeben. In einem Spruche (3, 65b) nennt er Konrad von Würzburg († 1287) unter den lebenden Meistern neben dem Meisner, dem Unverzagten und Höllefeuer. An dem Streitgedichte zwischen Frauenlob und Regenbogen, über Frau und Weib, nahm er Theil; das dichterische Kämpfen und Befehden war zu seiner Zeit schon Mode geworden. Auch mit dem nachfolgenden Singuf finden wir ihn im literarischen Streite. MSH. 2, 367—371. 3, 52—68. 4, 671—685.

LXVII. Meister Singûf.

Derselben Zeit und Heimath wie der vorige Dichter angehörig, und wie er ein bürgerlicher. Er erscheint mit Ausnahme zweier Strophen lehrhaften Inhalts nur in dem Streitgedichte mit Rûmzlant, dem er ein von diesem leicht gelöstes Räthsel aufgibt; wesshalb sich dieser in ein paar andern Strophen (3, 65) unter Beziehung auf seinen Namen über ihn lustig macht. MSH. 3, 49. 4. 714.

LXVIII. Meister Stolle.

Ein jüngerer Zeitgenosse des Hardeckers, auf dessen einen Spruch er antwortet. Seine Heimath möchte man, nach einigen Spuren seiner Sprache (steit im Reime für stât, wille im Accusativ statt willen, êre : wære usw.) in Niederdeutschland suchen, jedesfalls müsste er dann frühe nach Süddeutschland (ein Christan der Stolle in einer Urkunde vom 9. December 1323 aus Brixen, im germanischen Museum) gekommen sein, da seine Sprüche (Lieder hat er nicht gedichtet) durch ihre geschichtlichen Beziehungen nur nach Oberdeutschland weisen. Einer seiner Sprüche rügt scharf die Hinrichtung der Gemahlin Ludwigs von Baiern, Maria von Brabant (1256). Ein andrer ist an Herzog Meinhard von Kärnten (1285—1296) gerichtet; ein dritter (16—30) tadelt Rudolf I. (1273—1292) wegen seiner Kargheit gegen die Sänger, die auch andere (LXXIII, 1—13 und Hagen 3, 45a) in ähnlicher Weise rügten. Dadurch ergeben sich als Grenzen seiner Thätigkeit die Jahre 1256 bis nach 1283. In seiner Almentweise, die auch bei den Meistersängern oft angewendet wurde (m. Meisterlieder S. 164) und die doch wohl von ihm erfunden ist, haben Dichter, die zum Theil älter scheinen als er, z. B. der Hardecker, gedichtet.

LXIX. Meister Kuonrât von Würzeburc.

Ein bürgerlicher Sänger, wahrscheinlich in Basel geboren, jedenfalls dort ansässig, wo, wenige Jahre nach seinem Tode, 1290, ein domus quondam magistri Cunradi de Wirzeburg vorkommt. Dies Haus, in der damaligen Spiegelgazze, jetzigen Augustinergasse, hiess wohl schon vor ihm Wirzeburc und gab ihm den Beinamen. Auf Basel weisen die meisten seiner Gönner, deren er in seinen erzählenden Dichtungen erwähnt. Johannes von Bermeswil und Heinrich Isenlin im Alexius (urkundlich 1294); Johannes von Arguel im heil. Pantaleon (urkundlich 1297), Leutold von Rœtelen im Silvester (1256—1295); Dietrich von dem Orte (Canonicus 1271, Cantor 1281) im trojanischen Kriege. Ausserdem nur noch zwei Strassburger, ein Liehtenberger (wahrscheinlich Bischof Konrad III. von Strassburg 1273—1289, der ein Liechtenberger war) den ein Spruch (Hagen 2, 331ᵃ) preist, und ein Domprobst von Thiersberg, auf dessen Bitte er den Otte dichtete. Am 31. August 1287 starb er an einem Tage mit seiner Frau Berchta, seinen Töchtern Gerina und Agnes, wahrscheinlich an einer ansteckenden Krankheit, und wurde mit ihnen in der Magdalenenkapelle des Basler Münsters begraben. Seine zahlreichen erzählenden Dichtungen übergehe ich hier. In lyrischer Form hat er Leiche, Lieder und Sprüche gedichtet; die Form ist sorgfältig und kunstvoll bis zur Ueberkünstelung (ein Gedicht, in dem jedes Wort reimt 2, 326), aber die Liebeslieder sind ziemlich inhaltsleer und immer allgemein, nie mit Bezug auf ein bestimmtes Liebesverhältniss gehalten. Er huldigte damit also nur dem Geschmack der Mode ohne inneres Bedürfniss. Seine Hauptbedeutung liegt auf dem Gebiete der erzählenden Poesie. Er genoss hohes Ruhmes bei seinen Zeitgenossen und in der Folgezeit: als Lebenden preisen ihn Raumsland und Hermann Damen, nach seinem Tode Boppe, Frauenlob (250—267), Hugo von Trimberg (Renner S. 20), dieser jedoch mit Tadel wegen seiner oft gekünstelten Ausdrucksweise. Von seinen Beziehungen zu Zeitgenossen gibt die Strophe 82—96 Zeugniss, in der er den Meisner, einen mitteldeutschen fahrenden Sänger, der, wie es scheint, sich in ähnlicher Weise wie der Marner über die oberdeutschen Sänger erhoben hatte, erst übermässig lobt, aber am Schlusse durch die epigrammatische Wendung einem Bänkelsänger gleichstellt, der auf Jahrmärkten von Eggen singt. W. Wackernagel in Pfeiffers Germania 3, 257 bis 266. Archiv des historischen Vereins in Unterfranken 1852. 2. Heft; Germania 4, 113—115. MSH. 2, 310—335. 3, 331—344. 453. 4, 723—730. Germania 9, 148.

LXX. Meister Boppe.

Wahrscheinlich ein Baseler und derselbe starke Boppe, den die Kolmarer Annalen zum Jahre 1270 erwähnen. Seine persönlichen Beziehungen zu Bischof Konrad III. von Strassburg (1273—89), Rudolf I. Markgrafen von Baden (1242—88) und dessen Sohne Hermann VII. († 1291) so wie auf Rudolf I. von Habsburg begrenzen seine Thätigkeit auf das südwestliche Deutschland und die siebziger und achtziger Jahre des 13. Jahrhunderts. Er überlebte seinen Landsmann Konrad von Würzburg († 1287), dem er ein Klagelied widmete (2, 383b). Er hat fast nur Sprüche, daneben ein Lied parodischer Art (2, 385b) gedichtet. Die mehrfach wiederkehrende Beziehung auf die Nichtigkeit körperlicher Kraft macht wahrscheinlich, dass der Dichter, wie sein Beiname 'der Starke' zeigt, von ungewöhnlicher Stärke gewesen. W. Wackernagel in Haupts Zeitschrift 8, 347. MSH. 2, 377—386. 3, 405—408. 4, 692—699.

LXXI. Der wilde Alexander.

So nennt ihn die Pariser Handschrift, die Jenaer Meister Alexander, seinen bürgerlichen Stand bezeichnend. Schon nach seiner Stellung in der Pariser Handschrift muss er den jüngern Dichtern beigezählt werden, und ich glaube, dass die Deutung einiger räthselhaften Strophen, wie sie Hagen annimmt, ihn zu frühe setzt. Ein süddeutscher Sänger war er, das zeigt seine Sprache: die Erwähnung von Burgau, zwischen Augsburg und Ulm (3, 30ª) weist darauf hin und meint wohl den 1282 gestorbenen Markgrafen Heinrich von Burgau. Sein Leich (1—144) ist im Stile Konrads von Würzburg gedichtet; das Lied (145—193) gibt ein anmuthiges Bild von dem Glücke der längst entschwundenen Kindheit, mit Anknüpfung einer allegorischen Deutung. MSH. 2, 364—367. 3, 26—31. 4, 665—670.

LXXII. Hêr Kuonrât der Schenke von Landegge.

Sein Geschlecht bekleidete das Schenkenamt von St. Gallen, wie die Singenberger Truchsessen waren. Konrad kommt urkundlich zuerst 1271 zugleich mit seinem Bruder Leutold vor; 1280 in Rorschach als Zeuge; 1281 verpfändete ihm König Rudolf zum Lohne für geleistete Kriegsdienste die Vogtei Scheftenau im Toggenburgischen für 30 Mark Silbers. Zuletzt erscheint er 1304 in einer Urkunde für das Kloster Tenikon. Die Kriegsdienste bei Rudolf bestätigt ein Lied (1—50), welches er vor Wien sang, als Rudolf die Stadt belagerte (1276). Auch sonst scheint er in der Welt herumgekommen zu sein; in einem andern Liede (103—143) spricht er von Hennegau, Brabant, Flandern, Frankreich und Picardie wie von Ländern, die er durchwandert habe, nach Hagens Vermuthung ebenfalls im Dienste Rudolfs, als dieser gegen Otto Pfalzgrafen von Hochburgund zog (1289). MSH. 1, 351—363. 4, 307—310. Germania 9, 149.

LXXIII. Der schuolmeister von Ezzelingen.

Wahrscheinlich der Magister Henricus rector scholarum seu doctor puerorum in Ezzelingen, der als Schiedsrichter in einem Rechtsstreit zwischen dem Pfarrer von Münster und dem von Altenburg am 16. Januar 1280 erscheint: derselbe der auch am 26. Januar und 27. Februar 1279, und 8. April 1281 vorkommt. Zu dieser Zeitbestimmung passen die Andeutungen seiner Sprüche, in deren einem (1—13) er Rudolf I. (1273 bis 1291) wegen seiner Kargheit bitter tadelt. Auch in andern ist er nicht gut auf Rudolf zu sprechen; in einem macht er sich, dem von ihm bekleideten Amte entsprechend, zum Schiedsrichter eines fingierten Streites zwischen Gott und dem König. Das von ihm mitgetheilte Minnelied (14 bis 34) bewegt sich in gesuchten Ausdrücken und gelehrten Reminiscenzen. Sein Vorbild scheint für die Spruchpoesie Walther zu sein, von dem er mehrere Töne entlehnt hat. MSH. 2, 137—140. 4, 448—454. Stälin, wirtemberg. Geschichte 3, 754; vgl. 3, 23. 28. 74.

LXXIV. Süezkint der jude von Trimberc.

Einen Juden Süsskind hat Hagen in einer Würzburger Urkunde von 1218 nachgewiesen. So weit hinauf reichen seine Lieder aber nicht: er steht unter den Nachträgen der Pariser Handschrift, unter Dichtern der zweiten Hälfte des 13. Jahrhunderts. Seine Sprache zeigt, der Heimath entsprechend, mitteldeutsche Färbung, in der Bindung e : æ, in der Aussprache fründe = friunde u. a. Dass er ein armer Sänger war, geht aus den beiden von mir mitgetheilten Strophen deutlich genug hervor, die zugleich darthun, dass er verheirathet war und Kinder hatte. Lieder hat er nicht gedichtet. MSH. 2, 258—260. 4, 536—538.

LXXV. Der von Trôstberc.

Unter den zahlreichen seit der Mitte des 13. Jahrhunderts nachzuweisenden Gliedern dieses schweizerischen Geschlechtes am wahrscheinlichsten Rudolf von Trostberg, urkundlich 1286—1323 vorkommend. Er mag leicht derselbe sein, den Meister Hadlaub als Vermittler zwischen sich und seiner Geliebten nennt. Trostberge gab es auch in Tirol: zu den von Hagen nachgewiesenen füge ich einen Eckhart von Trostperch in einer Urkunde König Heinrichs von Böhmen vom Mai 1333 (im germanischen Museum) bei. Die Stellung in der Pariser Handschrift entscheidet weder für Tirol noch für die Schweiz. MSH. 2, 71—73. 4, 412—413 Zeitschrift 6, 398. 7, 168; und besonders Germania 9, 149.

LXXVI. Hêr Steinmâr.

Aus einem ritterlichen Geschlechte im Thurgau. Zwei Brüder Bertold und Konrad Steinmar sind in Urkunden von 1251—1270 nachgewiesen. Wir finden ihn im Gefolge Rudolfs bei der Belagerung von Wien (1276), wo er ein Lied, vermuthlich im Frühjahr 1277, an die Geliebte richtet (2, 155ᵃ). Noch vorher fällt die Winterfahrt Rudolfs nach Meissen, auf der der Dichter den König auch begleitete (2, 158ᵇ). Er dichtete noch 1294. Im Gegensatze zu den gewöhnlichen Frühlingsliedern dichtet er Herbstlieder, in denen die Freuden der Tafel besungen werden, und statt der ritterlichen Dame wählt er sich eine ländliche Schöne. Diese Richtung, die der Züricher Hadlaub fortsetzt, ist eine Erweiterung und Umgestaltung der neidhartischen Dorfpoesie. Seine Lieder sind wohlklingend und treffen oft den volksthümlichen Ton: aber ihnen schadet 'eine geflissentliche Rohheit'. MSH. 2, 154—159. 4, 468—471. Wackernagel, die Verdienste der Schweizer S. 32. 42.

LXXVII. Der Kanzeler.

Ein bürgerlicher Dichter, ohne Grund von den späteren Meistersängern für einen Steiermärker und Fischer erklärt. Ebenso grundlos ist es, wenn ihn Hagen für einen Landsmann Hadlaubs hält. Ein oberdeutscher Dichter war er in jedem Falle, etwas jünger als Boppe, in dessen Hoftöne er dichtet, und als Konrad von Würzburg, dem er die überkünstliche Weise (36—59) nachgeahmt hat. Die Mehrzahl seiner Produkte sind Sprüche religiösen und moralischen Inhaltes, der zum Theil der Naturgeschichte und Thierfabel entnommen ist; aber auch eine Anzahl Lieder hat er verfasst, die ebensowenig wie die Konrads einen individuellen Charakter haben. MSH. 2, 387—399. 4, 701—705.

LXXVIII. Herman der Damen.

Ein norddeutscher bürgerlicher Dichter, dessen Sprache entschieden nicht oberdeutsches Gepräge hat. Er dichtete nach dem Tode Friedrichs

von Sunburg und des Marners, aber noch gleichzeitig mit Konrad von
Würzburg und dem Meisner (18—34), also vor 1287. Er war ein älterer
Zeitgenosse Frauenlobs, den er in einem Liede (53—68) als jungen Mann
ziemlich scharf zurechtweist. Dass Frauenlob den älteren Dichter hoch-
schätzte, zeigt seine Erwähnung (Sprüche 129, 17). An den norddeutschen
Höfen werden beide sich getroffen haben, hier wanderte Hermann viel
umher. Er rühmt den Grafen von Ravensburg (3, 169b), wohl denselben
Otto, den auch Frauenlob verherrlicht; den Grafen Heinrich von Holstein
(† 1310), den Grafen Alf von Sigeberg († 1308) den Markgrafen von Bran-
denburg († 1308) und den Herzog von Schleswig, ohne Zweifel Waldemar
(1272—1312). Ausser einem religiösen Leiche und einem Liede hat er nur
Sprüche gedichtet; neue Spruchtöne leitet und weiht er, wie zu seiner
Zeit üblich war und schon früher (z. B. bei Waltber) manchmal vorkam,
durch eine Strophe religiösen Inhaltes ein. MSH. 3, 160—170. 4, 742—744.

LXXIX. Meister Heinrich Vrouwenlop.

Heinrich von Meissen, genannt Frauenlob, ein fahrender Sänger bürger-
licher Herkunft, der seine nicht unbedeutende gelehrte Bildung wahrschein-
lich auf der Domschule zu Meissen empfieng. Er fieng schon sehr frühe an
zu dichten. 1278 war er im Heere König Rudolfs auf dem Marchfelde;
1286 in Prag, als Wenzel II. von Böhmen zum Ritter geschlagen wurde;
zwischen 1286—95 hielt er sich in Kärnten bei Meinhard V. dem Schwager
König Albrechts auf; bei Otto von Niederbaiern, den er zwischen 1290
und 1312 kennen lernte; am häufigsten aber finden wir ihn an norddeut-
schen Höfen, in Brandenburg, Meklenburg, Rügen, Bremen, Oldenburg,
Dänemark, wenn auch im raschen Wechsel, zuletzt beim Ritterfeste Wal-
demars von Brandenburg vor Rostock 1311. Die letzte Zeit seines Lebens
verbrachte er in Mainz, wo er am 29. November 1318 starb und von Frauen
zu Grabe getragen wurde. Seinen Beinamen 'Frauenlob' verdankt er dem
Sängerstreite mit Regenbogen, in welchem er die Bezeichnung 'Frau' über
'Weib' stellt, im Gegensatze zu Walther, der wîp als den höchsten Namen
bezeichnet hatte (XXI, 846). Alle seine Dichtungen, die wenigen Lieder,
die drei grossen Leiche und die Sprüche, die den Haupttheil seiner Werke
bilden, sind ungemein schwülstig und wimmeln von gelehrten Beziehungen;
sie verrathen nicht geringen Dünkel und Geringschätzung der älteren Meister,
von denen er doch, was gutes an ihm war, gelernt hatte. Aber grade
das schwerfällig Prunkende und mit Gelehrsamkeit Ueberladene seiner Aus-
drucksweise lag im Geschmacke der Zeit und verschaffte ihm so hohes An-
sehen. Er gilt als der Begründer der ersten Meistersängerschule in Mainz;

wenn auch diese Thatsache nicht genügend beglaubigt ist, so trägt sie
etwas wahres in sich, da wirklich Frauenlob der erste Meistersänger genannt werden kann. Heinrichs von Meissen des Frauenlobes Leiche, Sprüche,
Streitgedichte und Lieder. Erläutert und herausgegeben von L. Ettmüller.
Quedlinburg 1843. MSH. 2, 337—352. 3, 111—159. 355—405. 459—468.
4, 730—742. Meine Meisterlieder S. 168—175.

LXXX. Marcgrâve Otte von Brandenburc mit dem pfîle.

Ist Otto IV. der von 1266—1308 regierte. Seinen Beinamen erhielt er
von einem Pfeile, der ihm bei der Belagerung von Stassfurt an der Bode
(1279) in den Kopf geschossen ward und ihm, weil er sich keinem Wundarzt anvertrauen wollte, ein ganzes Jahr stecken blieb, bevor er ausheilte.
Er war seit 1261 mit Heilwig, Johanns von Holstein Tochter, vermählt.
Im Kriege mit Magdeburg wurde er 1278 gefangen und durch seine Gemahlin gelöst. 1308 starb er, und wurde in dem Kloster Chorin begraben.
Er war ein Förderer und Pfleger der Dichtkunst, der er selbst oblag, und
wird als solcher von dem Meissner, Frauenlob, dem Goldener und Hermann dem Damen gerühmt. MSH. 1, 11—12. 4, 25—29.

LXXXI. Herzoge Heinrich von Pressela.

Heinrich IV. von Breslau, beim Tode seines Vaters (Heinrich III.)
noch minderjährig (1266), trat 1270 die Regierung an, vermählte sich 1278
mit Mathilde, einer Tochter Markgraf Otto's V. des Langen von Brandenburg, stand in den Kriegen Ottackers von Böhmen zu diesem gegen Rudolf I. und starb 1290. Er liegt in der von ihm (1288) gestifteten Collegiatkirche zum heiligen Kreuz in Breslau unter schönem Grabsteine begraben, der ihn selbst darstellt. Wie sein Vater Heinrich III., den wohl
der Tanhauser (Hagen 2, 90) meint, war er ein Freund der Dichtkunst;
rühmend gedenkt seiner Frauenlob (Sprüche 135). MSH. 1, 10—11. 4, 20—25.

LXXXII. Herzoge Jôhans von Brabant.

Herzog Jan I. von Brabant, berühmt durch den Sieg bei Worringen
(1288) über den Grafen von Geldern, vermählte sich 1269 mit Margaretha,
Ludwigs des Heiligen Tochter, und nach deren Tode 1273 mit einer Tochter des Grafen Guido von Flandern. Er starb am 3. Mai 1299 an einer
Wunde, die er beim Turnier zu Bar erhalten. Von seinen Liedern habe
ich einige in der niederländischen Rückübertragung von Hoffmann von

Fallersleben aufgenommen. Vermuthlich ist er der Herzog von Brabant, von dem sich in Handschriften auch französische Lieder finden. Seine Lieder haben sämmtlich Refrän und zeichnen sich durch volksthümliche Haltung und Sangbarkeit aus. MSH. 1, 15—17. 4, 38—47. Pfeiffers Germania 3, 154—161. Wackernagel, altfranzösische Lieder und Leiche S. 205 fg. Wauters, le duc Jean I. et le Brabant sous le règne de ce prince. Bruxell. 1862.

LXXXIII. Künic Wenzel von Beheim.

Mit Hagen halte ich Wenzel II. für den Dichter. Schon sein Vater Ottacker, der Gegner Rudolfs, war ein Beförderer der Dichtkunst gewesen. Wenzel vermählte sich 1286 mit Rudolfs Tochter Jutta zu Prag, wo er zugleich den Ritterschlag empfieng. Er starb 1305, von Frauenlob, der an seinem Hofe sich zeitweise aufgehalten, beklagt, wie wir aus Ottackers Reimchronik (Cap. 755) wissen: diese Klagelieder sind jedoch verloren gegangen. Auch der Verfasser des Gedichtes von Landgrafen Ludwigs Kreuzfahrt ertheilt ihm hohes Lob. Die böhmische Fassung des einen Liedes, die man als die ursprüngliche betrachtete und aus der man auf Wenzel I. geschlossen, ist, wie nun wohl Niemand mehr zweifelt, unächt. MSH. 1, 8—10. 4, 13—19. Höfler, König Wenzel I. von Böhmen als deutscher Minnesänger im Anzeiger für Kunde der deutschen Vorzeit 1854, 296. 1855, 1. Feifalik, über König Wenzel von Böhmen als deutschen Liederdichter und über die Unächtheit des altböhmischen Píseň milostná kráte Wáclava I. (Aus den Sitzungsberichten der k. k. Akademie) Wien 1858.

LXXXIV. Wizlâv.

Wizlaw IV. Fürst von Rügen, urkundlich seit 1284, erbte 1302 mit seinem Bruder Zambor und erhielt bei der Theilung die Insel Rügen. Seit dem Tode des Bruders (1304) bekam er das ganze Fürstenthum. Er war zuerst mit Margaretha, einer Tochter Mestewins, des letzten Herzogs von Hinterpommern, vermählt, dann mit Agnes, Gräfin von Ruppin, die ihm vier Söhne gebar, die aber alle vor dem Vater starben. Er führte ein unruhiges fehdereiches Leben, meist im Dienste Erichs IX. von Dänemark, zu dem er im Lehensverhältnisse stand, so gegen Stralsund und Brandenburg, und starb am 8. November 1305. Auch er war ein Gönner der Dichtkunst; zwei auf ihn gedichtete Lobsprüche, von dem Goldener und von Frauenlob, haben sich erhalten. Er hat Sprüche und Lieder gedichtet, in deren letztem unvollständigen er nach Steinmars und Hadlaubs

Art die Freuden des Herbstes feiert. Des Fürsten von Rügen Wizlaws IV. Sprüche und Lieder in niederdeutscher Sprache, herausgegeben von L. Ettmüller. Quedlinburg 1852. Hagen 3, 78—85. 4, 717—720.

LXXXV. Gråve Kuonrât von Kilchberc.

Die Stammburg der schwäbischen Grafen von Kirchberg liegt bei Ulm. Für den Minnesänger kämen in Betracht Graf Konrad, Sohn des Grafen Otto, der mit einer Gräfin von Schelklingen vermählt war, daher sich auch das Wappen der Pariser Handschrift erklärt, welches das der Schelklinger ist. Dieser Konrad erscheint von 1255 an urkundlich. Sein Sohn war Konrad, der 1289—1310 in Urkunden vorkommt, und nach dem 30. März 1315 starb. Nach Sprach- und Reimgebrauch kann nur dieser jüngere der Dichter sein, dessen Lieder sich an die Manier Neidharts anlehnen. MSH. 1, 23—26. 4, 55—59. Stälin, wirtemberg. Geschichte 2, 406. 767. 3, 681.

LXXXVI. Gråve Wernher von Hônberc.

Im Bisthum Basel heimisch; geboren 1284, erscheint er zuerst in einer Urkunde Hermanns von Bonstetten 1300 als Zeuge. 1309 wurde er von Heinrich VII., dessen treuer Anhänger er war, zum Reichsvogt, 1312, am 13. Februar, zum obersten Hauptmann des Bundes aller Reichsgetreuen in der Lombardei ernannt. Er zog dahin und starb am 21. März 1320 nach einem kampfreichen Leben vor dem belagerten Genua. Auf Italien deuten auch seine Lieder, die zum Theil dort entstanden sind. Er ist ohne Zweifel der von einem Ungenannten (Liedersaal 2, 321) beklagte, den als Gewährsmann auch der Verfasser des Gedichtes von den sechs Farben nennt. Graf Wernher von Homberg von Dr. Georg v. Wyss, in den Mittheilungen der antiquarischen Gesellschaft zu Zürich (1860) 13, 2, 1. MSH. 1, 63—65. 4, 88—95.

LXXXVII. Meister Jôhans Hadloub.

Ein bürgerlicher Sänger der Schweiz, der meist in Zürich und dessen Umgebung gelebt zu haben scheint, aber vorübergehend auch in Oesterreich war. Er dichtete in den letzten Jahren des 13. und im ersten Viertel des 14. Jahrhunderts, wie aus der Erwähnung historischer Persönlichkeiten in seinen Gedichten hervorgeht. Er nennt den Fürsten von Constanz, Bischof Heinrich von Klingenberg (1293—1306), seinen Bruder Albrecht († 1324) u. a., unter denen Rüdiger Manesse (1280 bis 1325), Rathsherr in Zürich, und sein Sohn Rüdiger, Chorherr ebenda

(1296—1328) hervorgehoben zu werden verdienen, die sich nach Hadlaubs Zeugniss das Sammeln von Liederbüchern angelegen sein liessen; aus welcher Kunde bekanntlich die Ueberlieferung geflossen ist, es sei die Pariser Handschrift, die ohne Zweifel in der Schweiz entstanden, die von ihnen veranstaltete Sammlung. Hadlaubs Lieder, roh und unbeholfen in der Form, sind nicht unwichtig, indem sie uns den Minnedienst seiner Zeit veranschaulichen; in andern z. B. den Herbst- und Ernteliedern schlägt er denselben Ton an, den in denselben Gegenden vor ihm schon Steinmar versucht hatte. Ausser Liedern hat er auch drei Leiche gedichtet. Johann Hadloubes Gedichte herausgegeben von L. Ettmüller. Zürich 1840. MSH. 2, 278—308. 4, 625—633.

LXXXVIII. Der von Bůwenburc.

Ein schwäbischer Ritter, dessen Stammschloss, jetzt Baumburg, bei Riedlingen stand. Ein Dietricus de Bůinburg erscheint in Ortliebs Zwiefalter Chronik, ein Eberhardus Dietheri filius de Buwenburg im Codex Hirsaugiensis, aber vor des Dichters Zeit, der in C unter schwäbischen Dichtern steht und in seinen Liedern den Herbst vor dem Frühling preist, daher wohl von Steinmars Dichtung Einfluss erfahren hat. MSH. 2, 261—263. 4, 539—540. Stälin, wirtemberg. Geschichte 2, 767.

LXXXIX. Der Guotære.

Ohne Zweifel ein bürgerlicher Dichter, über den wir gar nichts näheres wissen. Seine Sprache zeigt niederdeutsche Anklänge, wie bei den meisten Dichtern der Jenaer Sammlung. Er gehört der Grenze des 13. und 14. Jahrhunderts an, und ist jünger als Konrad von Würzburg, dessen 'Welt Lohn' er gekannt und benutzt zu haben scheint. MSH. 3, 41—43. 4, 713.

XC. Der Dürner.

Seiner Sprache nach ein Schwabe, wahrscheinlich ein Freiburger (im Breisgau), da das Wappen der Familie Turner zu dem der Pariser Handschrift passt. Seine Zeit bestimmt sich durch seine Stellung in der Pariser Handschrift, wo er unter den Nachträgen und unter Dichtern vom Ausgange des 13. Jahrhunderts erscheint. Schreibers Taschenbuch 1839, 361. MSH. 2, 336—337. 4, 646.

XCI. Hêr Kuonrât von Altsteten.

Ein Schweizer ritterlicher Sänger im Oberrheinthal (St. Gallen), gewiss nicht vor dem Ende des 13. oder dem Anfang des 14. Jahrhunderts,

da er bereits gesnitten : sitten als klingenden Reim braucht und s : z bindet.
Ein Dictericus de Altstetin sacerdos, als Zeuge in einer St. Galler Urkunde
vom 3. April 1344 (im germanischen Museum). MSH. 2, 64—65. 4, 407—408.

XCII. Kristân von Lupin.

Ein Thüringer, wie ihn C schon im Titel bezeichnet. Urkundlich um
1305 nachgewiesen. Fridericus Luppini et Christianus frater suus als Zeugen
in einer Urkunde des Grafen Friedrich von Beichlingen, Kelbra 1305. Zu
dieser Zeitbestimmung passt, dass er in C unter Nachträgen andrer Hand
steht, die auch sonst Dichter späterer Zeit gibt. Seine Heimath verrathen
auch seine Lieder, die ich daher in thüringischer Mundart hergestellt habe.
MSH. 2, 20—22. 4, 315—316. Der urkundliche Nachweis MF. S. 269, Anm.

XCIII. Hêr Heinrich Hetzbolt von Wizensê.

Ebenfalls ein Thüringer (Weissensee bei Erfurt), wohl derselben Zeit
angehörend wie der vorige Dichter, dem er in der Handschrift unmittelbar
folgt. Auch von seiner heimischen Mundart sind die Spuren noch deutlich
zu erkennen; ich habe sie desshalb hergestellt. Merkwürdig sind seine
Lieder durch die Anwendung eines Verstecknamens für die Geliebte nach
romanischem Muster (Anm. zu 8). MSH. 2, 22—25. 4, 316—318.

XCIV. Regenboge.

Ein bürgerlicher Sänger, nach der Ueberlieferung der Meistersänger
Barthel mit Vornamen, und seines Handwerks ein Schmied. Er gab das
Handwerk auf und widmete sich dem fahrenden Leben. In Mainz traf er
mit Frauenlob zusammen und hielt mit ihm jenen Sängerwettstreit über
die Namen 'Frau' und 'Weib', bei dem Regenbogen für den letztern focht.
Er überlebte Frauenlob († 1318) und widmete ihm ein Klagegedicht
(3, 354). Seine Sprüche, nicht so gelehrt und dunkel wie die Frauen-
lobs, tragen schon vollkommen den Charakter des spätern Meister-
sanges; daher die Scheidung von ächten und in seinen Tönen so wie
unter seinem Namen gedichteten Strophen späterer Zeit nicht leicht
ist, um so schwieriger, als er selbst schon Rohheiten in Reim und Vers-
bau sich zu Schulden kommen lässt. MSH. 2, 309. 3, 344—355. 452 bis
453. 468¹—468m. 4, 633—672. Meisterlieder der Kolmarer Handschrift
S. 175—179.

XCV. Albreht marchschal von Raprehtswile.

Von Rapperschwyl am Züricher See; in C nebst den ihn umgebenden Dichtern von jüngerer Hand nachgetragen und wie jene (Johannes von Rinkenberg und Otto vom Turne) wahrscheinlich erst dem Anfange des 14. Jahrhunderts angehörend. Wenigstens berechtigt nichts, den 1271—1276 ohne Vor- und Geschlechtsnamen vorkommenden Marschall von Raprechtswil für den Dichter zu halten. Er hat schon starke Kürzungen in der Senkung vor Consonanten, sagt ruon für ruowen, was wohl mittel- aber nicht oberdeutsche Dichter früherer Zeit thun. MSH, 1, 342—343. 4, 288—290.

XCVI. Hêr Otte zem Turne.

Aus dem Wallis, nachgewiesen als Zeuge Lucerner Urkunden von 1312 und 1322, so wie als Aussteller einer deutschen Urkunde von 1322, worin er dem Kloster zu Oberndorf eine Schenkung macht und sich als Ritter bezeichnet. Zu dieser Zeit stimmt seine Stellung in C unter Schweizer Dichtern der spätern Zeit, sowie der Umstand, dass er in einem Liede die Titurelstrophe in der jüngern Form (mit Inreimen), die ihr der Dichter des jüngern Titurel gab, anwendet. Es ist daher wohl der von Turne, welchen der von Gliers (Hagen 1, 107 b) unter älteren Leichdichtern als verstorben nennt, ein älterer des Geschlechtes. MSH. 1, 343—346 4, 291—293. Pfeiffers Germania 2, 444. 9, 151.

XCVII. Heinrich von Muglin.

Ein bürgerlicher Dichter des 14. Jahrhunderts, aus Meissen gebürtig, dichtete bereits vor 1346 und lebte noch im Jahre 1369, wo er die Uebersetzung des Valerius Maximus verfasste. Karl IV. war sein Gönner; aber auch in Oesterreich muss er sich aufgehalten haben, da er dem Herzog Rudolf (1358—65) seine ungarische Chronik widmete. Von grösseren Werken verfasste er noch ein allegorisches Gedicht, der Mägde Buch, zur Verherrlichung Karls IV., und eine prosaische Uebersetzung der Psalmen. Seine Fabeln und Lieder sind herausgegeben von W. Müller. Göttingen 1847. Auch er war wegen seiner an gelehrtem Prunke reichen Sprüche bei den Meistersängern hochgeehrt; unter seinem Namen und in seinen Tönen wurde später vieles gedichtet. Vgl. Meisterlieder der Kolmarer Handschrift S. 180.

I. Der von Kürenberc.

'Vil lieber friunde fremden   daz ist schedelîch:
swer sînen friunt behaltet,   daz ist lobelîch.
die site wil ich minnen.
bit in daz er mir holt sî,   als er hie vor was,
5   und man iu waz wir redeten   do ich in ze jungeste sach.'

'Wes manest du mich leides,   mîn vil liebe liep?
unser zweier scheiden   muoze ich geleben niet.
verliuse ich dîne minne,
sô lâze ich die liute   harte wol entstân
10   daz mîn fröide ist daz minnist   umb alle andere man.'

'Leit machet sorge   vil liebe wunne.
eines hubschen ritters   gewan ich kunde:
daz mir den benomen hân   die merker und ir nît,
des mohte mir mîn herze   nie frô werden sît.'

15   'Ich stuont mir nehtint spâte   an einer zinne,
dô hôrt ich einen ritter   vil wol singen
in Kurenberges wîse   al ûz der menigîn.
er muoz mir diu lant rûmen   ald ich geniete mich sîn.'
      Nu brinc mir her vil balde   mîn ros, mîn îsengwant,
20   wan ich muoz einer frouwen   rûmen diu lant:
diu wil mich des betwingen   daz ich ir holt sî.
si muoz der mîner minne   iemer darbende sîn.

Jô stuont ich nehtint spâte   vor dînem bette:
dô getorste ich dich, frouwe,   niwet wecken.

I. Der von Kürenberc.

25 des gehazze   got den dînen lîp!
jo enwas ich niht ein wilde bêr.'   sô sprach daz wîp.

'Swenne ich stân alleine   in mînem hemede
und ich an dich gedenke,   ritter edele,
so erbluojet sich mîn varwe   als der rôse am dorne tuot
30 und gewinnet mir daz herze   vil manigen trûrigen muot.'

Ez hât mir an dem herzen   vil dicke wê getân,
daz mich des geluste   des ich niht mohte hân
noch niemer mac gewinnen.   daz ist schedelich.
jone mein ich golt noch silber: ez ist den liuten gelîch.
35   Ich zôch mir einen valken   mêre danne ein jâr.
dô ich in gezamete   als ich in wolte hân
und ich im sîn gevidere   mit golde wol bewant,
er huop sich ûf vil hôhe   und flouc in anderiu lant.
    Sît sach ich den valken   schône vliegen:
40 er fuorte an sînem fuoze   sîdîne riemen
und was im sîn gevidere   alrôt guldîn.
got sende si zesamene   die geliebe wellen gerne sîn.'

Ez gât mir vonme herzen   daz ich geweine.
ich und mîn geselle   muozen uns scheiden.
45 daz machent lugenære: got der gebe in leit!
der uns zwei versuonde   vil wol, des wære ich gemeit.'

Wîp vile schône,   nu var du sam mir:
lieb unde leide   daz teile ich samet dir.
die wîle unz ich daz leben hân,   sô bist du mir vil liep.
50 wan minnest einen bôsen,   des engan ich dir niet.

Der tunkele sterne,   sich, der birget sich.
als tuo du, frouwe schône,   sô du sehest mich.
sô lâ du dîniu ougen gên   an einen andern man:
son weiz doch lutzel ieman   wiez under uns zwein ist getân.

55 Aller wîbe wunne   diu gêt noch megetîn.
als ich an si gesende   den lieben boten mîn,
jô wurbe ichz gerne selbe,   wær ez ir schade niet.
in weiz wiech ir gevalle: mir wart nie wîp alse liep.

Wü hünde vederspil   die werdent lihte zam:
60 swer si ze rehte lucket,   sô suochent si den man.
als warb ein schône ritter   umb eine frouwen guot.
als ich dar an gedenke,   sô stêt wol hôhe mîn muot.

II. Hêr Dietmâr von Aiste.

Ez stuont ein frowe alleine
und warte uber heide
und warte ire liebe.
so gesach si valken fliegen.
5 'sô wol dir, valke, daz du bist!
du fliugest swar dir lieb ist:
du erkiusest dir im walde
einen boum der dir gevalle.
alsô hân ouch ich getân.
10 ich erkôs mir selbe einen man:
den erwelten mîniu ougen.
daz nident schône frouwen.
owê wan lânt si mir mîn liep?
jo engerte ich ir dekeiner trûtes niet.'

15 'Sô wol dir, sumerwunne!
daz vogelsanc ist geswunden:
als ist der linden ir loup.
jârlanc truobent mir ouch
mîniu wol stênden ougen.
20 mîn trût, du solt dih glouben
anderre wîbe:
wan, helt, die solt du mîden.
dô du mich êrste sâhe,
dô dûhte ich dich ze wâre
25 sô rehte minneclich getân:
des man ich dich, lieber man.'

'Waz ist fur daz trûren guot daz wîp nâch lieben manne hât?
gerne daz mîn herze erkande, wan ez sô bedwungen stât.'

alsô redete ein vrowe schône.   'wol ichs an ein ende kôme,   wan
                                                            diu huote.
30 selten sin vergeʒʒen wirt   in mînem muote.'

'Genuoge jehent daʒ grôziu stǽte sî der besten vrowen trôst.
des enmag ich niht gelouben, sît mîn herze ist unerlôst.'
alsô redeten zwei geliebe,   dô si von ein ander schieden.   'owê minne
der dîn ǽne mohte sîn,   daʒ wǽren sinne.'

35 Sô al diu werelt ruowe hât, sô mag ich eine entslâfen niet.
daʒ kumet von einer vrowen schône der ich gerne wǽre liep,
an der al mîn vroude stât.   wie sol des iemer werden rât?   joch
                                                    wǽne ich sterben.
wes lie si got mir armen man   ze kâle werden?

Seneder friwendinne bote,   nu sage dem schônen wîbe
40 daʒ mir tuot âne mâʒe wê   deich si sô lange mîde.
lieber hete i'r minne
dann al der vogele singen.
nu muoʒ ich von ir gescheiden sîn:
trûric ist mir al daʒ herze mîn.

45 'Nu sage dem ritter edele   daʒ er sich wol behuote
und bite in schône wesen gemeit   und lâʒen ungemuote.
ich muoʒ ofte engelten sîn.
vil dicke erkumet daʒ herze mîn.
ane schendes leides hân ich vil
50 deich im selbe gerne klagen wil.'

Ûf der linden obene   dâ sanc ein kleineʒ vogellîn.
vor dem walde wart eʒ lût: dô huop sich aber daʒ herze mîn
an eine stat da eʒ ê dâ was.   ich sach die rôsebluomen stân:
die manent mich der gedanke vil   die ich hin zeiner vrowen hân.

55 'Eʒ dunket mich wol tûsent jâr   daʒ ich an liebes arme lac.
sunder âne mîne schult   fremedet er mich manegen tac.
sît ich bluomen niht ensach   noch enhôrt der vogel sanc,
sît was mir mîn vroude kurz   und ouch der jâmer al ze lanc.'

'Slâfst du, friedel ziere?
60 man wekt uns leider schiere.
ein vogellîn sô wol getân
daz ist der linden an daz zwî gegân.'
     'Ich was vil sanfte entslâfen:
nu ruofestu, kint, wâfen.
65 lieb âne leit mac niht gesin.
swaz du gebiutst, daz leiste ich, friwendîn.'
     Diu frowe begunde weinen.
'du rîtst und lâst mich eine.
wenn wilt du wider her zuo mir?
70 owê du fuorst mîn fröide samet dir.'

III. Spervogel.

Ich sage iu, lieben sune mîn,
iun wahset korn noch der wîn,
ichn kan iu niht gezeigen
diu lêhen noch diu eigen.
5 nu genâde iu got der guote
und gebe iu sâlde unde heil.　　vil wol gelane von Tenemarke Fruoten.

Mich riuwet Fruot von uber mer
und von Hûsen Walther,
Heinrich von Gebechenstein:
10 von Stoufen was ir noch ein.
got gnâde Wernharte
der ûf Steinberc saz　　und niht vor den êren versparte.
     Wer sol ûf Steinberc
wurken Wernhartes werc?
15 hei wier gab unde lêch!
des er dem biderbem man verzêch,
des enmohte er niht gewinnen.
daz was der wille: kom diu state,　　si schieden sich ze jungist mit
　　　　　　　　　　　　　　　　　　　　　　　　　　　minnen.

     Dô der guote Wernhart
20 an dise werlt geborn wart,
do begunde er teilen al sîn guot.
do gewan er Ruodegêres muot,

der saz ze Bechelâre
und pflac der marke manegen tac;   der wart von siner frumekeit sô
mâre.
25   Steinberc die tugende hât
daz ez sich nieman erben lât
wan einen der ouch êren phligit.
dem strîte hât ez an gesigit:
nu hât ez einen erben.
30 der werden Oetingâre stam   der wil im sinen namen niht verderben

Man seit ze hove mâre
wie gescheiden wâre
Kerlinc und Gebehart.
si liegent, semmir mîn bart.
35 zwên bruoder die gezurnent
und underziunent den hof,   si lânt iedoch die stigelen unverdurnet.

Mich muot daz alter sêre,
wan ez Hergêre
alle sine kraft benam.
40 ez sol der gransprunge man
bedenken sich enzîte,
swenn er ze hove werde leit,   daz er ze gwissen herbergen rîte.

Wie sich der riche betraget,
sô dem nôthaften waget
45 dur daz lant der stegereif!
daz ich ze bûwe niht engreif
dô mir begunde entspringen
von alrêste mîn bart,   des muoz ich nû mit arbeiten ringen.

Weistu wie der igel sprach?
50 'vil guot ist eigen gemach.'
zimber ein hûs, Kerlinc;
dar inne schaffe dîniu dinc.
die hêrren sint erarget.
swer dâ heime niht enhât,   wie maneger guoter dinge der darbet!

55 Swie daz weter tuoje,
der gast sol wesen fruoje.

der wirt hât truckenen vuoz
vil dicke, sô der gast muoz
die herberge rûmen.
60 swer in dem alter welle wesen wirt, der sol sich in der jugent niht
sûmen.

Ez was ein wolf grâwe
und ein man alwâre.
die liute wolten slâfen:
er lie den wolf zen schâfen.
65 do bigienc er in der stîge
daz man in des morgens hienc und iemer mê sîn kunne ane schrîget.

Ein wolf und ein witzic man
sasten schâhzabel an.
si wurden spilnde umbe guot.
70 der wolf begunde sinen muot
nâch sinem vater wenden.
dô kom ein wider dar gegân: dô gab er beidiu roch umb einen venden.

Ein wolf sîne sunde vlôch,
in ein klôster er sich zôch:
75 er wolde geistlîchen leben.
dô hiez man in der schâfe pflegen.
sît wart er unstâte.
dô beiz er schâf unde swîn: er jah daz ez des pfaffen rude tâte.

Ez mac der man sô vil vertragen,
80 hôrt ich Kerlingen sagen,
daz man in deste wirs hât:
sô wirt sîn sus vil guot rât,
ist er widersâze.
zwên hunde striten umbe ein bein: dô truog ez hin ze jungest der râze.

85 Zwên hunde striten umbe ein bein:
dô stuont der bôser unde grein.
waz half in al sîn grînen?
er muostez bein vermîden.
der anderer truogez
90 von dem tische hin ze der tur: er stuont ze sîner angesiht und gnuogez.

Er ist gewaltic unde starc
der ze wîhen naht geborn wart.
daz ist der heilige Krist.
jâ lobt in allez daz dir ist
95 niewan der tievel eine:
dur sînen grôzen ubermuot   sô wart ime diu helle ze teile.

In der helle ist michel unrât.
swer dâ heimuote hât,
diu sunne schînet nie sô lieht,
100 der mâne hilfet in nieht
noh der liehte sterne.
jâ muot in allez daz er siht: jâ wârer dâ ze himel alsô gerne.

In himelrîch ein hûs stât,
ein guldîn wec dar in gât.
105 die siule die sint mermelîn,
die zieret unser trehtîn
mit edelem gesteine.
dâ enkumt nieman in,   ern sî vor allen sunden alsô reine.

Swer gerne zuo der kirchen gât
110 und âne nît dâ stât,
der mac wol vrôlîchen leben.
dem wirt ze jungest gegeben
der engel gemeine.
wol in daz er ie wart!   ze himel ist daz leben alsô reine.

115 Ich hân gedienet lange
leider einem manne
der in der helle umbe gât:
der bruovet mîne missetât.
sîn lôn der ist bôse.
120 hilf mir, heiliger geist,   deich mich von sîner vancnisse erlôse!

Mich hungerte harte.
ich steic in einen garten,
dâ was obez innen:
des mohte ich niht gewinnen.
125 daz kom von unheile.
dicke wegite ich den ast: mir wart des obezes nie niht ze teile.

Swâ ein guot boum stât
und zweier hande obez hât,
beidiu suoz unde sûr,
130 sô sprichet ein sîn nâhgebûr
'wir suln daz obez teilen:
wirt ir einez drunder vûl, ez bringet uns daz ander ze leide.'

Swel man ein guot wîp hât
und zeiner anderre gât,
135 der bezeichent daz swîn.
wie mohte ez iemer erger sîn?
ez lât den lûtern brunnen
und leit sich in den truoben phuol: den site hât vil manic man
  gewunnen.

Ein man sol haben êre
140 und sol iedoch der sêle
under wîlen wesen guot,
daz in dehein sîn ubermuot
verleite niht ze verre;
swenn er urloubes ger, daz ez im an dem wege niht enwerre.

145 Korn sâte ein bûman:
do enwolte ez niht ûf gân.
ime erzornete daz.
ein ander jâr er sich vermaz
daz erz en egerde lieze.
150 er solde ez ime guotlîche geben der dem andern umb sîn dienest
  iht gehieze.

Krist sich ze marterenne gap,
er lie sich legen in ein grap.
daz tet er dur die goteheit:
dâ mite lôst er die kristenheit
155 von der beizen helle.
er getuot ez niemer mêr: dar an gedenke swer sô der welle.

An dem ôsterlîchem tage
dô stuont sich Krist ûz dem grabe.
kunec aller keiser,

160 vater aller weisen,
sin hantgetât er lôste.
in die helle schein ein lieht: dô kom er sinen kinden ze trôste.

Wurze des waldes
und êriz des goldes
165 und elliu apgrunde
diu sint dir, hêrre, kunde:
diu stânt in diner hende.
allez himeleschez her dazu moht dich niht volloben an ein ende.

IV. Hêr Meinlôh von Sevelingen.

Dir enbiutet sinen dienest dem du bist, vrowe, als der lip.
er heizt dir sagen zewâre du habest im alliu andriu wip
benomen uz sinem muote, daz er gedanke niene hât.
nu tuoz durch dine tugende und enbiut im eteslichen rât.
5 du hâst im nâch bekêret beidiu sin unde leben:
er hât dur dinen willen
eine ganze fröide gar umbe ein trûren gegeben.

Swer werden wiben dienen sol, der sol somelichen varn.
ob er sich wol ze rehte gegen in kunne bewarn,
10 sô muoz er under wilen senelîche swære tragen
verholne in dem herzen: er sol ez niemanne sagen.
swer biderber dienet wiben, die gebent alsus getânen solt.
ich wæne unkiuschez herze
wirt mit ganzen triuwen werden wiben niemer holt.

15 Ez mac niht heizen minne der lange wirbet umbe ein wip.
die liute werdents inne und wirt zerfüeret dur nît.
unstætiu friuntschaft machet wankelen muot.
man sol ze liebe gâhen: deist für die merkære guot:
daz es iemen werde inne ê ir wille si ergân.
20 sô sol man si triegen.
da ist gnuogen ane gelungen die daz selbe hânt getân.

'Mir erwelten miniu ougen einen kindeschen man.
daz nident ander vrouwen: ich hân in anders niht getân,

wan ob ich hân gedienet   daz ich diu liebeste bin;
25 dar an wil ich kêren   mîn herze und allen den sin.
swelhiu sînen willen   hie bevor hât getân,
verlôs si in von schulden,
    der wil ich nû niht wîzen,   sih ich si unvrœlîchen stân.'

Ich sach boten des sumeres: daz wâren bluomen alsô rôt.
30 weist du, schœne frouwe,   waz dir ein ritter enbôt?
verholne sînen dienest: im wart liebers nie niet.
im trûret sîn herze   sît er nu jungest von dir schiet.
nu hœhe im sîn gemüete   gegen dirre sumerzît.
frô wirt er niemer
    ê er an dînem arme   sô rehte güetlîche gelît.

V. Der burcgrâve von Regensburc.

'Ich bin mit rehter stæte   eim guoten riter undertân.
wie sanfte ez mînem herzen tuot   swenn ich in umbevangen hân.
der sich mit manegen tugenden guot
gemachet al der werlte liep,   der mac wol hôhe tragen den muot.
5   Sine mugen alle mir benemen   den ich mir lange hân erwelt
ze rehter stæte in mînen muot,   der mich vil maneges liebes
                                                        went.
und lægen si vor leide tôt,
ich wil im iemer wesen holt: si sint betwungen âne nôt.'

Ich lac den winter eine: wole trôste mich ein wîp.
10 vür si mir vröide kunten   die bluomen und diu sumerzît.
daz nident merkære: dêst mîn herze wunt.
ezn heile mir ein frowe mit ir minne,   ez enwirdet niemer mê
                                                        gesunt.

'Nu heizent si mich mîden   einen riter: ine mac.
swenn ich daran gedenke   daz ich sô güetlîchen lac
15 verholne an sînem arme,   des tuot mir senede wê.
von ime ist ein alse unsenftez scheiden: des mac sich mîn herze
                                                        wol entstên.'

VI. Der burcgrâve von Rietenburc.

Diu nahtegale ist gesweiget
und ir hôher sanc geneiget
Die ich wole hôrte singen:
doch tuot mir sanfte guot gedinge
5 Den ich von einer vrowen hân.
ich wil ir niemer abe gegân
und biut ir stæten dienest mîn.
als wil ich iemer mêre sîn.

Ich hôrte wîlent sagen ein mære,
10 daz ist mîn alre bester trôst,
Wie minne ein saelekeit wære
unde harnschar nie erkôs.
Des möht ich werden sorgen lôs,
ob si erbarmen wil mîn swære.
15 got weiz wol daz ich ê verbære
iemer mêre alliu wîp
ê ir vil minneclîchen lîp:
den willen hân ich lange zît.

VII. Hêr Heinrich von Veldeke.

'Ich bin vrô, sît uns die dage
liehten unde werden lanc.'
Sô sprach ein vrowe alsunder klage
frîlîch und ân al gedwanc.
5 'Des sag ich mînen glucke danc,
dat ich ein sulhe herze drage
dat ich durch keinen bôsen kranc
an mîner bîtschaf nien verzage.
  Mî hâde wîlen zeiner stunde
10 vil gedienet ôch ein man,
Sô dat ich im wal gûdes gunde;
des ich ime nu niene gan,

Sit dat hè den mût gewan
dat hè to eischenne begunde
15 dat ich im bat entsagen kan
dan hèt an mir gewerven kunde.
    It kam van dumbes herzen râde,
it sal ze dumpheit ôch ergân.
Ich warnide in al to spâde
20 dat hè hâde missedân.
Wie mohte ich dat vur gût entstân
dat hè mi dorpeliche bâde
dat hè mich muste al umbevân?
. . . .
25   Ich wânde dat hè hovesch wâre,
des was ich ime van herzen holt.
Dat sag ich û wal offenbâre:
des is hè gar âne scholt.
Des drage ich mir ein gût gedolt:
30 mir is sin schade vil unmâre.
hè iesch an mich to richen solt,
des ich vil wal an ime enbâre.
    Hè iesch an mich to lôse minne:
di ne vant hè an mi niet.
35 Dat quam van sinen kranken sinne,
wan it ime sin dumpheit riet.
Wat of im schade dar an geschiet?
des breng ich in vil wal inne
dat hè sin spil zunreht ersiet,
40 dat hèt bricht èr hèt gewinne.'

Swer mir schade an miner vrouwen,
deme wunschen ich des rises
dar an die dieve nemen ir ende.
Swer min dar an schône in trouwen,
45 dem wunsch ich des paradises
unde valde im mine hende.
Frâg iemen wer sie si,
der kenne sie dâ bi:
it is die wal gedâne.
50 genâde, vrowe, mir:

der sunnen gan ich dir,
sô schîne mir der mâne.

Swie mîn nôt gefüger wâre,
sô gewunne ich lief nâ leide
55 unde vroude manichvalde.
Wan ich weiz vil lieve mære:
die blûmen springen an der heide,
die vogel singen in dem walde.
Dâr wîlen lach der snê,
60 dâr stât nu grüner klê:
hê douwet an dem morgen.
swer welle, der vrouwe sich,
nieman eanôde es mich:
ich bin unledich sorgen.

65 Tristrant muste sunder danc
stâde sîn der kuninginne,
Wand in poisûn dar zû dwanc
mêre dan die kraht der minne.
Des sal mir die gûde danc
70 wizen, dat ich nien gedranc
alsolh piment und ich sie minne
baz dan hê, und mach dat sîn.
wal gedâne, valsches âne,
lâ mich wesen dîn
75 unde wis du mîn.

Sît die sunne ir liehten schîn
gên der kalde hât geneiget
Und die kleine vogellîn
ires sanges sint gesweiget,
80 Drûrich is dat herze mîn,
wan it wil nu winter sîn
der uns sîne kraht erzeiget
an den blûmen die man siet
liehter varwe erbleichet garwe:
85 dâ von mir geschiet
leit, und lieves niet.

Dô man der rehten minne plach,
dů plach man òch der éren.
Nu mach man naht unde dach
90 die bösen sede léren.
Swer dit nu siet und jenez dô sach,
owê wat der nu klagen mach!
duht wil sich nu verkéren.
    Die man sint nu to niete frůt,
95 wan sie die vrowen schelden.
Ouch sint sie dâ wider gůt
dat sinz niet wal vergelden.
Swer schildet dat, der missedůt,
dâr hê sich bi generen můt:
100 der brůvet selbe melden.

Swer to der minne is sô frůt
dat hê der minne dienen kan
Und hê durch minne pine důt,
der is ein minnesâlich man.
105 Van minne kumet uns allez gůt,
die minne machet reinen můt:
wat solde ich sunder minne dan?
    Ich minne die schônen sunder danc.
ich weiz wal, ir minne is klâr:
110 Of min minne is valsches kranc,
sô wirt òch niemer minne wâr.
Ich sage ir miner minne danc:
bi irre minne stât min sanc.
hêst dump swen minne dunket swâr.

115 Man seit al für wâr
nu manich jâr,
die wif die hazzen grâwez hâr.
dat is mir swâr,
und is ir missepris
120 die liever havet ir amis
dump danne wis.
    Des mê noch des min,
dat ich grâ bin,

ich hazze an wiven kranken sin
125 die nûwez zin
nemen fur aldez golt.
sie jên sie sin den jungen holt
dorch ungedolt.

In dem aberellen   sô die blûmen springen,
130 sô louven die linden   und grûnen die bûchen:
Sô haven ir willen   die vogel und singen,
wan sie minne vinden   aldâr sie sie sûchen.
An ir genôz,   wan ir bliscaf is grôz,
der mich nie verdrôz,
135 wan sie swigen al den winter stille.
    Dô sie an dem rise   die blûmen gesâgen
bi den bladen springen,   dô wâren sie riche
Ir manchvalden wise,   der sie wllen plâgen,
sie hûven und sungen   lût unde vrôliche
140 Nider und hô.   min mût stât alsô
deich wil wesen vrô.
reht is dat ich min gelucke prise.
    Mohte ich erwerven   miner vrowen hulde!
kund ich die gesûchen   als it ir gezàme!
145 Ich sal verderven   al von miner schulde,
sin wolde gerûchen   dat sie van mir nâme
Bûze âne dôt   ûf genâde und durch nôt,
want got nie gebôt
dat dehein man gerne solde sterven.

150 Sô wer den vrowen setzet hûde,
der dût dat dicke uvele stât.
Vil manich man dreit die rûde
dâ hê sich selven mede slât.
Sô wer den uvelen sede gevât,
155 . . . . . der gât
vil ofte unvrô mit zornigem mûde:
des pleget niet der wise frûde.

Der schône sumer gât uns an:
des is vil manich vogel bilde,

160 Wan sie vrouwent sich to stride
die schônen zît vil wal enphân.
Jârlanc is reht dat der ar
winke dem vil sûzen winde.
ich bin worden gewar
165 nûwes louves an der linden.

VIII. Hêr Friderich von Hûsen.

Gelebt ich noch die lieben zît
daz ich daz lant solt abe schouwen,
Dar inne al mîn froude lît
nu lange an einer schônen frouwen,
5 Sô gesähe mînen lîp
niemer weder man noch wîp
getrûren noch gewinnen rouwen.
mich dûhte nû vil manigez gût
dâ von ê swâre was mîn mût.
10   Ich wânde ir ê vil verre sîn
dâ ich nu vil nâhe wâre.
Alrêrste hât daz herze mîn
von der fremde grôze swâre.
Ez tût wol sîne trouwe schîn.
15 wâre ich iender umb den Rîn,
sô friesche ich lîhte ein ander mâre,
des ich doch leider nie vernam
sît daz ich uber die berge kam.

Wâfenâ! wie hât mich Minne gelâzen
20 die mich betwang daz ich lie mîn gemüte
An solhen wân der mich wol mach verwâzen,
ez ensî daz ich genieze ir gûte
Von der ich bin   alsô dicke âne sin.
mich dûhte ein gewin
25 und wolte die gûte
wizzen die nôt die wont in mînem mûte.
Wâfen! waz habe ich getân sô zunêren

daz mir die gûte ir grůzes niet gunde?
Sus kan sie mir wol daz herze verkêren.
30 deich in der werlt bezzer wîb iender funde,
Seht dêst mîn wân. då fur sô wil ichz hân
und wil dienen lân
mit trouwen der gûten
die mich dâ blouwet vil sêre âne rûten.
35 Waz mach daz sîn daz die werlt heizet minne
und ez mir tût alsô wê zaller stunde
Und ez mir nimet sô vil mîner sinne?
in wânde niet daz ez iemen erfunde.
Getorste ich es jên daz ichz hâte gesên
40 dâ von mir ist schên
als vil herzesêre,
sô wolt ich gelôben dar an iemer mêre.
Minne, got mûze mich noch an dir rechen!
wie vil du mîm herzen der vrouden wendest!
45 Mohte ich dir dîn krumbez ouge ûz gestechen,
des hât ich reht, wan du vil lutzel endest
An mir solhe nôt sô mir dîn lîp gebôt.
und wârest du tôt,
sô dûhte ich mich rîche.
50 sus mûz ich von dir leben betwungenlîche.

Sie wânent sich dem tôde verzîn
die gote erliegent sîne vart.
Dêswâr êst der gelôbe mîn
daz sie sich ubele hânt bewart.
55 Swerz krûze nam und wider warp,
dem wirt ez doch ze jungest schîn,
swann im die porte ist vor verspart
die er tût ûf den lûten sîn.

Sie darf mich des zîhen niet
60 ichn hâte sie von herzen liep.
des mohte sie die wârheit an mir schen,
und wil sies jehen.
ich koms dick in sô grôze nôt

```
     daz ich den lûten gûten morgen bôt
65   engegen der naht.
     ich was sô verre an sie verdâht
     daz ich mich under wîlent niet versan,
     und swer mich grûzte, daz ichs niet vernan.
        Mîn herze unsanfte sînen strît
70   lât den ez nu vil mange zît
     getân hât wider daz alre beste wîp
     der ie mîn lîp
     mûz dienen swar ich iemer var.
     ich bin ir holt: swenn ich vor gote getar,
75   so gedenke ich ir.
     daz rûch ouch er vergeben mir.
     ob aber ich des sunde sule hân,
     zwû schûf er sie sô rehte wol getân?
        Mit grôzen sorgen hât mîn lîp
80   gerungen alle sîne zît.
     ich hâte liep daz mir vil nâhe gie,
     dazn lie mich nie
     an wîsheit kêren mînen mût.
     daz was die minne, die noch manigem tût
85   die selben klage.
     nu wil ich mich an got gehaben:
     der kan den lûten helfen ûz der nôt.
     nieman weiz wie nâhe im ist der tôt.
        Einer vrowen was ich zam
90   die âne lôn mîn dienest nam.
     von der sprich ich niht wan allez gût,
     wan daz ir mût
     zunmille ist wider mich gewesen.;
     vor aller nôt dô wânde ich sîn genesen
95   dô sich verlie
     mîn herze ûf genâde an sie
     der ich dâ leider funden niene hân.
     nu wil ich dienen dem der lônen kan.
        Ich kom von minne in kumber grôz,
100  des ich doch selten ie genôz.
     swaz schaden ich dâ von gewunnen hân,
     sô vriesch nie man
     deich ir iet spräche wane gût,
```

noch mîn munt von vrowen niemer tût.
105 doch klage ich daz,
daz ich sô lange gotes vergaz:
den wil ich iemer vor in allen haben
und in dâ nâch ein holdez herze tragen.

Mîn herze und mîn lîp die wellent scheiden,
110 die mit ein ander varnt nu manige zît.
Der lîp wil gerne vehten an die heiden:
sô hât iedoch daz herze erwelt ein wîp
Vor al der werlt: daz mût mich iemer sît
daz sie ein ander niwet volgent beide.
115 mir habent die ougen vil getân zu leide.
got eine müze scheiden noch den strît.

Ich wânde ledich sîn von solher swâre
dô ich daz krûze in gotes êre nan.
Ez wâre ouch reht daz et ez alsô wâre,
120 wan daz mîn stâtekeit mir sîn verban.
Ich solte sîn zu rehte ein lebendich man,
ob ez den tumben willen sîn verbâre.
nu sihe ich wol daz im ist gar unmâre
wie ez mir an dem ende sule ergân.

125 Sît ich dich, herze, niet wol mach erwenden,
dun wellest mich vil trûrechlîche lân,
Sô bite ich got daz er dich rûche senden
an eine stat dâ man dich wol enpfâ.
Owê wie sol ez armen dir ergân!
130 wie torstest eine an solhe nôt ernenden?
wer sol dir dîne sorge helfen enden
mit solhen trouwen als ich hân getân?

Nieman endarf mir wenden daz zunstâte,
ob ich die hazze diech dâ minnet ê.
135 Swie vil ich sie gevlêhet oder gebâte,
sô tût sie rehte als ob sies niet verstê.
Mich dunket wie ir wort gelîche gê
reht alse ez der sumer von Triere tâte.
ich wâre ein gouch, ob ich ir tumpheit hâte
140 ver gût: ez engeschiht mir niemer mê.

Mîn herze den gelouben hât,
solt iemer man beliben sîn
Durch liebe od durch der Minne rât,
sô wâre ich noch alumb den Rîn,
145 Wan mir daz scheiden nâhe gât
daz ich von lieben vrunden mîn
getân hân: swiez doch drumbe ergât,
got herre, ûf die genâde dîn
sô wil ich dir bevelhen die
150 die ich durch dînen willen lie.

  Ich gunde es gůten vrowen niet
daz iemer mêre kome der tach
Daz sie deheinen hâten liep:
wan ez ir êren wâre ein slach.
155 Wie kunde in der gedienen iet
der gotes verte alsô erschrach?
dar zů send ich in dise liet
und warnes als ich beste mach.
gesâhes nie mîn ôge mê,
160 mir tâte iedoch ir laster wê.

In minem trôme ich sach
ein harte schöne wîp
Die naht unz an den tach:
do erwachte * mîn lîp.
165 Dô wart sie leider mir benomen
daz ichn weiz wâ sie sî
von der mir vroude solte komen.
daz tâten mir die ougen mîn:
der wolte ich âne sîn.

170 Deich von der gůten schiet
und ich zir niet ensprach
Alsô mir wâre liep,
des lîde ich ungemach.
Daz liez ich durch die diet
175 von der mir nie geschach
deheiner slahte liep.

```
          wan der die helle brach
          der füge in wê unt ach.
             'Sie wânent hüten mîn
     180  die sin doch niet bestât
          Und tûnt ir niden schîn:
          daz wênich sie vervât.
          Sie mohten ê den Rîn
          gekêren in den Pfât
     185  ê ich mich iemer sin
          getröste, swiez ergât,
          der mir gedienet hât.'


          Ich sihe wol daz got wunder kan
          von schône wurken ûzer wîbe.
     190  Daz ist an ir wol schîn getân,
          wan er vergaz niet an ir lîbe.
          Den kumber den ich von ir lîde,
          den wil ich iemer gerne hân
          ze dû daz ich mit ir belîbe
     195  und al mîn wille sul ergân.
          mîn vrowe sê waz sie des tû:
          dâ stât dehein scheiden zû.
             Si gedenke niet deich si der man
          der sie ze kurzen wîlen minne.
     200  Ich hân von kinde an sie verlân
          daz herze mîn und al die sinne.
          Ich wart an ir nie valsches inne,
          sît ich sie sô liep gewan.
     205  mîn herze ist ir ingesinde
          und wil ouch stâte an ir bestân.
          mîn vrowe sê waz sie des tû:
          dâ stât dehein scheiden zû.
```

IX. Grâve Ruodolf von Fenis.

Nun ist niht mêre mîn gedinge
wan daz si ist gewaltic mîn.

     Bî gwalte sol genâde sîn:
     ûf den trôst ich ie noch singe.
5 Genâde diu sol überkomen
     grôzen gwalt dur miltekeit:
     genâde zimt wol bî rîcheit.
     ir tugende sint sô vollekomen
     daʒ durh reht mir ir gwalt sol fromen.
10   Swer sô stæten dienest kunde,
     des ich mich doch trœsten sol,
     Dem gelunge lîhte wol.
     ze jungest er mit überwunde
     Daʒ sende leit daʒ nâhen gât:
15 daʒ wirt lachen unde spil.
     sîn trûren gât ze freuden vil.
     in einer stunt sô wirt es rât
     daʒ man zehn jâr gedienet hât.
     Swer sô langeʒ bîten schildet,
20 der hât sichs niht wol bedâht.
     Nâch riwe sô hât eʒ wunne brâht:
     trûren sich mit freuden gildet
     Deme der wol bîten kan,
     daʒ er mit zühten mac vertragen
25 sîn leit und nâh genâden klagen;
     der wirt vil lîhte ein sælic man.
     daʒ ist der trôst den ich noch hân.

X. Hêr Heinrich von Rugge.

     Mich grüeʒet manger mit dem munde
     den ich doch wol gemelden kunde
     Daʒ er mir ze keiner stunde
     rehter fröide nie niht gunde.
5 Den gelîche ich einem hunde
     der dur valschen muot
     sich des vlîʒet   daʒ er bîʒet   der im niht entuot.
     Ich erkenne friunt sô stæte
     daʒ er niemer missetæte
10 wan dur bœser liute ræte.

der die ungetriuwen bæte
Daz si niht in schœner wæte
trüegen valschen muot,
daz stüende in wol.   ir lachen sol   mich selten dunken guot

15 Nach frowen schœne nieman sol
ze vil gevrâgen: sint si guot,
Er lâzes ime gevallen wol
und wizze daz er rehte tuot.
Waz obe ein varwe wandel hât
20 der doch der muot vil hôhe stât?
er ist ein ungevüege man
der des an wîbe niht erkennen kan.

Diu werlt wil mit grimme zergân nu vil schiere:
ez ist an den liuten grôz wunder geschehen.
25 Vröuwent sich zwêne, sô spottent ir viere.
wæren si wîse, si möhten wol sehen
Daz ich dur jâmer die vreude verbir.
nu sprechent genuoge   war umbe ich sus truobe,
den fröide geswichet noch ê danne mir.
30   Diu werelt hât sich sô von vreuden gescheiden
daz ir der vierde niht rehte nu tuot.
Juden und kristen, in weiz umbe heiden,
die denkent alle ze verre an daz guot,
Wie sis vil gewinnen: doch wil ich in sagen,
35 ez muoz hie belîben.   daz niemen den wîben
nu dienet ze rehte, daz hœre ich si klagen.
    Swer nu den wîben ir reht wil verswachen,
den wil ich verteilen ir minne und ir gruoz:
Ich wil ir leides von herzen gelachen.
40 swer sô nu welle, der lâze oder tuoz.
Wan ist ir einiu niht rehte gemuot,
dâ bî vund ich schiere   wol drî oder viere,
die zallen zîten sint hövesch und guot.

XI. Hêr Albrecht von Jôhansdorf.

Ich hân dur got daz kriuze an mich genomen
und var dâ hin durch mîne missetât.
Nu helfe er mir, ob ich her wider kome,
ein wîp diu grôzen kumber von mir hât,
5 Daz ich sie vinde an ir êren:
sô wert er mich der bete gar.
sul aber siu ir leben verkêren,
sô gebe got daz ich vervar.

Mich mac der tôt von ir minnen wol scheiden,
10 anderes nieman: des hân ich gesworn.
Ern ist mîn vriunt niht der mir sie wil leiden,
wand ich sie hân zeiner vröide erkorn.
Swenne ich von schulden erarne ir zorn,
sô bin ich vervluochet vor gote als ein heiden
15 siu ist wol gemuot und ist vil wol geborn.
heiliger got, wis genædic uns beiden!
    Dô diu wol getâne gesach an mîm kleide
daz kriuze, dô sprach diu vil guote, ê ich gie,
'Wie wiltu mir nu geleisten diu beide,
20 varn über mer und iedoch wesen hie?'
Siu sprach wie ich wolde gebâren um sie.
. . . .
. . . .
ê was mir wê: dô geschach mir nie sô leide.
25 Nu mîn herzevrowe, nun trûre niht sêre:
daz wil ich iemer mê zeim liebe haben.
Wir suln varn dur des rîchen gotes êre
gerne ze helfe dem heiligen grabe.
Swer daz bestrûchet, der mac wol besnaben;
30 dâne mac niemen gevallen ze sêre,
daz meine ich, sô die sêle werden gevage,
sô sie mit schalle ze himele kêren.

Ich vant si âne huote
die vil minneclîchen eine stân.

35 Sâ dô sprach diu guote
'waz welt ir sô eine her gegân?'
'Frouwe, ez ist alsô geschehen.'
'saget, war umbe sît ir her? des sult ir mir verjehen.'
   'Mînen senden kumber
40 klage ich iu, vil liebe frouwe mîn.'
'Wê, waz saget ir tumber?
ir mugt iuwer klage wol lâzen sîn.'
'Frouwe, in mag ir niht enbern.'
'sô wil ich in tûsent jâren niemer iuch gewern.'
45   'Neinâ küniginne!
daz mîn dienest sô ibt sî verlorn!'
'Ir sît âne sinne
daz ir bringet mich in selhen zorn.'
'Frouwe, iur haz tuot mir den tôt.'
50 'wer hât iuch, vil lieber man, betwungen ûf die nôt?'
   'Daz hât iuwer schœne
die ir hât, vil minneclîchez wîp.'
'iuwer süezen dœne
wolden krenken mînen stæten lîp.'
55 'Frouwe, niene welle got.'
'werte ich iuch, des hetet ir êre und wære mîn der spot.'
   'Lât mich noch geniezen
daz ich iu von herzen ie was holt.'
'Iuch mac wol verdriezen
60 daz ir iuwer wortel gegen mir bolt.'
'Dunket iuch mîn rede niht guot?'
'jâ hât siu beswæret dicke mînen stæten muot.'
   'Ich bin ouch vil stæte,
ob ir ruochet mir der wârheit jehen.'
65 'Volget mîner ræte,
lât die bete diu niemer mac geschehen.'
'Sol ich alsô sîn gewert?'
'got der wer iuch anderswâ des ir an mich dâ gert.'
   'Sol mich dan mîn singen
70 und mîn dienest gegen iu niht vervân?'
'Iu sol wol gelingen:
âne lôn sô sult ir niht bestân.'
'Wie meint ir daz, frouwe guot?'
'daz ir deste werder sît und dâ bî hôchgemuot.'

XII. Hêr Bernger von Horheim.

Nu enbeiz ich doch des trankes nie
dâ von Tristran in kumber kan.
Noch herzeclicher minne ich sie
dann er Isalden, deist mîn wân.
5 Daz habent diu ougen mîn getân.
daz leite mich daz ich dar gie
dâ mich diu minne alrêste vie,
der ich deheine mâze hân.
sô kumberlich gelebte ich nie.
10   Eist wunder daz ich niht verzage,
sô lange ich ungetrœstet bin.
Als ich ir mînen kumber klage,
daz gât ir leider lützel in.
Daz hât mir mîne vröude hin.
15 doch filze ich mich des alle tage
deich ir ein stætez herze trage.
nu wise mich got an den sin
deich noch getuo daz ir behage.
   Swer nu deheine vröude hât,
20 der vingerzeige muoz ich sîn.
Swes herze in ungebiten stât,
die selben vorhte die sint mîn,
Daz sie mir tuon ir nîden schîn.
doch singe ich, swiez dar umbe ergât,
25 und klage daz sie mich trûren lât.
herze, die schulde wâren dîn:
du gæbe mir an sie den rât.

Mir ist alle zît als ich fliegende var
ob al der werlte und diu mîn alliu sî.
30 Swar ich gedenke, vil wol sprung ich dar.
swie verre ez ist, wil ich, sost mirz nâhe bî.
Starc unde snel, beidiu rîch unde frî
ist mir der muot: dur daz loufe ich sô balde,
mirn mac entrinnen kein tier in dem walde.
35 daz ist gar gelogen: ich bin swære als ein blî.

Ich mac von vröuden toben âne strît:
mir ist von minne sô liebe geschehen.
Swâ wær ein walt heidiu lanc unde wît,
mit schœnen boumen, den wolte ich erspehen:
40 Dâ möhte man mich doch springende sehen.
mîn reht ist daz ich mich an vröuden twinge.
wes liug ich gouch? ich enweiz waz ich singe.
mir wart nie wirs, wil ich der wârheite jehen.
    Ich mache den merkæren truobenden muot.
45 ich hân verdienet ir nît und ir haz,
Sît daz mîn vrowe ist sô rîche unde guot.
è was mir wê: nust mir sanfte unde baz,
Ein herzeleit des ich niene vergaz,
daz hân ich verlâzen und ist gar verwunden.
50 mîn vröude hât mich von sorgen enbunden:
mir wart nie baz, unde liuge ich iu daz.
    Mir wil gelingen dâ mir nie gelanc,
an minne der süezen, daz wil ich iu sagen.
Die merkære habent vil mangen gedanc:
55 swenne sie mich nu niht mêr hœrent klagen
Kein herzesêr, daz tuot sie mir verjagen.
. . . .
des lôn ir got daz mîn trûren hât ende.
daz ist gar gelogen und ist dar doch lanc.

XIII. Der von Kolmas.

Mir ist von den kinden   dâ her mîne tage
entflogen mit den winden,   deich von herzen klage.
kunde ez gehelfen (nu hilfet ez niht),
Swaz ich drumbe tête,   sô wêr ez geschehen.
5 diz leben ist unstête,   als ir hât wol gesehen,
wan ez erleschet der tôt als ein licht.
Owê daz wir denken sô kleine dar an
unde mit nihte nieman ez erwenden enkan.
nun rúcht uns wie lutzel wir drumbe gesorgen.
10 uns ist die bittere galle in dem honge verborgen.
    Wol in der nu wirbet   mit flîze umbe leben

dâ nieman enstirbet. dâ wirt im gegeben
nâch sinem willen daz niemer zergât.
Dâ ist ganze wunne und minne âne haz.
15 ich wêne ieman kunne volbedenken daz,
wie gar ez allez nâch wunsche dâ stât.
Dâ ist rehte vroude unde vollez gemach,
dâne irret riechende hûs noch daz triefende dach,
dâ kan von jaren nie nieman eralten:
20 dâ sul wir hin, wil ez got, der es alles sol walten.
    Des biten unser vrouwen zu hilfe an der ger,
daz wirz beschouwen, daz uns des gewer
der vil milte got den ir lîp ummevie.
Der hât bevangen die welt umme gar,
25 sîn kraft mac langen noch verrer dan dar.
nu schowet daz er an der reinen begie,
Und merkt, alle wunder dês gên dem ein wint:
si ist Kristes muter von himele und ist doch sîn kint,
  und ist maget hêr, daz die reinen volschônet.
30 got hât den himel und die welt mit ir tugenden bekrônet.
    Wir sin bilgerîme und zogen vaste hin.
in der sunden lîme bestecket m'n sin,
daz ich sin drûz niht gebrechen enmac.
Wir varn eine strâze die nieman verbirt.
35 wir suln durch niht lâze enbereiten den wirt
der uns hât geborget dâ her mangen tac.
Gelten im: diz leben smilzt als ein zin,
ez gât an den âbent des lîbes, der morgen ist hin.
wir suln uns bezîte des besten berâte.
40 begrift uns die naht mit der schulde, sô wirt ez zu spâte.

XIV. Hêr Heinrich von Môrungen.

Mête ich tuginde niht sô vil von ir virnomin
und ir schône niht sô vil gesên,
Wie wêre sie mir danne alsô zu herzen komin?
ich muz ummir dem gelîche spên
5 Als der mâne sînen schîn
    von des sunnin schîn untphât:

        alsô kumt mir dicke
        ir wol liehtin ougin blicke
        iu min herze dâ sie vor mir gât.
10   Kumint ir liehtin ougin in daz herze min,
        sô kumt mir di nôt daz ich mûz klagin.
        Solde ab ieman an im selbin schuldic sin.
        sô het ich mich selbin selbe irslagin.
        Dô ichs in min herze nam
15   unde ich sie vil gerne sach,
        noch gernir danne ich solde
        und ich des niht midin wolde
        in hôhte ir lop, swâ manz vor mir gesprach.
            Mime kinde wil ich erbin dise nôt
20   und di klagindin leit diech hân von ir.
        Wênit sie dan ledic sin, ob ich bin tôt,
        ich lâz einin trôst doch hindir mir,
        daz noch schône wirt min sun,
            daz er wundir ane gê
25   alsô daz er mich reche
        und ir herze gar zubreche,
        sô sin alsô rehte schônin sê.

        Von der elbe wirt untsên vil manic man:
        sô bin ich von grôzir liebe untsên
30   Von der bestin di ie kein man liep gewan.
        wil sie abir mich dar umbe vên,
        Mir ze unstatin stên,   mac sie dan rechin sich,
        tû des ich sie bite: sô vrewit sie sô mich
        daz min lip vor wunnin mûz zugên.
35   Sie gebûtit und ist in dem herzin min
        frowe und hêrir danne ich selbe si.
        Hei wan muste ich ir alsô gevage sin
        daz sie mir mit trûwin wêre bi
        Ganzer tage dri   und eteslîche naht!
40   sô verlur ich niht den lip und al die maht.
        nust sie leidir vor mir alzu vrî.
            Mich enzundit ir vil liehtir ougin schin
        same daz vûr den durrin zundir tût,
        Und ir fremeden krenkit mir daz herze min

45 same daz wazzir di vil heize glût.
   Und ir hôhir mût,   ir schône, ir werdekeit,
   und daz wundir daz man von ir tugindin seit,
   daz wirt mir vil ubil od lihte gût.
      Swenne ir lichtin ougin sô virkêrint sich
50 daz sie mir al durch min herze sên,
   Swer da enzuschin danne gêt und irret mich,
   dem mûz al sin wunne gar zugên.
   Ich mûz vor ir stên   und warin der vroudin min
   rehte alsô des tagis di kleinin vogellin.
55 wenne sol mir immer liep geschên?

   Wist ich obe iz mohte wol virswigin sin,
   ich lieze ûch sên   mine liebin frouwin.
   Der inzwein gebrêche mir daz herze min,
   der mohte sie   schône drinne schouwin.
60 Sie kam her   durch di ganzin ougin   sundir tur gegangin.
   owê solte ich von ir reinin minnin sin   alsô werdeclîche unt-
                                                                            phangin.
      Der sô vil geriefe in einen toubin walt,
   iz antwurt ime   dar ûz eteswenne.
   Nust di klage dicke vor ir manicvalt
65 von miner nòt,   wil sie di bekenne.
   Doch kleit ir   manigir minin kummir   dicke mit gesange:
   owê jâ hât sie geslâfin alliz her   odir geswigin alzu lange.
      Wêr ein sitich odir ein star, di mohtin sit
   gelernit hân   daz sie sprêchin 'Minne.'
70 Ich hân ir gedienit her vil lange zit:
   mac sie sich doch   minir rede virsinne?
   Nein sie, niht,   got enwelle ein wundir   verre an ir irzeigin.
   jâ moht ich baz einin boum mit minir bete   sundir wâfin nidir
                                                                            geneigin.

   Iz ist site der nahtegal,
75 swenn sie ir leit volendit, sô geswigit sie.
   Durch daz volge ab ich der swal,
   di liez durch liebe noch durch leide ir singin nie.
   Sit daz ich nu singin sol,

sò mac ich von schuldin sprechin wol
80 'owè daz ich ie sò vil gebat
und geûête an eine stat
da ich genâden nienen sê.'
　　Swîge ich unde singe niet,
sò sprechint sie daz mir mîn singin zême baz.
85 Spreche ab ich und singe ein liet,
sò muz ich duldin beide ir spot und ouch ir haz.
Wie sol man den nu gelebin
di dem man mit schônir rede virgebin?
owè daz in ie sò wol gelanc
90 und ich lie durch sie mîn sanc!
ich wil singin abir als ê.
　　Owê mînir bestin zît
und owê mînir lichtin wunneclîchin tage!
Waz der an ir dienste lît!
95 nu jâmirt mich vil manigir senelîchir klage
Di sie hât von mir virnomin
und ir nie zu herzin kunde komin.
owè mîne gar virlornin jâr!
di gerûwent mich fur wâr:
100 in virklage sie nummir mê.
　　Lachin unde schôniz sên
und gût gelêze hât irtôrit lange mich.
Mir ist andirs niht geschên:
sò wer mich rûmins zîen wil, der sundit sich.
105 Ich hân sorgin vil gephlegin
unde vrowin seldin bî gelegin.
owè, wan daz ich sie gerne sach
und in ie daz beste sprach,
mir enwart ir nie niht mê.
110 　　Iz ist niht daz tûre sî,
man habe iz deste werdir, wan getrûwin man.
Der ist leidir swêre bî.
er ist virlorn swer nu niht wan mit trûwin kan.
Des wart ich vil wol gewar,
115 wand ich ie mit trûwin diente dar.
owè daz ich trûwin nie genôz!
des stên ich an froudin blôz.
doch gediene ich, swiez irgê.

Sach ieman di frouwin
120 di man mac schouwin
in dem venstir stân?
Di vil wol getâne,
di mich tût âne
sorgin di ich hân,
125 Lûhtit sam der sunne tût
gegin dem liebtin morgin.
è was sie verborgin,
dò mûtin mich sorgin:
di wil ich nu lân.
130 Ist ab ieman hinne
der sine sinne
her behaldin habe?
Der gè nâch der schônin
di mit ir krônin
135 gie von hinnin abe,
Daz sie mir zu trôste kome,
è daz ich virscheide.
di liebe und di leide
di wellin mich beide
140 furdirn hin zu grabe.
Man sol schribin kleine
reht ûf dem steine
der min grap bevât.
Wie liep sie mir wêre
145 und ich ir unmêre:
swer dann ubir mich gât,
Daz der lese dise nôt
und gewinne kunde
der vil grôzin sunde
150 di sie an ir frunde
her begangin hât.

Ich hân sie fur alle wîp
mir zu vrowin und zu liebe irkorn.
Minneclich ist ir der lîp:
155 seht, durch daz sô hab ich des gesworn,
Daz mir in der werlte niht

nieman liebir sole sin:
swenne ab sie min ouge an sibt,
seht, sô tagt iz in dem herzin min.
160 'Wê des scheidins des er tete
von mir, dô er mich vil seninde lie!
Wol ab mich der liebin bete
und des weinins des er dô begie,
Do er mich trûrin lâzin bat
165 und hiez mich in vroudin sin.
sinir trênin wart ich nat
und irkůlde idoch daz herze min.'
    Der durch sine unsêlikeit
ummir argis iht von ir gesage,
170 Dem mùz alliz wesin leit,
swaz er minne und daz im wol behage.
Ich flûch in und schadit in niht,
durch diech ir mùz vremede sin:
als ab sie min ouge an siht,
175 seht sô tagt iz in dem herzin min.
    'Wê waz wizints einem man
der nie vrowin leit noch arc gesprach
Und in allir êrin gan?
durch daz mûwit mich sin ungemach,
180 Daz sin schône grůzint wal
und zu ime redinde gânt
und in doch als einin bal
mit ir bôsin wortin umbe slânt.'

Ist ir liep min leit und ungemach,
185 wie solt ich dann ummir mêre rehte werdin vrô?
Sine getrûrte nie, swaz sô mir schach:
klagit ich ir min jâmir, sô stunt ir daz herze hô.
Sist noch hûte vor den ougin min als sie was dô
dô sie minnecliche mir zu sprach
190 und ichs ane sach.
    owê solde ich ummir stên alsô!
Sie hât liep ein kleine vogellin
daz ir singit und ein lutzil nâ ir sprechin kan:
Must ich dem gelîche ir heimlich sin,

195 sô swûr ich wol daz nie frowe solchin vogil gewan.
Fur di nahtegale wolde ich hôhe singin dan.
owê liebe schône frowe mîn,
nu bin ich doch dîn:
mahtu trôstin mich vil senindin man?
200   Sist mit tugindin und mit werdekeit
sô behùt vor allir slahte unvrowellchir tât,
Wan des einin daz sie mir virseit
ir genâde und mînin dienist sô virderbin lât.
Wol mich des daz sie mîn herze sô besezzin hât
205 daz der stat dâ nieman wirt bereit
als ein hâr sô breit,
swenne ir rehte liebe mich bestât.

Leitliche blicke unde grôzliche rûwe
hât mir daz herze und den lîp nâ virlorn.
210 Mîn alde nôt die klagt ich fure nùwe
wan daz ich furhte der schimphêre zorn.
Singe ab ich durch di
    di mich frowete hie bivorn,
sô velsche durch got nieman mîne trùwe,
215 wan ich durch sanc bin zur werlde geborn.
    Mangir der sprichit 'nu seht wie der singit!
wêre im iht leit, er têt andirs dan sô.'
Der mac niht wizzin waz mich leidis dwingit:
nu tùn ab ich reht als ich tet aldô.
220 Do ich in leide stunt,
    dô hùp ich sie gar unbô.
diz ist ein nôt di mich sangis virdringit:
sorge ist unwert dâ di lùte sint vrô.
    Di mînis herzin ein wunne und ein krônist
225 vor allin vrowin diech noch hân gesên,
Schône unde schône unde schône, allir schônist
ist sie, mîn vrowe: des hôre ich ir jên.
Al di werlt sie sol
    durch ir schône gerne flên.
230 noch wêre zît daz du, vrowe, mir lônist:
ich hân mit lobe andirs tôrheit virjên.
    Sên ich vor ir unde schouwe daz wundir

daz got mit schöne an ir lip hât getân,
So ist des sô vil daz ich sè dâ besundir,
235 daz ich vil gerne wolt ummir dâ stân.
Owê sô mûz ich
trûric dannen scheiden sân:
sô kumt ein wolkin sô trûbiz dar undir
daz ich des schinin von ir niht enhân.

240 Owê war umbe volge ich tumbem wâne
der mich sô sêre leitit in di nôt?
Ich schiet von ir gar allir froudin âne,
daz sie mir trôst noch helfe nie gebôt.
Doch' wart ir varwe liljin wîz und rôsin rôt
245 und saz vor mir di liebe wol getâne
gebleckit rehte alsam ein vollir mâne.
daz was der ougin wunne, des herzin tôt.
Min stêtir mût gelichit niht dem winde:
ich bin noch, alse sie mich hât virlân,
250 Vil stête her von einem kleinin kinde,
swie wê sie mir nu lange hât getân,
Alswigend ie genôte ûf den virbolnin wân,
swie dicke ich mich der tôrbeit undirwinde,
swa ich vor ir stân und spruche ein wundir vinde,
255 und mûz doch von ir ungesprochin gân.
Ich hân sô vil gesprochin und gesungin
daz ich bin mûde und heis von minir klage.
Ich bin umb niht wan umb den wint bedwungin,
sit sie mir niht geloubit daz ich sage,
260 Wie ich sie minne und wiech ir holdiz herze trage.
deswâr mirn ist nâch werde niht gelungin.
hêt ich durch got ie halp sô vil gerungin,
er nême mich hin zim ê minir tage.

Di vil gûte daz sie sêlic mûze sin!
265 wê der hûte di man tût der werlde schin,
di mir hât benomin daz man sie niht wan seldin sêt,
sô di sunne di des âbints undir gêt.
Ich mûz sorgin wie di lange naht zugê

   gegin dem morgin, daz ichs einist an gesé.
270 di vil liebin sunnin, di sô wunnicliche tagit
  daz min ouge ein trûbiz wolkin wol virklagit.
    Di der frouwin hûtint, den kund ich den ban.
  wan durch schouwin sô geschûf sie got dem man,
  daz sie wêre ein spiegil und der werlde ein bilde gar.
275 waz sol golt begrabin des nieman wirt gewar?
    Wé der rête di man reinin wîbin tût!
  hûte stête frowin machit wankilmût.
  man sol frouwin schouwin unde lâzin âne twanc.
  ich sach daz ein sieche virbotin wazzir tranc.

280 Frowe, wilt du mich genern,
  sô sich mich ein vil lutzil an:
  Ichn mac mich langir niht irwern,
  den lîp mûz ich virlorin hân.
  Ich bin siech, min herze ist wunt.
285 frowe, daz hânt mir getân
  min ougin und din rôtir munt.
    Frowe, mine swêre sich,
  ê ich virliese minin lîp.
  Ein wort du spréche widir mich:
290 virkêre daz, du sélic wîp.
  Du sprichist ummir neinâ nein.
  neinâ neinâ neinâ nein:
  daz brichit mir min herze inzwein.
    Maht du doch eteswenn sprechin jâ,
295 jâ jâ jâ jâ jâ jâ jâ?
  daz lît mir an dem herzin nâ.

  Ich hôrt ûf der heide
  lûte stimme und sûzin sanc.
  Dâ von wart ich beide
300 frouden rich und trûrins kranc.
  Nâch der min gedanc
  sére ranc
  unde swanc,
  di vant ich zu tanze dâ sie sanc.
305 âne leide

ich dô spranc.
　　Ich vant sie virborgin
eine, ir wengil trêne naz,
Dô sie an dem morgin
310　mlnis tôdis sich virmaz.
Der vil liebin haz
tût mir baz
danne daz
dô ich vor ir knuwede dâ sie saz
315　und ir sorgin
gar virgaz.
　　Ich vants' an der zinne
eine, ich was zu zir gesant.
Dâ moht ichs ir minne
320　wol mit fûge hân gephant.
Dô wând ich di lant
hân virbrant
sâ zuhant,
wan daz mich ir sûzin minne bant
325　an den sinne
hât irblant.

'Gerne sol ein rittir ziehin
sich zu gûtin wîbin: dêst mîn rât.
Bôse wîp di sol man fliehin:
330　er ist tump swer sich an sie virlât,
Wan sine gebent niht hôhin mût:
idoch sô weiz ich einin man,
　　den ouch di selbin frowin dunkint gût.
　　Mirst daz herze wordin swêre:
335　seht, daz schaffit mir ein sende nôt.
Ich bin wordin dem unmêre
der mir dicke sînin dienist bôt.
Owê, war umbe tût er daz?
und wil er sichs irloubin niht,
340　sô mûz ich im von schuldin sîn gehaz.'

Owê,　sol abir mir ummir mê
gelûhtin durch di naht

| | Noch wïzir danne ein snè
| | ir lip vil wol geslaht?
| 345 | Der trouc di ougin mîn.
| | ich wânde iz solde sin
| | des lichtin mânin schîn.
| | dô tagite iz.
| | 'Owè, sol abir er ummir mê
| 350 | den morgin hie betagin,
| | Als uns di naht engê,
| | daz wir niht durfîn klagin?
| | Owè, nû ist iz tac,
| | als er mit klage phlac
| 355 | do er jungist bî mir lac:
| | dô tagite iz.'
| | Owè, sie kuste âne zal
| | in deme slâfe mich.
| | Dô vielin hin zutal
| 360 | ir trène nidir sich.
| | Idoch getrôste ich sie,
| | daz sie ir weinin lie
| | und mich al umbevîe.
| | dô tagite iz.
| 365 | 'Owè, daz er sô dicke sich
| | bî mir irsehin hât!
| | Als er undahte mich,
| | sô wolde er sundir wât
| | Mîn arme schowin blôz.
| 370 | iz was ein wundir grôz
| | daz in des nie virdrôz.
| | dô tagite iz.'

XV. Hêr Reinmâr.

    'Sî koment underwîlen her
die baz dâ heime möhten sîn.
Ein ritter des ich lange ger,
bedæhte er baz den willen mîn,
  5 Sô wære er zallen zîten hie,
als ich in gerne sæhe.

owê des, waz suochent die
die nident daz, ob iemen guot geschæhe?'
Mir ist geschehen daz ich niht bin
10 langer vrô wan unz ich lebe.
Sî wundert wer mir schœnen sin
und daz hôhgemüete gebe
Daz ich zer werlte niht getar
ze rehte alsô gebâren.
15 nie genam ich vrowen war,
ich wære in holt die mir ze mâze wâren.

Mir kumet eteswenne ein tac
daz ich vor vil gedanken niht
Gesingen noch gelachen mac.
20 sô wænet maniger der mich siht
Daz ich in vil grôzer swære sî.
mir ist vil lîhte ein vröude nâhe bî.
wil diu schœne triuwen pflegen
und diu guote,
25 so ist mir alsô wol ze muote
als der bî vrowen hât gelegen.

Ich hân vil lederlîche brâht
in ir genâde mînen lîp
Und ist mir noch vil ungedâht
30 daz iemer werde ein ander wîp
Diu von ir gescheide mînen muot.
swaz diu werelt mir ze leide tuot,
daz belîbet ungeklaget,
wan ir nîden
35 mohte ich nie sô wol erlîden.
ein liebez mære ist mir gesaget.

Ich wirde jæmerlîchen alt,
sol mich diu werlt alsô vergân
Daz ich deheinen den gewalt
40 an mînem lieben friunde hân,
Daz er tæte ein teil des willen mîn.
mich müet, und sol im iemen lieber sîn.
bote, nu sag ime niht mê,
wan mirst leide

45 unde fürhte des, sich scheide
　　diu triuwe der wir pflâgen ê.'

　　Wiest ime ze muote, wundert mich,
　　dem herzeclîchez liep geschiht?
　　Er sælic man, dâ vröut er sich,
50 als ich wol wæne: ich weiz ez niht.
　　Och weste ich gerne wie er tæte,
　　ob er iht phlæge wunneclîcher stæte:
　　diu sol im rehte wesen bî.
　　got gebe daz ich erkenne noch 　in welhem lebenne er sî.

55 So ez iender nâhet deme tage,
　　son tar ich niht gevrâgen 'ist ez tac?'
　　Daz kumet mir von sô grôzer klage
　　daz es mir niht ze helfe komen mac.
　　Ich denke wol daz ich es anders phlac
60 hie vor dô mir diu sorge　sô niht ze herzen wac.
　　iemer an dem morgen　sô trôste mich der vogel sanc.
　　mirn kome ir helfe an der zît,
　　mirst beidiu winter und der sumer alze lanc.
　　　Im ist vil wol der mac gesagen
65 daz er sîn liep in senenden sorgen lie.
　　Nu muoz ab ich ein anderz klagen:
　　ichn sach ein wîp nâch mir getrûren nie.
　　Swie lange ich was, sô tet sî doch daz ie.
　　diu nôt mir underwîlen　reht an mîn herze gie.
70 und wære ich anders iemen　alsô unmære manigen tac,
　　dem het ich gelâzen den strît.
　　diz ist ein dinc des ich mich niht getrœsten mac.
　　　Diu liebe hât ir varnde guot
　　geteilet sô daz ich den schaden hân.
75 Der nam ich mère in mînen muot
　　dann ich ze rehte solte hân getân,
　　und ist ienoch von mir vil unverlân,
　　swie lützel ich der triuwen　mich anderhalp entstân.
　　sî was ie mit fröiden　und lie mich in den sorgen sîn:
80 alsô vergie mich diu zît.
　　ez taget mir leider selten nâch dem willen mîn.

Ich wirbe umb allez daz ein man
ze wereltlichen fröiden iemer haben sol:
Daz ist ein wip der niht enkan
85 nâch ir vil grôzer werdekeit gesprechen wol.
Lob ich si sô man ander frowen tuot,
dazu nimet eht disiu von mir niht für guot.
doch swer ich des, sist an der stat
dâs üzer wibes tugenden noch nie fuoz getrat.
90 daz ist ir mat.
 Si ist mir liep und dunket mich
daz ich ir volleclîche gar unmære si.
Nu waz dar umbe? daz lîd ich
und bin ir doch mit triuwen stæteclîchen bi.
95 Waz obe ein wunder lihte an mir geschibt,
daz si mich eteswenne gerne siht?
sâ denne lâze ich âne haz,
swer giht daz ime an fröiden si gelungen baz:
der habe im daz.
100 Als eteswenne mir der lip
dur sine bœse unstæte râtet daz ich var
Und mir gefriunde ein ander wip,
sô wil iedoch daz herze niender wanc dar.
Sô wol im deiz sô reine welen kan
105 und mir der süezen arebeite gan.
doch hân ich mir ein liep erkorn
dem ich ze dienste, und wære ez al der werlte zorn,
muoz sin geborn.
 Swaz jâre ich noch ze lebenne hân,
110 swie vil der wære, irn wurde ir niemer tac genomen.
Sô gar bin ich ir undertân
daz ich unsanfte ûz ir genâden möhte komen.
Ich fröwe mich des daz ich ir dienen sol.
si gelônet mir mit lihten dingen wol:
115 geloube eht mir, swenn ich ir sage
die nôt diech inme herzen von ir schulden trage
dicke anme tage.
 Und ist daz mirs min sælde gan
deich abe ir redendem munde ein küssen mac versteln,
120 Und daz i'z mit mir bringe dan,
ich wil ez tougenliche tragen und iemer heln.

Ist aber daz siz für gróze swære hât
und vêhet mich dur mîne missetât,
waz tuon ich danne, unsælic man?
125 dâ heb i'z ûf und legez hin wider, als ich wol kan,
dâ ichz, dâ nan.

Ez tuot ein leit nâch liebe wê:
sô tuot ouch lîhte ein liep nâch leide wol.
Swer welle daz er frô bestê,
130 daz eine er dur daz ander lîden sol
Mit bescheidenlîcher klage und gar ân arge site.
zer werlte ist niht sô guot deich ie gesach sô guot gebite.
swer die geduldeclîchen hât,
der kam des ie mit fröiden hin.
135 alsô ding ich daz mîn noch werde rât.
    Des einen und dekeines mê
wil ich ein meister sîn die wîle ich lebe;
Daz lop wil ich daz mir bestê
und mir die kunst diu werlt gemeine gebe.
140 Daz niht mannes sinin leit sô schône kan getragen.
begêt ein wîp an mir deich naht noch tac niht kan gedagen,
nu hân eht ich sô senften muot
daz ich ir haz ze fröiden nime.
    owê wie rehte unsanfte dez mir doch tuot!
145   Ich weiz den wec nu lange wol
der von der liebe gât unz an daz leit.
Der ander der mich wîsen sol
ûz leide in liep, derst mir noch unbereit.
Daz mir von gedanken ist alsô unmâzen wê,
150 des überhœre ich vil und tuon als ich des niht verstê.
gît minne niuwan ungemach,
sô müeze minne unsælic sîn,
    wan ichs noch ie in bleicher varwe sach.

In disen bœsen ungetriuwen tagen
155 ist mîn gemach niht guot gewesen:
Warf daz ich leit mit zühten kan getragen,
ichn kunde niemer sîn genesen.
Tæt ich nâch leide als ichz erkenne,

sî liezen mich vil schiere die mich gerne sâhen eteswenne,
160 die mir sô sanfte wâren bî.
nu muoz ich fröide nœten mich
dur daz ich bî der werlte sî.
Der ie die werlt gefröite baz dann ich,
der müeze mit genâden leben:
165 Der tuoz ouch noch, wan sîn verdriuzet mich.
mir hât mîn rede niht wol ergeben.
Ich diende ir ie: mirn lônde niemen.
daz truoc ich alsô daz mîn ungebærde sach vil lützel iemen
und daz ich nie von ir geschiet.
170 sî sælic wîp enspreche 'sinc',
niemer mê gesinge ich liet.
Ich sach sî, wære ez al der werlte leit,
diech doch mit sorgen hân gesehen.
Wol mich sô minneclicher arebeit!
175 mirn kunde niemer baz geschehen.
Dar nâch wart mir vil schiere leide.
ich schiet von ir daz ich von wîbe niemer mit der nôt gescheide
noch daz mir nie sô wê geschach.
owê do ich danne muoste gên,
180 wie jæmerlich ich umbe sach!
Owê des daz ich einer rede vergaz,
daz tuot mir hiute und iemer wê,
Dô sî mir âne huote vor gesaz:
war umbe redte ich dô niht mê?
185 Dô was ab ich sô vrô der stunde
und der vil kurzen wîle daz man mir ze sehen der guoten gunde,
daz ich vor liebe niht ensprach.
ez möhte manegem noch geschehen
der sî sæhe als ich sî sach.

190 Ein rede der liute tuot mir wê:
da enkan ich niht gedulteclîchen zuo gebâren.
Nu tuont siz alle deste mê:
sî frâgent mich ze vil von mîner frouwen jâren
Und sprechent welher tage sî sî,
195 dur daz ich ir sô lange bin gewesen mit triuwen bî;
sî jehent daz ez möhte mich verdriezen.

XV. Hèr Reinmâr.

 nu lâ daʒ aller beste wîp
  ir zühtelôser vrâge mich genieʒen.

  Si jehent, der sumer der si hie,
200 diu wunne diu si komen
 und daʒ ich mich wol gehabe als ê.
 Nu râtet unde sprechet wie:
 der tôt hât mir benomen,
 daʒ ich niemer überwinde mê.
205 Waʒ bedarf ich wunneclîcher zît,
 sît aller vröuden hêrre Liutpolt in der erde lît,
 den ich nie tac getrûren sach?
 eʒ hât diu werlt an ime verlorn
  daʒ ir an manne nie
210 sô jæmerlîcher schade geschach.
  'Mir armen wîbe was ze wol,
 swenn ich gedâhte an in
 wie mîn heil an sînem lîbe lac.
 Daʒ ich des nû niht haben sol,
215 des gât mit sorgen hin
 swaʒ ich iemer mê geleben mac.
 Mîner wunnen spiegel derst verlorn
 den ich mir hete ze sumerlîcher ougen weide erkorn,
 des muoʒ ich leider ænic sîn.
220 dô man mir seite er wære tôt,
  zehant wiel mir daʒ bluot
  von herzen ûf die sêle mîn.
  Die fröide mir verboten hât
 mîns lieben hêrren tôt
225 alsô deich ir mêr enberen sol.
 Sît des nu niht mac werden rât,
 in ringe mit der nôt,
 daʒ mîn klagedeʒ herze ist jâmers vol,
 Diu in iemer weinet, daʒ bin ich,
230 wan er vil sælic man, jâ trôste er wol ze lebenne mich.
 der ist nu hin: waʒ tühte ich hie?
 wis ime genædic, hêrre got,
  wan tugenthafter gast
  kam in dîn ingesinde nie.'

235 Mirst ein nôt vor allem minem leide,
doch dur disen winter niht.
Waʒ dar umbe, valwent grüene heide?
selber dinge vil geschiht,
Der ich aller muoʒ gedagen:
240 ich hân mê ze tuonne danne bluomen klagen.
  Swie vil ich gesage guoter mære,
sô ist niemen der mir sage
Wenne ein ende werde miner swære:
dar zuo maniger grôʒen klage
245 Diu mir an daʒ herze gât.
wol bedörfte ich wîser liute an mînen rât.
  Niender vinde ich triuwe, dêst ein ende,
dar ich doch gedienet hân.
Guoten liuten leite ich mîne hende,
250 woldens ûf mir selbem gân:
Des wær ich vil willic in.
owê daʒ mir niemen ist als ich im bin!
  Wol den ougen die sô welen kunden
und dem herzen daʒ mir riet
255 An ein wîp diu hât sich underwunden
guoter dinge und anders niet.
Swaʒ ich durch si lîden sol,
dast ein kumber den ich harte gerne dol.

  Als ich mich versinnen kan,
260 so gestuont diu werelt nie sô trûric mê.
Ich wæn iender lebe ein man
des dinc nâch sîn selbes willen gê.
Wan daʒ ist und was ouch ie,
anders sô gestuont eʒ nie,
265 wan daʒ beidiu liep und leit zergie.
  Swer dienet dâ mans niht verstât,
der verliuset al sîn arebeit,
Wan eʒ im anders niht ergât.
dâ von wahset niuwan herzeleit.
270 Alsô hât eʒ mir getân:
der ich vil wol getriuwet hân,
diu hât mich gar âne fröide lân.

'Stæte hilfet dâ si mac:'
daz ist mir ein spel; sin half mich nie.
275 Mit guoten triuwen ich ir pflac,
sit daz ich ir künde alrêst gevie.
Ich wæne michs gelouben wil.
nein, sô verlür ich alze vil.
ist daz alsô, seht welch ein kindes spil.

280 'Sage, daz ich dirs iemer lône,
hâst du den vil lieben man gesehen?
Ist ez wâr und lebet er schône
als si sagent und ich dich hœre jehen?'
'Vrowe, ich sach in, er ist frô:
285 sin herze stât, ob irz gebietet, iemer hô.'
 'Ich verbiute im vröude niemer.
lâze eht eine rede; sô tuot er wol:
Des bit ich in hiute und iemer,
demst alsô daz manz versagen sol.'
290 'Frowe, nu verredet iuch niht.
er sprichet, allez daz geschehen sol, daz geschiht.
 'Hât ab er gelobt, geselle,
daz er niemer mê gesinge liet,
Ezn si ob ih'ns biten welle?'
295 'vrowe, ez was sin muot, do ich von im schiet.
Ouch mugt irz wol hân vernomen.'
'owê, gebiute ichz nu, daz mac ze schaden komen.
 Ist ab daz ichs nien gebiute,
sô verliuse ich mine sælde an ime
300 Und verfluochent mich die liute
daz ich al der werlte ir vröude nime.
Alrêst gât mir sorge zuo.
owê, nun weiz ich obe ichz lâze od ob ichz tuo.
 Daz wir wîp niht mugen gewinnen
305 friunt mit rede, sin wellen dannoch mê,
Daz müet mich. ichn wil niht minnen.
stæten wîben tuot unstæte wê.
Wær ich, des ich niene bin,
unstæte, lieze er danne mich, sô lieze ich in.'

310 Lieber bote, nu wirp alsô,
sich in schiere und sage im daz.
Vert er wol und ist er frô,
ich leb iemer deste baz.
Sage im durch den willen mîn
315 daz er iemer solhes iht getuo,
dâ von wir gescheiden sîn.
Frâge er wie ich mich gehabe,
gich daz ich mit fröuden lebe.
Swâ du mügest, dâ leite in abe,
320 daz er mich der rede begebe.
Ich bin im von herzen holt
unde sæhe in gerner dan den tac:
daz ab du verswîgen solt.
F. dazd iemer ime verjehest
325 deich im holdez herze trage,
Sô sich dazd alrêst besehest
und vernim waz ich dir sage:
Mein er wol mit triuwen mich,
swaz im danne müge ze vröuden komen,
330 daz mîn êre sî, daz sprich.
Spreche er daz er welle her,
daz ichs iemer lône dir,
Sô bit in daz er verber
rede dier jungest sprach ze mir:
335 Sô mac ich in an gesehen.
wes wil er dâ mite beswæren mich
daz doch niemer mac geschehen?
Des er gert, daz ist der tôt
und verderbet manigen lîp;
340 Bleich und eteswenne rôt,
alsô verwet ez diu wîp.
Minne heizent ez die man,
unde möhte baz unminne sîn.
wê im ders alrêst began!
345 Daz ich alsô vil dâ von
hân geredet, daz ist mir leit,
Wande ich was vil ungewon
sô getâner arebeit,
Als ich tougenlîchen trage.

350 dune soll im niemer niht verjehen
  alles des ich dir gesage.

Des tages do ich daz kriuze nam,
dô huote ich der gedanke mîn,
Als ez dem zeichen wol gezam
355 und als ein rehter bilgerîn;
Dô wânde ich sî ze gote alsô bestæten
daz iemer fuoz ûz sîme dienste mêr getræten:
nu wellents aber ir willen hân
  und ledeclîche varn als ê.
360 diu sorge diust mîn eines niet:
  sî tuot ouch mêre liuten wê.
  Noch fürchte ich aller dinge wol,
wan daz gedanke wellent toben:
Dem gote dem ich dâ dienen sol,
365 den enhelfent sî mir sô niht loben
Als ichs bedörfte und ez mîn sælde wære;
sî wellent allez wider an diu alten mære,
und wellent deich noch frôide pflege,
  als ich ir eteswenne pflac.
370 daz wende, muoter unde maget,
  sît ichs in niht verbieten mac.
  Gedanken wil ich niemer gar
verbieten (des ir eigen lant)
In erloube in eteswenne dar
375 und aber wider sâ zehant.
Sôs unser beider friunde dort gegrüezen,
sô kêren dan und helfen mir die sünde büezen,
und sî in allez daz vergeben
  swaz sî mir haben her getân.
380 doch fürhte ich ir betrogenheit,
  daz sî mich dicke noch bestân.

Hôhe alsam diu sunne stêt daz herze mîn:
daz kumt von einer frouwen, diu kan stæte sîn
ir genâde, swâ sî sî.
385 sî machet mich vor allem leide frî.

>   Ich hân ir ze geben niht wan mîn selbes lîp:
>   derst ir eigen. dicke mir diu schœne gît
>   fröide und einen hôhen muot,
>   swenn ich dar an gedenke wies mir tuot.
> 390   Wol mich des daz ich sî ie sô stæte vant!
>   swâ sî wonet, diu eine liebet mir daz lant.
>   füeres über den wilden sê,
>   dar füere ich hin: mir ist nâch ir sô wê.
>   Het ich tûsent manne sin, daz wære wol,
> 395   daz ich sî behielte der ich dienen sol.
>   schône und wol sî daz bewar
>   daz mir von ir niht leides widervar.
>   Ich enwart nie rehte sælic wan von ir.
>   swes ich ir gewünschen kan, des gan sî mir.
> 400   sæleclîch ez mir ergie,
>   dô mich diu schœne in ir genâde vie.

>   Ich sach vil wunneclîche stân
>   die heide mit den bluomen rôt,
>   Der viol der ist wol getân:
> 405   des hât diu nahtegal ir nôt
>   Wol überwunden diu sî twanc.
>   zergangen ist der winter lanc.
>   ich hôrte ir sanc.
>   Dô ich daz grüene loup ersach,
> 410   dô liez ich vil der swære mîn.
>   Von einem wîbe mir geschach
>   daz ich muoz iemer mêre sîn
>   Vil wunneclîchen wol gemuot.
>   ez sol mich allez dunken guot
> 415   swaz sî mir tuot.
>   Sî schiet von sorgen mînen lîp,
>   daz ich dekeine swære hân.
>   Wan âne sî vier tûsent wîp
>   dien hetens alle niht getân.
>   Ir güete wendet mîniu leit.
> 420   ich hân sî mir ze friunt bereit,
>   swaz iemen seit.
>   Mirn mac niht leides widerstân:

des wil ich gar an angest sin.
425 Ergienge ez als ich willen hán,
sô læges an dem arme min.
Daz mir der schœnen wurde ein teil,
daz diuhte mich ein michel heil,
und wære ouch geil.
430 Deich ir sô holdez herze trage,
daz ist in sumelichen leit.
Dar umbe ich niemer sô verzage:
si vliesent alle ir arebeit.
Waz hilfet si ir arger list?
435 sin wizzen wiez ergangen ist
in kurzer frist.

Ich hán hundert tûsent herze erlôst
von sorgen, alse frô was ich.
Wê, jâ was ich al der werlte trôst:
440 wie zæme ir daz, sin trôste ouch mich?
Si ensol mich niht engelten lân
daz ich sô lange von ir was,
  dar zuo daz ichs engolten hân.
  Ich wil bî den wolgemuoten sin.
445 man ist unfrô da ich ê dâ was.
Dâ entrœstent kleiniu vogellin,
da entroestent bluomen unde gras,
Dâ sint alse jæmerlichiu jâr
daz ich mich undern ougen ramph
450 und sprach 'nu gêt ûz, grâwiu hâr.'
  Kume ich wider an mine fröide als ê,
daz ist den senden allen guot.
Niemen ist von sorgen alsô wê,
wil er, ich mache in wolgemuot.
455 Ist ab er an fröiden sô verzaget
daz er enkeiner buoze gert,
  so enruoche ich ob er iemer klaget.
  Hœret waz ich zuo der buoze tuo,
daz ich mit zouber niht envar.
460 Minneclichiu wort stôz ich dar zuo,
den besten willen striche ich dar.

Tanzen unde singen muoʒ ich haben:
daʒ fünfte ist wunneclicher trôst.
sus kan ich senden siechen laben.

165 Ich wette ûf guoter liute sage
und ouch durch mines herzen rât
Ein wîp von der ich dicke trage
vil manige nôt diu nâhe gât.
Die swære ich zallen zîten klage,
170 wand eʒ mir kumberliche stât.
ich tet ir schîn den dienest mîn:
wie möhte ein græʒer wunder sîn,
daʒ si mich des engelten lât?
Ze rehter mâʒe sol ein man
175 beidiu daʒ herze und ouch den sin
Ze stæte wenden, ob er kan:
daʒ wirt im lîhte ein guot gewin.
Swem dâ von ie kein leit bekan,
der weiʒ wol wiech gebunden bin.
180 ich gloube im wol, als er mir sol.
von schulden ich den kumber dol:
ich brâhte selbe mich dar in.

Ze fröiden nâhet alle tage
der werlte ein wunneclîchiu zît,
185 Ze senfte maniges herzen klage
die nu der swære winter gît.
Von sorge ich dicke sô verzage,
swenn alsô jæmerliche lît
diu heide breit. daʒ ist mir leit.
190 diu nahtegal uns schiere seit
daʒ sich gescheiden hât der strît.

Mîn ougen wurden liebes alsô vol,
dô ich die minneclîchen êrst gesach.
Daʒ eʒ mir hiute und iemer mê tuot wol.
195 ein minneclîcheʒ wunder dô geschach:
Si gie mir alse sanfte dur mîn ougen

daz si sich in der enge niene stiez.
in mînem herzen si sich nider liez:
dâ trage ich noch die werden inne tougen.
500   Lâ stân, lâ stân! waz tuost du, sælic wîp,
daz du mich heimesuochest an der stat
Dar sô geweltecliche wîbes lîp
mit starker heimesuoche nie getrat?
Genâde, frowe! ich mac dir niht gestrîten.
505 mîn herze ist dir baz veile danne mir:
ez solde sîn bî mir, nust ez bî dir.
des muoz ich ûf genâde lônes bîten.

War kam iuwer schœner lîp?
wer hât iu, sælic frouwe, den benomen?
510 Ir wârt ein wunneclichez wîp:
nu sît ir gar von iuwer varwe komen.
Dast mir leit und müet mich sêre.
swer des schuldic sî, den velle got und nem im al sîn êre.
    'Wâ von solt ich schœne sîn
515 und hôhes muotes als ein ander wîp?
Ich enhân des willen mîn
niht mêre wan sô vil ob ich den lîp
Mac behüeten vor ir nîde
die mich zîhent unde machent daz ich einen ritter mîde.
520   Solhiu nôt und ander leit
hât mir der varwe ein michel teil benomen.
Doch fröut mich sîn sicherheit,
daz er mir lobte er wolte schiere komen.
Weste ich ob ez alsô wære,
525 sô engehôrte ich nie vor maniger wîle mir ein lieber mære.
    Ich gelache in iemer an,
kumt mir der tac daz in mîn ouge ersiht,
Wande ichs niht verlâzen kan
vor liebe daz mir alsô wol geschiht.
530 E ich danne von im scheide,
sô mac ich wol sprechen «gên wir brechen bluomen ûf der heide.»
    Sol mir disiu sumerzît
mit manegem liehten tage alsô zergân
Daz er mir niht nâhen lît,

535 dur den ich alle ritter hân gelân,
Owê danne schœnes wîbes!
sône kam ich nie vor leide in grœzer angest mines lîbes.
  Mîne friunt mir dicke sagent
  und jehent daz mîn niemer werde rât.
540 Wol in daz, sî mich sô klagent!
wie nâhen in mîn leit ze herzen gât!
Swenne er mich getrœstet eine,
sô gesiht man wol daz ich vil selten iemer iht geweine.'

  'Er hât ze lange mich gemiten
545 den ich mit triuwen nie gemeit.
Von sîner schulde ich hân erliten
daz ich nie grœzer nôt erleit.
Sô lebt mîn lîp   nach sînem lîbe.
ich bin ein wîp,   daz im von wîbe
550 nie liebes mê geschach,   swie mir von im geschæhe.
mîn ouge in gerner nie gesach   dann ich in hiute sæhe.'
    Mir ist vil liebe nu geschehen,
daz mir sô liebe nie geschach.
Sô gerne hân ich sî gesehen
555 daz ich sî gerner nie gesach.
Ich scheide ir muot   von swachem muote:
sî ist sô guot,   ich wil mit guote
ir lônen, ob ich kan,   als ich doch gerne kunde.
vil mêre fröiden ich ir gan   dann ich mir selben gunde.

560 Wol mich lieber mære,
diu ich hân vernomen,
Daz der winter swære
welle ze ende komen.
Kûme ich des erbeiten mac,
565 want ich fröide niht enpflac
sît der kalte rîfe lac.
  Mich enhazzet niemen,
  ob ich bin gemeit.
  Weiz got, tuot ez iemen,
570 deist unsælekeit,

Wande ich schaden niht enkan.
swes ot si mir wole gan,
waz wil des ein ander man?
 Solte ich mine liebe
375 bergen unde heln,
so müest ich ze diebe
werden unde steln.
Sinneclich ich daz bewar.
min gewerbe ist anderswar,
580 ich gê dannen oder dar.
 So si mit dem balle
tribet kindes spot,
Dazs iht sêre valle,
daz verbiete got.
585 Megde, lât iur dringen sin:
stôzet ir min frouwelin,
sost der schade halber min.

XVI. Der junge Spervogel.

Swer in vremeden landen vil der tugende hât,
der solde niemer komen hein, daz wære ein rât,
ern hete dâ den selben muot.
ezn wart nie mannes lop sô guot
5 sô daz von sinem hûse vert dâ man in wol erkennet.
waz hilfet daz man trægen esel mit snellem marke rennet?

Unmære hunde sol man schüpfen zuo dem bern
und rôten habech zem reiger werfen, tar ers gern,
und elliu ros zer stuote slahen,
10 mit linden wazzern hende twahen,
mit rehtem herzen minnen got und al die werlt wol êren
und neme ze wîsem manne rât und volge ouch siner lêre.

Swer suochet rât und volget des, der habe danc,
alse min geselle Spervogel sanc;
15 und solder leben tûsent jâr,
sin êre stîgent, daz ist wâr.

ist danne daz er triuwen phliget   und den niht wil entwenken,
so er in der erde ervület ist,   sô muoz man sîn gedenken.

Swer einen friunt wil suochen da er sîn niht enhât
20 und vert ze walde spüren sô der snê zergât
und koufet ungeschouwet vil
und haltet gerne vlorniu spil
und dienet einem bœsen man   da ez âne lôn belîbet,
dem wirt wol afterriuwe kunt   ob erz die lenge trîbet.

25 Swer lange dienet dâ man dienstes niht verstât
und einen ungetriuwen mitslüzzel hât
und einen valschen nâhgebûr,
dem wirt sîn spîse harte sûr.
ob er sich wil alsô betragen   der arman niht verdirbet,
30 daz muoz von gotes helfe komen,   wan er mit triuwen wirbet.

Diu sælde dringet vür die kunst, daz ellen gât
vil dicke nâch dem rîchen zagen in swacher wât.
erst tump swer guot vor êren spart.
zühte wellent grâwen bart,
35 triuwe machent werden man   und wîsen schœne vrâge.
liebe meistert wol den kouf: sô scheidet schade die mâge.

Sô wê dir armüete! du benimest dem man
beidiu witze und ouch den sin daz er niht kan.
die vriunt getuont sîn lîhten rât,
40 swenn er des guotes niht enhât:
si kêrent ime den rugge zuo   und grüezent in vil trâge.
die wil daz er mit vollen lebet,   sô hât er holde mâge.

Man sol den mantel kêren als daz weter gât:
ein frumer man der habe sîn dinc als ez dâ stât.
45 sîns leides sî er niht ze dol,
sîn liep er schône haben sol.
êst hiute mîn, morne dîn: sô teilet man die huoben.
vil dicke er selbe drinne lît   der dem andern grebt die gruoben.

Daz ich ungelücke hân, daz tuot mir wê:
50 des muose ich ungetrunken gân von eime sê

XVI. Der junge Spervogel.

dar ûʒ ein küeler brunne vlôʒ,
des kraft was michel unde grôʒ.
dâ buoʒte maniger sinen durst und wart dâ wol ergetzet.
swie dicke ich mînen napf dar bôt, ern wart mir nie genetzet.

55 Swer den wolf ze hûse ladet, der nimt sîn schaden.
ein schifman mac ein krankeʒ schif schier überladen.
daʒ ich iu sage, daʒ ist wâr:
swer sîme wîbe durch daʒ jâr
koufet guoter kleider vil, [und] im selben niht enkoufet,
60 den darf des niht grôʒ wunder nemen ob sîm ein stiefkint toufet.

Wir loben alle disen halm, wand er uns truoc
vernt was ein schœner sumer unde kornes gnuoc:
des was al diu werlt ouch vrô.
wer gesach ie schœner strô?
65 eʒ füllet deme rîchen man die schiure und ouch die kisten.
swann eʒ gediente dar eʒ sol, sô wirt eʒ aber ze miste.

Treit ein reine wîp niht guoter kleider an,
sô kleidet doch ir tugent, als ich michs kan entstân,
daʒ si vil wol geblüemet gât
70 alsam der liehte sunne hât
an einem tage sînen schîn vil lûter unde reine.
swie vil ein valschiu kleider treit, doh sint ir êre kleine.

Swer den sînen guoten vriunt behalten wil,
den sol er vor den liuten strâfen niht ze vil.
75 er neme in sunder hine dan
und sage im waʒ er habe getân:
da enhœret eʒ der vremde niht. er zürne in dâ vil sêre
und halte in vor den liuten wol: des hât er iemer êre.

Der guote gruoʒ der vreut den gast, swenn er in gât.
80 vil wol dem wirte daʒ in sîme hûse stât
daʒ er mit zühten wese vrô
und bieteʒ sîme gaste sô
daʒ in der wille dunke guot den er gein ime kêret.
mit lîhter kost er dienet lop swer vremden man wol êret.

XVII. Hêr Bliggêr von Steinach.

Mîn alte swære die klage ich für niuwe,
wan siu getwanc mich sô harte niemê.
Ich weiz wol durch waz siu mir tuot sô wê:
daz mich sîn verdrieze und diu nôt mich geriuwe
5 Die ich ie hâte ûf trôstlîchen wân.
nein, ich enmac noch enlât mich mîn triuwe.
swie schiere uns diu sumerzît aber zergê,
des wurde rât, mües ich ir hulde hân:
die næm ich beide für loup und für klê.
10   Ich getar niht vor den liuten gebâren
als ez mir stât. dûhtez ir einen guot,
Dâ bî sint vier den mîn leit sanfte tuot.
bœse unde guote gescheiden ie wâren:
Der site müeze ouch lancstaete sîn.
15 ir beider willen kan niemen gevâren:
wan er ist unwert, swer vor nîde ist behuot.
sie haben in daz ir unde lân mir daz mîn.
und swem dâ gelinge, der sî wol gemuot.

    Er funde guoten kouf an mînen jâren,
20 der âne vröude wolte werden alt,
Wan sie mir leider ie unnütze wâren.
umb einez, daz wær als ein trôst gestalt,
Gæb ich ir driu: sô vürhte ich den gewalt.
des gêt mir nôt: wie sol ein man gebâren
25 der âne reht ie sîner triuwe engalt?
    Befunde ich noch waz für die grôzen swære,
die ich nu lange an mînem herzen hân,
Bezzer danne ein stæter dienest wære,
des wurde ein michel teil von mir getân.
30 Hulf ez mich iht, sô wære daz mîn wân.
swer alliu wîp durch eine gar verbære,
daz man in des geniezen solte lân.
Ich funde noch die schœnen bî dem Rîne,
von der mir ist daz herze sêre wunt
35 Michels harter danne ez an mir schîne.

. . . .
. . . wurde ir mîn swære kunt
diu mir ist alse Dômas Saladîne
und lieber möhte sîn wol tûsentstunt.

XVIII. Hêr Hartman von Ouwe.

  Dem kriuze zimt wol reiner muot
  und kiusche site:
  sô mac man sælde und allez guot
  erwerben mite.
5 Ouch ist ez niht ein kleiner haft
  dem tumben man,
  der sînem lîbe meisterschaft
  niht halten kan.
  Ez wil niht daz man si
10 der werke drunder frî:
  waz touc ez ûf der wât,
  ders an dem herzen niene hât?
      Nu zinsent, ritter, iuwer leben
  und ouch den muot
15 durch in der iu dâ hât gegeben
  lîp unde guot.
  Swes schilt ie was zer werlt bereit
  ûf hôhen pris,
  ob er den gote nu verseit,
20 der ist niht wîs.
  Wan swem daz ist beschert
  daz er dâ wol gevert,
  daz giltet beidiu teil,
  der werlte lop, der sêle heil.
25   Diu werlt mich lachet triegent an
  und winket mir:
  nu hân ich als ein tumber man
  gevolget ir.
  Der hacken hân ich manigen tac
30 geloufen nâch:
  dâ niemen stæte vinden mac,

dar was mir gâch.
Nu hilf mir, herre Krist,
der mîn dâ vârent ist,
35 daz ich mich deme entsage
mit dînem zeichen deich hie trage.
Sît mich der tôt beroubet hât
des herren mîn,
swie nu diu werlt nâch ime gestât,
40 daz lâze ich sîn.
Der fröide mîn den besten teil
hât er dâ hin.
und schüefe ich nû der sêle heil,
daz wære ein sin.
45 Mag ime ze helfe komen
mîn vart diech hân genomen,
ich wil irm halber jehen:
vor gote müeze ich in gesehen.

Mîn fröide wart nie sorgelôs
50 unz an die tage
daz ich mir kristes bluomen kôs
die ich hie trage.
Die kündent eine sumerzît
diu alsô gar
55 in süezer ougen weide lît.
got helfe uns dar,
Hin in den zehenden kôr
dar ûz en hellemôr
sîn valsch verstôzen hât,
60 und noch den guoten offen stât.
Mich hât diu werlt alsô gewent
daz mir der muot
sich zeiner mâze nâch ir sent:
dêst mir nu guot.
65 Got hât vil wol ze mir getân,
als ez nu stât,
daz ich der sorge bin erlân
diu manigen hât
Gebunden an den fuoz,
70 daz er belîben muoz

swenn ich in Kristes schar
mit fröiden wünneclîchen var.

Ich var mit iuwern hulden, herren unde mâge:
liut unde lant diu müezen sælic sîn.
75 Es ist unnôt daz iemen mîner verte vrâge:
ich sage wol für wâr die reise mîn.
Mich viene diu minne und lie mich varn ûf mîne sicherheit:
nu hât si mir enboten bî ir liebe daz ich var.
ez ist unwendic, ich muoz endellîchen dar:
80 wie küme ich briche mîne triuwe und mînen eit!
    Sich rüemet maniger waz er durch die minne tæte:
wâ sint diu werc? die rede hœre ich wol.
Doch sæhe ich gerne daz si ir eteslîchen bæte
daz er ir diente als ich ir dienen sol.
85 Ez ist geminnet, der sich dur die minne ellenden muoz.
nu seht wies mich ûz mîner zungen ziuhet über mer.
und lebte mîn her Salatîn und al sîn her,
dienbræhten mich von Franken niemer einen fuoz.
    Ir minnesinger, iu muoz ofte misselingen:
90 daz iu den schaden tuot, daz ist der wân.
Ich wil mich rüemen, ich mac wol von minne singen,
sît mich diu minne hât und ich si hân.
Daz ich dâ wil, seht daz wil alse gerne haben mich:
sô müezt ab ir verliesen under wîlen wânes vil.
95 ir ringent umbe liep daz iuwer niht enwil:
wan mügent ir armen minnen solhe minne als ich?

Dir hât enboten, frowe guot,
sîn dienest der dir es wol gan,
. Ein ritter der vil gerne tuot
100 daz beste daz sîn herze kan.
Der wil dur dînen willen disen sumer sîn
vil hôhes muotes verre ûf die genâde dîn.
daz solt du minneclîche enpfân
    daz ich mit guoten mæren var:
105 sô bin ich willekomen dar.
    'Du solt im, bote, mîn dienest sagen:

swaz ime ze liebe müge geschehen,
Daz möhte niemen baz behagen,
der in sô selten habe gesehen.
110 Und bite in daz er wende sînen stolzen lîp
dâ man im lône: ich bin im ein vil vremedez wîp
zenpfâhen sus getâne rede.
swes er ouch anders danne gert,
daz tuon ich, wan des ist er wert.'

115 Ich muoz von rehte den tac iemer minnen
dô ich die werden von êrest erkande,
In süezer zühte, mit wîplîchen sinnen.
wol mich daz ich den muot ie dar bewande!
Daz schât ir niht und ist mir iemer guot,
120 wand ich ze gote und zer werlte den muot
deste baz . . . dur ir willen kêre:
sus ding ich daz sich mîn fröide noch mêre.
    Ich schiet von ir daz ich ir niht enkunde
bescheiden wie ich sî meinde in dem muote.
125 Sît fuogte mir ein vil sæligiu stunde
daz ich sî vant mir ze heile âne huote.
Dô ich die werden mit fuoge gesach,
und ich ir gar mînes willen verjach,
daznpfîe sî mir daz irs got iemer lône.
130 sî was von kinde und muoz ie sîn mîn krône.
    Sich mac mîn lîp von der guoten wol scheiden:
mîn herze mîn wille muoz bî ir blîben.
Sî mac mir leben und fröide wol leiden,
und dâ bî al mîne swære vertrîben.
135 An ir lît beide mîn liep und mîn leit:
swaz sî mîn wil, deist ir iemer bereit.
wart ich ie vrô, daz schuof niht wan ir güete.
got sî der ir lîp und êre behüete.

    Maniger grüezet mich alsô
140 (der gruoz tuot mich ze mâze frô)
'Hartman, gên wir schouwen
ritterlîche frouwen.'

```
         mac er mich mit gemache lân
         und lle er zuo den frowen gân!
145   bî frowen triuwe ich niht vervàn
         wan daz ich müede vor in stân.
             Ze frowen habe ich einen sin:
         als sî mir sint, als bin ich in;
         wand ich mac baz vertrîben
150   die zît mit armen wîben.
         swar ich kum, dâ ist ir vil,
         dâ vinde ich die diu mich dâ wil:
         diu ist ouch mînes herzen spil.
         waz touc mir ein ze hôhez zil?
155       In mîner tôrheit mir geschach
         daz ich zuo zeiner frowen sprach
         'frowe, ich hân mîne sinne
         gewant an iuwer minne.'
         dô wart ich twerhes an gesehen.
160   des wil ich, des sî iu bejehen,
         mir wîp in solher mâze spehen
         diu mir des niht enlânt geschehen.
```

XIX. Der Marcgrâve von Hôhenburc.

```
         Ich het ie gedâht wie ein wîp wesen solde,
         ob ich müese wünschen ir lîp und ir site,
         Daz ich si danne mir selbeme wolde
         daz ich mîne wunne het iemer dâ mite.
 5    Nu weiz ich ein wîp alse gar minneclîch
         daz mînem wunsche enwart nie sô gelîch.
         ich wæn er sich hât an ir schœne bewæret:
         ich bin von ir minne unsanfte erværet.
             Ir lîp und ir êre deist allez vil reine:
10    owê deich si vremiden muoz unde sol!
         Welt ir daz mîn herze daz niht enweine?
         swenn man der guoten gedenket sô wol,
         Sô kum ich vor liebe in sô wê tuonde nôt
         daz man mich vil dicke siht bleich unde rôt:
15    sô dunket mich wie si mir stê vor den ougen;
```

sô siufte ich mit lachendem munde alsô tougen.
   Sin ist niht in allen sô schœne mîn frouwe
als si mir erschein diu den wunsch an ir treit.
Si weiz wol daz ich schœner wîp dicke schouwe
20 an die doch sô gar niht mîn wille ist geleit.
Hie hân ich die schœne in der güete gesehen,
daz man ir des besten von wârheit muoz jehen.
ich prîse vil selten die schœne âne güete:
diu hât si beide, sô mirs got bebüete.

25 'Ich wache umb eines ritters lîp
und umb dîn êre, schœne wîp:
wecke in, frouwe!
Got gebe daz ez im wol ergê,
daz er erwache und niemen mê:
30 wecke in, frouwe!
Est an der zît,
niht langer bît,
ich bite ouch niht wan dur den willen sîn.
wiltun bewarn,
35 sô heiz in varn:
verslâfet er, so ist gar diu schulde dîn.
wecke in, frouwe!'
   'Dîn lîp der müeze unsælic sîn,
wahtære, und al daz singen dîn!
40 slâf, geselle!
Dîn wachen daz wær allez guot:
dîn wecken mir unsanfte tuot.
slâf, geselle!
Wahtære, in hân
45 dir niht getân
wan allez guot, daz mir wirt selten schîn.
du gers des tages
dur daz du jages
vil seneder vröiden von dem herzen mîn.
50 slâf, geselle!'
   'Dîn zorn sî dir vil gar vertragen,
der ritter sol niht hie betagen:
wecke in, frouwe!

Er gap sich ûf die triuwe mîn,
55 do enphalch i'n den genâden dîn:
wecke in, frouwe!
Vil sælic wîp,
sol er den lîp
verliesen, sô sîn wir mit ime verlorn.
60 ich singe ich sage:
êst an dem tage,
nu wecke in, wand in wecket doch mîn horn.
wecke in, frouwe!

XX. Hêr Hiltbolt von Swanegou.

Ein schapel brûn under wîlen ie blanc
hât mir gehœhet daz herze und den muot.
Hie bî künd ich mîner vrowen den sanc
daz sî bekenne wer mich singen tuot.
5 Ich sol mich gên ir hulden hüetende sîn
noch michels baz danne der ougen mîn:
sî sî getriuwe, daz werde an mir schîn.
  Ez ist ein wunder, mir wart nie sô wê,
  dô ich wol vieren für eigen mich bôt.
10 Nu minn ich eine und enkein ander mê
und ist nâch der einen noch grœzer mîn nôt.
Danne sî wære von minne allez ie.
ez was ein spil dâ mit ich umbe gie:
nu kenn ich minne, die kande ich ê nie.

15 Ez ist ein reht daz ich lâze den muot
der mir ûf minne ie was rîche unde guot:
ich wil gebâren als ez mir nu stât.
Owê daz minne ie daz bœse ende hât!
swer sich mit stæte an ir unstæte lât,
20 wê wie unsanfte ein scheiden dem tuot!
Alse ez mir hât daz selbe getân:
liebe muoz dicke mit leide zergân.
wie sanfte im ist der sich hât behuot!

  Nu werdent ougen vil trüebe unde rôt,
25 nâch liebem friunde sô lîdent si nôt
die ir dâ beitent vil lîhte iemer mê.
Daz leit getuot manger frouwen nu wê
die fröide enpflâgen mit liebe als ê:
der wunne wendet nu mange der tôt.
30 Minne unde friunde ich dur got lâzen wil:
des dunket mich dur in niemer ze vil,
sît man uns von ime dienest gebôt.
  Mîn teil der minne daz sult ir iu hân,
daz enwil ich anders niemanne lân:
35 dâ bî gedenken sult ir, herre, mîn.
Het ich iht liebers, daz solt iuwer sîn.
fröide unde wunne werd iu von ir schîn:
si hât mir niht wane leit noch getân,
Sît ich mich kêrte unde ie sêre ranc
40 an eine stat dâ mir leider nie lanc:
baz dan mir müeze ez iu dâ mite ergân.

  Daz ir genâde sô gar mich vergie,
des bin ich vrô unde klagt ez doch ie.
ir edeler minne ich noch sanfter enbir
45 Danne ich si weste in den sorgen nâch mir
als ich nu hân unde lîde nâch ir.
got unser hêrre, durch den ich si lie,
Der gunne mir des, werd iemer ein wîp
der ûf genâde sul dienen mîn lîp,
50 daz ez diu si diu mich êrste gevie.

  Ich wil aber der lieben singen
der ich ie mit triuwen sanc
Ûf genâde und ûf gedingen,
daz mir trûren werde kranc.
55 Bî der ich alsô schône
an eime tanze gie,
ir zæme wol diu krône:
sô schœne wîp wart nie.
Elle und Else tanzent wol,
60 des man in beiden danken sol.
  Ine gesach sô tugentrîche

frouwen nie, des muoz ich jehen,
Noch sô rehte minneclîche:
swaz ich frouwen hân gesehen,
65 Des ist sî vor in allen
gewaltic iemer mîn:
sî muoz mir wol gevallen,
sî süezer sælden schrîn.
Elle und Else tanzent wol,
70 des man in beiden danken sol.
 Sælic sî diu süeze reine,
sælic sî ir rôter munt,
Sælic sî die ich dâ meine,
sælic sî sô süezer funt;
75 Sælic sî diu süeze stunde,
sælic sî deich sî ersach,
sælic sî, dô sî mich bunde,
diu bant sî noch nie zerbrach.
Elle und Else tanzent wol,
80 des man in beiden danken sol.

 Daz herze ist mir nâch vor leide verswunden,
mir hât versagen mîn fröide verkêret
Und mînen muot niuwan trûren gelêret,
wan ich hân ir ungenâde bevunden.
85 Daz tuot mir leit unde wê zallen stunden:
mîn ungelücke ist mit sorgen gemêret:
mich hânt ir wort alsô sanfte versêret
daz ich niht möhte überwinden die wunden.
 Swenne ich genâden ie gein ir gedâhte,
90 sô fröite mich ir schîn in deme muote:
So 'npfie ab sî mir mîn rede z'unguote
daz ich erschrac und mich an trûren brâhte.
Owê sô vorhte ich daz ez sî versmâhte:
sô het ich sorge als ein kint ze der ruote,
95 wiech gein ir hulden mich alsô behuote
dazs iht von zorne sich an mir vergâhte.

 Die besten die man vinden kunde
von dem Pfade unz ûf den Rîn,

   Die suocht ich nu manige stunde
100 und vant si in dem herzen min.
   Diech hân erwelt ûz allen wîben,
   diust hie, bî der wil ich bellben:
   ich wil min suochen lâzen sin,
   ich ensolz niht langer triben.
105   Swie die vogel an dem rîse
   singen nider alder hô,
   Sô bin ich in einer wîse
   und enwirde och niemer vrô
   Von der schœnen diech dâ minne;
110 diu mac mir fröuwen herze und sinne.
   ir genâde sint alsô
   daz ich ir niht wan frumen gewinne.
    Swie si in der mâze schœne wære
   und alse gar niht minneclich,
115 Sone het ich sô manige swære
   von ir niht, des dûhte mich.
   Woltes hân mit mir gemeine
   mîner sorgen niht wan eine,
   lîhte si bedæhte sich
120 daz min trûren wurde kleine.

XXI. Hêr Walther von der Vogelweide.

   Ich saz ûf eime steine
   und dahte bein mit beine:
   dar ûf sast ich den ellenbogen:
   ich hâte in mine hant gesmogen
5   min kinne und ein min wange.
   dô dâhte ich mir vil ange,
   wie man zer werlte solte leben.
   dekeinen rât kund ich gegeben,
   wie man driu dinc erwürbe,
10 der keines niht verdürbe.
   diu zwei sint êre und varnde guot,
   daz dicke ein ander schaden tuot:
   daz dritte ist gotes hulde,

XXI. Hêr Walther von der Vogelweide.

der zweier übergulde.
15 die wolte ich gerne in einen schrîn.
jâ leider desn mac niht gesîn
daz guot und werltlich êre
und gotes hulde mêre
zesamene in ein herze komen.
20 stîg unde wege sint in benomen.
untriuwe ist in der sâze,
gewalt vert ûf der strâze:
frid unde reht sint sêre wunt.
diu driu enhabent geleites niht,   diu zwei enwerden ê gesunt.

25 Ich hôrte ein wazzer diezen
und sach die vische vliezen:
ich sach swaz in der werlte was,
velt unde walt, loup rôr und gras.
swaz kriuchet unde vliuget
30 und bein zer erde biuget,
daz sach ich unde sage iu daz:
der keinez lebet âne haz.
daz wilt und daz gewürme
die strîtent starke stürme,
35 sam tuont die vogel under in;
wan daz sie habent einen sin:
si endiuhten sich ze nihte,
si enschüefen starc gerihte.
sie kiesent künege unde reht,
40 sie setzent hêrren unde kneht.
sô wê dir, tiuschiu zunge,
wie stêt dîn ordenunge,
daz nu diu mugge ir künec hât
und daz dîn êre alsô zergât!
45 bekêrâ dich, bekêre:
die cirkel sint ze hêre,
die armen künege dringent dich:
Philippe, setze en weisen ûf   und heiz sie treten hinder sich.

Ich sach mit mînen ougen
50 man unde wîbe tougen,
dâ ich gehôrte und gesach

swaz iemen tet, swaz iemen sprach.
ich hôrte in Rôme liegen
und zwêne künege triegen.
55 dâ von huop sich der meiste strît
der ê was oder iemer sît,
dô sich begunden zweien
die pfaffen und die leien.
daz was ein nôt vor aller nôt:
60 lîp unde sêle lac dâ tôt.
die pfaffen striten sêre:
doch wart der leien mêre.
diu swert diu leiten sie der nider
und griffen zuo der stôle wider.
65 sie bienen die sie wolten
und niwet den sie solten.
dô stôrte man diu goteshûs.
ich hôrte verre in einer klûs
vil michel ungebære:
70 dâ weinte ein klôsenære,
er klagete gote sîniu leit:
'owê, der bâbest ist ze junc; hilf, hêrre, dîner kristenheit!'

Der in den ôren siech von ungeschihte sî,
daz ist mîn rât, der lâ den hof ze Düringen frî:
75 wan kumet er dar, dêswâr er wirt ertœret.
Ich hân gedrungen unz ich niht mê dringen mac.
ein schar vert ûz, diu ander in, naht unde tac.
grôz wunder ist daz iemen dâ gehœret.
Der lantgrâve ist sô gemuot
80 daz er mit stolzen helden sîne habe vertuot',
der iegeslicher wol ein kenpfe wære.
mir ist sîn hôhiu fuore kunt:
und gülte ein fuoder guotes wînes tûsent pfunt,
dâ stüende och niemer ritters becher lære.

85 Dô Friderich ûz Ôsterrîche alsô gewarp
der an der sêle genas und im der lîp erstarp,
dô fuort er mînen krancheс trit in d'erde.
Dô gienc ich slîchent als ein pfâwe, swar ich gie,
daz houbet hanht ich nider unz ûf mîniu knie:

90 nù riht ab ich ez ûf nâch vollem werde.
Ich bin nù wol ze fiure komen,
mich hât daz riche und ouch diu krône an sich genomen.
wol ûf, swer tanzen welle nâch der gîgen!
mirst mîner swære worden buoz:
95 alrêrste wil ich ebene setzen mînen fuoz,
und wider in ein hôhgemüete stîgen.

Diu krône ist elter dan der künec Philippes sî:
dâ muget ir alle schouwen wol ein wunder bî,
wies ime der smit sô ebene habe gemachet.
100 Sîn keiserlîchez houbet zimt ir alsô wol,
daz sie ze rehte niemen guoter scheiden sol:
irntweders tugent daz ander niht enswachet.
Sie liuhtent beide ein ander an,
daz edel gesteine wider den jungen süezen man:
105 die ougenweide sehent die fürsten gerne.
swer nu des rîches irre gê,
der schouwe wem der weise ob sîme nacke stê:
der stein ist aller fürsten leitesterne.

Ez gienc, eins tages als unser hêrre wart geborn
110 von einer maget dier im ze muoter hât erkorn,
ze Megdeburc der künec Philippes schône.
Dâ gienc eins keisers bruoder und eins keisers kint
in einer wât, swie doch der namen drîe sint:
er truoc des rîches zepter und die krône.
115 Er trat vil lîse, im was niht gâch:
im sleich ein hôhgeborniu küniginne nâch,
rôs âne dorn, ein tûbe sunder gallen.
diu zuht was niener anderswâ:
die Düringe und die Sahsen dienten alsô dâ
120 daz ez den wîsen muoste wol gevallen.

Wir suln den kochen râten,
sît ez in alsô hôhe stê,
daz sie sich niht versûmen,
Daz sie der vürsten brâten
125 snîden grœzer baz dann ê

doch dicker eines dûmen.
ze Kriechen wart ein spiz versniten:
daz tete ein hant mit argen siten.
siu möht ez iemer hân vermiten:
130 der brâte was ze dünne.
des muost der hêrre für die tür:
die fürsten sâzen ander kür.
der nû daz rîche alsô verlür,
dem stüende baz daz er nie spiz gewünne.

135 Waz êren hât vrô Bône,
daz man sô von ir singen sol?
siu rehtiu vastenkiuwe!
Sist vor und nâch der nône
al vûl und ist der wibel vol
140 wan êrest in der niuwe.
Ein halm ist kreftec unde guot:
waz er uns allen liebes tuot!
er vreut vil manegem sînen muot:
wie denne umb sînen sâmen?
145 von grase wirdet halm ze strô,
er machet manic herze vrô,
er ist guot nider unde hô.
frou Bône — liberâ nos â mâlô. âmen.

Mir hât ein liebt von Vranken
150 der stolze Missenære brâht:
daz vert von Ludewîge.
Ichn kan ims niht gedanken
sô wol als er mîn hât gedâht,
wan daz ich tiefe nîge.
155 Künd ich swaz iemen guotes kan,
daz teilt ich mit dem werden man.
der mir sô hôher êren gan,
got müeze im êre mêren.
zuo vlieze im aller sælden vluz,
160 niht wildes mîde sînen schuz:
sîns hundes louf, sîns hornes duz
erhelle im und erschelle im wol nâch êren.

Owê, hovellchez singen,
daz dich ungefüege dœne
165 Solten ie ze hove verdringen!
daz die schiere got gehœne!
Owê daz dîn wirde alsô geliget!
des sint alle dîne friunde unfrô.
daz muoz eht sô sîn: nu si alsô.
170 frô Unfuoge, ir habt gesiget.

  Der uns fröide wider bræhte
diu rebt und gefüege wære,
Hei wie wol man des gedæhte
swâ man von im seite mære!
175 Ez wær ein vil hovellcher muot,
des ich iemer gerne wünschen sol;
frowen unde hérren zæme ez wol:
owê daz ez niemen tuot!

  Die daz rehte singen stœrent,
180 der ist ungelîche mêre
Danne die ez gerne hœrent.
dâ volg ich der alten lêre:
Ich enwil niht werben zuo der mül,
dâ der stein sô riuschent umbe gât
185 und daz rat sô mange unwîse hât.
merket wer dâ harpfen sül.

  Die sô frevellîchen schallent,
der muoz ich vor zorne lachen,
Dazs in selben wol gevallent
190 mit als ungefüegen sachen.
Die tuont sam die frösche in eime sê,
den ir schrîen alsô wol behaget
daz diu nahtegal dâ von verzaget,
sô siu gerne sunge mê.

195   Swer unfuoge swîgen hieze,
waz man noch von fröiden sunge,
Und sie abe den bürgen stieze,
daz siu dâ die frôn niht twunge!
Würden ir die grôzen hôve benomen,
200 daz wær allez nâch dem willen mîn.
den gebûren lieze ich sie wol sîn:
dannen ists och her bekomen.

Nû wil ich mich des scharpfen sanges ouch genieten:
dâ ich ie mit forhten bat, dâ wil ich nû gebieten.
205 Ich sihe wol daz man hêrren guot und wîbes gruoz
gewalteclîch und ungezogenlîch erwerben muoz.
Singe ich mînen hüfschen sanc, sô klagent siez Stollen.
dêswâr ich gewinne ouch lîhte knollen:
sît sie die schalkeit wellen, ich gemache in vollen kragen.
210 ze Österrîche lernt ich singen unde sagen.
dâ wil ich mich allerêrst beklagen:
vind ich an Liupolt hüfschen trôst, sô ist mir mîn muot entswollen.

Ahî wie kristenlîche nû der bâbest lachet,
swenne er sînen Walhen seit 'ich hânz alsô gemachet!'
215 Daz er dâ reit; des solt er niemer hân gedâht.
er giht 'ich hân zwên Almân under eine krône brâht,
Daz siz rîche sülen stœren unde wasten.
ie dar under vülle ich mîne kasten.
ich hâns an mînen stoc gement, ir guot ist allez mîn,
220 ir tiuschez silber vert in mînen welschen schrîn.
ir pfaffen, ezzet hüenr und trinket wîn,
. . . . unde lât die Tiutschen vasten.'

Sagt an, hêr Stoc, hât iuch der bâbest her gesendet,
daz ir in rîchet und uns Tiutschen ermet unde pfendet?
225 Swenn im diu volle mâze kumt ze Lâterân,
sô tuot er einen argen list, als er ê hât getân.
Er seit uns denne wie daz rîche stê verwarren,
unz in erfüllent aber alle pfarren.
ich wæn des silbers wênic kumt ze helfe in gotes lant:
230 grôzen hort zerteilet selten pfaffen hant.
hêr Stoc, ir sît ûf schaden her gesant,
daz ir ûz tiutschen liuten suochet tœrinn unde narren.

'Sît willekomen, hêr wirt:' dem gruoze muoz ich swîgen.
'sît willekomen, hêr gast:' sô muoz ich sprechen oder nîgen.
235 Wirt unde heim sint zwêne unschamelîche namen,
gast unde herberge muoz man sich vil dicke schamen
Noch müez ich geleben daz ich den gast ouch grüeze.
sô daz er mir dem wirte danken müeze.

'sit hinaht hie, sit morgen dort,' waz gougelfuore ist daz!
240 'ich bin heime' od 'ich wil heim' daz trœstet baz.
gast âne schâch kumt selten âne haz:
ir büezet mir des gastes, daz iu got des schâches büeze.

Vil wol gelobter got, wie selten ich dich prise!
sit ich von dir beide wort hân unde wise,
245 wie getar ich sô gevreveln under dime rise?
Ichn tuon diu rehten werc, ichn hân der wâren minne
ze mînem ebenkristen, hèrre vater, nuch ze dir.
sô holt enwart ich ir dekeinem nie sò mir.
frôn vater unde sun, dîn geist berihte mîne sinne.
250 Wie solt ich den geminnen der mir übele tuot?
mir muoz der iemer lieber sin der mir ist guot.
vergip mir anders mîne schulde, ich wil noch haben den muot.

Die wîsen râtent, swer ze himelrîche welle,
daz er ê vil wol bewarte und ouch bestelle
255 den wec, daz iemen drüffe habe der in her wider velle.
Ein œhter heizet Mort, der schât der strâze sère:
dâ bî vert ein in starken bennen, derst geheizen Brant:
sô sprechents einem Wuocher, der hât gar geschant
die selben strâze. dannoch ist der wegewerender mère:
260 Nît unde Haz die hânt sich ûf den wec geleit
unde diu verschamt unmâze Gîtekeit.
dannoch sô rennet maniger für des ich niht hân geseit.

Ich bân hèrn Otten triuwe, er welle mich noch richen:
wie nam ab er mîn dienest ie sô trügellchen?
265 ald waz bestêt ze lônen des den künic Friderîchen?
Mîn vorderunge ist ûf in kleiner danne ein bône,
ezn sî sô vil, ob er der alten sprüche wære frô.
ein vater lêrte wîlen sînen sun also:
'sun, diene manne bœstem, daz dir manne beste lône.'
270 Hèr Otte, ich binz der sun, ir sît der bœste man,
wand ich sô rehte bœsen hèrren nie gewan:
hèr künec, sît irz der beste, sît iu got des lônes gan.

Ich wolt hèrn Otten mille nâch der lenge mezzen:
dô hât ich mich an der mâze ein teil vergezzen.

275 wær er sô milte als lanc, er hæte tugende vil besezzen.
Vil schiere mag ich abe den lîp nâch sîner êre:
dô wart er vil gar ze kurz als ein verschrôten werc,
miltes muotes minre vil dann ein getwerc;
und ist doch von den jâren daz er niht enwahset mêre.
280 Dô ich dem künege brâht daz mez, wie er ûf schôz!
sîn junger lîp wart beide michel unde grôz:
nu seht waz er noch wahse, erst ieze übr in wol risen gnôz.

Der künec mîn hêrre lêch mir gelt ze drîzec marken:
des enkan ich niht gesliezen in den arken
285 noch geschiffen ûf daz mer in kielen noch in barken.
Der nam ist grôz, der nuz ist aber in solher mâze
daz ich in niht begrîfen mac, gehœren noch gesehen:
wes sol ich denne in arken oder in barken jehen?
nu râte ein ieglich friunt, ob ich ez halte od ob ichz lâze.
290 Der pfaffen disputieren ist mir gar ein wiht:
sie prüevent in den arken niht, da ensî ouch iht:
nu prüeven her, nu prüeven dar, son habe ich drinne niht.

Von Rôme vogt, von Pülle künic, lât iuch erbarmen
daz man mich bî rîcher kunst lât alsus armen.
295 gerne wolte ich, möhte ez sîn, bî eigem viure erwarmen.
Zâl wiech denne sunge von den vogellînen,
von der heide und von den bluomen, als ich wîlen sanc!
swelch schœne wîp mir denne gæbe ir habedanc,
der lieze ich liljen unde rôsen ûz ir wengel schînen.
300 Sus kume ich spâte und rîte vruo, 'gast wê dir, wê!':
sô mac der wirt wol singen von dem grüenen klê.
die nôt bedenket, milter künic, daz iuwer nôt zergê.

Ich hân mîn lêhen, al die werlt, ich hân mîn lêhen!
nû enfürhte ich niht den hornunc an die zêhen
305 und wil alle bœse hêrren deste minre vlêhen.
Der edel künic, der milte künic hât mich berâten,
daz ich den sumer luft und in dem winter hitze hân.
mîn nâhgebûren dunke ich verre baz getân:
sie sehent mich niht mêr an in butzen wîs als sie mich tâten.
310 Ich bin ze lange arm gewesen ân mînen danc.
ich was sô voller scheltens daz mîn âten stanc:
daz hât der künic gemachet reine und dar zuo mînen sanc.

Got weiz wol daz mîn lop wær iemer hovestæte
dâ man eteswenne hovellchen tæte
315 mit worten ode mit werken, oder mit gewisser ræte.
Mir grûset, sô mich lachent an die lechelære,
den diu zunge honget und daz herze gallen hât.
friundes lachen sol sîn âne missetât,
liiter als der âbentrôt, der kündet liebiu mære.
320 Nu tuo mir lecheliche od lache ab anderswâ.
swes munt mich triegen wil, der habe sîn lachen dâ:
von dem næm ich ein wârez nein für zwei gelogeniu jâ.

Mir hât hèr Gèrhart Atze ein pfert
erschozzen zIlsenache.
325 daz klage ich dem den er bestât,
derst unser beider voget.
Ez was wol drîer marke wert.
nu hœret frömde sache,
sît daz ez an ein gelten gât,
330 wâ mite er mich nu zoget.
Er seit von grôzer swære,
wie daz mîn pferit mære
dem rosse sippe wære,
daz im den vinger abe
335 gebizzen hât ze schanden.
ich swer mit beiden handen,
daz sie sich niht erkanden.
ist iemen der mir stabe?

Man seit mir ie von Tegersê,
340 wie wol daz hûs mit êren stê:
dar kêrte ich mêr dann eine mîle von der strâze.
Ich bin ein wunderlicher man,
daz ich mich selben niht enkan
verstân und mich sô vil an frömde liute lâze.
345 Ich schiltes niht, wan got genâde uns beiden.
ich nam dâ wazzer: alsô nazzer
muost ich von des münches tische scheiden.

Rît ze hove, Dieterich.
'hèrre, in mac.' waz irret dich?
350 'in hân niht rosses daz ich dar gerîte.'
Ich lihe dir einz, und wilt du daz,
'hèrre, ich gerîte al deste baz.'
nu stant also, noch eine wîle bîte.
Wedr rîtest gerner eine guldîn katzen
355 od einen wunderlîchen Gèrhart Atzen?
'semir got, und æze ez hüi, ez wære ein frömdez pfert.
im gêut diu ougen umbe als einem affen.
er ist als ein guggaldei geschaffen.
den selben Atzen gebt mir her: sô bin ich wol gewert.'
360 nu krümbe dîn bein selbe dar, sîd Atzen hâst gegert.

Owê daz wîsheit unde jugent,
des mannes schœne noch sîn tugent,
niht erben sol, sô ie der lîp erstirbet!
Daz mac wol klagen ein wîser man
365 der sich des schaden versinnen kan.
Reimâr, waz guoter kunst an dir verdirbet.
Du solt von schulden iemer des geniezen
daz dich des tages wolte nie verdriezen,
dun spræches ie den vrowen wol . . . .
370 des suln sie iemer danken dîner zungen.
und hætest niht wan eine rede gesungen
'sô wol dir wîp, wie reine ein nam,' du hætest an erstriten
mit lobe daz elliu wîp dir iemer gnâden solten bîten.

Dêswâr, Reimâr, du riuwes mich
375 michels harter danne ich dich,
ob du lebtes und ich wære erstorben.
Ich wilz bî mînen triuwen sagen:
dich selben wolt ich lützel klagen;
ich klage dîn edelen kunst daz sist verdorben.
380 Du kundest al der werlte fröide mêren,
sô duz ze guoten dingen woltest kêren.
mich riuwet dîn wol redender munt und dîn vil süezer sanc,
daz die verdorben sint bî mînen zîten.
daz du niht eine wîle mohtest bîten!
385 sô leiste ich dir geselleschaft: mîn singen ist niht lanc.
dîn sêle müeze wol gevarn und habe dîn zunge danc.

Niemen kan mit gerten
kindes zuht beherten:
den man zêren bringen mac,
390 dem ist ein wort als ein slac.
dem ist ein wort als ein slac,
den man zêren bringen mac:
kindes zuht beherten
niemen kan mit gerten.
395 Hüetet iuwerr zungen:
daz zimt wol den jungen.
stôz den rigel für die tür,
lâ kein bœse wort dar für.
lâ kein bœse wort dar für,
400 stôz den rigel für die tür:
daz zimt wol den jungen.
hüetet iuwerr zungen.
Hüetet iuwerr ougen
offenbâr und tougen.
405 lât sie guote site spehen
und die bœsen übersehen.
und die bœsen übersehen
lât sie, guote site spehen
offenbâr und tougen:
410 hüetet iuwerr ougen.
Hüetet iuwerr ôren,
oder ir sît tôren.
lât ir bœsiu wort dar in,
daz guneret iu den sin.
415 daz guneret iu den sin,
lât ir bœsiu wort dar in,
oder ir sît tôren.
hüetet iuwerr ôren.
Hüetet wol der drîer,
420 leider alze frîer.
zungen ougen ôren sint
dicke schalchaft, zêren blint.
dicke schalchaft, zêren blint
zungen ougen ôren sint.
425 leider alze frîer
hüetet wol der drîer.

Vil süeze wære minne,
berihte kranke sinne.
got, dur din anbeginne
430 bewar die kristenheit.
Din kunft ist frônebære
vür al der werlte swære.
der weisen barmenære,
hilf rechen disiu leit.
435 Lœsære ûz den sünden,
wir gern zen swebenden ünden.
uns mac din geist enzünden,
wirt riuwic herze erkant.
din bluot hât uns begozzen,
440 den himel ûf geslozzen.
nu lœset unverdrozzen
daz hêrebernde lant.
verzinset lîp und eigen.
got sol uns helfe erzeigen
445 ûf den der manegen veigen
der sêle hât gepfant.
    Diz kurze leben verswindet:
der tôt uns sündic vindet.
swer sich ze gote gesindet,
450 der mac der helle engân.
Bî swære ist gnâde funden.
nu heilet Kristes wunden;
sîn lant wirt schiere enbunden:
dêst sicher sunder wân.
455 Küngîn ob allen frouwen,
lâ wernde helfe schouwen.
din kint wart dort verhouwen,
sîn menscheit sich ergap.
sîn geist müez uns gefristen,
460 daz wir die diet verlisten.
der touf sie seit unkristen:
wan fürhtent sie den stap
der ouch die juden villet!
ir schrîen lûte erhillet.
465 manc lop dem kriuze erschillet:
erlœsen wir daz grap!

Diu menscheit muoz verderben,
suln wir den lôn erwerben.
got wolde dur uns sterben,
470 sîn trôst ist ûf gespart.
Sîn kriuze vil gehêret
hât maneges heil gemêret.
swer sich von zwîvel kêret,
der hât den geist bewart.
475 Sündiger lîp vergezzen,
dir sint diu jâr gemezzen:
der tôt hât uns besezzen,
die veigen âne wer.
nu hellet hin gelîche,
480 dâ wir daz himelrîche
erwerben sicherlîche
bî dulteclîcher zer.
got wil mit heldes handen
dort rechen sînen anden.
485 sich schar von manegen landen
des heiligeistes her.
 Got, dîne helfe uns sende
mit dîner zesewen hende.
bewar uns an dem ende,
490 sô uns der geist verlât.
Vor helleheizen wallen,
daz wir dar in iht vallen.
ez ist wol kunt uns allen,
wie jâmerlich ez stât,
495 Daz hêre lant vil reine,
gar helfelôs und eine.
Jêrusalêm, nu weine:
wie dîn vergezzen ist!
der heiden überhêre
500 hât dich verschelket sêre.
dur dîner namen êre
lâ dich erbarmen, Krist,
mit welher nôt sie ringen,
die dort den borgen dingen.
505 dazs uns alsô betwingen,
daz wende in kurzer frist.

Dô der sumer komen was
und die bluomen dur daz gras
wünneclîchen sprungen,
510 aldâ die vogele sungen,
dar kom ich gegangen
an einen anger langen,
dâ ein lûter brunne entspranc.
vor dem walde was sin ganc,
515 dâ diu nahtegale sanc.
    Bî dem brunnen stuont ein boum,
dâ gesach ich einen troum.
ich was von der sunnen
gegangen zuo dem brunnen,
520 daz diu linde mære
den küelen schaten bære.
bî dem brunnen ich gesaz,
mîner swære ich gar vergaz,
schiere enslief ich umbe daz.
525   Dô bedûhte mich zehant
wie mir dienten alliu lant,
wie mîn sêle wære
ze himel âne swære,
und der lîp hie solte
530 gebâren swie er wolte.
dâne was mir niht ze wê.
got der waldes swiez ergê:
schœner troum enwart nie mê.
    Gerne slief ich iemer dâ,
535 wan ein unsæligiu krâ,
diu begunde schrîen.
daz alle krâ gedîen
alse ich in des günne!
siu nam mir michel wünne.
540 von ir schrîen ich erschrac;
wan daz dâ niht steines lac,
sô wær ez ir suontac.
    Wan ein wunderaltez wîp,
diu getrôste mir den lîp.
545 die begund ich eiden.
nu hât siu mir bescheiden

waz der troum bediute.
daz hœret, lieben liute.
zwên und einer daz sint drî:
550 dannoch seites mir dâ bî
daz mîn dûme ein vinger 'sî.

Uns hât der winter geschât über al.
heide unde walt diu sint beide nu val,
dâ manic stimme vil suoze inne hat.
555 sæhe ich die megde an der strâze den bal
werfen, sô kæme uns der vogele schal.
    Möhte ich verslâfen des winteres zît!
wache ich die wîle, sô hân ich sîn nît,
daz sîn gewalt ist sô breit und sô wît.
560 weiz got er lât doch dem meien den strît:
sô lis ich bluomen dâ rîfe nu lît.

Under der linden
an der heide,
dâ unser zweier bette was,
565 Dâ muget ir vinden
schône beide
gebrochen bluomen unde gras.
vor dem walde in einem tal,
tandaradei,
570   schône sanc diu nahtegal.
Ich kam gegangen
zuo der ouwe:
dô was mîn vriedel komen ê.
Dâ wart ich enpfangen,
575   hêre frouwe,
daz ich bin sælic iemer mê.
Kust er mich? wol tûsentstunt:
tandaradei,
seht wie rôt mir ist der munt.
580   Dô hâte er gemachet
alsô rîche
von bluomen eine bettestat.

Des wirt noch gelachet
innecliche,
585 kumt iemen an daz selbe pfat.
Bi den rôsen er wol mac,
tandaradei,
   merken wâ mirz houbet lac.
  Daz er bî mir læge,
590 wessez iemen,
(nu enwelle got!), sô schamt ich mich.
Wes er mit mir pflæge,
niemer niemen
bevinde daz wan er und ich,
595 Und ein kleinez vogellîn,
tandaradei,
   daz mac wol getriuwe sîn.'

  Herzeliebez vrowelîn,
got gebe dir hiute und iemer guot.
600 Kund ich baz gedenken dîn,
des hæte ich willeclîchen muot.
Waz mac ich nu sagen mê
wan daz dir niemen holder ist? owê dâ von ist mir vil wê.
  Sie verwîzent mir daz ich
605 sô nidere wende mînen sanc.
Daz sie niht versinnent sich
waz liebe sî, des haben undanc!
Sie getraf diu liebe nie.
die nâch dem guote und nâch der schœne minnent, wê wie minnent die?
610   Bî der schœne ist dicke haz:
zer schœne niemen sî ze gâch.
Liebe tuot dem herzen baz:
der liebe gêt diu schœne nâch.
Liebe machet schœne wîp:
615 des mac diu schœne niht getuon, sin machet niemer lieben lîp.
  Ich vertrage als ich vertruoc
und als ichz iemer wil vertragen.
Du bist schœne und hâst genuoc:
waz mugen sie mir dâ von gesagen?

620 Swaz sie sagen, ich bin dir holt
und nim din glesin vingerlin vür einer küneginne golt.
    Hâst du triwe und stætekeit,
    sô bin ich des ân angest gar
    Daz mir iemer herzeleit
625 mit dînem willen widervar.
    Hâst ab du der zweier niht,
    sô müezest du mir niemer werden. owê denne, ob daz geschiht!

Sô die bluomen ûz dem grase dringent,
same sie lachen gegen der spilden sunnen
630 in einem meien an dem morgen vruo
Und diu kleinen vogellîn wol singent
in ir besten wîse die sie kunnen,
waz wünne mac sich dâ genôzen zuo?
Ez ist wol halp ein himelrîche.
635 suln wir sprechen waz sich deme gelîche,
sô sage ich waz mir dicke baz
in mînen ougen hât getân
    und tæte ouch noch, gesæhe ich daz.
    Swâ ein edeliu schœne frowe reine,
640 wol gekleidet unde wol gebunden,
dur kurzewîle zuo vil liuten gât,
hovelîchen hôchgemuot, niht eine,
umbe sehende ein wênic under stunden,
alsam der sunne gegen den sternen stât:
645 Der meie bringe uns al sîn wunder,
waz ist dâ sô wünneclîches under
als ir vil minneclîcher lîp?
    wir lâzen alle bluomen stân
    und kaphen an daz werde wîp.
650   Nu wol dan, welt ir die wârheit schouwen,
gên wir zuo des meien hôchgezîte!
der ist mit aller sîner krefte komen.
Seht an in und seht an werde frouwen,
wederz dâ daz ander überstrîte,
655 daz bezzer spil, ob ich daz hân genomen.
Owê der mich dâ welen hieze,
deich daz eine dur daz ander lieze,

wie rehte schiere ich denne kür!
hêr Meie, ir müeset merze sîn,
660 ê ich mîn frowen dâ verlür.

Ich hœre iu sô vil tugende jehen,
daz iu mîn dienest iemer ist bereit.
Enbæte ich iuwer niht gesehen,
ez schatte mir an mîner werdekeit.
665 Nu wil ich deste tiurre sîn
und bite iuch, vrouwe,
daz ir iuch underwindet mîn.
ich lebte gerne, künde ich leben;
mîn wille ist guot, nu bin ich tump:
670 nu sult ir mir die mâze geben.
'Künd ich die mâze, als ich enkan,
sô wære ich in der werlte ein sælic wîp.
Ir tuot als ein wol redender man,
daz ir sô hôhe tiuret mînen lîp.
675 Ich bin doch tumber danne ir sît.
nu waz dar umbe?
doch wil ich scheiden uns den strît.
tuot ir alrêst des ich iuch bite
und saget mir der manne muot:
680 sô lêre ich iuch der wîbe site.'
Wir wellen daz diu stætekeit
iu guoten wîben gar ein krône sî.
Kumt iu mit zühten sîn gemeit,
sô stêt diu lilje wol der rôsen bî.
685 Nu merket wie der linden stê
der vogele singen,
dar under bluomen unde klê:
noch baz stêt wîben werder gruoz.
ir minneclîcher redender munt
690 der machet daz man küssen muoz.
'Ich sage iu wer uns wol behaget:
wan der erkennet übel unde guot,
Und ie daz beste von uns saget.
dem sîn wir holt, ob erz mit triuwen tuot.
695 Kan er ze rehte ouch wesen frô,

und tragen gemüete
   ze mâze nider unde hô,
der mac erwerben swes er gert:
welch wîp verseit im einen vaden?
700   guot man ist guoter sîden wert.'

In einem zwîvellîchen wân
was ich gesezzen und gedâhte
Ich wolte von ir dienste gân,
wan daz ein trôst mich wider brâhte.
705 Trôst mag ez rehte niht geheizen, owê des!
ez ist vil kûme ein kleinez trœstelîn,
sô kleine, swenne ichz iu gesage, ir spottet mîn.
doch fröwet sich lützel iemen er enwizze wes.
   Mich hât ein halm gemachet frô:
710 er giht ich sül genâde vinden.
Ich maz daz selbe kleine strô,
als ich hie vor gesach von kinden.
Nu hœret unde merket, ob siz denne tuo.
'siu tuot, si entuot, siu tuot, si entuot, siu tuot.'
715 swie dicke ichz tete, sô was ie daz ende guot.
daz trœstet mich: dâ hœret ouch geloube zuo.

Die mir in dem winter vröide hânt benomen,
sie heizen wîp, sie heizen man,
Disiu sumerzît diu müeze in baz bekomen.
720 owê daz ich niht vluochen kan!
Leider, ich enkan niht mêre
wan daz übel wort 'unsælic!' neinâ, daz wær alze sêre.
   Zwêne herzellche vlüeche kan ich ouch,
die vluochent nâch dem willen mîn.
725 Hiure müezens beide esel und den gouch
gehœren, ê si enbizzen sîn.
Wê in denne, den vil armen!
wesse ich obe siz noch gerûwe, ich wolte mich dur got erbarmen.
   Man sol sîn gedultic wider ungedult,
730 daz ist den schamelôsen leit.
Swen die bœsen hazzent âne sîne schult,

daz kumet von siner frümekeit.
Trœstet mich diu guote alleine,
diu mich wol getrœsten mac, sô gæbe ich umbe ir niden kleine.
735 Ich wil al der werlte sweren ûf ir lip;
den eit den sol sin wol vernemen:
Si mir iemen lieber, maget oder wip,
diu helle müeze mir gezemen.
Hât siu nu deheine triuwe,
740 sô getrûwet siu dem eide und senftet mines herzen riuwe.
Hêrren unde friunt, nu helfet an der zît:
daz ist ein ende, ez ist alsô.
Ich enhalte minen minneclichen strit.
ja enwirde ich niemer rehte vrô.
745 Mines herzen tiefiu wunde
diu muoz iemer offen stên, si enküsse mich mit friundes munde.
Mines herzen tiefiu wunde
diu muoz iemer offen stên, si enheiles ûf und ûz von grunde.
Mines herzen tiefiu wunde
750 diu muoz iemer offen stên, sin werde heil von Hiltegunde.

Swer verholne sorge trage,
der gedenke an guotiu wip: er wirt erlôst:
Und gedenke an liehte tage.
die gedanke wâren ie min bester trôst.
755 Gegen den vinstern tagen hân ich nôt,
wan daz ich mich rihte nâch der heide
diu sich schamt ir leide:
sô siu den walt siht gruonen, sô wirts iemer rôt.
Frowe, als ich gedenke an dich,
760 waz din reiner lip erwelter tugende pfliget.
Sô lâ stân! du rüerest mich
mitten an daz herze dâ diu liebe liget.
Liep und lieber des enmein ich niht:
du bist aller liebest daz ich meine.
765 du bist mir alleine
vor al der werlte, frowe, swaz sô mir geschiht.

Ir sult sprechen willekomen:
der iu mære bringet, daz bin ich.

Allez daz ir habt vernomen,
770 daz ist gar ein wint: nu vråget mich.
Ich wil aber miete:
wirt mîn lôn iht guot,
ich sag iu vil lîhte daz iu sanfte tuot.
seht waz man mir éren biete.
775 Ich wil tiuschen vrowen sagen
solhiu mære daz sie deste baz
Al der werlte suln behagen;
âne grôze miete tuon ich daz.
Waz wold ich ze lône?
780 sie sint mir ze hér.
sô bin ich gevücge und bite sie nihtes mêr
wan daz sie mich grüezen schône.
   Ich hån lande vil gesehen
unde nam der besten gerne war:
785 Übel müeze mir geschehen,
kunde ich ie mîn herze bringen dar
Daz im wól gevallen
wolte fremeder site.
nu waz hülfe mich, ob ich unrehte strite?
790 tiuschiu zuht gåt vor in allen.
   Von der Elbe unz an den Rîn
und her wider unz an der Unger lant
Mugen wol die besten sîn
die ich in der werlte hån erkant.
795 Kan ich rehte schouwen
guot geláz und lîp,
sem mir got, sô swüere ich wol daz hie diu wîp
bezzer sint dann ander frouwen.
   Tiusche man sint wol gezogen.
800 rehte als engel sint diu wîp getân.
Swer sie schiltet, derst betrogen:
ich enkan sîn anders niht verstån.
Tugent und reine minne,
swer die suochen wil,
805 der sol komen in unser lant; da ist wünne vil:
lange müeze ich leben dar inne!

Zwô fuoge hân ich doch, swie ungefüege ich sî:
der hân ich mich von kinde her vereinet.
Ich bin den frôn bescheidenlîcher fröide bî
810 und lache ungerne swâ man bî mir weinet.
Durch die liute bin ich frô,
durch die liute wil ich sorgen:
ist mir anders danne alsô,
waz dar umbe? ich wil doch borgen.
815 swie sie sint, sô wil ich sîn,
daz sie niht verdrieze mîn.
manigem ist unmære
swaz einem andern werre:
der sî ouch bî den liuten swære.

820 Hie vor, dô man sô rehte minneclîchen warp,
dô wâren mîne sprüche fröiden rîche.
Sît daz diu minneclîche minne alsô verdarp,
sît sanc ouch ich ein teil unminneclîche.
Iemer als ez denne stât,
825 alsô sol man denne singen.
swenne unvuoge nu zergât,
sô sing aber von höfschen dingen.
noch kumt fröide und sanges tac:
wol im ders erbeiten mac!
830 derz gelouben wolte,
so erkande ich wol die vuoge
wenn unde wie man singen solte.

Ich sage iu waz uns den gemeinen schaden tuot:
diu wîp gelîchent uns ein teil ze sêre,
835 Daz wir in alsô liep sîn übel alse guot:
seht, daz gelîchen nimet uns vröide und êre.
Schieden uns diu wîp als ê,
daz ouch sie sich liezen scheiden,
daz gefrumt uns iemer mê,
840 mannen unde wîben, beiden.
waz stêt übel, waz stêt wol,
ob man uns niht scheiden sol?
edeliu wîp, gedenket
daz och die man waz kunnen:
845 gelîchents iuch, ir sît gekrenket.

Wîp muoʒ ie mère sin der wîbe hôhste name
und tiuret baʒ denn vrowe, als ichʒ erkenne.
Swâ nu deheiniu sî diu sich ir wîpheit schame,
diu merke disen sanc und kiese denne.
850 Under frowen sint unwîp,
under wîben sint sie tiure.
wîbes name und wîbes lîp
die sint beide vil gehiure.
swieʒ umb alle frowen var,
855 wîp sint alle frowen gar.
zwîvellop daʒ hœnet,
als under wîlen frouwe:
   wîp deist ein lop daʒs alle krœnet.

Ein meister las,   troum unde spiegelglas,
860 daʒ sie zem winde   bî der stæte sîn geʒalt.
Loup unde gras,   daʒ ie mîn fröide was,
swieʒ nû erwinde,   eʒ dunket mich alsô gestalt;
Dar zuo die bluomen manicvalt,
diu heide rôt, der grüene walt.
865 der vogele sanc ein trûric ende hât;
dar zuo diu linde   süeʒe und linde.
sô wê dir, Werlt, wie dirʒ gebende stât!
   Ein tumber wân,   den ich zer werlte hân,
derst wandelbære,   wand er bœseʒ ende gît:
870 Ich solt in lân,   kan ich mich wol verstân,
dêr iht gebære   mîner sêle grôʒen nît.
Mîn armeʒ leben in sorgen lît:
der buoʒe wære michel zît.
nu vürhte ich siecher man den grimmen tôt,
875 daʒ er mit swære   an mir geswære.
vor vorhten bleichent mir diu wangen rôt.
   Wie sol ein man,   der niuwan sünden kan,
hân guot gedingen   oder gewinnen hôhen muot?
Sît ich gewan   den muot daʒ ich began
880 zer werlte dingen   merken übel unde guot,
Dô greif ich, als ein tôre tuot,
zer winstern hant reht in die gluot,
und mêrte ie dem tievel sînen schal.

des muoz ich ringen mit geringen:
885 nu ringe und senfte ouch Jêsus mînen val.
Heiliger Krist, sît du gewaltic bist
der werlt gemeine, die nâch dir gebildet sint,
gip mir den list, daz ich in kurzer frist
alsam gemeine dich sam dîn erwelten kint.
890 ich was mit sehenden ougen blint
und aller guoten sinne ein rint,
swiech mîne missetât die werelt hal.
mach ê mich reine, ê mîn unreine
sêle versinke in daz verlorne tal.

895 Owê war sint verswunden alliu mîniu jâr?
ist mir mîn leben getroumet oder ist ez wâr?
daz ich ie wânde daz iht wære, was daz iht?
dar nâch hân ich geslâfen und enweiz es niht.
nu bin ich erwachet, und ist mir unbekant
900 daz mir hie vor was kündic als mîn ander hant.
liut unde lant, dâ ich von kinde bin erzogen,
die sint mir frömde worden, reht als ez sî gelogen.
die mîne gespilen wâren, die sint træge unt alt:
vereitet ist daz velt, verhouwen ist der walt.
905 wan daz daz wazzer vliuzet als ez wîlen flôz,
für wâr ich wânde es würde mîn ungelücke grôz.
mich grüezet maniger trâge, der mich bekande ê wol.
diu werlt ist allenthalben ungenâden vol.
als ich gedenke an manigen wünneclîchen tac,
910 die mir sint enpfallen gar als in daz mer ein slac,
iemer mêre ouwê.
Owê wie jæmerlîche junge liute tuont
den unvil riuweclîchen ir gemüete stuont!
die kunnen niuwan sorgen: ouwê wie tuont sie sô?
915 swar ich zer werlte kêre, dâ ist niemen frô.
... tanzen singen zergât mit sorgen gar:
nie kristen man gesach sô jæmerlîche schar.
nu merket wie den frouwen ir gebende stât:
die stolzen ritter tragent dörpellîche wât.
920 uns sint unsenfte brieve her von Rôme komen,
uns ist erloubet trûren und frôide gar benomen.

daz müet mich inneclîchen (wir lebten ie vil wol)
daz ich nu für mîn lachen weinen kiesen sol.
diu wilden vogelîn betrüebet unser klage:
925 waz wunders ist, ob ich dâ von vil gar verzage?
waz spriche ich tumber man durch mînen bœsen zorn?
swer dirre wünne volget, der hât jene dort verlorn.
iemer mêr ouwê.
 Ouwê wie uns mit süezen dingen ist vergeben!
930 ich sihe die gallen mitten in dem honege sweben.
diu werlt ist ûzen schœne, wîz grüen unde rôt,
und innân swarzer varwe, vinster sam der tôt.
swen siu nu habe verleitet, der schouwe sînen trôst:
er wirt mit swacher buoze grôzer sünde erlôst.
935 dar an gedenket, ritter: ez ist iuwer dinc.
ir traget die liehten helme und manigen herten rinc,
dar zuo die vesten schilte und diu gewîhten swert.
nu wolte got, wær ich der sigenünfte wert!
sô wolte ich nôtic man verdienen rîchen solt.
940 joch meine ich niht die buoben noch der hêrren golt:
ich wolte sælden krône êweclîchen tragen,
die möhte ein soldenære mit sîme sper bejagen.
möht ich die lieben reise gevaren über sê,
sô wolte ich denne singen 'wol' und niemer mêr 'ouwê',
945 niemer mêr 'ouwê'.

Frô Werlt, ir sult dem wirte sagen,
daz ich im gar vergolten habe:
mîn grôziu gülte ist abe geslagen;
daz er mich von dem brieve schabe.
950 Swer ime iht sol, der mac wol sorgen.
ê ich im lange schuldic wære, ich wolt ê zeinem juden borgen.
er swîget unz an einen tac:
sô wil er denne ein wette hân,
 sô jener niht vergelten mac.
955 'Walther, du zürnest âne nôt:
du solt bî mir belîben hie.
Gedenke wa' ich dir êren bôt,
waz ich dir dînes willen lie,
Als du mich dicke sêre bæte.
960 mir was vil inneclîchen leit daz du daz ie sô selten tæte.

bedenke dich: dîn leben ist guot;
sô du mir rehte widersagest,
  sô wirst du niemer wolgemuot.'
    Frô Werlt, ich hân ze vil gesogen:
965 ich wil entwonen, des ist zît.
Dîn zart hât mich vil nâch betrogen,
wand er vil süezer fröiden gît.
Do ich dich gesach reht under ougen,
dô was dîn schowen wünneclich, des muoz ich jehen al sunder lougen:
970 doch was der schanden alse vil,
dô ich dîn hinden wart gewar,
  daz ich dich iemer schelten wil.
    'Sît ich dich niht erwenden mac,
sô tuo doch ein dinc, des ich ger:
975 Gedenke an manegen liehten tac
und sich doch underwîlen her
Niuwan sô dich der zît betrâge.'
daz tæt ich wunderlichen gerne, wan deich fürhte dîne lâge,
vor der sich niemen kan bewarn.
980 got gebe iu, frowe, guote naht:
  ich wil ze hereberge varn.

XXII. Hêr Wolfram von Eschenbach.

'Sîne klâwen   durh die wólken sint geslagen,
er stîget ûf mit grôzer kraft;
ich sih in grâwen   tägellch als er wil tagen,
den tac, der im gesellschaft
5 Erwenden wil, dem werden man,
den ich mit sorgen în verliez.
ich bringe in hinnen, ob ich kan:
sîn manegiu tugent mich daz leisten hiez.'
    'Wahter, du singest   daz mir manege freude nimt
10 unde mêret mîne klage.
Mære du bringest,   der mich leider niht gezimt,
iemer morgens gegen dem tage.
Diu solt du mir verswîgen gar:
daz biute ih den triwen dîn,

XXII. Hèr Wolfram von Eschenbach.

15 des lôn ich dir als ich getar.
sô bilbet hie der trûtgeselle mîn.'
    'Er muoz et hinnen balde und âne sûmen sich:
nu gib im urloup, süezez wîp.
Lâze in minnen her nâch sô verholne dich,
20 daz er behalte êr und den lîp.
Er gab sich mîner triwe alsô
daz ih in bræhte ouch wider dan.
ez ist nu tac: naht was ez dô
mit drucke an brust dîn kus mirn an gewan.'
25   'Swaz dir gevalle, wahter, sinc und lâ den hie,
der minne brâht und minne enphienc.
Von dînem schalle ist er und ich erschrocken ie,
sô ninder morgenstern ûf gienc
ûf in, der her nâch minne ist komen,
30 noch ninder lûhte tages lieht:
du hâst in dicke mir benomen
von blanken armen, und ûz herzen nieht.'
    Von den blicken, die der tac tet durh diu glas,
und dô der wahter warnen sanc,
35 Siu muose erschricken durch den der dâ bî ir was.
ir brüstelîn an brust siu dwanc.
Der rîter ellens niht vergaz
(des wold in wenden wahters dôn):
urloup nâh unde nâher baz
40 mit kusse und anders gab in minne lôn.

Ein wîp mac wol erlouben mir
daz ich ir neme mit triuwen war.
Ich ger (mir wart ouch nie diu gir
verhabet) mîn ougen swingen dar.
45 Wie bin ich sus inweinslaht?
sie siht mîn herze in vinster naht.
    Siu treit den helfelîchen gruoz,
der mich an vröuden rîchen mac;
Dar ûf ich iemer dienen muoz.
50 vil lîhte erschînet noch der tac
Daz man mir muoz vröuden jehen.
noch græzer wunder ist geschehen.

Nu seht waz ein storch sæten schade:
noch minre schaden hânt mîn diu wîp.
55 Ir haz ich ungern ûf mich lade.
diu nu den schuldehaften lîp
gegen mir treit, daz lâze ich sîn:
ich wil nu pflegen der zühte mîn.

'Von der zinnen
60 wil ich gên. in tagewîse   sanc verbern.
Die sich minnen
tougenlîche, und obe sie prîse   ir minne wern,
So gedenken sêre
an sîne lêre,
65 dem lîp und êre
ergeben sîn.
der mich des bæte,
dêswâr ich tæte
im guote ræte
70 und helfe schîn.
ritter, wache, hüete dîn!
Niht verkrenken
wil ich aller wahter triuwe   an werden man.
Niht gedenken
75 solt du, vrowe, an scheidens riuwe   ûf künfte wân.
Ez wære unwæge,
swer minne pflæge,
daz ûf im læge
meldennes last.
80 ein sumer bringet
daz mîn munt singet:
durch wolken dringet
ein tagender glast.
hüet dîn, wache, süezer gast.'
85   Er muos eht dannen
der sie klagen ungerne hôrte.   ez sprach sîn munt
'Allen mannen
trûren nie sô gar zerstôrte   ir vröuden funt.'
Swie balde ez tagte,
90 der unverzagte

an ir bejagte
daz sorge in flôch:
unvrömedez rucken,
95 gar heinlîch smucken,
ir brüstel drucken
und mêr dannoch
urloup gap, des prîs was hôch.

Ursprinc bluomen, loup ûz dringen
100 und der luft des meigen urhort vogel ir alten dôn:
Etswenn ich kan niuwez singen,
sô der rîfe ligt, guot wîp, noch allez ân dîn lôn.
Die waltsinger und ir sanc
nâch halben sumers teile in niemens ôre enklanc.
105 Der blîclîchen bluomen glesten
sol des touwes anehanc erliutern, swâ sie sint.
Vogel die hellen und die besten
al des meigen zît sie wegent mit gesange ir kint.
Dô slief niht diu nahtegal:
110 nu wache abr ich und singe ûf berge und in dem tal.
Mîn sanc wil genâde suochen
an dich, güetlîch wîp; nu hilf, sît helfe ist worden nôt.
Dîn lôn dienstes sol geruochen,
daz ich iemer biute und biute unz an mînen tôt.
115 Lâz mich von dir nemen den trôst
daz ich ûz mînen langen klagen werde erlôst.
Guot wîp, mac mîn dienst ervinden,
ob dîn helfelîch gebot mich fröiden welle wern,
Daz mîn trûren müeze swinden
120 und ein liebez ende an dir bejagen mîn langez gern?
Dîn güetlîch gelâz mich twanc
daz ich dir beide singe al kurz od wiltu lanc.
Werdez wîp, dîn süeziu güete
und dîn minneclîcher zorn hât mir vil fröide erwert.
125 Maht du trœsten mîn gemüete?
wan ein helfelîchez wort von dir mich sanfte ernert.
Mache wendic mir mîn klagen,
sô daz ich werde grôz gemuot bî mînen tagen.

XXIII. Hêr Heinrich von Frowenberc.

Gegen dem morgen
suoȝe ein wahter lûte sanc.
dô er sach den orlôn,
Dâ verborgen
5 wîbes bilde zuo zim dranc
. . . . . . durh minne lôn:
'Frouwe bère,
jâ sult ir wachen:
ich sihe des nahtes krefte balde swachen,
10 in singe nu niht mère.'
    'Wahter, schouwe'
sprach daȝ minneclîche wîp,
'ob der leide tac ûf gê.'
Er sprach 'frouwe,
15 swer wol soldet mir den lîp,
swenne eȝ taget, ich singe iu mê.
Ist der ritter
hie inne, frouwe,
vermîde ich danne mîner ougen schouwe,
20 sô wirt iur fröide bitter.'
    'Hôhem solde
warte mir, geselle mîn,'
sprach diu frowe wolgetân,
'Daȝ mîn holde
25 lange bî mir müge sîn
den ich umbevangen hân.
Wahter liebe,
hilf mir in fristen
mit dînen kluogen wol verholnen listen.
30 wirt saut mir zeinem diebe.'

XXIV. Der tugenthafte Schrîber.

Minne was sô tiure daȝ man si mit guote
niht kunde vergelden:
Nu lât si sich vinden vil dicke in dem muote

der wol stât ze schelden.
5 Sist worden sô geile,   swer sich ir wil nieten,
dem ist si veile.   kan er hôhe mieten:
bî selhêm meile   wils ab nu gebieten.
   Minne was ir friunden ze herte, ze hêre,
ze strenge aller dinge.
10 Die dâ wîlent wâren ein houbet ir êre,
die wigt si sô ringe.
Stæte unde triuwe   die smæhet si sêre;
des kumt si in riuwe: waz ist des nu mêre?
ir site niuwe   benement ir êre.
15   Minn ist ir gewaldes bin hinder gedrungen,
geneiget ir êren:
Die si wolde twingen, die sint unbetwungen.
die hôhen, die hêren,
Die hât si gebunden: nu hânt si den banden
20 sich vaste ûz entwunden   mit herzen, mit handen.
wil si einen wunden,   der kan daz wol anden.
   Dô sir spilgesellen verkêren begunde,
dô wart si bekrenket.
An den al ir êre stuont ê zaller stunde,
25 wie si den nu wenket!
Ir stricke die bunden   ê verre unde wîten,
daz ir niht kunden   die starken gestrîten:
nust si überwunden,   geleit an die sîten.
   Wê waz sprich ich tumber, daz minne sich lâze
30 verleiten mit guote?
Nein, ez ist unminne, diu vert in unmâze
mit wankendem muote:
Der sien ich ze vâre   unde prîse si kleine.
minne diu klâre,   diu süeze und diu reine,
35 diu ist ze wâre   vri vor allem meine.

XXV. Hêr Nîthart.

Ein altiu diu begunde springen
hôhe alsam ein kitze enbor:
   si wolde bluomen bringen.

'tohter, reich mir mîn gewant:
5 ich muoz an des knappen hant,
der ist von Riuwental genant.'
traranuretum traranuriruntundeie.
'Muoter, ir hüetet iuwer sinne.
erst ein knappe sô gemuot,
10 er pfliget niht stæter minne.'
'tohter, lât ir mich ân nôt,
ich weiz wol waz er mir enbôt:
nâch sîner minne bin ich tôt.'
traranuretum traranuriruntundeie.
15 Dô sprachs ein alte in ir geile:
'trût gespil, wol dan mit mir!
ja ergât ez uns ze heile.
wir suln nâch bluomen beide gân.
war umbe solde ich hie bestân,
20 sît ich sô vil geverten hân?'
traranuretum traranuriruntundeie.

Der meie der ist rîche:
er füeret sicherlîche
den walt an sîner hende.
25 der ist nu niuwes loubes vol: der winder hât ein ende.'
Ich fröwe mich gegen der heide,
der lichten ougenweide,
diu uns beginnet nâhen:'
sô sprach ein wol getâniu maget, 'die wil ich schône enpfâhen.
30 Muoter, lâtz ân melde.
jâ wil ich komen ze velde
und wil den reien springen.
jâ ist ez lanc daz ich diu kint niht niuwes hôrte singen.'
'Neinâ, tohter, neine!
35 ich hân dich alterseine
gezogen an mînen brüsten:
nu tuo ez durch den willen mîn, lâz dich der man niht lüsten.'
'Den ich iu wil nennen,
den muget ir wol erkennen.
40 zuo dem sô wil ich gâhen.
er ist genant von Riuwental: den wil ich umbevâhen.

Ez gruonet an den esten
daz alles möhten bresten
die boume zuo der erden.
45 nu wizzet, liebiu muoter min,　ich volge dem knaben werden.
　　Liebiu muoter hêre,
nâch mir sô klaget er sêre.
sol ich im des niht danken?
er giht daz ich diu schœnest sî　von Beiern unz in Vranken.'

50 Ûf dem berge und in dem tal
hebt sich aber der vogele schal;
hiwer als ê
grüener klê.
rûme ez, winder, du tuost wê.
55　　Die boume die dô stuonden gris
die habent alle ir niuwez ris.
vogele vol:
daz tuot wol.
dâ von nimt der meie den zol.
60　　Ein altiu mit dem tôde vaht
beide tac und ouch die naht.
diu spranc sider
als ein wider
und stiez die jungen alle nider.

65 Der walt stuont aller grîse
vor snê und ouch vor îse.
derst in liehter varwe gar.
nemt sîn war,
stolziu kint,
70 und reiet dâ die bluomen sint.
　　Ûf manegem grüenem rîse
hôrte ich süeze wîse
singen kleiniu vogelîn.
bluomen schîn
75 ich dâ vant.
heide hât ir lieht gewant.
　　Ich bin holt dem meien.

dar inne sach ich reien
mîn liep in der linden schat.
80 manic blat
ir dâ wac
für den sunnenheizen tac.

Ir fröut iuch, junge und alde.
der meie mit gewalde
85 Den winder hât verdrungen.
die bluomen sint entsprungen.
Wie schône nahtegal
ûf dem rîse   in manger wîse   singent wünneclîchen schal.
'Der walt ist wol geloubet.
90 mîn muoter niht geloubet,
Der mir mit einem seile',
sprach ein maget geile,
'Bunde mînen fuoz,
mit den kinden   zuo der linden   ûf den anger ich doch muoz.'
95   Daz gehôrte ir muoter:
'jâ swinge ich dir daz fuoter
Mit stecken umbe den rügge.
vil kleine grasemügge,
Wâ wilt du hüpfen hin
100 ab dem neste?   sitze und beste   mir den ermel wider in.'
'Muoter, mit dem stecken
sol man die runzen recken
Den alden als eim sumber.
noch hiuwer sît ir tumber
105 Dann ir von sprunge vart.
ir sît tôt   vil kleiner nôt,   ist iu der ermel abe gezart.'
Ûf spranc sî vil snelle.
'der tievel ûz dir belle!
Ich wil mich dîn verzîhen.
110 du wilt vil übel gedîhen.'
'Muoter, ich lebe iedoch,
swie iu troume.   bî dem soume   durch den ermel gât daz loch.'

Sumer, wis enphangen
von mir hunderttûsentstunt.

115 swaz herze wunt
was den winder langen,
diu sint geheilet und ir nôt zergangen,
lediclîchen vrî vor allen twangen.
   Du kumst lobelîchen
120 aber der werlt in elliu lant.
von dir verswant
armen unde rîchen
ir trûren, dô der winder muose entwîchen.
jungen, sult iuch aber zen vröuden strîchen.
125   Der walt hât sîne krâme
gein dem meien ûf geslagen.
ich hœre sagen,
vröude hernde sâme
der sî dâ veile mit vil voller âme.
130 hôchgemuoter, solhes koufes râme.
   Da ist für trûren veile
manger hande vogele sanc.
'ir süezen klanc
ich ze mînem teile
135 wil dingen, daz er mîne wunden heile.'
alsô sprach ein altiu in ir geile.
   Der was von der Minne
allez ir gemüete erwagt.
ein stolziu magt
140 sprach 'sê, küneginne:
wie mangen du beroubest sîner sinne.
mir ist nôt waz erzenîe ich gwinne.'
   'Diu hât mit ir strâle
mich verwundet in den tôt.
145 von sender nôt
lîde ich mange quâle.
sî ist von rôtem golde, niht von stâle.
an mîn herze schôz sî zeinem mâle.'
   'Sage, von welhen sachen
150 kom daz dich diu Minne schôz?'
'unsenften klôz
kan sî linde machen.
sî twinget daz man swindet under lachen,
selten slâfen, dicke in trûren wachen.'

155 Wol verstuont diu junge
     daz der alten ir gedanc
     nâch vröuden ranc;
     als ich gerne runge,
     ob mich ein sendiu sorge niht entwunge
160 und an herzenliebe mir gelunge.

     Ine gesach die heide
     nie baz gestalt,
     in lichter ougenweide
     den grüenen walt.
165 An den beiden kiese wir den meien.
     ir mägde, ir sult iuch zweien,
     gein dirre lichten sumerzît in hôhem muote reien.
        Lop von mangen zungen
        der meie hât.
170 Die bluomen sint entsprungen
     an manger stat
     dâ man ê deheine kunde vinden.
     geloubet stânt die linden.
     sich hebt, als ir wol habt vernomen, ein tanz von höfschen kinden.
175 Die sint sorgen âne
     und vröuden rîch.
     Ir mägede wol getâne
     und minneclîch,
     zieret iuch, daz iu die Beier danken,
180 die Swâbe und die Vranken.
     ir brîset iuwer hemde wîz mit sîden wol zen lanken.
        'Gein wem solt ich mich zâfen?'
        sô redet ein maget.
        'Die tumben sint entslâfen:
185 ich bin verzaget.
     Vreude und êre ist al der werlde unmære:
     die man sint wandelbære:
     deheiner wirbet umbe ein wîp der er getiuwert wære.'
        'Die rede soltu behalden',
190 sprach ir gespil.
        'Mit vröuden sul wir alden.
        der manne ist vil

Die noch gerne dienent guoten wiben.
lâz solhe rede beliben.
195 ez wirbet einer umbe mich der trûren kan vertriben.'
'Den soltu mir zeigen,
wier mir behage.
Diu gürtel sî dîn eigen
diech umbe trage.
200 Sage mir sînen namen, der dich minne
sô tugentlîcher sinne.
mir ist getroumet hint von dir, dîn muot der stê von hinne.'
'Den sî alle nennent
von Riuwental
205 Und sînen sanc erkennent
wol über al,
Derst mir holt, mit guote ich im des lône.
durch sînen willen schöne
sô wil ich brisen mînen lîp. wol dan, man liutet nône!'

210 Nu ist der küele winder gar zergangen:
diu naht ist kurz, der tac beginnet langen;
sich hebet ein wünneclîchiu zît
diu al der werlde vreude gît:
baz gesungen nie die vogel ê noch sît.
215 Komen ist uns ein liehtiu ougenweide:
man siht der rôsen wunder ûf der heide;
die bluomen dringent durch daz gras.
wie schöne ein wise getouwet was,
dâ mir mîn geselle zeinem kranze las!
220 Der walt hât sîner grîse gar vergezzen;
der meie ist ûf ein grüenez zwî gesezzen;
er hât gewunnen loubes vil.
bint dir balde, trûtgespil:
du weist wol daz ich mit einem ritter wil.'
225 Daz gehôrte der mägde muoter tougen.
si sprach 'behalte hinne vür dîn lougen.
dîn wankelmuot ist offenbâr.
wint ein hüetel um dîn hâr.
du muost an die dînen wât, wilt an die schar.'
230 'Muoter mîn, wer gap iu daz ze lêhen,

daʒ ich iuch mìner wæte solde vlêhen?
dern gespunnet ir nie vadem.
lâʒet ruowen solhen kradem.
wâ nu slüʒʒel? sliuʒ ûf balde mir daʒ gadem.'
235 Diu wât diu was in einem schrîn versperret.
daʒ wart bî einem staffel ûf gezerret.
diu alte ir leider nie gesach.
dô daʒ kint ir kisten brach,
dô gesweic ir zunge, daʒ sî niht ensprach.
240 Dar ûʒ nam sî daʒ röckel alsô balde:
daʒ was gelegen in maniger kleinen valde.
ir gürtel was ein rieme smal.
in des hant von Riuwental
warf diu stolze maget ir gickelvêhen bal.
245 Diu alte diu begreif ein rocken grôʒen.
si begunde ir tohter bliuwen unde stôʒen,
'daʒ habe dir des von Riuwental.
rûch ist im sîn überval.
nu var hin, daʒ hiute der tievel ûʒ dir kal.'

250 Nu ist vil gar zergangen
der winder kalt,
Mit loube wol bevangen
der grüene walt.
Wünneclîch,
255 in süeʒer stimme lobelîch.
vrô singent aber die vogele lobent den meien.
sam tuo wir den reien.
Al der werlde hôhe
ir gemüete stât.
260 Bluomen in dem lôhe
mîn ouge hât
An gesehen.
ich mac leider niht gejehen
daʒ mir mîn lange senediu sorge swinde:
265 diust mîn ingesinde.
Zwô gespilen mære
begunden sagen,
Herzensenede swære

besunder klagen.
270 Einiu sprach
'trûren leit und ungemach
hât mir verderbet lîp und al die sinne:
da ist niht vreuden inne.
  Leit und ungemüete
275 ist mir bekant.
Liebes vriundes güete
mich beider mant.
Mirst ein man
vremde, der hât mir getân
280 dâ von mir langiu senediu sorge méret
und mîn herze séret.'
  'Sage bî dînen triuwen,
waz wirret dir?
Lebst in seneden riuwen,
285 sô volge mir:
Habe gedult.
siz von liebes mannes schult,
daz hil mit allen dînen sinnen tougen.
gerne ich vür dich lougen.'
290   'Du hœrst eteswennen
ze einem mâl
Einen ritter nennen
von Riuwental.
Der sîn sanc
295 mîn gemüete sêre twanc.
nu phlege sîn der des himels immer walde,
daz er mirn behalde.'
  Und hân ich inder heime,
wâ sol daz sîn?
300 Ein swal klent von leime
ein hiuselîn,
Das inn ist
des sumers ein vil kurze vrist.
got vüege mir ein hûs mit obedache
305 bî dem Lengebache.

Komen ist ein wünneclicher meie.
des kunft envreut sich leider weder phaffe noch der leie.
st vreut noch baz des keisers komen.
310 kumt er, als ich hån vernomen,
er stillet gróz geschreie.
 Leit mit jämer wont in Österlande.
jå wurde er siner sünden vri, der disen kumber wande.
der möhte nimmer baz getuon.
315 hie vrumt niemen vride noch suon.
da ist sünde bi der schande.
 Liebiu kint, nu vreut iuch des gedingen
daz got mit siner güete mange swære kan geringen.
uns kumt ein schœniu sumerzit
320 diu nåch trůren vröude git.
ich hœre ein vogelin singen
 In dem walde sumerliche wise.
diu nahtigal diu singet uns die besten wol ze prise,
ze lobe dem meien al die naht.
325 manger leie ist ir gebraht,
ie lůter, denne ilse.
 Då bi lobent diu merlin und die zisel.
uf Hilträt Liukart Jiutel Berhtel Gundrät Geppe Gisel!
die zement wol an des meien schar.
330 Vrômuot sol mit samt in dar:
diu ist ir aller wisel.
 Dô si den vil lieben trôst vernâmen,
do brâhtens ir geleite. dô si ûf den anger quâmen,
dô wart der meie enphangen wol.
335 herze wurden vröuden vol
die mägden wol gezâmen.
 Randolt Gunthart Sibant Walfrit Vrêne
die sprungen då den reien vor, ie einer, dar nåch zwêne.
deis Diethôch Uolant und Iedunc
340 spranc då mangen geilen sprunc.
an des hant spranc Elêne.
 Vrômuot ist ûz Österriche entrunnen.
wir mugen uns ir und Vriderůnen spiegel wol verkunnen.
den spiegel solde wir verklagen,
345 Vrômuot ûf den handen tragen,
dies uns her wider gewunnen.

Kint, bereitet iuch der sliten ûf daz is.
ja ist der leide winder kalt:
der hât uns der wünneclichen bluomen vil benomen.
350 Manger grüenen linden stênt ir tolden gris.
unbesungen ist der walt.
daz ist allez von des rifen ungenâden komen.
Mugt ir schouwen wie er hât die heide erzogen?
diust von sînen schulden val.
355 dar zuo sint die nahtigal
alle ir wec gevlogen.
Wol bedörfte ich mîner wîsen vriunde rât
umbe ein dinc, als ich iu sage,
daz si rieten wâ diu kint ir vreuden solden phlegen.
360 Megenwart der wîten stuben eine hât:
obez iu allen wol behage,
dar sul wir den gofenanz des vîretages legen.
Ez ist sîner tohter wille, kom wir dar,
ir sultz alle ein ander sagen.
365 einen tanz al umbe den schragen
den brüevet Engelmâr.
Wer nâch Künegunde gê, des wert enein.
der was ie nâch tanze wê:
ez wirt uns verwizzen, ist daz man ir niht enseit.
370 Gîsel, gine nâch Jiuten hin und sage in zwein,
sprich daz, Elle mit in gê.
ez ist zwischen mir und in ein starkiu sicherheit.
Kint, vergiz durch niemen Hadewîgen dâ:
bit si balde mit in gân.
375 einen site si sulen lân,
daz binden ûf die brâ.
Ich rât allen guoten wîben über al,
die der mâze wellent sîn
daz si hôchgemuoten mannen holdez herze tragen,
380 Rückenz vorne hôher, hinden hin ze tal,
decken haz daz näckelîn.
war zuo sol ein tehtier ân ein collier umbe den kragen?
Wîp sint sicher umb daz houbet her gewesen,
sô daz in daz niemen brach.
385 swaz in anderswâ geschach,
des sints ouch genesen.

Eppe der zuht Geppen Gumpen ab der hant:
des half im sin drischelstap:
doch geschiet ez mit der riutel meister Adelber.
390 Daz was allez umbe ein ei daz Ruopreht vant
(jâ wæn imz der tievel gap):
dâ mit drôte er im ze werfen allez jenenther.
Eppe der was beidiu zornic unde kal:
übellîchen sprach er 'tratz.'
395 Ruopreht warf imz an den glatz,
daz ez ran ze tal.
Frideliep bî Götelinde wolde gân:
des het Engelmâr gedâht.
wil iuch niht verdriezen, ich sag iu daz ende gar.
400 Eberhart der meier muoste ez understân,
der wart zuo der suone brâht:
anders wære ir beider hende ein ander in daz hâr.
Zwein vil œden ganzen gênt sî vil gelîch
gein ein ander al den tac.
405 der des voresingens phlac,
daz was Friderich.
Hie envor dô stuont sô schône mir mîn bâr:
umbe und umbe gie der spân.
des vergaz ich sît man mich ein hûs besorgen hiez.
410 Salz und korn diu muoz ich koufen durch daz jâr.
wê, waz het ich im getân
der mich tumben ie von êrste in disen kumber stiez?
Mîne schulde wâren kleine wider in.
mîne vlüeche sint niht smal,
415 swenne ich dâ ze Riuwental
unberâten bin.

'Sinc, ein guldîn huon: ich gibe dir weize.'
schiere dô
wart ich vrô:
420 nâch ir hulden ich vil gerne singe.
Alsô vreut den tumben guot geheize
durch daz jâr.
wurde ez wâr,
sô gestuont nie mannes muot sô ringe

425 Alsô mir der mine denne wære.
mac si durch ir sælikeit
miniu leit
wenden? ja ist min kumber klagebære.
　　Rûmet ûʒ die schæmel und die stüele!
430 beiʒ die schragen
vürder tragen!
hiute sul wir tanzens werden müeder.
Werfet ûf die stuben, so ist eʒ küele,
daʒ der wint
435 an diu kint
sanfte wæje durch diu übermüeder.
Sô die voretanzer denne swîgen,
sô sult ir alle sin gebeten
daʒ wir treten
440 aber ein hovetänzel nâch der gîgen.
　　Los ûʒ! ich hœr in der stuben tanzen
junge man,
tuot iuch dan:
da ist der dorfwîbe ein michel trünne.
445 Dâ gesach man michel ridewanzen.
zwêne gigen;
dô si swigen,
daʒ was geiler getelinge wünne:
Seht, dô wart ze zeche vor gesungen.
450 durch diu venster gie der galm.
Adelhalm
tanzet niwan zwischen zweien jungen.
　　Gesâht ir ie gebûren sô gemeiten
als er ist?
455 wiʒʒe Krist,
er ist al ze vorderst anme reien.
Einen veʒʒel zweier hende breiten
hât sin swert.
harte wert
460 dunket er sich sîner niuwen treien:
Diust von kleinen vier und zweinzec tuochen.
die ermel gênt im ûf die hant.
sin gewant
sol man an eim œden kragen suochen.

465 Vil dörperlich stât allez sîn gerüste
daz er treit.
mirst geseit,
er sinn Engelboltes tohter Âven.
Den gewerp erteile ich im ze vlüste.
470 si ist ein wîp
daz ir lîp
zæme wol ze minnen einem grâven.
Dâ von lâze er sich des wîsen tougen.
zeche er anderthalben hin.
475 den gewin
trüege er hin ze Meinze in sînen ougen.
Im ist sîn treie nie sô wol zerhouwen
noch sîn kel
nie sô hel,
480 er enmüge sî sîn wol erlâzen.
Disen sumer hât er sî gekouwen
gar vür brôt.
schamerôt
wart ich, dô sî bî ein ander sâzen.
485 Wirt sî mir der ich dâ gerne diene,
guotes gibe ich ir die wal,
Riuwental
gar vür eigen: deist mîn Hôhiu Siene.

Ûf der linden liget meil.
490 dâ von ist der walt des loubes âne
und diu nahtegal ir herze twinget.
Wirt sî mir, sô hân ich heil,
diech dâ meine: deist diu wol getâne,
diu mir mîn gemüete dicke ringet.
495 Wol ir, daz sî sælic sî!
swer sî minnet, der bellbet sorgen vrî.
si ist unwandelbære.
wîten garten tuot sî rûeben lære.
Stüende ez noch an mîner wal,
500 sô næm ich die schœnen zeiner vrouwen,
der ich mich doch niemer wil verzîhen.
Kumt sî mir ze Riuwental.

si mac grôzen mangel wol dâ schouwen
von dem ebenhûse unz an die rihen:
505 Dâ stêt ez leider allez blôz.
jâ mach ichs wol armer liute hûsgenôz.
doch ding ich ze libe,
kumt mir trôst von einem schœnen wibe.

Dô der liebe summer
510 urloup genam,
dô muose man der tänze
ûf dem anger gar verphlegen.
Des gewan sit kummer
der herre Gunderam:
515 der muose ouch sîn gestränze
dô lâzen under wegen.
Der ist bickelmeister disen winder.
œder gouch ist in dem lande ninder.
sîn rûmegazze kaphet zallen zîten wol hin hinder.
520 Waz er an den meiden
wunders dâ begât,
ê daz mîn vrouwe Schelle
volende ir gebot!
Erst vil unbescheiden:
525 wan swelhe er bestât,
diu wirt von slegen helle,
und mident si den spot.
Dâ von lâzen alle ir smutzemunden,
des die jungen niht verhelen kunden!
530 des hât ir hant von solher meisterschefte dicke enphunden.
Immer sô man viret,
sô hebent si sich dar
mit einer samenunge,
den ich wol schaden gan.
535 Erkenpreht der Uret,
sô sumbert Sigemâr.
daz in dâ misselunge,
daz læge et eben an.
Daz sich doch vil übte mac verriden:
540 wellnt sir getelôse niht vermîden,

sich mugen zwęne an mlner weibelruoten wol versnlden.
Kœme ich zeinem tanze
dâs alle giengen bî,
dâ wurde ein spil von hende
545 mit beiden ecken zuo.
Lihte geviele ein schanze.
daz vor mir lægen drî.
ich hielte ez âne wende,
verbüte ez einer vruo.
550 Sige und sælde hulfen mir gewinnen,
daz si halbe müesen danne entrinnen.
nu ziehen ûf und lâzen in ir gogelheit zerinnen.
Seht sîn weidegeuge,
die verewent mich grâ,
555 swenn er verwendeclichen
vür mîne vrouwen gât.
Trîbet erz die lenge,
bestât er denne dâ,
man büezet im den kichen,
560 daz er vil riuwic stât.
Er und etelicher sîn geselle,
den ich tanzent an ir hant ersnelle,
des si gewis, ich slahe in daz sîn offen stât ein elle.
Im hilft niht sîn treie
565 noch sîn hiubelhuot,
wirt er dar an bekrenket.
er zuhte ir einen bal.
Erst ein tœrscher leic.
sîn tumplîcher muot
570 wirt im dâ in getrenket.
wil er vür Riuwental
Hin und her sô vil gewentschelieren,
er wirt wol gezeiset under vieren.
her Erkenpreht, waz mag ich des, wirt iu ein umberieren?

575 Milter fürste Friderich, an triuwen gar ein flins,
du hâst mich behûset wol.
got dir billich lônen sol.
ich enpfienc nie richer gâbe mêr von fürsten hant.

Daʒ wær alleʒ guot, niwan der ungefüege zins.
530 des diu kinder solden leben,
daʒ muoʒ ich ze stiuwer geben:
des wirt zwischen mir und mInen friunden schiere ein pfant.
Lieber herre mIn,
maht du mir den zins geringen,
585 dInes heiles kempfe wil ich sIn
und dIn lop wol sprechen unde singen,
daʒ eʒ lûte erhillet von der Elbe unz an den RIn.

Sl klagent daʒ der winder
kæme nie vor manger zIt
590   scherpfer noch sô swinder.
sô klag ich mIn vrouwen, diu ist herticlIch gemuot.
Sist wider mich ze strenge.
got ir ungenâden niht
immer gar verhenge
595 nâch ir willen über mich. sist wirser danne guot.
Ich hân mInIu jâr
ir gedienet âne mâʒe.
niemen sol mir wIʒen, ob ich mIne vrouwen lâʒe.
dâ vinde ich liebes lônes niht als grôʒ als umbe ein hâr.
600   Verschamtiu umbetrIbe,
sünden schanden reizelklobe,
lôsiu hoverIbe!
dienet man ir immer, sI gelônet nimmer wol.
Ir lôn ist süeʒe selden.
605 vrouwen unde guotIu wIp
habe ich niht ze schelden:
dise rede ich wol von mIner vrouwen sprechen sol.
Diust an êren kranc;
dem gebâret sI gelIche.
610 do ichs alrest erkande, dô was sI sô tugentrIche
daʒ ich ir mIniu liedelIn ze dienste gerne sanc.
Nû hât sI sich verkêret.
schamelôser valscher diet
ist ir hof gemêret.
615 triuwe kiusche guot gelæʒe vindet niemen dâ.
Die wâren ê gesinde;

des ich noch gedenke wol
al dâ her von kinde.
swers nû vinden wil, der muoz sî suochen anderswâ.
620 Sî sint von ir stat
ân ir willen hin gedrungen.
wîlen was ein munt berihtet wol mit einer zungen:
nu sprechent zwô ûz eime; des ir hof die menge hât
Mîn vrouwe ist wandelbære.
625 got und ellîu guoten dinc
diu sint ir gar unmære.
swer die besten minnet, demst sî nîdic und gehaz.
Swer sich ze gote næhet,
er sî eigen oder vrî,
630 der wirt von ir gesmæhet.
zuht und êre stüende mîner vrouwen verre baz.
Sist der werke vrî
diu nâch hôher wirde ringen.
ich enhœre ir lop ze hove schalleclîchen singen.
635 nu seht ob ich ze vrouwen wol an ir behalten sî.
Mîner vrouwen êre
diust an allen liden lam
unde strûchet sêre.
si ist gevallen daz siz überwinden nimmer mac.
640 Sî lît in einer lachen,
daz sî niemen âne got
reine kan gemachen.
sî gewinnet nimmer mêre rehte sûezen smac.
Sinne rîchen man,
645 hüetet ir iuch vor ir wâze,
stêt in iuwer huote dâ ze kirchen und ze strâze.
ir sælde rîchen vrouwen, verret iuch her wider dan.
Ahzic niuwer wîse
loufent mir nu ledic bî,
650 diech ze hôhem prîse
mîner vrouwen al dâ her ze dienste gesungen hân.'
Ditz ist nu diu leste
diech ir immer singen wil,
an vröuden niht diu beste,
655 als ir an dem wunderlîchen sange müget verstân.
Diust sô künstelôs

```
       beide an worten und an rime
       daz mans ninder singen tar ze terze noch ze prime.
       ich klage daz ich solhe vrouwen ie ze dienste erkôs.
660       Nu nimt genuoge wunder
       wer diu selbe vrouwe sî,
       die ich mit sange besunder
       mit mîm hôhen lobe sô rehte wol getiuret hân.
       Sî heizet Wereltsüeze.
665    daz mich unser herre got
          vor ir befrien müeze!
       guotiu wîp diunhabent mir ze leide niht getân.
       Mîner vrouwen nam
       derst von wîben underscheiden.
670    mir und mêre liuten muoz wol in ir dienste leiden.
       swâ man lop erkennet, da ist ir lop unlobesam.


       Owê, lieber sumer, dîner süeze bernden wünne,
       die uns dirre winder mit gewalte hât benomen!
       Lebt ab iemen der ez zwischen iu versüenen künne?
675    ez ist manic herze gar von sînen vröuden komen,
       Die sich vröuten gegen der zît
       immer gein dem meien.
       winder niemen vröude gît
       wan den stubenheien.
680       Vrômuot vert in trûren nû von lande hin ze lande,
       ob sî iemen vinde der in ganzen vröuden sî.
       Wer ist nû sô sicher der ir sînen boten sande,
       der ir künde, sî sî alles ungemaches vrî?
       Wer ist nû sô vröuden rîch
685    dâ sî sî gesinde
       wan der vürste Vriderîch?
       kom dâ sî den vinde.
          Sî hât mit versuochen elliu tiutschiu lant durchwallen,
       dazs eht leider niemen gar in ganzen vröuden vant.
690    Swar si ie kam, dâ vant sî niht wan trûren bî in allen.
       nû hât sî ir spehaer ûz in daz Ôsterlant gesant.
       Die varnt wider unde vür
       alle tougenlîchen,
```

ob si in vröuderlcher kür
695 vinden Vriderlchen.
  Wil er sl behalten, sl wil gerne dà bellben.
sl was in dem willen, dò der bote von ir schiet.
Sl und ir gespilen wellen dà die zlt vertrlben.
wê, wer singet uns den sumer niuwiu minneliet?
700 Daz tuot mln her Trœstelln
und mln hovcherre.
der gehelfe solt ich sln:
nu ist der wille verre.
  Weiz ab iemen war die sprenzelære sln verswunden?
705 der wæn in dem lande ninder einer sl bellben.
Wê, waz man ir hete ùf Tulnære velde vunden!
ez ist wol nàch mlnem willen, sint sl dà vertriben.
Alle dühten sl sich wert
mit ir langem hàre,
710 hiuwer tumber danne vert.
seht an Hildemàre.
  Der treit eine hüben, diu ist innerthalp gesnüeret
und sint üzen vogelln mit slden ùf genàt.
Dà hàt manic hendel slne vinger zuo gerüeret,
715 ê sl sl gezierten: daz mich niemen liegen làt.
Er muoz dulden mlnen vluoch
der ir ie gedàhte,
der die slden und daz tuoch
her von Walhen bràhte.
720   Habt ir niht geschouwet slne gewunden locke lange,
die dà hangent verre vür daz kinne hin ze tal?
In der hüben ligent sl des nahtes mit getwange
und sint in der màze sam die kràmeslden val.
Von den snüeren ist ez reit
725 innerthalp der hüben,
volleclìche hände breit,
so ez beginnet strùben.
  Er wil ebenhiuzen sich ze werdem ingesinde
daz bì hoveliuten ist gewahsen und gezogen.
730 Grifents in, sl zerrent im die hüben alsò swinde,
ê er wænet, sò sint im diu vogelln enpflogen.
Solhen kouf an solhem gelt
niemen sol versprechen.

jâ hât vil daz Marhvelt
735 solher zügelbrechen.

Fürste Friderich,
unde wære ez betellch,
umbe ein kleinez hiuselin,
dâ min silbers vollez schrin
740 wære behalten inne, daz ich hân von diner gebe,
Des wil ich dich biten.
du vernimz mit guoten siten;
wan ich hân in dime göu
manege snœde sunderdrüu.
745 ich wil ez gedienen, al die wile sô ich lebe,
Hie mit miner hant:
hin ze gote mit miner zungen
wirt in frônekôre ein lobeliet von dir gesungen,
dâ von du wirst in dem paradise wite erkant.

750 **M**arke, du versinc!
din lant daz lit uneben.
Ich unde manec Flæminc
muoz hie unsanfte leben.
Der ê dâ heime tiutschiu büechel las,
755 der muoz nû riten umbe fuotergras:
in riuwet daz er niht dâ heime enwas.
 Bischof, nu rûme ez hie,
daz dirz vergelde got.
Ein wip ich heime lie,
760 diu ist ein tœrschiu krot.
Die überredet vil lihte ein ander man.
jâ garnet siz, verhenget sin ir an,
und riuwet mich daz ich si ie gewan.
 Jâ ist ir mer wan ich
765 die ouch von binnen strebent
(Alsô sô zimet mich),
wan si in sorgen lebent,
Wiez umbe ir ieglichs wip dâ heime stê.
diu sorge tuot eim armen knehte wê,
770 daz iemen fremder an sin bette gê.

XXVI. Grâve Otte von Botenlouben.

Karvunkel ist ein stein genant,
von dem seit man wie licht er schîne:
Derst mîn und ist daz wol bewant,
ze Lôche lit er in dem Rîne.
5 Der künc alsô den weisen hât
daz ime den nieman schînen lât.
mir schînet dirre als ime tuot der:
behalten ist mîn vrowe als er.

Ich hân erwelt mir selben süezen kumber,
10 den wil ich hân für aller bluomen schîn.
Er ist niht wîse der mich hât diu tumber:
nit was ie, der muoz ouch iemer sîn.
Durch die lieben trage ich disen pîn,
den hân ich erwelt: nu sî ouch mîn.
15 tuo mir swie du wellest, vrowe: der gewalt ist dîn.
Ich man die süezen reinen noch ir triuwen
die si mir gap, des ist unmâzen lanc:
Kæme ich wider, ich schiede ûz allen riuwen.
geschiht des niht, sô wirt mîn leben kranc.
20 Nâch der ie mîn herze sêre ranc,
von ir minne geschiht mir sunder wanc
als der nahtegal diu sitzet tôt ob vröiden sanc.

Solt ich sterben von sô grôzen leiden,
daz wære mir ein angestlîchiu nôt.
25 Wes schult daz sî, daz wil ich iu bescheiden:
daz ist ir minneclîcher munt sô rôt.
Vrömede ich si lange, deist mîn tôt.
ouch wurden ir vil liehtiu ougen rôt,
dô ich urloup nam und mich in ir genâde bôt.

30 Wære Kristes lôn niht alsô süeze,
so enlieze ich niht der lieben frowen mîn
Die ich in mînem herzen dicke grüeze:
si mac vil wol mîn himelrîche sîn.
Swâ diu guote wone al umbe den Rîn,

35 hèrre got, sò tuo mir helfe schln,
daz ich mir und ir erwerbe noch die hulde din.
　'Sît er giht ich sî sîn himelrîche,
sò habe ich in ze gote mir erkorn,
Daz er niemer fuoz von mir entwîche:
40 hèrre got, là dirz niht wesen zorn.
Erst mir in den ougen niht ein dorn,
der mir hie ze fröiden ist geborn.
kumt er mir niht her wider, mîn spilnde fröide ist gar verlorn.'

　　'Wie sol ich den ritter nu gescheiden
45 und daz schœne wîp
die dicke bî ein ander lâgen ê?
Dâ rât ich in rehten triuwen beiden
und ûf mîn selbes lîp
daz si sich scheiden und er dannen gê.
50 Mâze ist zallen dingen guot.
lîp und ère ist unbehuot
ob man iht langer lît:
ichn singe eht anders niht wan: es ist zît.
stant ûf, ritter!'
55　　'Hœrstu, vriunt, den wahter an der zinnen
wes sîn sanc verjach?
wir müezen unsich scheiden, lieber man.
Alsô schiet dîn lîp ze jungest binnen,
dô der tac ûf brach
60 und uns diu naht sô vlühteclîch entran.
Naht gît senfte, wê tuot tac.
owê herzeliep, in mac
dîn nu verbergen nicht:
uns nimet der vröiden vil daz grâwe lieht.
65 stant ûf, ritter.'
　　'Dîn kuslich munt, dîn lîp klâr unde süeze,
dîn drücken an die brust,
dîn umbevâhen lât mich hie betagen.
Daz ich noch bî dir betagen müeze
70 àn aller vröiden vlust!
sò daz geschiht, so endürfen wir niht klagen.
Dîn minne ist gar ein zange mir,

si klemmet mich, ich muoz ze dir,
gult ez mir al den lip.'
75 'dichn lât der tac, daz klage ich klagende wîp.
stant ûf, ritter.'

XXVII. Der herzoge von Anehalt.

Ich wil den winter enphân mit gesange
al swîgen stille die kleinen vogellîn.
Ichn wart noch nie sô von sîme getwange
daz ich durch in lieze die mîn vroude sîn.
5 Des danke ich doch der vil lieben frowen mîn,
ir rôter munt, ir rôselohtez wange,
ir gûte und ir wol liehtvarwer schîn
zieret ein lant wol al umbe den Rîn.
    Wol mich, wol mich iemer, mir ist wol zu mûte
10 daz die argen schalke zu mir tragent haz.
Si unèrent sich, doch sô minne ich die gûten,
wande mîn got selbe noch nie vergaz,
Dô er geschûf, merket alle wol waz,
ein wîp die mich hete in irer hûte,
15 daz ich mir zu lebne gan baz und ie baz:
des ensihe ich an schalchafter diete niht daz.
    Mohtens dem walde sîn louben verbieten
und der heide ir blûjen, daz wêre getân.
Mohten siz râten, wie gerne siz rieten
20 daz man gûte vroude uber al muste lân:
Sô muste man sich sam die wolve gehân.
ich wil ab mich gûter vroude genieten.
vroude unde ère lât û niht versmân:
als gebôt mir die liebe wolgetân.

25 Stâ bî, lâ mich den wint an wèjen
der kumt von mînes herzen kuninginne.
Wie mohte ein luft sô sûze drêjen
ern wêre al uht und uht vil gar ein minne?
Dô mîn herze wart verdriben, daz wart von ir enthalden

30 doch wunsche ich des. got müze ir éren walden.
   ir mundel daz ist rôsenvar:
      sold ich sie kussen zeinem mâle, sô must ich niht alden.
      Ich sach die schônsten in den landen
      dâ man aller frowen mûz geswîgen.
35 Ir ougen klâr, ir wîzen handen,
   swâ si wonet, dar mûz ich iemer nîgen.
   Muste ich bî der wolgetânen liebe kint prünieren
   und eine ganze naht bî ir dormieren!
   ah! jô wêre es alzu vil:
40   mich gnûgte solde ich in ir dienste mînen sanc schautieren.

XXVIII. Hêr Liutolt von Savene.

In dem walde und ûf der grüenen heide
meiet ez sô rehte wol,
Daz man sich der lieben ougenweide
wol von schulden trœsten sol:
5 Sô hân ich vür seneden muot
trôst dekeinen,
wan den einen,
daz mîn frouwe ist guot.
   Wol in den der kleinen vogele singen
10 trœstet und der bluomen schîn!
Wie mac dem an vröuden misselingen?
wil er vrô von beiden sîn,
Sô hât er der beider wal:
bluomen springen,
15 vogellîn singen
wünneclîchen schal.
   Ich vröu mich ir güete wol von schulden
baz dann al der bluomen rôt.
Ich sing anders niht wan dazs in hulden
20 scheide mich von senender nôt.
Wol mac mir ir werder gruoz
vröude senden,
swære wenden,
sorgen machen buoz.

25 Sol mir iemer wol gelingen,
sol mir iemer herzeswære werden buoz?
Nein, ich bin von lieben dingen
sô verderbet daz ich lange trûren muoz.
Dar zuo trûrent ouch diu kleinen vogellîn:
30 wer möht uns nû vröude bringen?
mir ein wîp und in des lichten meien schîn.
 Wünschet daz mîn niuwez werben
baz volende dan daz alte habe getàn,
Ald ich muoz an vröuden sterben,
35 sît ich herzeliep alrêste funden hàn.
Ich was frî: nû hât mîn herze sich ergeben
in der dienste ich muoz verderben,
eines wîbes der ich muoz für eigen leben.
 Wê, wer wil nû sorge walten?
40 diu was mîn gesinde nû vil manigen tac.
Ine wil ir niht mé gehalten:
ich bin vrô daz ich ir âne wesen mac.
Vröude hât si mir gedrungen an daz ort.
helfet mir si gar verschalten:
45 sprechet, vrowe, 'jà', niuwan daz eine wort.

Muget ir schouwen waz dem meien
wunders ist beschert?
Seht an pfaffen, seht an leien,
wie daz allez vert.
50 Grôz ist sîn gewalt:
ine weiz, ob er zouber künne;
swar er vert in sîner wünne,
dan ist niemen alt.
 Uns wil schiere wol gelingen,
55 wir suln sîn gemeit:
Tanzen, lachen unde singen
âne dörperheit.
Wê wer wære unfrô?
sît diu vogellîn alsô schône
60 schallent mit ir besten dône,
tuon wir ouch alsô!
 Wol dir meie, wie du scheidest

alle3, âne ha3!
Wie wol du die boume kleidest
65 und die heide ba3!
Diu hât varwe mê.
'du bist kurzer, ich bin langer':
alsô stritents ûf dem anger,
bluomen unde klê.
70   Rôter munt, wie du dich swachest!
lâ dîn lachen sîn.
Scham dich da3 du mich an lachest
nâch dem schaden mîn.
Ist da3 wol getân?
75 owê sô verlorner stunde,
sol von minneclîchem munde
solch unminne ergân!
    Da3 mich, frowe, an fröiden irret,
da3 ist iuwer lîp.
80 An iu einer e3 mir wirret,
ungenædic wîp.
Wâ nemt ir den muot?
ir sît doch genâden rîche:
tuot ir mir ungnædeclîche,
85 sô sît ir niht guot.
    Scheidet, frowe, mich von sorgen,
liebet mir da3 zît.
Oder ich muo3 fröide borgen.
da3 ir sælic sît!
90 Muget ir umbe sehen?
sich fröit al diu werlt gemeine:
möhte mir von iu ein kleine
fröidelîn geschehen!

XXIX. Hêr Reimâr der Videler.

Got welle sône welle, doch sô singet der von Seven
noch ba3 dann ieman in der welte: fräget nifteln unde neven,
geswîen swîger sweher swâger e3 ensî niht wâr.
Tageliet klageliet hügeliet zügeliet tanzliet leich er kan,

5 er singet kriuzliet twingliet schimpfliet lobeliet rüegliet als ein man
der mit werder kunst den liuten kürzet langez jâr.
Wir mugen wol alle stille swîgen dâ hèr Liutolt sprechen wil:
ez darf mit sange nieman giuden wider in.
er swinget alsô hô ob allen meistern hin,
10 ern werde noch, die nû dâ leben, den brichet er daz zil.

XXX. Der Truhsæze von Sant Gallen.

Frowe, ich wære gerne vrô:
daz mac âne iuwer helfe niht gesîn.
'Wê wie wære iu danne sô?
da ist niht an, nemt ander trœster danne mîn.'
5 Âne got enkan mich niht getrœsten wan ir eine.
'lât selchen spot. dêswâr ich ahte ûf iuwer klaffen harte kleine.'
Nein, vil süeze frowe, nein,
stætem vriunt sol nieman alsô gar versagen.
'Wenne wart ich des enein
10 daz ich iuwer swære wolde helfen tragen?'
Wizzet daz, ich wirde vür, wirt si von iu niht ringer.
'ich sage iuz baz, dur selhe nôt verlür ich niht den kleinen vinger.
Ir sult selchen spot verbern:
jô hât mir der ernest gar den schimpf genomen.
15 'Nu wes sol man iuch gewern
daz ir sprechet daz iu swære sî benomen?'
Des kan ich iuch wol gewîsen, nemt ir mich ze râte.
'verdenke ich mich, als ich doch sol, sô volge ich iu des râtes spâte.
Daz mîn rât und ouch mîn klage
20 iuch sô kleine wiget, waz tuot mir anders wê?
'Zürnet ir ob ich versage
daz mir niene enkumet, sô wirt des zornes mê.'
Sît nu zorn niht frumet, sô süene ich gerne ûf iuwer güete.
'ich hân gesworn daz ich vor lôser manne tucke mich behüete.'
25 Bœser tücke ist mir niht kunt,
ich hân iu gedienet âne valschen wanc.
'Wære ez wâr daz iuwer munt
gegen mir sprichet, des sagt ich iu gerne danc.'
Hulfe ez iht, ich swüere iu daz ich niht kan wan die rihte.
30 'sô sult ir niht verkunnen iuch dar umbe guoter zuoversihte.

Hât ieman leit als ich ez hân?
nein, ist ez alse ich mich versinne.
'Sagt an, wiest iuwer leit getân?'
seht, dâ verderbet mich diu Minne.
35 'Wie mac iuch verderben daz nie man gesach?'
gedanke vüegent wol gemach und ungemach.
'ist ime danne alsô?'
jâ, ich wurde lîhte noch von herzelieben mæren vrô.
    'Wer kan iu selhin mære sagen
40 diu ir welt haben vür guotiu mære?'
Daz kan diu mir nie half getragen
mîn leit, wan sî daz ichs verbære.
'Wer hât iuch betwungen ûf die selben nôt?'
der lieben güete, ir schœne und ouch ir munt sô rôt.
45 'waz kan iuch daz vervân?'
leider lîhte niemer niht: sô hân ich doch den lieben wân.
    'Ir müget wol wænen swes ir welt:
in trœste iuch niht dêz iuch vervâhe.'
Mîn wân ist noch niht ûz gezelt:
50 dar zuo get mir mîn liep ze nâhe.'
'Ez vert lîhte, êst hiure verrer danne vert.'
wie wære ich danne an liebe leides sô gewert?
'als ouch vil maneger ê.'
nein, den was nâch herzeliebe niht sô herzeclîche wê.
55   'Ist halbez wâr daz ir dâ klaget,
sost iuwer ungemach niht kleine.'
Est gar als ich iu hân gesaget:
ir sît ez diech von herzen meine.
'Drumbe entuon ich niht wan alse ich tæte doch.'
60 waz obe ir iuch vil lîhte baz bedenket noch?
'war umbe tæte ich daz?'
dur daz ir zer welte an nihte niemer mê getætet baz.
    'Ez diuhte iuch lîhte baz getân
dann ich mich guotes dran versinne.'
65 Al selhen zwîvel sult ir lân,
welt ir behalten gotes minne.
'Die wil ich behalten gerne: wiset, wie.'
dâ habt liep den der iuch von herzen minnet ie.
'daz ist noch baz verborn.'
70 swer niht minnet den der in von herzen minnet, derst verlorn.

Sol ich mich rihten nâch dem â,
daz kan ich wol gezeigen wâ:
dâ kêre ich ûf des meisters slâ
der ê sanc von der nebelkrâ.
75 vind ich niht meisterschefte dâ,
noch kêre ich mich her wider sâ
und klophe ich anderswar dar nâ.
    Genuoge sprechent 'sing als ê,
prüev uns die bluomen und den klê.'
80 die wellent niht daz ich verstê
waz mir dar an ze herzen gê.
swie vil ich in hie vor geschrê,
daz tet in in den ôren wê.
nu wil ich si niht louben mê.
    Ich mac wol sprechen baz owî
85 dann ieman der nu lebende sî.
mir wont ein ungemüete bî
daz swære machet als ein blî.
und hæte ich mîner krefte drî,
ich dorte als ein ervroren zwî,
90 diu liebe tuo mich sorgen vrî.
    Ich vreute mich: dô stuont ez sô.
owê wan wærez alse dô,
sô stüende mîn gemüete hô.
dur vorhte lieze ich noch dur drô
95 in wurde noch wol alse vrô.
zuo mînen fröiden, der sint zwô,
bæt ich die schœnen ûf ein strô.
    Ich mac wol wunder schrîen wû
daz ich bin sô verdorben nû.
100 jâ hêrre got, wan woldes dû
daz ich niht læge in leides drû!
in hân den acker noch den bû,
mîn sleht ist allez worden rû·
des muoz ich lîden spottes hû.

105 Der welte vogt, des himels künic, ich lobe iuch gerne
daz ir mich hânt erlâzen des daz ich niht lerne
wie dirre und der an vrömder stat ze mînem sange scherne.

Mîn meister klaget sô sère von der Vogelweide,
in twinge daz, in twinge jenz daz mich noch nie getwanc.
110 den lânt si bi sô rîcher kunst an habe ze kranc,
daz ich mich kûme ûf ir genâde von dem mînem scheide.
Sus rîte ich spâte und kume doch hein: mirst niht ze wê,
dâ singe ich von der heide und von dem grüenen klê.
daz stætent ir mir, milter got, daz ez mir iht zergê!

115 Uns ist unsers sanges meister an die vart
den man ê von der Vogelweide nande,
Diu uns nâch im allen ist vil unverspart.
waz frumet nu swaz er ê der welte erkande?
Sin hôher sin ist worden kranc:
120 nu wünschen ime dur sînen werden büveschen sanc,
sît dem sîn vröide sî ze wege,
daz sîn der süeze vater nâch genâden phlege.

'Ich wil mînem vater gerne râten wol
daz er hinnen vür sich sanges mâze.
125 Ez ist billich daz ich in verwesen sol
und er sich an mînen dienest lâze.
Ich wil vür in dienen sîner frouwen:
habe er daz er heime habe und lâze uns jungen âventiure schouwen.'
Rüedelîn, du bist ein junger blippenblap:
130 du muost dînen vater lâzen singen.
Er wil sîne hövescheit vüeren in sîn grap:
des müest du dich mit verlornen dingen.
Er wil selbe dienen sîner frouwen:
du bist ein viereggot gebûr; des muost du holz an eime reine houwen.

135 Betrogeniu Welt, du hâst betrogen
mich und ouch vor mir manigen man:
Ich hân durh dich mich dein erlogen
der mich mit nôt zuo zim gewan.
Owê, des briche ich leider an mir selben triuwe.
140 nu sende, erbarmeherzer got, mir des sô stæte riuwe
daz ich der welte widersage

  und ich mit diner süezen muoter volleist noch den iemer wernden
                lön bejage.
 ·Wol im der denket waz er was
 und ist und aber schiere wirt.
145 Der siht in ein betrogen glas,
 swer solhen fürgedanc verbirt
 Der sich zer êwecllchen fröide niht bereitet,
 sit nieman rehte wizzen mac wie lange im wirt gebeitet.
 hie mite ich mich alrêste man:
150 vergizze ich des, sò ist doch àne zwivel guot, gedenkent ander liute dran.
  Swer weiz und doch niht wizzen wil,
 der sieht sich mit sin selbes hant.
 Des wisheit aht ich zeime spil
 daz man diu wihtel hât genant:
155 Er lât uns schouwen wunders vil der ir dâ waldet,
 swer sich niht in der vrist verstêt, wie schiere daz veraldet,
 daz ez im zeime troume wirt,
 der si gewis, enliegent unser meister niht, derst beide hie und dort
                verirt.
 Ichn weiz niht guotes wan ein guot:
160 dem guote wære ich gerne zuo.
 Des guotes güete sanfte tuot
 beidiu den âbent unde fruo,
 Und under zwischen zallen stunden stæteclîche:
 nu mache mich der uns geschuof des selben guotes rîche.
165 êst varnde guot mit dem wir varn:
 nu füege, herre, mir des stælen guotes iht ald ich muoz iemer wesen arn.
  Swenn aller herren herre kumet
 mit zorne und er uns eischet gelt.
 Sò wirt daz reht vil kurz gedrumet:
170 dar an gedenke, brœdiu Welt,
 Und wizzest daz er danne sinen anden richet.
 swer sælic si, der denke hin zem winkel dâ er sprichet
 'ir rehten, gêt zer zeswen min,
 und müezen, die mir dienest dò verseiten, in daz winster vinr ver-
                fluochet sin.'
175 In weiz sò guoter gâbe niht
 als uns der herre hât gegeben
 Den unser brœde als übersiht
 daz wir im niht ze willen leben.

Er git uns lîb, er git uns guot, er git uns êre.
180 er git uns hœren unde sehen, er git uns sin: waz mêre?
er git uns will, er gît uns zam.
er tuot uns vliegend unde vliezend undertân: swer dem niht git,
        hab ime die scham.
 Diu fröide fröit unlange zît
die disiu welt zer besten hât:
185 Swem got ein leben nâch wunsche git.
nu seht wie gæhes daz zergât!
Der hiute in swebenden fröiden swebet an allen sachen.
der mac sîns herzeliebes lihte morgen nien erlachen.
diz ist ein nôt vor aller nôt
190 daz wir dar an niht denken: ja ist daz mære ie doch ze jungest niht
        wan 'er ist tôt.

XXXI. Grâve Friderîch von Liningen.

Swes muot ze fröiden sî gestalt,
der schouwe an den vil grüenen walt,
 wie wünneclich gekleidet
 Der meie sîn gesinde hât
5 von rîcher varwe in liehte wât:
 den vogelen trûren leidet.
Uz hôhem muote mangen dôn,
 gar rîlich süeze wîse,
hœrt man von in, lûten klanc,
10 vor uz der nahtegalen sanc
 ûf grüeneberndem rîse.
  Von schulden muoz ich sorgen wol,
von fröiden git min herze zol,
 die wîle ir gruoz mir wildet
15 Diu min herze bî ir hât.
ach daz si mich in sorgen lât!
got hât si sô gebildet
Daz min herze niht enkan
 noch al mîn sin erdenken
20 wie si schœner künde sîn,
 diu minnecliche frouwe mîn,
 diu mir wil fröide krenken.

   Ach Minne, süeziu râtgebin,
   rât, daz du sælic müezest sin.
25 mins herzen küniginne,
   Rât daz si mir tuo helfe schin,
   rât daz si wende minen pin,
   vil minneclichiu Minne.
   Sit du slôz bist unde bant
30 mins herzen und der sinne,
   sô râtâ, jâ dêst an der zît:
   min trôst min heil gar an dir lit,
   in diner gluot ich brinne.
   Muoz ich nu scheiden sus von ir
35 daz ich ir hulde gar enbir,
   owê der leiden verte
· Die dann gên Pülle tuot min lip.
   genâde, sælden richez wip,
   wis gegen mir niht sô herte.
40 Senfte ein lützel dinen muot
   und sprich ûz rôtem munde
   zuo mir niht wan eht fünf wort,
   diu hœhent miner fröiden hort:
   'var hin ze guoter stunde!'
45 'In guoter stunde si din vart,
   din lip din sêle si bewart,
   din lop din heil din êre!
   Mac dich erwenden min gebot
   min vlê min dröu, daz weiz wol got,
50 sô wil ich biten sêre.
   Sit daz din vart unwendic ist,
   sô füerst in arebeite
   zwei herze, dez mine und dine, hin,
   dâ von ich iemer trûric bin:
55 nu si Krist din geleite!'

XXXII. Hêr Kristân von Hamle.

Mit frœlichem libe mit armen umbevangen,
ze herzen gedrücket, wie sanfte daz tuot.
Von trôstlichem wibe mit rœselehtem wangen,

vor liebe gelachet, daz fröuwet den muot.
5 Dâ sint zwei herze und ein einiger lîp,
mit worte underscheiden, ein man und ein wîp:
dâ muoz diu sorge ze stücken zebrechen.
sô lât sie diu liebe ûz ietwederes munde
bî langer zîte ein wort niht ensprechen.
10 dâ mac man küssen den süezesten munt
der ie noch manne von frowen wart kunt.
    Ein twingen von frouwen machet mannes herze
bî wîlen trûric und bî wîlen frô.
Swer sie sol schouwen sunder huote smerze,
15 fröid ob aller fröide er vindet dâ hô.
Swâ sich vier arme gesliezen enein,
nie süezer fröide der sunne überschein.
swer solhen trôst weiz an lieplîchem wîbe,
ja enist ze der werlte niht bezzerre fröide
20 dâ mite man baz die sorge vertrîbe.
dâ wirt gedrukt von zwein herzen sô nâ,
loup wart nie sô dünne dez stat funde dâ.
    Swâ sich vier ougen sô rehte gerne sehen,
dâ müezen zwei herze ouch ein ander holt sî.
25 Sie grüezent sich tougen, swaz in mac geschehen,
fröide unde trûren wont in beidez bî.
Dâ brennet diu minne vor liebe als ein gluot,
dannoch grœzer wunder diu minne dâ tuot.
sie lât sich münde an ein ander vergezzen.
30 aldâ hât diu minne mit maneger fröide
    sorge unde trûren vil gar übersezzen,
aldâ hât diu liebe die minne überwegen.
wol iren sælden die 'n zühten des pflegen!

❦

Ich wolte daz der anger sprechen solte
35 als der sitich in dem glas
Und er mir danne rehte sagen wolte
wie gar sanfte im hiure was
Dô mîn frowe bluomen las
ab im und ir minneclîchen füeze
40 ruorten ûf sîn grüenez gras.
    Hêr Anger, waz ir fröide iuch muostet nieten

dô min frowe kom gegân
Und ir wîzen hende begunde bieten
nâch iuwern bluomen wolgetân!
45 Erloubet mir, hêr grüener Plân,
daz ich mîne füeze setzen müeze
dâ mîn frowe hât gegân.
 Hêr Anger, bitet daz mir sül swære büezen
ein wîp nâch der mîn herze stê:
50 Sô wünsch ich daz sie mit blôzen füezen
noch hiure müeze ûf iu gê:
Sô geschadet iu niemer snê.
wirdet mir von ir ein lieplîch grüeze,
sô gruoit mîn herze als iuwer klê.

55 Wunneclîchen sol man schouwen
meien schîn übr elliu lant,
Vogele singent in den ouwen
die man dicke trûric vant
Swâ ê lac vil toup diu heide,
60 dâ siht man schœn ougen weide:
nust mîn lichter meigen tac.
 Swenne ich sihe die frowen mîne
wunneclîchen vor mir stân,
Gar gelich dem liehten schîne
65 von dem sunnen wolgetân,
Des licht gât übr elliu rîche:
reht alsô diu minneclîche
mîn herz ûf durhliuhtet hât.
 Wol ir, wie sie valsches âne
70 in wîplîchen zühten lebet!
Reht alsam der liehte mâne
in den sternen dicke swebet,
Dem stât wol gelîch diu reine:
nieman vint die schœnen eine,
75 sie ist ganzer tugende vol.
 Swenn diu liebe und ouch diu beste
lachet, ich wæne ir rôter munt
Nahtes ûz der vinster gleste.
ei solt ich in lange stunt

80 Tougen spehen in rehter næhe,
dicke ich gerne bî mir sæhe
die vil liehte rœte brehen.
 Möhte ich gegen der die ich meine
tûsent manne dienst gepflegen,
85 Daz künd allez harte kleine
gegen ir rîchem lône wegen.
Ich wil an die reinen guoten
lônes noch genâden muoten
als von rehte ir eigen man.

XXXIII. Hêr Uolrîch von Liehtenstein.

Ein tanzwîse, und ist diu vierde wîse.

In dem walde süeze dœne
singent kleiniu vogellin.
An der heide bluomen schœne
blüejent gegen des meien schîn.
5 Alsô blüet mîn hôher muot
mit gedanken gegen ir güete,
diu mir rîchet mîn gemüete
sam der troum den armen tuot.
 Ez ist ein vil hôch gedinge
10 den ich gegen ir tugenden trage,
Daz mir noch an ir gelinge,
daz ich sælde an ir bejage.
Des gedingen bin ich vrô.
got geb daz ichz wol verende,
15 daz sie mir den wân iht wende
der mich freut sô rehte hô.
 Sie vil süeze, valsches âne,
vrî vor allem wandel gar,
Lâze mich in liebem wâne
20 die wîl ez niht baz envar;
Daz diu vreude lange wer,
daz ich weinens iht erwache,
daz ich gegen dem trôste lache
des ich von ir hulden ger.

25 Wünschen unde wol gedenken
dest diu meiste vreude min.
Des sol mir ir trôst niht wenken,
sie enlâze mich ir sin
Mit den beiden nâhen bi,
30 sô daz sie mit willen gunne
mir von ir sô werder wunne
daz sie sælic immer si.
  Sælic meie, dû aleine
træstest al die welde gar.
35 Dû und al diu werlt gemeine
vreut mich min dann umb ein hâr.
Wie möht ir mir vreude geben
âne die vil lieben guoten?
von der sol ich trôstes muoten;
40 wan ir trôstes muoz ich leben.

Ein sinewise, und ist diu sibende wise.

Wê war umbe sul wir sorgen?
vreude ist guot.
Von den wiben sol man borgen
hôhen muot.
45 Wol im der in kan gewinnen
von in! derst ein sælic man.
freude sol man durch sie minnen,
wan dâ lit vil êren an.
  Wir suln tanzen singen lachen
50 durch diu wip.
Dâ mit mac ein man gemachen
daz sin lip
Wirdet wert, ob er mit triuwen
dienet guoter wibe gruoz.
55 swen sin dienest wil geriuwen,
dem wirt selten kumbers buoz.
  Mit dem wazzer man daz fiuwer
leschet gar:
Vinster ist der sunnen liuwer.
60 beidiu wâr
Sint diu mære: ir hœret mêre.

habt für wâr ûf minen lîp:
rehten man von herzen sère
scheidet nieman wan diu wîp.
65   Owê owê, frowe Minne,
mir ist wê.
Nu grîf her wie sère ich brinne.
kalder snê
Müeste von der hitze brinnen
70 diu mir an dem herzen lît.
kanstu, Minne, triuwe minnen,
sô hilfestu mir enzît.

Ein tanzwîse, diu sïben und zweinzigest.

Wol mich der sinne   die mir ie gerieten die lère
daz ich sie minne   von herzen ie langer ie mère,
75 Daz ich ir ère,
reht als ein wunder,   sô sunder,   sô sère,
minn unde meine,   sie reine,   sie sælic, sie hère.
   Sælden ich wære   vil rîch und an vreuden der fruote,
wolde mîn swære   bedenken wol diu hôchgemuote,
80 Diu wol behuote
vor valschen dingen.   mit singen   ich muote
daz sie mîn hüete   mit güete, sie liebe, sie guote.
   Mîn hend ich valde   mit triuwen algernde ûf ir füeze,
dazs als Ysalde   Tristramen getrœsten mich müeze
85 Und alsô grüeze
daz ir gebære   mîn swære   mir büeze,
daz sie mich scheide   von leide, sie liebe, sie süeze.
   Mîn senderz denken,   dâ bî mîne sinn algemeine
gar âne wenken   besorgent besunder daz eine,
90 Wiech ir bescheine
daz ich nu lange   mit sange   sie meine
in stætem muote,   sie guote, sie liebe, sie reine.
   Ich wünsch, ich dinge   des einen, daz vor grâwem hâre
mir dâ gelinge   baz danne ir genâde gebâre.
95 Trôst mîner jâre
daz ist ir schouwe,   sie vrouwe,   zewâre:
mich sol ir lachen   vrô machen, sie schœne, sie clâre.

Daz ist ein ûzreise.

Wil iemen nâch êren die zît wol vertrîben,
ze sælden sich kêren, bî freuden belîben,
100 der diene ze filze mit triuwen vil schône
nâch der minne lône: der ist süeze, reine,
vil guot und aleine den guoten gemeine.

Swer volget dem schilde, der sol ez enblanden
dem lîbe, dem guote, dem herzen, den handen.
105 des lônet vil hôhe mit guotem gewinne
diu vil werde Minne: diu gît freud und êre.
wol ir süezen lêre! sie kan trœsten sêre.

Der schilt wil mit zühten vil baltlîchez ellen:
er hazzet, er schiuhet Schand und ir gesellen.
110 got des niht enwelle daz man bî im vinde
sô swachlîch gesinde, er wil daz die sînen
ûf êre sich pînen, in tugenden erschînen.

Erg unde unfuoge und unfuore diu wilde
gezimt niht dem helme und touc niht dem schilde.
115 der schilt ist ein dach daz niht schande kan decken.
sîn blic tæt enblecken an êren die weichen,
von vorhten erbleichen: diu varwe ist ir zeichen.

Hôchgemuote frouwen, ir sült wol gedenken:
getriuwen gesellen vil stæte âne wenken
120 den minnet, den meinet, mit herzen, mit muote,
daz in iwer huote behalte, behüete
mit liebe, mit güete, vrî vor ungemüete.

Sie ist âne schulde mir hazlîch erbolgen
der ich ze dienste dem schilde wil volgen.
125 nu hân ich für zürnen noch für herzen sêre
niht ander schilt mêre wan den trôst aleine,
daz ich sie baz meine dann ie wîp deheine.

Gein ir langen kriege setz ich mîn gedulde:
sô stê gein ir hazze ze wer mîn unschulde.
130 mîn wer gein den valschen daz sol sîn mîn triuwe
vil süeze âne riuwe: mîn kamflîch gewæte
für ir nîdetæte daz sol sîn mîn stæte.

Ditz ist der leich.

Got füege mirz ze guote:
ich bin noch in dem muote

135 daz ich wil guoten wiben
 mit dienest âne valschen muot immer bi beliben.
 dâ von rât ich einen rât
 der allen wol gemuoten mannen tugentlichen stât.
  Ich rât iu, êre gernde man,
140 mit triuwen, als ich beste kan:
 Ob ir welt werende freude hân,
 sô sit den wiben undertân
  Mit triwen âne valschen muot.
 ir güete ist alsô rehte guot,
145 swer in mit triwen dienest tuot,
 den kunnen sie wol machen frô.
 Der werlde heil gar an in lit:
 ir güete ist freuden hôchgezit,
 ir schœne sô vil freuden git,
150 dâ von diu herze stigent hô.
  Werdekeit
 sunder leit
 kunnen sie wol friunden geben.
 Swem sô si
155 witze bi,
 der sol nâch ir hulden streben
 Unde zinsen in sin leben:
  Daz râte ich ûf die triwe min.
 swer êren sælic welle sin
160 und riche an hôhem muote,
 Der sol mit triwen guotiu wip
 reht minnen als sin selbes lip.
 vil guot vor allem guote
  Ist der wibe güete, unde ir schœne schœne ob aller schœne.
165 ir schœne ir güete ir werdikeit ich immer gerne krœne.
 An ir schœne und an ir güete stât min heil und ouch min wunne.
 wær guoter wibe schœne niht, wie selten ich gewunne
  Deheinen êren gernden muot.
 wol mich daz sie sint alsô guot,
170 daz man hât von ir güete
 Sô hôhen trôst für senediu leit.
 ir schœne, ir güete, ir werdikeit
 git mir vil hôch gemüete.
  Min muot von wiben hôhe stât.

175 waz danne ob mir ir einiu hât
Erzeiget hôhe missetât?
dêswâr des mac wol werden rât.
  Waz sie gegen mir hât getân,
  daz wil ich gerne wizzen lân
180 mit zühten, als ich beste kan,
  ûf genâde guotiu wîp.
  Ich hân ir driu und zehen jâr
  gedienet sunder wenken gar,
  bî mînen triwen, daz ist wâr,
185 daz in der zît mîn seneder lîp
    Nie gewan
    sölhen wân,
  des mîn stæte wurde kranc.
  Al mîn gir
190 was gein ir
  sieht mit triwen âne wanc.
  Nu vert entwer ir habe danc
    Reht als ein rat daz umbe gât
    und als ein marder den man hât
195 in eine lîn gebunden.
  Kund ich als sie unstæte sîn.
  sô hæt ich nâch dem willen mîn
  âu sie ein frowen funden.
    F. daz ich mîn ritterliche stæte bræch an guoten wîben,
200 ich wold ê immer valscher wîbe hulde vrî belîben.
  Ich muoz in der stæten wîbe dienest sunder lôn verderben
  oder ich muoz ir stæten herzen liebe alsus erwerben
    Daz ich gewenke nimmer wanc
    von in . ir hôhen habedanc,
205 und mag ich den erringen,
  Sô hân ich allez daz ich wil,
  süez ougen wunne, herzen spil,
  vil wunne an allen dingen.
    Nu waz bedarf mîn seneder lîp
210 genâden mêr, ob ich ein wîp
    Ze frowen vinde alsô gemuot,
    diu sich vor wandel hât behuot
    und niht wan daz beste tuot?
  der sol mîn dienest sîn bereit

215 Immer mê,
swiez ergê,
sunder valsch mit stætikeit.
Dâ von gewinne ich werdikeit
Und alsô freude rîchen sin,
220 des ich getiuret immer bin
an aller hande dingen.
  Vind ich sie, ich sol sô ritterlîchen nâch ir hulden ringen,
daz mir von ir stætikeit muoz hô an ir gelingen.
  Sie muoz abr ûf die triwe mîn
225 gar vrî vor allem wandel sîn,
diech mêr mich lâze twingen
  Und ouch in kumber bringen.
ja gehœret man mich nimmer mê
deheines valschen wîbes lop gesprechen noch gesingen.

230 In dem lufte süezem meien,
sô der walt gekleidet stât,
Sô siht man sich schône zweien
allez, daz iht liebes hât.
Unde ist mit ein ander vrô.
235 daz ist reht: diu zît wil sô.
  Swâ sich liep ze liebe zweiet,
hôhen muot diu liebe gît.
In der beider herzen meiet
ez mit vreuden alle zît.
240 Trûrens wil diu liebe niht,
swâ man liep bî liebe siht
  Swâ zwei liep ein ander meinent
herzenlîchen âne wanc
Und sich beidiu sô vereinent
245 daz ir liebe ist âne kranc.
Die hât got zesamne geben
ûf ein wunneclîchez leben.
  Stætiu liebe heizet minne.
liebe, minne, ist al ein:
250 Die kan ich in mînem sinne
niht gemachen wol zuo zwein.

Liebe muoz mir minne sin
immer in dem herzen min.
 Swâ ein stætez herze vindet
255 stæte liebe, stæten muot,.
Dâ von al sin trûren swindet.
stætiu liebe ist alsô guot
Daz sie stæte freude git
stætem herzen alle zit.
260 Möhte ich stæte liebe vinden,
der wold ich sô stæte sin
Daz ich dâ mit überwinden
wolde gar die sorge min
Stæter liebe wil ich gern
265 unde unstæte gar verbern.

Ein schœniu maget
sprach 'vil liebiu frowe min,
Wol ûf! ez taget.
schouwet gegen dem vensterlin,
270 Wie der tac ûf gât, der wahter von der zinnen
ist gegangen, iwer vriunt sol hinnen:
ich fürht er si ze lange hie.'
 Diu frowe guot
siuft und kust ir lieben man.
275 Der hôchgemuot
sprach 'guot vrowe wol getân,
Der tac ist hôch ûf: ich kan niht komen hinne.
maht du mich verbergen iender hinne?
daz ist min rât und ouch min ger.'
280 'Und möht ich dich
bergen in den ougen min,
Friunt, daz tæt ich.
des kan leider niht gesin.
Wil du hie in dirre kemenât beliben,
285 disen tac mit freuden wol vertriben.
dar inne ich dich wol verhil.'
 'Nu birge mich,
swie du wil, vil schœne wip;
Doch sô daz ich

290 sunder wer iht vliese den lip.
Wirt	min iemen inne, so soltu mich warnen.
kumich ze wer, ez muoz sin lip erarnen.
der mich mit strite niht verbirt.
    Sus wart verspart
295 der vil manlich hochgemuot
Und wol bewart
von der reinen süezen guot.
Wie	pflac sin den tac diu süeze minnecliche?
so daz er wart hohes muotes riche.
300 so kurzen tac gewan er nie.
    Diu naht quam do.
sa huop sich der minne spil:
Sus unde so
wart von in getriutet vil.
305 Ich	wæn ie wip wurde baz mit liebem manne
danne ir was, ouwe do muost er danne:
da von huop grozer jamer sich.
    Urloup genomen
wart mit küssen an der stunt.
310 Schier wider komen
baten ir süezer roter munt.
Er	sprach 'ich tuon, du bist miner freuden wunne,
mines herzen spilndiu meien sunne,
min freuden geb, min sælden wer.'

315 Disiu liet diu heizent vrowen tanz:
diu sol niemen singen, ern si vro.
Swer mit zühten treit der freuden kranz,
und dem sin muot stât von wiben ho,
Dem erloube ich sie ze singen wol:
320 bildeclichen man sie tanzen sol.
    Trûren ist ze wâre niemen guot
wan dem einen der sin sünde klaget,
Hôhen lop erwirbet hoher muot.
guoten wiben hochmuot wol behaget:
325 Da von wil ich immer mere sin
hochgemuot durch dich, guot vrowe min.
    Vreude gibt mir din wol redender munt,

höhen muot din reine senfte sit:
Vreuden tou mir ûʒ des herzen grunt
330 kumt von dir in elliu miniu lit.
Got hât sinen vliʒ an dich geleit,
dâ von dîn lop êren krône treit.
    Liehtiu ougen, dâ bî brûne brâ,
hâstu und zwei rôtiu wängelln.
335 Schœne bistu hie und schœne dâ.
brûn rôt wiʒ, der drier varwe schîn
Treit dîn hôchgeborner schœner lîp.
tugende hâstu vil, guot wîplîch wîp.
    Daʒ du alsô manege tugende hâst,
340 dâ von bin ich alles trûrens vrî.
Sô du alsô schœniu vor mir gâst,
so ist mir als ich in dem himel sî.
Got sô schœnen engel nie gewan
den ich für dich wolde sehen an.

XXXIV. Hêr Burkart von Hôhenvels.

Wir sun den winder   in stuben enpfâhen,
wol ûf, ir kinder,   ze tanz sun wir gâhen!
volgent ir mir,
sô sun wir smieren   und zwinken und zwieren   nâch lieplîcher gir.
5   Schône umbeslîfen   und doch mit gedrange:
breste uns der pfîfen,   sô vâhen ze sange,
respen den swanz:
sô sun wir rücken   und zocken und zücken,   daʒ êret den tanz.
    Nieman verliese   sîn fröiden gewinne,
10 ie der man kiese   sîn trût daʒ er minne.
sanfte daʒ tuot:
swie sî dâ wenke,   sô tref s'anz gelenke,   daʒ kützelt den muot.
    Nieman sol stœren   die minne ûʒ dem muote.
er wil sich lœren: sî wehsel von huote.
15 liep âne wane,
swie sî doch smücket,   sî luodert, sî lücket   ir friundes gedanc.
    Fröide uns behüete   vor sorclîchen dingen:
lânt dem gemüete   'z gevider zerswingen.

nieman sol loben:
20 wenket sî dicke   die smierenden blicke,   daʒ reizet den kloben.

'Ich wil reigen',
sprach ein wünneclîchiu magt.
'Disen meigen
wart mir fröide gar versagt.
25 Nu hât mîn jâr ein ende,
des bin ich vrô:
nieman mich fröiden wende,
mîn muot stêt hô.
mir ist von strôwe ein schapel und mîn vrîer muot
30 lieber danne ein rôsenkranz, so ich bin behuot.'
'Lâʒ erbarmen
dich', sprach ir gespil zehant,
'Daʒ mich armen
niht geschuof diu gotes hant,
35 Wan sî geschuof mich rîchen:
hî wære ich arn,
sô wolt ich mit dir strîchen,
ze fröiden varn.
mir ist von strôwe ein schapel und mîn vrîer muot
40 lieber danne ein rôsenkranz, so ich bin behuot.
Êst verdroʒʒen
hie, sît daʒ mîn müemel hât
Vor besloʒʒen
mir die mîne lichten wât.
Trûr ich, sî giht ich gwinne
45 von liebe nôt;
fröw ich mich, daʒ tuot minne:
wan wær sî tôt!
mir ist von strôwe ein schapel und mîn vrîer muot
50 lieber danne ein rôsenkranz, so ich bin behuot.'
'Wilt besorgen,
waʒ sol dir dîn schœner lîp?
Du solt morgen
sant mir, trûren von dir trîp.
55 Ich wil dich lêren snîden,
wis fröiden vol:

tuot daz wê, wir sunz miden.
uns wirt sus wol.
mir ist von strôwe ein schapel und min vrier muot
60 lieber danne ein rôsenkranz, so ich bin behuot.'
    'Ich hàn schiere
mir gedâht einen gerich:
Wan ich zwiere,
swâ man zwinket wider mich.
65 Si enlât mich niender lachen
gên werdekeit:
sô nim ich einen swachen,
daz ist ir leit.
mir ist von strôwe ein schapel und min vrier muot
70 lieber danne ein rôsenkranz, so ich bin behuot.'

    Diu süeze klâre wunder tuot
gar mit zühten an mir jungen:
Mins tumben herzen hôher muot
wânde iemer sîn unbetwungen;
75 Der spilt ê mit reinen wîben, kiuschen megeden frô frî zallen
                                             stunden,
dem ir gewalt hât an gesiget: sî heilt ouch wol mich wunden,
-   wan sî hât kunst, dâ von ir wîsheit mêret.
sî heilet mit ir gruoze sendiu herzen, diu ir süezen minne sint versêret.
    Dô ich genâde niht envant,
80 swære wolte ich gerne entrinnen:
Ich huop mich ûz in frömdiu lant,
mit flühten wânde ich fride gewinnen.
Ich barc mich hinder berge grôze, starkiu wazzer, dar zuo wît gevilde:
vil ungevertes was min schilt mit harte frömder wilde.
85 daz hilfet niht, sît sî mich alsô krenket
daz sî mit rehter güete hôhen muot sô tiefe in sorclîch trûren mir
                                             versenket.
    Ir sældebernder hôher muot
hât vil reinez ingesinde:
Daz ist für ungemüete guot
90 und für ungelückes winde.
Same treit ir spiegel, dâ von sî mit ganzer tugende kiusche minnet:
ir blüendiu zuht, ir wîplîch güete grôz lob ir gewinnet;

dâ von ir êre vil des brîses füeret,
wan ir frô herze missewende, dium niht mac genâhen, niender hât
berüeret

95 Waz wil si mir gewinnen an?
ich gib mich ir gar für eigen.
Wær ich ein wîp, wær si ein man,
ganzen dienst wolt ich ir zeigen.
Het ih'm sîn trôstfröide sam si mir die mîne tougen vor beslozzen,
100 ich slüzze im ûf daz herze mîn und wær des unverdrozzen.
in mînem fröidegarten mües er wellen
und mir vergeben ungwizzen leit; het im daz mîn, sîn herze müeste
bî mir twellen.

Swen ie beruorte ir ougen swanc,
was der frô, der sol des danken:
105 Er muoste sunder sînen danc
ûf stân von den fröidenkranken.
Alsus wânde och ich hân ganzer fröiden wunsch, dâ von ich huop
diz mære:
dar nâch do ich schiere von ir kam, dô wart mir nie sô swære.
doch swer ich des, sît siz tuot, an den triuwen
110 gât nâhe friundes nôt: tuot si mir unverdienet leit, daz mac si wol
geriuwen.

Dô der luft mit sunnen fiure
wart getempert und gemischet,
Dar gap wazzer sîne stiure,
dâ wart erde ir lîp erfrischet.
115 Dur ein tougenlîchez smiegen.
wart si vreuden frühte swanger:
daz tet luft, in wil niht triegen.
schowent selbe ûz ûf den anger:
fröide unde frîheit
120 ist der werlte für geleit.

Uns treib ûz der stuben hitze,
regen jagte uns in ze dache;
Ein altiu riet uns mit witze
in die schiure nâch gemache.
125 Sorgen wart dâ vil vergezzen,
trûren muose fürder strîchen:

fröide häte leit besezzen
dô der tanz begunde slichen.
fröide unde friheit
130 ist der werlte für geleit.
　　Diu vil süeze stadelwise
kunde starken kumber krenken.
Eben trâtens unde lise:
mangelîch begunde denken
135 Waz im aller liebest wære.
swer im selben daz geheizet,
dem wirt ringe sendiu swære:
guot gedenken fröide reizet.
fröide unde friheit
140 ist der werlte für geleit.
　　Heinlich blicken, sendez kôsen
wart dâ von den megden klâren.
Zühteclich si kunden lôsen,
minneclich was ir gebâren.
145 Hôher muot was dâ mit schalle
nâch bescheidenheite lêre:
wunderschœne wârens alle.
　　. . . . . . .
fröide unde friheit
150 ist der werlte für geleit.
　　Sûsâ wie diu werde glestet!
sist ein wunneberndez bilde,
Sô si sich mit bluomen gestet:
swer si siht, demst trûren wilde;
155 Des giht manges herze und ougen.
ein dinc mich ze fröiden lücket:
sist mir in min herze tougen
stabelherteclich gedrücket.
fröide unde friheit
160 ist der werlte für geleit.

'Ich wil min gemüete erjetten,
daz niht sorgen drinne si:
Trût gespil, nu hilf mir tretten.
nu sint doch gedanke vri,

165 Daz die nieman überwindet.
ich hân funden mir ein spil:
der mir mînen vinger bindet,
sô wünsch ich doch swaz ich wil.
  Des solt du mich niht erlâzen,
170 sô wil ich dir mære sagen.
Al mîn trûren wær verwâzen,
möht ich einen man verjagen.
Sich der wil mich fröide nœten
und doch sorge niht erlân:
175 jô mües er mich niunstunt tœten
ê ich würde im undertân.'
  'Liebe, den solt du mir zeigen·
lihte vinde ich einen list
Daz wir in mit zuht gesweigen
180 ald den rât der bezzer ist.
Var vürder, betwungen minne!
vrîe liebe, gar verholn,
diu erflouget uns die sinne:
wes ist daz dâ wirt verstoln?
185   Swer mit leide wil ertwingen
liep, der tœret sich vil gar:
Liep liebe, leit leide erringen
kan ich wol ze fröiden schar.
Sælde und ir gesinde walter
190 die mit fröiden sîn gemeit:
frœlich jugent blîejent alter
gît und ander werdekeit.
  Wol zimt allen guoten liuten
tugenthafter hôher muot.
195 Herzeliep mit wünschen triuten
deist für ungemüete guot.'
  'Nieman kan mich des erwenden,
der mir tougenlîch ist holt,
dem wil ich mîn herze senden:
200 daz sî sîner minne solt.'

XXXV. Der burcgrâve von Lüenz.

Ez gieng ein juncvrou minneclîch
zem wahter an die zinne stân:
'Wahtær, wis hôhes muotes rîch,
sehst ieman tougen zuo dir gân,
5 sô sprich vil lîse «wer gât dâ?»
und ouch niht frevenlîche gar.
sprech er dann balde zuo dir «jâ,»
sô wizzest daz er rehte var:
du winke im an daz vensterlîn;
10 des lônet dir diu frowe mîn.'
    Diu wîle was niht lanc dar nâch,
der hôhgelopte der kam dar.
Dem wahter was zer miete gâch,
er sprach vil balde 'wer gêt har?'
15 'Daz bin ich der der minne gert:
wahtær, du hüete hôh embor.'
'ir müget wol sîn der minne wert:
nu stêt ein wîle noch dâ vor.'
ein in verlâzen wart im kunt:
20 er kuste ir rôsenrôten munt.
    'Der morgen niht erwinden wil,'
sô sanc ein wahter alsô wol:
'Swer lange slâfet, dês ze vil.
ich warne als ich von rehte sol.
25 Unschuldic wil ich sîn dar an,
sol zwein gelieben iht geschehen.
den tac nieman erwenden kan:
ich sihe den morgensterne ûf brehen
vil lieht, als er noch dicke tuot.
30 nu wache, ein ritter hôhgemuot.'
    Diu sælderîche sêre erschrac
dô si vernam diu mære alsô.
'Nu wol ûf, ritter, ez ist tac!'
sô sprach diu minneclîche dô.
35 'Du lâ mich dir bevolhen sîn
als du mir bist für alle man:
bî mir hân ich daz herze dîn,

des minen ich dir vil wol gan.
dem hôhsten gote bevilhe ich dich:
40 ein scheiden von dir riuwet mich.'
 Urloup der ritter dô genam
von der vil lieben frouwen sîn,
Als ez den senelîchen zam:
den wart von minnen jâmer schîn.
45 Ein lieplîch wehsel dâ geschach
mit mangem kusse der ergiene.
ir herze im durch daz sîne brach,
mit armen er si umbeviene.
nâch liebe kumet dicke leit.
50 von danne schiet der helt gemeit.

Ez nâhet daz ich scheiden muoz:
wie sol ich mich der friunde erwegen?
Ich'nbiute in allen mînen gruoz,
daz ir der hœhste müeze pflegen.
55 Ich hân gedingen in daz lant
dâ got vil menschlîch inne gie.
wer seit nu wider ûf den Sant
dâ ich die lieben alle lie,
und ich kein urloup von in habe?
60 mîn wille stêt ze Kristes grabe.

XXXVI. Hêr Gotfrit von Nîfen.

Ich hœr aber die vogel singen,
in dem walde suoze erklingen;
dringen   siht man bluomen durch daz gras.
Was   diu sumerwunne in leide,
5 nu hât aber diu liebe heide
beide   bluomen unde rôsen rôt.
Meie kumt mit maniger bluot.
tuot   mir wol diu minneclîche.
seht, sô wirde ich frôide rîche,
10 sunder nôt,   vil maniger sorgen frî.

Gunde mir diu sældebære
daʒ ir trôst mir fröide bære,
swære wolde ich sender siecher lân.
Hân ich' trôst, der ist doch kleine,
15 sie entrœste mich alleine.
reine sælic wîp, nu trœstet baʒ.
Minne, bilf: êst an der zît.
sît mîn trôst lît an der süeʒen,
sô mac sie mir swære büeʒen.
20 nu durch waʒ tuot sie mir alse wê?
Ob ir rôter munt mir gunde
daʒ sîn kus die nôt enbunde,
wunde von der minne wurde heil.
Heil gelücke sælde und êre
25 het ich sender iemer mêre.
hêre sælic wîp, nu trœstet baʒ.
Owê, süeʒer rôter munt,
wunt wart ich von dînen schulden,
do ich der lieben muoste hulden.
30 leit sint daʒ diu mich noch machent grâ.
Wunder kanst du, süeʒiu Minne.
Minne, in dîner glüete ich brinne:
sinne herze muot hâst du mir hin.
In mîn herze sunder lougen
35 sach ein wîp mit spilnden ougen
tougen: dannoch was gemeit mîn lîp.
Herzen trût, nu tuot sô wol:
sol ich sender frô belîben,
sô sult ir von mir vertrîben,
40 sælic wîp, die nôt, sô wirde ich frô.
Wie zimt nu der süeʒen hêren
daʒ sie mich kan trûren lêren?
mêren möhte sie wol fröide mir.
Ir vil minneclîchez lachen
45 kan mir sendeʒ trûren swachen.
machen möhte sie mich sorgen bar.
Owê, süeʒer rôter munt,
wunt bin ich an hôchgemüete.
rôter munt, dur dîne güete
50 nu sprich dar: du weist wol mîne bete.

Nust diu heide wol bekleidet
mit vil wunneclichen kleiden:
rôsen sint ir besten kleit.
Dâ von ir vil sorgen leidet,
55 wan sie was in mangen leiden:
gar verswunden ist ir leit
Von des liehten meien blüete:
der hât manger hande bluot.
noch fröit baz der wîbe güete,
60 wan die sint für sendiu leit sô guot.

Swaz ich ie gesanc von wîben,
daz geschach von einem wîbe.
diust mir liep für elliu wîp.
Von ir mac ich frô belîben,
65 wil sie daz ich frô belibe,
daz sie spræche 'frô belip,'
Sô wold ich in fröiden singen
als ich her in fröiden sanc.
Sie mac mir wol swære ringen,
70 nâch der ie mîn sendez herze ranc.

Süeze Minne, maht du binden
die von der ich bin gebunden,
diu mîn sendez herze bant?
Lât sie mich genâde vinden,
75 die ich doch hân selten funden,
sît ichs in dem herzen vant
Alse rehte minneclîchen?
si ist sô rehte minneclich:
ich wil sie dar zuo gelîchen,
80 si ist den lieben wîben gar gelich.

Ich wolde niht erwinden,
ich rit ûz mit winden
hiure in küelen winden
gegen der stat ze Winden.
85 ich wolt überwinden
ein maget sach ich winden,
wol sie garn want.
Dô sprach diu sældehære
'du bist mir gebære

90 stille und offenbære.
du bist fröidebære.
küme ich dich verbære.
din dich ie gebære,
got der gebe ir guot.
95 Ir sult iuch erlouben
ringens ûf der louben.
lât die linden louben.
ir sult mir gelouben,
hât ir den gelouben,
100 ir brechet Botenlouben
ê die steinwant.
Du solt mir bescheiden:
ist der kriec gescheiden,
den du soltest scheiden?
105 du bist sô bescheiden,
diu welt muoz ê verscheiden
ê daz wir uns scheiden,
trûtgeselle guot.'

Rîfe und anehanc
110 hât die heide betwungen,
daz ir liehter schîn
nâch jâmer ist gestalt
Und der vogel sanc,
die mit fröiden wol sungen,
115 die sint nû geswîn.
dar zuo klag ich den walt:
Der ist umbekleit.
dannoch kan sie fûegen
herter herzeleit
120 diu daz wazzer in krüegen
von dem brunnen treit: nâch der stêt ie mîn gedanc.
Ich brach ir den kruoc,
dô sie gienc von dem brunnen.
ich wart fröiden rîch,
125 dô ich die lieben sach.
Dô sie daz vertruoc,
mir was sorge zerrunnen.

harte minneneltch
diu liebe dô gesprach
130 'Ich hân arebeit:
daz ist von iuwern schulden.
mîn frouwe tuot mir leit,
daz ich allez muoz dulden,
diu mich gester fünf stunt dur iuwern willen sluoc.'
135 Nu tuo den willen mîn;
sô hilf ich dir ûz nœten,
und var sant mir hinne:
sô bist du âne zorn.'
'Des enmac niht sîn.
140 ê liez ich mich ertœten.
mîner frouwen minne
wær iemer mê verlorn.
Einen schillinc sol
sie mir und ein hemde:
145 daz weiz ich vil wol.
daz wær allez mir fremde.
sô mir daz nu wirt, sô tuon ich iu helfe schîn.'

Ez fuor ein büttenære
vil verre in fremdiu lant.
150 der was sô minnebære,
swâ er die frouwen vant,
daz er dâ gerne bant.
Dô sprach der wirt mære
zim waz er kunde.
155 'ich bin ein büttenære:
swer mir des gunde,
sîn vaz ih'm bunde.'
Dô truoc er sîne reife
und sînen tribelslagen.
160 mit sînem umbesweife
kund er sich wol bejagen,
ein guot geschirre tragen.
Sînen tribelwegge
den nam sie in die hant
165 mit sîner slehten egge.

sie sprach 'heilant,
got hât iuch har gesant.'
    Dô sie dô gebunden
dem wirte sîn vaz
170 nebene unde ouch unden,
sie sprach 'ir sît niht laz.
mir wart nie bunden baz.'

Von Walhen fuor ein pilgerîn
    mit sînem kötzelîne.
175 Zerhouwen wâren im die schuo:
    er was sô rehte fîne.
Er bat der hereberge in der minne.
'ja enist er niht guot pilgerîn',
    sprach der wirt: 'vil leit ist er mir hinne.'
180   'Waz hilfet iuwer mette gân
    und iuwer venje suochen,
Daz ir des armen pilgerîns
    hie inne niht welt ruochen?'
Er bat . . . .

185 Uns jungen mannen sanfte mac
    an frouwen misselingen.
Ez kam umb einen mitten tac,
    dô hôrte ich eine swingen;
Wan sie dahs,
190 wan sie dahs, sie dahs, sie dahs.
    Guoten morgen bôt ich ir:
ich sprach 'got müeze iuch êren.'
Zehant dô neic diu schœne mir:
    dar in sô muoste ich kêren,
195 Wan sie dahs,
    wan sie dahs, sie dahs, sie dahs.
        Sie sprach 'hien ist der wîbe niht:
ir sît unrehte gegangen.
Ê iuwer wille an mir geschiht,
200 ich sæhe iuch lieber hangen.'
Wan sie dahs,
    wan sie dahs, sie dahs, sie dahs.

Sol ich disen sumer lanc
bekumbert sin mit kinden,
205 sô wær ich vil lieber tôt.
Des ist mir min fröide kranc.
sol ich niht zen linden
reien, owê dirre nôt!
Wigen wagen, gigen gagen,
210 wenne wil ez tagen?
minne minne, trûte minne, swie, ich wil dich wagen.
  Amme, nim daz kindelin,
daz ez niht enweine,
alse liep als ich dir si.
215 Ringe mir die swære min:
du maht mich alleine
miner sorgen machen fri.
Wigen wagen, gigen gagen,
wenne wil ez tagen?
220 minne minne, trûte minne, swie, ich wil dich wagen.

XXXVII. Der Taler.

Küenzlin, bring mir minen sanc
der minneclichen frouwen
Nâch der min sendez herze ie ranc:
daz hât si mir verhouwen.
5 Ah! solt ich die schœnen noch nâch minem willen schouwen!
bring ir den brief und sing ir ûf gedœne.
du maht vil gerne loufen dar, du sæh nie wip sô schœne.
  'Wan sendent ir daz Heinzlin dar?
daz singet alsô suoze,
10 Ez kan diu selben lieder gar
und hât ouch wol die muoze.
Welt erz niht tuon, sô volgent mir und vallent im ze fuoze.'
daz Heinzlin sprach zem Küenzlin dô von zorne
'gâ du dâ bin, mich murte lihte ein man in sinem korne.'
15   Küenzlin, wiltu mich nu lân,
sô wilt du mich vertriben.
Du solt in diu kornvelt gân

   und solt des roggen rîben.
   dâ gât ein süeze zît har zuo, dâ maht vil wol bellben.
20 dar zuo iʒ du der apfel und der kriechen:
   des mag ein kneht vil wol genesen, des solt du zuo dir liechen.

XXXVIII. Schenk Uolrich von Wintersteten.

  'Ist iht mêre schœnes',
  sprach ein altez wîp,
  'dann des der schenke singet?
  dast ein wunder grôʒ.
5 Wê mir dis gedœnes
  daʒ mir dur den lîp
  und dur diu ôren dringet,
  des mich ie verdrôʒ.
  Wan si gelfent sînen sanc tac unde naht
10 in dirre gaʒʒen,
  und ist er doch hübschem sange niht geslaht:
  man sol in haʒʒen.'
  daʒ erhôrte ich sâ:
  'alter hiute wagen, des bist du sô grâ!'
15   'Hœrâ', sprach diu junge,
  'wes bist im gehaʒ?
  dur got mich des bescheide,
  liebeʒ müeterlîn.
  Ober iht guotes sunge,
20 wen beswæret daʒ?
  jâ tuot er nieman leide:
  er muoʒ frœlich sîn.'
  'Dâ wolt er dich vernent mir genomen hân
  an mînem bette:
25 kumt der übel tiuvel her, ich wil dich lân
  ê deich dich rette.'
  daʒ erhôrte ich sâ:
  'alter hiute wagen, des bist du sô grâ!'
   'Liebiu muoter schœne',
30 sprach daʒ megetîn,

'du solt dich baz bedenken,
erst unschuldic dran.
Niht sô rehte hœne,
liebe, lâz ez sîn:
35 du zürnest samt dem schenken
der dâ singen kan.
Ûf mîn triuwe, ez was im ûz der mâze leit,
ez tet sîn bruoder.'
diu alte sprach 'ir keiner hât bescheidenheit,
40 und wære ein fuoder.'
daz erhôrte ich sâ:
'alter hiute wagen, des bist du sô grâ!'
   'Du gestant dien liuten
umbe ir tôrheit bî,'
45 sô sprach der megde muoter,
'du bist missevarn.
Waz sol ez betiuten?
du bist alze vrî,
du minnest niemen guoter,
50 vil unsælic barn!
Wænest dir der schenke gebe sînen sanc
den er dâ singet?
du bist niht diu schœnste diu in ie betwanc
ald noch betwinget.'
55 daz erhôrte ich sâ:
'alter hiute wagen, des bist du sô grâ!'
   Sî begunde singen
hovelich ein liet
ûz rôserôtem munde,
60 diu vil stolze maget.
Sî lie suoze erklingen,
daz von sorgen schiet,
ein liet daz sî wol kunde:
sî was unverzaget.
65 'Owê', sprach diu muoter, 'wes hâstu gedâht?
du wilt von hinnen.
schenken lieder hânt dich ûz dien sinnen brâht:
du wilt endrinnen.'
sî sprach 'muoter jâ,
70 ich wil in die erne oder anderswâ.'

Sumer wil uns aber bringen
grüenen walt und vogel singen,
anger hât an bluomen kleit;
Berc und tal in allen landen
75 sint erlôst ûz winters banden,
heide rôte rôsen treit.
Sich fröit al diu welt gemeine,
niemen trûret wan ich eine,
sît mir diu vil süeʒe reine
80 frumt sô manic herzeleit.
swer vil dienet âne lôn
mit gesange, tuot erʒ lange,
der verliuset manigen dôn.

Ich wil al den liuten künden
85 daʒ sî lebt mit grôʒen sünden
der ich ie was undertân.
Die sî hât an mir verschuldet,
sît mîn herze kumber duldet:
des wil sî sich niht entstân.
90 Wie mac sî die sünde büeʒen?
mir wart nie ein lieplich grüeʒen,
dâ von wir uns scheiden müeʒen:
ich wil urloup von ir hân.
swer vil dienet âne lôn
95 mit gesange, tuot erʒ lange,
der verliuset manigen dôn.

Frowe, diu mir vor in allen
wîlent muoste wol gevallen,
noch vernemt ein liedelîn:
100 Ir sît âne lougen schœne,
doch ist schœne dicke hœne;
daʒ ist leider an iu schîn.
Nu wil ich mîn singen kêren
an ein wîp diu tugende lêren
105 kan und alle fröide mêren:
seht, der diener wil ich sîn.
swer vil dienet âne lôn
mit gesange, tuot erʒ lange,
der verliuset manigen dôn.

110 Werdiu Minne, ich wil dich strâfen,

du bist gegen mir harte entslâfen,
sît ich strûhte in dîniu bant.
Ich bin dîner wîse ein tôre,
mîn sanc gât dir für dîn ôre,
115 dîner helfe ich nie bevant.
Hilf, ich bin mit spilnden ougen
wunt inz herze sunder lougen:
daz tet mir ein wîp sô tougen,
an der ist wol dienst bewant
120 swer vil dienet âne lôn
mit gesange, tuot erz lange,
der verliuset manigen dôn.

Minne, heile mîne wunden
diu mir in vil kurzen stunden
125 von der strâle dîn geschach.
Mich hât ob zwein liehten wangen
sêre ir ougen blic gevangen:
ach waz ich dar under sach
Einen munt von rœte brinnen!
130 daz betwanc mich in dien sinnen
daz ich sî muos iemer minnen:
ir blic mir durz herze brach.
swer vil dienet lange zît,
ist sîn frouwe in tugende schouwe,
135 wizzet daz sî lôn im gît.

Ich sold den liehten sumer loben:
des hân ich mich versûmet her.
Daz lant ist niden und dâ bî oben
geblüemet nâch mîns herzen ger.
140 Diu zît uns bringet niuwe fruht,
frid unde fruot ist uns bereit.
ir Swâbe, nemt die alten zuht
her für, sô traget ir êren kleit.
mit zühten sult ir sîn gemeit.
145 swem ich singe, swiez erklinge,
swaz ich sage, doch trage ich klage.
Mîn klage ist daz mich hât verwunt
ir minneclîcher ougen schîn,

ir liebtevarwer rôter munt,
150 enmitten in daz herze mîn.
An schœne an kiusche und ouch an zuht
ist sî für elliu wîp gelobet,
ir wunnebernden reinen fruht
an tugenden niemen überobet,
155 wan daz sî an mir senden tobet.
swem ich singe, swiez erklinge,
swaz ich sage, doch trage ich klage.

    Mîn klage ist daz ich sende nôt
von der vil herzelieben hân
160 Und sî mir daz noch nie enbôt,
ich solde in ir genâden stân.
Ir rede ist gegen mir gar verswigen,
daz sî nie wort ze mir gesprach.
sus hât diu liebe mir verzigen:
165 daz ist mîn klagendez ungemach.
owê daz ich sî ie gesach!
swem ich singe, swiez erklinge,
swaz ich sage, doch trage ich klage.

    Mîn klage ist ungerihtet mir,
170 swie guot geriht der künic hât.
Ob ich nu klagte daz von ir,
daz sî mich in den sorgen lât,
Wer æhtet sî dann ûffen reht,
wan sî wirt niht von mir genant?
175 nu lât gerihte wesen sleht,
ezn sî dem rihter wol erkant,
so ist ungerihtet sâ zehant.
swem ich singe, swiez erklinge,
swaz ich sage, doch trage ich klage.

180   Mîn klage diu mac wol enden sich,
ob diu vil herzeliebe wil.
Sî tuot gein mir unminneclich:
daz ist ân ende und âne zil.
Ach got, wie lange sol daz wern
185 daz sî tuot ungenâde an mir?
in mac ir hulde niht embern
und hân doch kleinen trôst von ir:
sus hindert sich mîns herzen gir.

swem ich singe, swiez erklinge,
190 swaz ich sage, doch trage ich klage.

Es ist niht lanc daz ich mit einer minneclichen frouwen
begunde hübscher klaffe vil
die ich von herzen minne.
Ich sprach 'lât iuwer tugende an mir und iuwer güete schouwen,
195 ich binz der iu dâ dienen wil
in muote und in dem sinne.
An worten und an werken hât ir min gewalt.
iuwer tugent manicvalt
sol mich des geniezen lân
200 daz ich iuch vor allen frowen in dem herzen hân
ich bin iu holt, ir sît min golt,
min hort, min edel gesteine!
uffen sêle und uffen lîp
und dar zuo ûf elliu wîp
205 aht ich gegen iu sicherlichen kleine.'
    Sî sprach 'die rede hât ir wol tûsent frouwen ê gekündet:
ir wænet lihte tœren mich,
ir sît ein lügenære.
Der ir dâ singet und iu hât daz herze gar enzündet,
210 diu ist iu lieber vil dann ich:
mirst iuwer klaffe unmære.
Ir wænet daz ich sî der mære ein göichelîn.
eft ein ander danne min!
ich erkenne si vil wol
215 diu iu tuot daz herze dicke in leide jâmers vol.
ir gouchgovolt, der sît ir holt
und ahtet si vil kleine
uffen iuwern tœrschen lîp,
wan sist gar ein biderbe wîp:
220 iuwer minne ist allenthalp gemeine.'
    Dô swuor ich manigen eit si wære diu der ich dâ singe
und sprach 'ir sult mich schelten niht,
wan ich bin iuwer eigen.
Ich bin iu herzeclichen holt, swie mir dar an gelinge,
225 swaz iemer mir dâ von geschiht,

ich wil iu dienst erzeigen:
Wan in gesach ûf erde nie sô reine fruht.
schœne und alle wiplich zuht
hât got selbe an iuch geleit,
230 swie daz ir mir nû ein teil der zühte hât verseit.
ich bin iu holt, ir sit mîn golt,
mîn hort, mîn edel gesteine.
ûffen sêle und ûffen lîp
und dar zuo ûf elliu wîp
235 aht ich gegen iu sicherlîchen kleine.'
    Si sprach 'ir soltet frowen loben dâ man iu baz geloubet
und iuwern dienest bieten dar
dâ man iuch dienstes bæte.
Ich weiz wol wâ si wont diu iuch der sinne gar beroubet:
240 dâ nimt man iuwer kleine war,
si gibt ir sit unstæte.
Ein biderbe wîp mac an iu werwort vinden wol:
dâ von man iuch schiuhen sol.
ir hât ungetriuwen muot,
245 dâ von iu diu minneclîch unminneclîchen tuot.
ir gouchgovolt, der sit ir holt
und ahtet si vil kleine
ûffen iuwern tœrschen lîp,
wan sist gar ein biderbe wîp:
250 iuwer minne ist allenthalp gemeine.'
    Ich sprach 'vil liebiu frowe mîn, nu trœstet mir die sinne.'
si sprach 'ir sult von binnen gân:
wie lange welt irz trîben?
Sold ich für frömden kumber sîn gein iu ein trœsterinne,
255 des müest ich iemer laster hân
gein allen guoten wîben.
Ja enbin ich niht dur die ir lîdet selken pîn.'
ich sprach 'jâ ir, frowe mîn.'
si sprach 'daz ist rehte erlogen:
260 ir hât enunt her dâ mite vil manic wîp betrogen.
nun saget mir niht waz iu geschiht,
wan ich geloube iu kleine.
iuwer trügehafter lîp
hât betrogen manic wîp.'
265 alsus schiet von mir diu süeze reine.

Sumer ouget sine wunne,
daz ist an der zit:
Prüeve er wol swer tihten kunne
waz mâterje ist
270 An dem walde und ûf der heide breit.
wan mac schouwen
wie die ouwen stânt bekleit,
waz der anger lichter bluomen treit.
êst ein altgesprochen wort:
275 swâ dîn herze wont, dâ ist dîn hort.
 Ich hab endelîchen funden
einen schœnen hort.
Den kôs ich mir zeinen stunden:
nust mîn herze dort
280 Bî dem horde der mir füeget pîn.
diu vil reine
wandels eine muoz mir sîn
hort in dem vil senden herzen mîn.
êst ein altgesprochen wort:
285 swâ dîn herze wont, dâ ist dîn hort.
 Mîn hort kan wol tugende horden
unde bœhen muot.
Diu mir ist ze horde worden,
dêst mîn frouwe guot.
290 In derst getelœse wol gestalt.
ir gebâren
an den jâren mich tuot alt,
swie ir tugende doch sîn manicvalt.
êst ein altgesprochen wort:
295 swâ dîn herze wont, dâ ist dîn hort.
 Maniger der hât hort verborgen
des er trœstet sich:
Mîn hort gît mir niht wan sorgen
unde smâhet mich.
300 Mîn vil lieber hort ist mir alsô
gar unnütze.
minne schütze Cupidô
traf mîn herze, sît bin ich unfrô.
êst ein altgesprochen wort:
305 swâ dîn herze wont, dâ ist dîn hort.

Minne diust gewalteclīchen
allen dingen obe.
Ir kan niht ūf erde entwīchen
ez gevāhe ir klobe.
310 Wīsheit hort diu beide nirgent ir.
minne süeze,
kumber büeze nāch der gir!
twinge mīnen hort gelīche mir.
ēst ein altgesprochen wort:
315 swā dīn herze wont, dā līt dīn hort.

Winter leide grüene heide
hāt verderbet und den walt;
wan mac schouwen an den ouwen,
dā līt nū der rīfe kalt.
320 Ich wird alt von selken dingen:
noch klag ich ein ander nōt,
daz diu liebe mich wil twingen
der ich mich ze dienste ie bōt.
ich wil singen zōren bringen,
325 daz ich nāch ir jāmers won.
Jāmers schricke līde ich dicke:
daz tuot mīnem herzen wē.
Ich vil tumber disen kumber
līden muoz nū aber als ē.
330 Swiez ergē, ich muoz doch sorgen
beide naht und ouch den tac,
daz ich ābent noch den morgen
si niht sehen sol noch mac.
unverborgen muoz ich worgen
335 in ir banden, dunket mich.

Komen ist der winter kalt,
wāfenā der leide,
der uns twinget bluomen unde klē.
Loubes hāt er vil gevalt:
340 ich was ūf der heide,
dā siht man den rīf und ouch den snē.

Wê mir wê, wes fröwe ich mich
daz ich aber singe?
hete ich sinne, sô swig ich:
345 wan daz mich gedinge
fröwet, son gesunge ich niemer mê.
hundert wundert wâ si si:
in dem muote ist mir diu guote
stætecllchen bi.
350   Wer gesach ie schœner wip
alder baz geschaffen
dan als ich si zeinem mâle sach?
ir vil minneclicher lip
huop gên mir sin klaffen.
355 hœret wie diu tugende riche sprach.
'Ach und ach wie tump ir sit,
welt irz iemer triben:
iuwer dienst niht fröide git
hôhgemuoten wiben.
360 gât, ir tuot uns michel ungemach.'
hundert wundert wâ si si:
in dem muote ist mir diu guote
stætecllchen bi.
   Dô diu rede ergienc alsus,
365 mir begunde leiden,
wan mir was ir hulde gar verseit.
ich sprach 'sol ich âne kus
hinnân von iu scheiden?'
si sprach 'lose, er weiz, wes ars er treit!
370 Mir ist leit daz iemer man
sol dar an gedenken
alder der niht fuoge kan;
jâ liez ich in henken
nû e daz er ruorte an mîn kleit.'
375 hundert wundert wâ si si:
in dem muote ist mir diu guote
stætecllchen bi.

'Swie gerne ich wære
gar fröidebære,

380 so enlât mich swære',
klagt ein magt.
'Die man sint schüllen:
wer kans erfüllen,
die fûlen güllen
385 gar verzagt?
Würbe ein junc man umb ein wîp,
swâ sî daz hôrten,
an allen orten
mit lôsen worten
390 sîz zerstôrten:
got schende ir lîp!'
Sî sprach 'mich wundert
daz under hundert
niht ûz besundert
395 ist ein man
Der wîbes êre
nâch zühte lêre
mit willen mêre.
nu seht an,
400 Si sint endelîch alsamt
bî wîben swære:
die luoderære
sint ruomesære
und uns gevære
405 und gar verschamt.
Hie vor gap Minne
fröide gewinne
dem mannes sinne
dur daz jâr.
410 Swer sî nû suochet
ald ir geruochet,
der ist verfluochet:
dêst leider wâr.
«Êst ein argez minnerlîn»,
415 jehnt nû die jungen.
die hie vor sungen,
nâch êren rungen,
die sint verdrungen:
dêst worden schîn.

XXXIX. Der von Sahsendorf.

In disem niuwen dône
sô wolde ich gerne niuwiu liedel singen,
wan daz mir diu wîse   an der kunst ist ze snel,
Nâch eines wîbes lône,
5 die sach ich an einem reigen springen:
der stêt wol ir rîse   und ir snêwîziu kel.
Si want sich alsam ein wîdegerte.
des nahtes wære ich gerne ir schiltgeverte:
ja ist ir dâ ze prîse   der lîp sinewel.
10   Swie vil ich nu gesinge
von reiner wîbe minneclîcher güete,
des mich doch ir eine   geniezen niht lât,
Und ich dar nâch ringe
drîch mit ir hulde hôhte mîn gemüete,
15 daz mich doch vil kleine   vervangen noch hât.
Wê wie hânt siz nû alsô verkêret
daz si den niht minnent der si êret
und in aller êren mit triuwen gestât.
  Habe ich niht gesungen
20 bî mîner zît der frouwen lop mit hulden,
sô sî mir verteilet ir hulde und ir gruoz.
Ist mir niht gelungen,
doch sô wil mich frouwen dienst niht riuwen:
waz ob lîht ir eine mir sorgen tuot buoz,
25 Diu mir einem ist ze tragenne swære.
waz dar umbe, bin ich ir unmære
in der dienst mir ab brach mîn bein und mîn vuoz.

XL. Hêr Reinmâr von Zweter.

Hêr unde bart nâch klôstersiten
und klôsterlich gewant nâch klôsterlîchen siten gesniten
des vinde ich genuoc: in vinde ab der niht vil diez rehte tragen.
Halp visch halp man ist visch noch man,
5 gar visch ist visch, gar man ist man, als ichz erkennen kan.

von hovemünchen und von klôsterrittern kan ich niht gesagen.
Hofmünchen klôsterrittern, disen beiden
wolt ich ir reht ze rehte wol bescheiden,
ob sie sich wolten lâzen vinden
10 dâ sie ze rehte solten wesen:
in klôster münche suln genesen,
sô suln des hoves sich ritter underwinden.

Waz kleider frowen wol an stê?
des wil ich iuch bescheiden: ein hemde wiz alsam ein snê,
15 daz ist daz sie got minne und habe in liep, dêst wol ein rîchez kleit.
Dar obe sol sîn ein roc gesniten,
sô daz sie liep und leit sol tragen mit vil kiuschen siten.
ir gürtel sî diu minne, ir vürspan daz sie tugende sî bereit;
Diu êre ir mantel, daz der an ir decke,
20 ob iht des sî daz wandels an ir blecke.
ir rîse daz sol sîn ir triuwe,
dar obe ein schapel von der art
daz sie vor valsche sî bewart:
sie sælic wîp, der lop ist immer niuwe.

25 Ein lîp, zwô sêle, ein munt, ein muot,
ein triwe vor missewende und ouch vor varnder scham behuot,
hie zwei, dâ zwei, in eime vereinet gar mit stæten triuwen ganz:
Swâ liep mit liebe des wirt enein,
dâ kan ich niht gedenken daz golt silber edel gestein
30 der zweier fröide vergulte diu sich biut durch liehter venster glanz.
Und ob diu minne der zweier herze bünde,
swâ man diu beide undr einer decke fünde,
daz arm mit arme sich beslüzze,
dâ möht wol sîn der sælden dach.
35 nu wol im dem ez ie geschach!
ich weiz daz wol daz sîn got niht verdrüzze.

Turnieren was ê ritterlich:
nu ist ez rinderlich toblich tôtreis und mordes rich,
mortmezzer und mortkolbe, gesliffen als gar ûf des mannes tôt:
40 Sus ist der turnei nu gestalt,
des werdent schœnen frowen ir ougen rôt, ir herze kalt,
swenn sie ir werden lieben man dâ weiz in mortlîcher nôt.

Dô man turnierens pflac dur ritters lêre,
dur hôhen muot, dur hübescheit und dur êre,
45 dô hæte man umb eine decke
ungerne erwürget guoten man.
swer daz nu tuot und daz wol kan,
der dunket sich zer werlde gar ein recke.

Ein böuschrek wânde ein löuwe sîn,
50 dô sprach ein heime 'mich bedunkt ich sî ein bowendez swîn.'
ein ohse wânde daz er sunge baz· dann ie kein nahtegal.
Dô sprach ein affe 'wæn ich bin
daz schœnste tier.' ein tôre jach 'sô hân ich wîsen sin.'
ein snegge wolte springen vür den lêbbart beide berc unt tal.
55 Ein môr sprach 'mich mac nieman überwîzen.'
ein hase sprach 'ich tar wol wolve bîzen.'
ein igel sprach 'mîn hût ist linde:
solt ich ez bî dem eide sagen,
sie möhte ein keiserinne tragen
60 ze næhste an ir.' die lüge sint alle swinde.

Ez was ein gar unsælic man
in einer stat gesezzen, dar inne er nie kein heil gewan:
der dâhte 'ich wil versuochen wie mîn glücke in frömden landen sî.'
Dô im der reise ze muote wart,
65 Unsæld wart sîn geverte, diu huop sich mit im ûf die vart.
er lief gein einem walde: er wânde er wære Unsælden worden vrî.
Er sprach 'Unsæld, nu bin ich dir entrunnen.'
'nein', sprach Unsælde, 'ich hân den sig gewunnen.
swaz du gelief, daz selbe ich rande:
70 ûf dînem hals was mîn gemach.'
der man dô zuo im selben sprach
'sost niht sô guot, ichn kêre wider ze lande.'

Swenn ein vluorzûn driu jâr gestât
und daz ein hunt des zûnes alter driu verslizzen hât,
75 wirt danne ein ros dristunt als alt alsô der hunt, deist alt genuoc:
Wirt danne ein man dristunt als alt
alsô daz ros, seht der ist allen wîben gar ze kalt,
ern ist niht minnebær, swie vil er flurs hie vor ûz helme sluoc.
Swer in dan vor geriht kampflîche an sprichet,

80 daʒ alte hovercht er an im brichet:
daʒ sult ir sunder triegen wiʒʒen.
ist daʒ ich eʒ beziugen sol,
so beziuge ichʒ mit hérn Hoier wol,
der hát driu rosses alter wol verslizzen.

85 Ich hán gehœret manigen tac
daʒ eteswenne ein nagel ein Isen wol behaben mac
und daʒ ein Isn behabt ein ros, daʒ ros behabt ein biderben man:
Sô wirt ouch eteswenne erwert
ein burc von biderbem manne und von der bürge ein lant ernert.
90 swaʒ grôʒer dinge ergât, diu hebent sich von kleinen dingen an.
Nagl Isen ros burc lant diu fünviu wæren
bereit, wan daʒ mich dunket an den mæren
wir hán dar zuo niht ganzes mannes.
wê im daʒ er ie wart geborn
95 an dem diu fünviu sint verlorn:
der wære wert der âhte und ouch des bannes

Got vater unser dâ du bist
in deme himelrîche gewaltic alles des dir ist,
geheiliget sô werd dîn nam, zuo müeʒe uns komen daʒ rîche dîn:
100 Dîn wille werde dem gelich
hie ûf der erde als in den himeln, des gewer unsich.
nu gib uns unser tegelich brôt und swes wir dar nâch dürftic sîn.
Vergib uns allen sament unser schulde
alsô du willt daʒ wir durch dîne hulde
105 vergeben der wir ie genâmen
dekeinen schaden, swie grôʒ er sî:
vor sünden kor sô mache uns vrî.
und lœse uns ouch von allem übele. âmen.

Alle schuole sint gar ein wint
110 wane diu schuole aleine dâ der minne junger sint:
diu ist sô künste rich daʒ man ir muoʒ der meisterschefte jehen.
Ir besme zamet sô wilden man,
daʒ er nie engehôrte noch gesach, daʒ er daʒ kan:
wâ hât ieman sô hôher schuole mêr gehœret und gesehen?
115 Diu minne lêrt die frouwen schône grüeʒen,
diu minne lêret mangen spruch vil süeʒen,

diu minne lêret grôze milte,
diu minne lêret grôze tugent:
sie lêrt die jungen in der jugent
120 ritterlich gebâren under schilte.

Man tuot uns michel wunder kunt,
wie man für Parzifâlen truoc mit zühten manger stunt
den grâl von arte rein, des wunsch was allen künicrîchen obe.
Dem grâl ich wol gelîchen wil
125 ein reinez wîp: der kiusche reichet wol des grâles zil.
diu sich vor valsche vrlt, diu wirt geziert wol nâch der wîsen lobe.
Wil ieman nâch dem niuwen grâle strîten,
der sol sîn kiusche milte zallen zîten,
als alle die des grâles pflâgen
130 und noch vil guoter frouwen pflegen.
wirt dem ein reiner wîbes segen,
der ist vrî vor vrô Schanden und ir mâgen.

Venediær die hânt vernomen
daz rœmesch rîche veile sî: des sint in brieve komen.
135 nu hânt sie sich vermezzen sie weln gern dar zuo ir stiure geben.
Daz ez noch kome in ir gewalt:
swaz sie daz kosten mac, des sint sie willic unde balt;
sie jehent, würd in daz rîch, sie wolden immer deste gerner leben.
Ir herzog ist ein mehtic kürsenære:
140 und wart ie kürsenære krônebære
mit sînem igelvarwen glatze,
sô mac er vil wol krône tragen,
son darf ouch fürbaz nieman jagen
der ez nu müge vergelten baz mit schatze.

145 Von Rîne sô bin ich geborn,
in Ôsterrîche erwahsen, Beheim hân ich mir erkorn
mêr dur den hèrren danne dur daz lant: doch beide sint sie guot.
Der hèrre ist guot, sîn lant ist sam,
wan deich mich einer dinge sêre bî in beiden scham,
150 daz mich nieman enwirdet, ez ensî ob erz alleine tuot.
Wær ich bî gote im frône himelrîche
und heten mich die sîne unwerdeclîche,
daz diuhte mich ein missewende.
ich hân den künic alleine noch

155 und weder ritter noch daz roch:
mich stiuret niht sin alte noch sin vende.

Ez fuor ein ebenhêriu diet
in einem scheffe, biz daz schef gein einer müln geriet:
dô rief der schifman sine schifgereisen in den nœten an,
160 daz sie diu ruoder in die hant
geruochten nemen: dô sich der ir dekeiner underwant,
don mohte er ouch daz schif niht eine bringen von der müln hin dan.
Sus truoc der wâc daz schif mit disen liuten
hin durch die müln. diz bispel mac betiuten
165 die fürsten die sô sint verdrozzen
daz sie niht ruodernt gegen dem stade,
ê daz ûf in geligt der schade
der jenen geschach die durch die mülen flozzen.

XLI Bruoder Wernher.

Swer kostecliche ein schœne hûs mit holze rehte entworfen hât,
die siule grôz, die wende starc, ûf dremel wol gedillet stât,
gespenget wol, und daz die tür mit slôzen sin bewart.
Der virste in rehter mâze erhaben, mit starken hengelboumen sieht,
5 dar ûf mit latten wol geströut, an hœhe und an der wite reht:
ob ez nu gar bereitet si, mich dunket an der vart,
lât erz beliben âne dach,
die tremel siule und ouch die starken wende,
daz würde ein niht. ich wæne ich ir ze Wiene wllent einez sach,
10 daz nam dâ von vil lasterlich ein ende:
als ez diu nezze und ouch der snê mit winde sunder dach begreif,
si schuofen daz in kurzer frist, an êren ez vil gar zersleif.
Dâ ich ein lop erniuwen sol daz âne dach sô manigen tac
gestanden ist und âne bant, jâ wæn ez ieman rehte mac
15 gerihten als ob sin von jugent mit vilze wære gepflogen.
Dâ im die siul sint worden vûl und daz die rennen sint enzwei,
und ez diu schand durchvlozzen hât, dâ stêt min vlicken vür ein ei:
swaz ich im niuwer nagel slâ, wir sin dâ mite betrogen.
Ez touc ze ganzer stæte niht
20 dâ man sich sol ze hôhen êren pflihten.
den man von jugent unz an sin alter ie in houbetsünden siht,

wie mühte ich den in éren werke rihten?
vür wâr sô sult ir wizzen daz, ez sint verschamter koche kint
und schamelôser muoter barn, die tugende sô verweiset sint.

XLII. Der Marner.

Wie höfsche liute habe der Rîn,
daz ist mir wol mit schaden kunt.
ir hûbe ir hâr ir keppeltn
erzeigent niuwer fünde vunt.
5 Krist in helfe sô sie niesen.
Ez mac wol curteis povel sîn,
pittit mangier ist in gesunt.
stad ûf stad abe in wehsel wîn,
in dienet ouch des Rînes grunt
10 (ich wil ûf sie gar verkiesen):
Der Nibelunge hort lît in dem Lurlenberge in bî.
in weiz ir niender einen der sô milte sî
daz er den gernden teile mite
von sîner gebe.
15 die wîle ich lebe,
sîn vrî vor mir.
ir muot der stât ûf solhen site:
nu gip du mir, sô gib ich dir.
sîn enwellent niht verliesen.

20 Wê dir, von Zweter Regimâr,
du niuwest mangen alten vunt:
du speltest als ein milwe ein hâr,
dir wirt ûz einem orte ein pfunt,
ob dîn liegen dich niht triuget.
25 Dir wirt ûz einem tage ein jâr,
ein wilder wolf wirt dir ein hunt,
ein gans ein gouch, ein trappe ein star.
dir spinnet birz dur dînen munt:
wâ mit hâst du daz erziuget?
30 Ein lüge dur dîne lespe sam ein slehtiu wârheit vert.
du hâst den vischen huosten, krebzen sât erwert.
bî dir sô sint driu wundertier,

daz ist der git,
haz unde nît.
35 du dœnediep,
du briuwest âne malz ein bier:
supf ûz! dir ist ein lecker liep
der den herren vil geliuget.

Maniger saget mære
40 von Rôme die er nie gesach:
alsô wil ouch ich iu nû ein mære sagen.
ein snegge tûsent klâfter wol vür einen lêhpart spranc.
Daz mer stât wazzers lære,
von einer tûben daz beschach,
45 diu tranc ez ûz: daz hôrte ich zwêne vische klagen,
die flugen dâ her von Nîfen unde sungen niuwen sanc.
Ein hase zwêne winde vienc, dô sie in solten jagen.
dô sach ich starker wolve viere,
die hât ein altez schâf erslagen:
50 dô sach ich einen reiger eines habches gern
und vienc in in den lüften schiere.
dô sah ich einen wîzen bern,
den vienc ein wilder esel an des meres grunt:
des half ein salamander im, dem wârn diu wazzer kunt.

55 Lebt von der Vogelweide
noch mîn meister hêr Walther,
der Venîs, der von Rugge, zwêne Regimâr,
Heinrich der Veldeggære, Wahsmuot Rubîn Nîthart.
Die sungen von der heide,
60 von dem minne werden her,
von den vogeln, wie die bluomen sint gevar.
sanges meister lebent noch: sie sint in tôdes vart.
Tôte mit den tôten, lebende mit den lebenden sîn!
ich vorder * ze geziuge
65 von Heinburc den herren mîn,
dem sint rede wort und rîme in sprüchen kunt,
daz ich mit sange nieman triuge.
Ûhte vinde ich einen vunt
den sie vunden hânt die vor mir sint gewesen:
70 ich muoz ûz ir garten und ir sprüchen bluomen lesen.

Ich hœre von den alten sagen
daz êre bî den bar
fröid in ir wunneclîchen tagen:
nu stêt vil maniger êren bar,
75 bî des vater êre berndiu fröide gernder geste pflac.
Daz muoz ich unde maniger klagen,
swar ich der lande var,
daz arges muotes rîche zagen
mit schanden sitzent offenbar:
80 schaz ir minne, schaz ir fröide, schaz in liebet vür den tac.
Sol daz heizen guot daz nieman hie ze guote kumt?
begraben hort, verborgen sin der werlte frumt
alsam der iuweln fluc,
des gires smac, des raben slunt, des aren grif, des wolves zuc,
85 der müggen marc, des bremen smalz und des loupfrosches schrê.
werlt, wê dir, wê!
schatzer, lebendic rê,
rîse dir golt alsam der snê,
du woldest dur dîn gîtekeit, stüend ez an dîner wal, noch mê.
90 gilt gote und gip den armen wider: der hort dir dort gehelfen mac.

Ein esel gap für eigen sich
dem fuhse: daz was guot.
dô lêrt ern sprechen wihteclich:
sie wâren beide hôhgemuot.
95 seht dô vuort hêr Reinhart sînen knappen in den grüenen klê.
Er sprach 'mîn esel, hüete dich:
der wolf dir schaden tuot,
erhœrt er dich, des wart ûf mich.'
der esel in dem grase wuot.
100 dô schuof im sîn magenfröide, er sang ein hügeliet als ê.
Zuo dem gedœne kam gegangen Isengrîn.
swaz Reinhart seit, der sprach, der esel wære sîn:
des wolt er iezunt swern.
dô vuorte in Reinhart zeiner drü. er sprach 'ich mac michs niht
   erwern.'
105 dô muos er die kafsen rüeren, des was er bereit.
daz wart im leit:
diu drü den wolf versneit.
er wart bestümbelt, sô man seit.

ach got, wær ieclich kafs ein drû, swenn ez gât an den valschen eit!
110 daz wære wol: irst gar ze vil. nu swerâ, lieger, wê dir wê!

Sing ich den liuten mîniu liet,
sô wil der ërste daz,
wie Dieterich von Berne schiet,
der ander wâ küne Ruother saz:
115 der dritte wil der Riuzen sturm, sô wil der vierde Ekhartes nôt,
Der fünfte wen Kriemhilt verriet,
dem sehsten tæte baz,
war komen sî der Wilzen diet,
der sibende wolde eteswaz
120 Heimen ald hërn Witchen sturm, Sigfrides ald hërn Eggen tôt.
Sô wil der ahte dâ bî niht wan hübschen minnesanc,
dem niunden ist diu wîle bî den allen lanc,
der zehende enweiz, wie,
nu sust nu sô, nu dan nu dar, nu hin nu her, nu dort nu hie.
125 dâ bî hæte manger gerne der Nibelunge hort:
der wigt mîn wort
ringer danne ein ort:
des muot ist in schaz verschort.
sus gêt mîn sanc in manges ôre, als der mit bilge in marmel bort.
130 sus singe ich unde sage iu des iu niht bî mir der künic embôt.

Ich sunge ein bispel oder ein spel,
ein wârheit oder ein lüge,
ich sunge ouch wol wie Titurel
templeise bî dem Grâle züge,
135 wie süeze ist Sirênen dôn und arc des cocatrillen zorn.
Ich sunge ouch tracken fiurîn kel,
und wie der grîfe flüge,
wie sich des salamanders vel
in heizem fiure strahte und smüge,
140 und wie sich teilt Tschimêren lîp und wie diu vipper wirt geborn.
Ich sunge ouch wol wie sîniu eiger brüeten kan der strûz,
ich sunge ouch wol wie sich der fênix junget ûz:
ich sunge ouch wie der llt
der manigen in der wunderburc verslunden hât dur sînen gît.
145 ein wunder wont dem hove bî mit wunderlîchen siten,
mit pfâwen schriten

     und mit menschen triten
     kan ez lâgen losen biten;
     ez hât mit sîner zungen wâfen manges herren muot versniten:
150 dem kan ich gesingen niht, mîn rede ist an im gar verlorn.

XLIII. Hêr Ruodolf von Rôtenburc.

     Ein hôher muot   mich singen tuot
     disen wunneclîchen sanc.
     schœn unde guot,   hôfsch unde fruot
     ist mîn frowe, sunder valschen wanc,
5   nâch der mîn herze ringet.
     Ir rôter munt   hât mich verwunt
     sêre durh der ougen schîn.
     wird ich gesunt,   dast mir wol kunt,
     daz muoz gar an ir genâden sîn.
10 diu mich sô sêre twinget.
     Hab ich des nît   daz si mir lît
     nâher danne ein ander wîp,
     den selben strît   ân endes zît
     wil ich lîden umbe ir werden lîp
15 der mir noch fröide bringet.
     Herz unde sin   hât si mir hin
     mit ir schœner zuht benomen:
     dast mîn gewin,   wand ich ir bin
     eigenlîcher danne irz hânt vernomen,
20 swie mir dar an gelinget.
       Hei, schœnest aller wîbe,
     du nim mîn sendes war,
     wand ich dich minne gar,
     ê daz der sælden schîbe
25 mich hin verdrücke dar
     zuo der verzalten schar.
       Si liebet mir   von schulden alle tage
     diech, herze, dir   ze nâhest trage.
     unmære ich ir   durh mîne klage,
30 daz müeze sich verkêren.
     Ich bin geborn   ze dienste ir werdekeit:
     dast gar verlorn,   sô si mir seit;

des mag ir zorn mîn herzeleit
mit Îhter kunst gemêren.
35 Ir ougen glast, ir rôten mundes schîn
machent mich gast der sinne mîn.
der minnen last, daz muoz nu sîn.
wil mich an fröiden sêren.
Frowe, aller tugende krône,
40 tuo mir der sorgen rât,
wan dir gesichert hât
vor allen frowen schône
mîn herze, swiez ergât,
ân arge missetât.
45 Parzivâl der leit dur minne
grôzen kumber unde nôt.
Mêljoth pflac der selben sinne,
wande ez ime Amûr gebôt.
Clies und ein küniginne
50 minten sich unz an den tôt.
Noch minne ich herzeclîcher
dich lieben sælekeit
mit ganzer stætekeit.
Wird ich iht lônes rîcher
55 von dîner werdekeit,
des wirt mîn fröide breit.
Daz diu maget Lâvîne iht wære
schœner dan mîn frowe sî,
Oder Pallas, diu wîten mære,
60 des gelouben bin ich frî.
Si kan frömden grôze swære
und kan sorgen machen bî.
Sô grôz ist, frowe reine,
dîn êre und dîn gewalt:
65 dîn sælde ist manicvalt.
Ich bin dîn ungemeine,
dar zuo bin ich gezalt:
• des wirt mîn fröide balt.
Mir tumben ist alsô geschehen:
70 ein liep hât mir mîn ouge ersehen,
des ich niemer sît vergezzen kunde.
dast ein reine sælic wîp:

```
             nàch ir lieben rôten munde
             senet sich al mîn lîp.
         75  ohei ohei!
             Sît ich die schœnen êrste sach,
             von der ich hân manc ungemach,
             sô nam mir ein minneclîchez lachen
             alle die gedanke mîn.
         80  alsô kan si tôren machen,
             dast an mir wol schîn.
             ohei ohei!
             Si hazzet mich gar unverscholt
             der ich bin ie mit triuwen holt.
         85  ich muoz mich dem boume wol gelîchen
             der dâ sunder rinden stât,
             unz mîn lîp der minneclîchen
             sich gefrömdet hât.
             ohei ohei!
         90      Du hâst doch, frowe hêre,
             mîn herze und den gedanc
             àn aller hande wanc,
             Swar ich des landes kêre:
             du lebst dâr ane gedranc
         95  dâ mich diu minne twanc.
                 Dast ein kumber:
             si wil mir niht baz
             noch gelouben daz
             ich ir nie vergaz.
        100  Sît ich tumber
             êrste dâ gesaz
             dâ man werde maz,
             aller tugende vaz.
                 Dîn hânt die besten minne
        105  zwischen Pârîs und der Sal
             mit lobelîcher zal,
             Mîns heiles küneginne,
             wan mînes herzen wal
             stêt aller wîbe kal.
        110      Ob daz rîche
             wære mir gesant,
             dannoch al diu lant
```

   diu man hât erkant,
   Eigenlîche
115 lieʒe ichs in ir hant
   diu mîn herze bant
   aldâr ich si vant.
    Sô lieb ist mir dîn êre
   diech, frowe, minnen muoʒ;
120 ûf dînen werden gruoʒ,
   Dien ich dir iemer mêre
   von houbte unz ûf den fuoʒ:
   des wirt mir niemer buoʒ.
    Beide rôt und wîʒ
125 alsô hât der nâtûre flîʒ
   gemacht ir wengel var
   und hât dâ bî ze wunsche gar
   gestalt ir minnerîchen munt
   gelîch dem als er spreche zaller stunt
130 'küsse küsse küsse mich!'
   alse tæte ir nieman gerner danne ich,
   wolde sis versinnen sich.
    Mir schadet ein nôt und niht sô vil
   daʒ ich si selten sihe diech iemer minnen wil.
135 Owê wie wirt der sorgen rât
   dar zuo man heiles noch der stæte niene hât?

   Waʒ, verzagtes herzen hât mîn lîp
   daʒ ich ir nie gesagte noch den willen mîn
   Diu mir lieber ist dann elliu wîp
140 und iemer muoʒ unendelîchen lieber sîn!
   Ich singe ir alle mîne tage
   dêswâr daʒ beste des ich mich versinne:
   si enweiʒ ab niht diech von ir sage
   und daʒ ich si sô herzeclîche minne.
145 mit der nôt trûte ich ie mîns herzen küniginne.
    Ich het ir doch lîhte ein teil geseit
   der stæter liebe die mîn herze gein ir hât,
   Wan daʒ mich ir grôziu werdekeit
   an ir wol werdem lîbe niht genenden lât.
150 Mîn schemelîchez herze hât

und ir envremden an uns daz gemachet,
dâ von mich manic vröide lât,
und daz si mir von herzen selten lachet
und doch mîn ouge in ir namen sô dicke erwachet.
155 Sô ich bî der hôchgemuoten bin
diu âne ir wizzen twinget mir die sinne gar,
Sich, sô nement ir spilnden ougen hin
swaz ich ûf genâde solde sprechen dar.
Und sol ich der vil süezen nôt
160 nâch mînem willen iemer iht verenden,
ich muoz, und wære ez joch mîn tôt,
an si mîns herzen bete ein wort genenden.
sît daz die nôt niht wan ir minne kan erwenden.

'Hiute gebe ir got vil guoten tac
165 der ich anders niht gegrüezen mac:'
alsô spriche ich iemer
alle morgen vruo
und vergizze ir niemer
gegen dem âbent guoter naht dar zuo.
170 Mîner singe ich halber dâ vergaz,
dô ich urloup nam und si sô saz:
si bran vor mir schône
sam der âbentrôt.
wirt mir iht ze lône,
175 dast gar undersniten mit sender nôt.
Si bat mich, do ich jungest von ir schiet,
deich ir sante mîniu niuwen liet.
diu wolt ich ir senden,
nu enweiz ich bî weme.
180 ders ir wîzen henden
schône bræhte und ir ze boten zeme.
Waz ob mich ein bote versûmet gar?
ich wil mêr dann tûsent senden dar.
dazs ir alle bringen
185 mînen süezen sanc
und in schône singen:
sô wirt mir vil lîhte ein habedanc.
Mir seit ein ellender bilgerîn

           ungevrâget von der frowen mîn:
190   er jach daʒ si wære
           schœne und wol gemuot.
           daʒ was mir ein mære
           daʒ, mir an dem herzen sanfte tuot.

XLIV. Der Schenke von Limpurc.

       Wâfen si geschrîjet,
       daʒ der leide winter kalt
       bringet sorge manicvalt
       kleinen vogelen, bluomen und ouch mir.
  5 Des bin ich gefrîjet
       vor dien hôhsten frôiden mîn.
       ich wil aber jârlanc sîn
       bî den senden: wie küm ich verbir
       Daʒ ich die vil guoten niht ennenne!
10   ich nenne si: 'wenne?'
       mügt ir frâgen sâ zehant.
       ieʒent sô wirt si genant.
       nein, eʒ füeget weder mir noch ir.
       frowe, mache   daʒ mir swache
15   leitlich sache,   lache   mir und dir.
            Ich wil fürbaʒ singen
       ûf genâde und dur ir zuht.
       süeʒe richiu reine fruht,
       mîner triuwen lâ genieʒen mich.
20   Du kanst swære ringen.
       einer fräget lihte nû
       war umb ich dich heiʒe 'dû.'
       dast von rehter liebe: frowe, sprich,
       Hab ich dar an iender missesprochen,
25   daʒ lâʒ ungerochen.
       wan ich mac des lâʒen niht,
       swaʒ dar umbe mir geschiht:
       alse herzecliche minne ich dich.
       frowe, mache   daʒ mir swache
30   leitlich sache,   lache   mir und dir.

  Frowe, küniginne
über lip und über guot,
sol ich wesen ungemuot
disen winter von dien schulden din,
35 Daz nimt mir die sinne.
du solt dich bedenken baz,
wan ich din noch nie vergaz,
mit gedanken in dem herzen min.
Ich hån alles guot von dir gesungen:
40 nu ist mir niht gelungen;
då von ich dir dienen wil
gar ån ende und åne zil.
alse stêt min liebe gegen dir hin.
frowe, mache daz mir swache
45 leitlich sache, lache mir und dir.

  Sit willekomen, frou Sumerzit,
sit willekomen, her Meie,
Der manigem hôhgemücte git
und sich mit liebe zweie.
50 Ich sihe min liep für bluomen schin,
min liep für vogel singen;
min liep muoz diu vil liebe sin,
min liep daz kan wol twingen:
und owê, liep, solt ich mit liebe ringen!
55 Vil maneger hande varwe hât
in sinem krâm der meie,
Diu heide wunneclîche stât
mit bluomen maniger leie,
Sint gel grüen rôt, sint blâ brûn blanc,
60 sint wunneclich entsprungen;
diu vogelin hœhent ir gesanc:
mich mac diu liebe jungen.
hei, wirt si mir, sô habe ich wol gesungen.
 Min liep sô vil der schœne treit,
65 von dem ich singe hiure.
Min lieb ist liep, ez ist niht leit,
min lieb ist vil gehiure.
Min lieb ist vrô, daz lâze ich sin,

mîn lieb in rehter güete,
70 mîn lieb ist rehter sælden schrîn,
daʒ ir got iemer hüete:
wie gar mîn herze denne in fröiden blüete!

XLV. Der Hardegger.

Ich bin ûf einer verte dâ mich niht erwenden mac:
ich rîte unz an die herberge einen iegeslîchen tac,
eʒ sî trucken, eʒ sî naʒ,
ald swie diu waʒʒer vlieʒen in den landen.
5 In fürhte ouch niht die morder alsô grôʒ als umb ein hâr
noch die rouber ûf den strâʒen, wiʒʒent daʒ für wâr:
ich lâʒe ouch niht dur küniges haʒ
noch dur die fürsten, ob siʒ wolden anden.
Wolten mirʒ dann grâven wern
10 und al die frîen die uns sint geseʒʒen,
ob die zein ander wolten swern,
dar zuo die werden dienestman, der ich niht sol vergeʒʒen,
und ouch die starken stete in al der werlte rehte gar:
dien irten mich der verte niht
15 die ich dar muoʒ und ouch ungerne var.

Eʒ wirt vil tiere in drûhen und in stricken oft ersnellet:
daʒ kumt daʒ si niht wiʒʒen wâ man in die lâge tuot;
Der doch deheineʒ niemer würde gevangen noch ervellet,
möhten si rehte wiʒʒen wol der wildenære muot.
20 Hie bî heiʒ ich die menschen tumber danne iht wildes sî:
die wiʒʒen beidenthalp den snal,
des lîbes tôt, der sêle val,
und sint doch endehafter sorgen umbe ir strûchen vrî.

XLVI. Hêr Reinmâr von Brennenberc.

Lieber meie, nu ist dîn schœne
aber leider gar zergân

Und der kleinen vogele dœne:
wenne hebent si nu an,
5 Nahtegal ir süeʒen sanc?
er wil komen zorneclichen
  der uns vert die bluomen twanc.
  Sol ich âne lôn belîben,
  sô muoʒ ich klagen ander nôt:
10 Diu wol trûren mac vertriben
mit ir süeʒem munde rôt,
Diu verderbet mir den lîp.
frowe, ir twinget niht sô sêre:
  ah, lâ stân, vil sælic wîp!
15   Ich muoʒ eineʒ noch gedenken:
dâ von lîde ich ungemach.
Dô ich von ir muoste wenken
und mir liebes niht geschach,
Dô verlôs ich fröiden trôst.
20 noch hât mich diu minnecliche
sender sorgen niht erlôst.
  Sendiu leit und kumber swære,
seht, diu sint mir nû bereit,
Sît diu liebe sældenbære
25 mir ir hulde hât verseit.
Seht, dô sprach si 'deist erwant:
ich wil iuch mit güete minnen.'
  frowe, nu gebt mir iuwer hant.

Diu Liebe zuo der Schœne sprach 'ich bin gewert
30 vil maniges stolzen heldes und vil maniger werden vrouwen.'
Diu Schœne sprach 'ich bin noch hœhers werdes wert
daʒ ich dur mînen fröiden lust mich lâʒe in wirde schouwen.'
Diu Liebe sprach 'swem ich bin liep,
dem dunke ich schœne und dâ bî guot, des ich mich underwinde.'
35 diu Schœne sprach 'du bist ein diep:
sô bin ich offenbâr und lâʒe mich in fröiden vinden.'
diu Liebe sprach 'sô kan ich slieʒen zwei in ein,
  der du niht kanst entslieʒen, swie dîn varwe ie schein
durliuhtec glanz und dîn vil lichter aneblic.
40 ich gên dir vor, du gêst mir nâch, und reiz dich in der minnen stric.'

Diu Schœne sprach 'vrô Liebe, sît daz ir nu sît
gewaldic der vil süezen minne, wer kan daz gellmen
daz iuwer rât dem senden herzen siufzen gît
und alsô hôhe twingen kan? daz sult ir mir nu rîmen.'
45 Diu Liebe sprach 'ich sage ez dir:
ich var aldur die ganzen tür; kein herze ist mir z'enge.'
diu Schœne sprach 'ist daz dîn gir,
sô hân ich ruom und hôhen prîs die wîte und ouch die lenge.'
diu Liebe sprach 'sô bin ich süeze und dâ bî guot.'
50 diu Schœne sprach 'ich bin mit wirdekeit behuot.'
diu Liebe sprach 'ich hân der minne slôzgewalt.'
diu Schœne sprach 'ich hân zen fröiden manigen werden helt
                 gestalt.'
Schœn unde liep diu vüegent mit ein ander bî
baz dann der lichte rubîn tuo in dem vil klâren golde.
55 Schœn âne liep daz ist der rehten minne vrî:
sô wol in der sî mit ein ander beide triuten solde!
Schœn unde liep diu liebent wol
den ougen und den herzen baz, den sî die minne enzündent.
schœn unde liep man prîsen sol,
60 swâ sî mit ganzer stætekeit sich zuo dem manne gevründent.
schœn unde liep daz ist ein minneclîchez wîp.
schœn unde liep ist mînes herzen leitvertrîp.
schœn unde liep daz machet al mîn trûren laz.
diu schœne gît mir hôhen muot: diu liebe tuot dem herzen baz.

65 Wâ sint nu alle die von minnen sungen ê?
si sint meistôt, die al der werlde fröide kunden machen.
Von Sente Gallen friunt, dîn scheiden tuot mir wê:
du riuwes mich, dîns schimpfes maniger kunde wol gelachen.
Reinmâr, dîns sanges maniger gert,
70 ich muoz dich klagen und mînen meister von der Vogelweide.
von Niuwenburc ein hêrre wert
und ouch von Rucke Heinrich sungen wol von minnen beide.
von Jôhansdorf und ouch von Hûsen Friderîch
die sungen wol, mit sange wârens hovelîch,
75 Walther von Metz, Rubîn, und einer, hiez Wahsmuot.
von Guotenburc Uolrich, der liute vil dîn singen dûhte guot.

XLVII Der Tanhûser.

Der winter ist zergangen.
daz prüeve ich ûf der heide.
aldar kam ich gegangen:
guot wart mîn ougen weide
5   Von den bluomen wol getân.
wer sach ie sô schœnen plân?
der brach ich zeinem kranze,
den truoc ich mit tschoie zuo den frouwen an dem tanze.
well ieman werden hôhgemuot, der hebe sich ûf die schanze.
10 Dâ stât vîol unde klê,
sumerlaten, gamandrê,
die werden zîtelôsen,
ôstergloien vant ich dâ, die liljen und die rôsen:
dâ wunschte ich daz ich sament mîner frowen solte kôsen.
15   Si gap mir an ir den prîs
daz ich wære ir dulz amîs
mit dienste disen meien:
dur si sô wil ich reien.
Ein fôres stuont dâ nâhen,
20 aldar begunde ich gâhen:
dâ hôrte ich mich enpfâhen
die vogel alsô suoze.
sô wol dem selben gruoze!
Ich hôrt dâ wol tschantieren,
25 die nahtegal toubieren:
aldâ muost ich parlieren
ze rehte: wie mir wære?
ich was ân alle swære.
Ein riviere ich dâ gesach,
30 durh den fôres gieng ein bach
zetal übr ein plâniure.
ich slcich ir nâch unz ich si vant die schœnen crêâtiure.
bî dem fontâne saz diu klâre süeze von faitiure.
Ir ougen lieht und wol gestalt,
35 si was an sprüchen niht ze balt,
man mehte si wol lîden.
ir munt ist rôt, ir kel ist blanc,

ir hår reit val ze måʒe lanc.
gevar alsam die sîden:
40 solde ich vor ir ligen tôt, in mehte ir niht vermîden.
 Blanc alsam ein hermelîn
wåren ir diu ermelîn.
ir persône diu was smal,
wol geschaffen über al.
45 Ein lützel grande was si då.
wol geschaffen anderswå.
an ir ist niht vergeʒʒen:
lindiu diehel, sleht iu bein, ir füeʒe wol gemeʒʒen.
schœner forme ich nie gesach diu mîn cor håt beseʒʒen;
50 an ir ist elliu volle.
dô ich die werden êrest sach, dô huop sich mîn parolle.
 Ich wart frô
und sprach dô
'frowe mîn,
55 ich bin dîn,
du bist mîn:
der strît der müeʒe iemer sîn.
du bist mir vor in allen,
iemer an dem herzen mîn muost du mir wol gevallen.
60 swå man frowen prüeven sol, då muoʒ ich für dich schallen,
an hübsche und ouch an güete:
du gist aller contråte mit tschoie ein hôchgemüete.'
 Ich sprach der minneclîchen zuo
'got und anders nieman tuo
65 der dich behüeten müeʒe.'
ir parol der was süeʒe.
 Så neic ich der schœnen dô:
ich wart an mînem lîbe vrô
då von ir salûieren.
70 si bat mich ir tschantieren
von der linden esten
und von des meigen glesten.
 Då diu tavelrunde was
då wir då schône wåren,
75 daʒ was loup, dar under gras.
si kunde wol gebåren.
 Då was niht massenîe mê

wan wir zwei dort in einem klê.
si leist daz si dâ solde
80 und tet daz ich dâ wolde.
 Ich tet ir vil sanfte wê.
ich wünsche daz ez noch ergê:
ir zimet wol daz lachen.
dô begunden wir dô beide ein gemellîchez machen:
85 daz geschach von liebe und ouch von wunderlîchen sachen.
 Von amûre seit ich ir:
daz vergalt si dulze mir.
si jach si lite ez gerne
daz ich ir tæte als man den frowen tuot dort in Palerne.
90 Daz dâ geschach, dâ denke ich an:
si wart' mîn trût und ich ir man.
wol mich der âventiure!
erst iemer sælic der si siht,
sît daz man ir des besten giht:
95 si ist alsô gehiure.
elliu granze dâ geschach von uns ûf der plâniure.
 Ist ieman dem gelinge baz,
daz lâze ich iemer âne haz.
si was sô hôhes muotes
100 daz ich vergaz der sinne.
got lône ir alles guotes:
sô twinget mich ir minne.
 Waz ist daz daz si mir tuot?
allez guot.
105 hôhen muot
habe ich von ir iemer:
in vergizze ir niemer.
 Wol ûf wol ûf, Adelheit,
du solt sant mir sîn gemeit.
110 wol ûf wol ûf, Irmengart.
du muost aber an die vart.
diu dâ niht enspringt, diu treit ein kint:
sich frönnt algemeine die dir sint.
 Dort hœr ich die flöiten wegen,
115 hie hœr ich den sumber regen:
der uns helfe singen,
disen reigen springen,

dem mücze wol gelingen
zallen sinen dingen.
120 Wâ sint nu diu jungen kint,
daz si bi uns niht ensint?
sô sælic si mir Kunigunt!
solt ich si küssen tûsentstunt
an ir vil rôsevarwen munt,
125 sô wære ich iemer mê gesunt,
diu mir daz herze hât verwunt
vaste unz ûf der minne grunt:
der ist enzwei.
heiâ nu hei,
130 des videlæres seite derst enzwei.

Min frowe diu wil lônen mir
der ich sô vil gedienet hân.
des sult ir alle danken ir:
si hât sô wol ze mir getân.
135 Si wil daz ich ir wende den Rîn
daz er für Kobelenze iht gê:
sô wil si tuon den willen mîn.
mag ich ir bringen von dem sê
Des grienes dâ diu sunne gêt
140 ze reste, sô wil si mich wern.
ein sterne dâ bî nâhe stêt,
des wil si von mir niht enbern.
ich hân den muot,
swaz si mir tuot,
145 daz sol mich allez dunken guot.
si hât sich wol an mir behuot   diu reine:
sunder got alleine,
sô weiz die frowen nieman dicch dâ meine.
Ich muoz dem mânen sînen schîn
150 benemen, sol ich si behaben:
sô lônet mir diu frowe mîn,
mag ich die werlt al umbegraben.
Meht ich gefliegen als ein star,
sô tæt diu liebe des ich ger,
155 und hôhe sweiben als ein ar

und ich ze mâle tûsent sper
Vertæte als mîn her Gamuret
vor Kamvoleis mit richer tjost,
sô tæt diu frouwe mîne bet:
160 sus muoz ich haben hôhe kost.
ich hân den muot,
swaz si mir tuot,
daz sol mich allez dunken guot.
si hât sich wol an mir behuot   diu reine:
165 sunder got alleine,
sô weiz die frouwen nieman diech dâ meine.
 Si giht, müg ich der Elbe ir fluz
benemen, sô tuo si mir wol,
dar zuo der Tuonowe iren duz:
170 ir herze ist ganzer tugende vol.
Den salamander muoz ich ir
gebringen ûz dem fiure her,
sô wil diu liebe lônen mir
und tuot ze mir des ich dâ ger.
175 Mag ich den regen und den snê
erwenden, des hœr ich si jehen,
dar zuo den sumer und den klê,
sô mac mir liep von ir geschehen.
ich hân den muot,
180 swaz si mir tuot,
daz sol mich allez dunken guot.
si hât sich wol an mir behuot   diu reine:
sunder got alleine,
sô weiz die frouwen nieman diech dâ meine.

185 Ich denke, erbûwe ich mir ein hûs nâch tumber liute râte,
die mir des helfen wellent nu, die sint alsô genennet:
Her Unrât und her Schaffeniht, die koment mir vil drâte
und einer, heizet Selten rîch, der mich vil wol erkennet.
Her Zadel und her Zwîvel sint mîn stætez ingesinde;
190 her Schade und ouch her Unbereit ich dicke bî mir vinde.
und wirt mîn hûs alsô volbrâht von dirre massenîe,
sô wizzent daz mir von dem bû her in den buosen snîe.

Wol ime der nu beizen sol ze Pülle ûf dem gevilde!
der birset, dem ist dâ mit wol, der siht sô vil von wilde;
195 sumliche gânt ze brunnen, die andern rîtent schouwen:
der fröide ist mir zerrunnen dâ baneket man bî frouwen.
des darf man mich niht zîhen, ich beize ouch niht mit wîaden,
in beize ouch niht mit valken, in mac niht vübse gejagen;
man siht mich ouch niht volgen nâch hirzen und nâch hinden;
200 mich darf ouch nieman zîhen von rôsen schapel tragen.
man darf ouch mîn niht warten dâ stêt der grüene klê
noch suochen in den garten
bî wol getânen kinden: ich swebe ûf dem sê.

Ich bin ein erbeitsælic man, der niene kan belîben
205 wan hiute hie, morn anderswan: sol ich daz iemer trîben,
des muoz ich dicke sorgen, swie frœlich ich dâ singe,
den âbent und den morgen, war mich daz weter bringe,
daz ich mich sô gevriste ûf wazzer und ûf lande
daz ich den lîp gefüere unz ûf die selben stunt.
210 ob ich den liuten leide in snœdeme gewande,
sô wirdet mir diu reise mit freise wole kunt.
dar an sol ich gedenken die wîle ich mich vermac:
in mag im niht entwenken,
ich muoz dem wirte gelten vil gar ûf einen tac.

215 Wâ leit ie man sô grôze nôt als ich von bœsem trôste?
ich was ze Krîde vil nâch tôt, wan daz mich got erlôste.
mich sluogen sturmwinde vil nâch ze einem steine
in einer naht geswinde: mîn fröide diu was kleine.
diu ruoder mir zerbrâchen; nu merkent wie mir wære:
220 die segel sich zerzarten, si flugen ûf den sê.
die marner alle jâhen daz si sô grôze swære
nie halbe naht gewunnen: mir tet ir schrîen wê.
daz werte sicherlîchen unz an den sehsten tac:
in mahte in niht entwîchen,
225 ich muose ez allez lîden als der niht anders mac.

Die winde die sô sêre wænt gein mir von Barbarîe,
daz si sô rehte unsuoze blænt, die andern von Türkîe,
die welle und ouch die ünde gênt mir grôz ungemüete:
daz si für mîne sünde der reine got mîn hüete!
230 mîn wazzer daz ist trüebe, mîn piscot der ist herte,
mîn fleisch ist mir versalzen, mir schimelget mîn wîn.
der smac der von der sulten gât, der ist niht guot geverte:

dâ für næm ich der rôsen smac,   und mehte eʒ wol gesîn.
zisern unde bônen   gênt mir niht hôhen muot:
235 wil der hôhste lônen,
sô wirt daʒ trinken süeʒe und ouch diu spîse guot.
   Ah! wie sælic ist ein man   der für sich mac gerîten!
wie küme mir der glouben kan   daʒ ich muoʒ winde bîten.
der schoc von Oriende   und der von Tremundâne
240 und der von Occidende,   Arsiure von dem plâne.
der meister ab den Alpen,   der krieg ûʒ Rômânîe,
der Levandân und Ôster,   die mir genennet sint:
ein wint von Barbarîe wæt,   der ander von Türkîe,
von Norden kumt der Mezʒol,   seht deist der zwelfte wint.
245 wær ich ûf dem sande,   der namen wisse ich niht:
durch got ich fuor von lande
und niht dur dise vrâge,   swie wê halt mir geschiht.

XLVIII. Grâve Kraft von Toggenburc.

Hât ie man ze fröiden muot,
der sol kêren zuo der grüenen linden:
Ir wol blüenden sumerbluot
mac man dâ bî loubeschaten vinden.
5 Daʒ liebet kleiner vogele schal
   . . . . unde singet:
dâ von sendes herzen muot
   ûf alsam diu wolken hôhe swinget.
   Ûf der heide ist bluomen vil:
10 dem der meie sorge mac geringen,
Der vint maniger fröide spil,
wolde eht mich sô sende leit niht twingen.
Ich wære hôhes muotes rîch
   mit fröiden fröidebære,
15 wolde ein reine sælic wîp
   niht sô vil gelachen mîner swære.
   Lache, ein rôsevarwer munt,
sô daʒ mir dîn lachen nien enswache
Mîne fröide und mîn gesunt,
20 daʒ daʒ noch dîn güetlich lachen mache.

Der meie und al der bluomen schin
   diu künden minem muote
alsô vil niht fröide geben
   sô din lachen, meines duz in guote.
25   Bluomen loup klê berge unt tal
und des meien sumersüeziu wunne
Diu sint gegen dem rôsen val
sô min vrowe treit: diu liehte sunne
Erlischet in den ougen min,
30   swann ich den rôsen schouwe,
der blûet ûz einem mündel rôt
   sam die rôsen ûz des meien touwe.
   Swer dâ rôsen ie gebrach,
der mac wol in hôhgemüete lôsen.
35 Swaz ich rôsen ie gesach,
dâ gesach ich nie sô lôsen rôsen.
Swaz man der brichet in dem tal
   dâ si diu schœne machet,
sâ zebant ir rôter munt
40   einen tûsentstunt sô schœnen lachet.

XLIX. Hêr Hûc von Werbenwâc.

Wol mich hiute und iemer mêre
sumers unde diner schœnen zît.
Zuo der wunne hân wir êre,
sit sin kunft der welte fröide gît.
5 Swem ie herzeliebe wart bekant,
der wirt in der wunne maniger fröide ermant,
wan ich einer bin der noch nie trôst an herzeliebe vant.
   Fröute mich ein liebez mære,
sô wær ich den sumer âne leit,
10 Daz ouch diu vil sældenbære
mich gewerte des si mir verseit:
Sô fröit ich mich aller bluomen schin
und des süezen meien. sanc der vogellin
derst mir trüebe, sol ich von der lieben ungetrœstet sin.
15   Rôsenrôt gar minnecliche

sost der lieben wengel und ir munt.
Sist sô gar der êren rîche,
daz ist mir ein sælden richer funt.
Dâ hât si mich lâzen mînen sanc
20 daz ich dran erwunde: sost mîn fröide kranc,
sol mîn dienest und mîn singen gegen ir sîn gar âne danc.
È daz ich alsus erwinde,
sô sol ein mîn friunt der lieben sagen,
Sît ich guot gerihte vinde,
25 sô wil ich dem künige von ir klagen
Daz si mînen dienest nam verguot
und si mir dar under trôst noch helfe tuot:
lât der künic daz ungerihtet, sô hab ich zem keiser muot.
Sô fürht ich wir müezen beide
30 kempfen, swie wir für gerihte komen,
Wan si lougent bî dem eide
daz si mînen dienest habe genomen.
Muoz ich danne vehten, dast ein nôt,
küme ich slüege ir wengel und ir munt sô rôt:
35 so ist ouch laster, sieht ein wîp mich âne wer in kampfe tôt.
Wiget der künc Kuonrât daz ringe,
swenne ich künde mîniu klagendiu leit,
Schiere ichz für den keiser bringe:
dâ wirt doch niht wol von ir geseit.
40 Swie mir der niht rihtet dâ zehant,
sô wil ich zem jungen künge ûz Dürnge lant
alder an den bâbest dâ man ie genâde an rehte vant.
'Lieber friunt, du zürnest sêre
daz du keiser unde künige klagest
45 Und dem bâbest: ûf mîn êre,
dir ist bezzer daz du reht verdagest.
Nim die minne diu gefüege sî,
wis mir langer noch mit dînem dienste bî:
dir ist minne bezzer danne reht, ich bin des muotes frî.'

L. Hêr Walther von Metze.

Wirst min altiu klage hiure niuwer danne vert
daz die bluomen maneger treit,
dêst mir leit,
der niht loubes wære wert.
5 Alsus klag ich die bluomen und der kleinen vogele sanc,
der ich beider niene gan
manegem man
der des muotes ist ze kranc.
    Solde ich wünschen, sô wold ich den vogelen wünschen daz
10 daz si heten einen sin
under in
und die liute schieden baz.
Swer den liuten danne sunge als in ir herze stât,
sô bekande ir iegelich
15 selbe sich
rehte waz er tugende hât.
    Swes diu nahtegale mit ir sange næme war,
der möht iemer wesen vrô:
seht alsô
20 würde ein vingerzeigen dar.
Swem der guggouch sunge und ouch ein distelvinkelîn,
den bekande man dâ bî
tugende vrî:
wê wie vil der müese sîn!

25 Heten nu die bluomen den gewalt,
alse ich iuch bescheiden sol,
daz si mannen unde wîben wol
stüenden alse ir herze si gestalt:
    Sô bekande ein wîp der manne muot.
30 ouch bekande man diu wîp:
swelhez bæte wandelbæren lîp,
daz trüeg einen krumben bluomen huot.
    Leider si enhânt der krefte niht,
si mac brechen swer der wil:
35 dâ von ist der krenzeleite vil,
dâ man bî dem kranze unvuoge siht.

LI. Hêr Rubîn.

Ein sinne riche sælic wîp
diu spreche waz ir rehtes sî
diu dienest von drin mannen nimt.
Behaltet si der drier lip,
5 dan ist niht ganzer fröiden bî,
sît ez den guoten missezimt.
Erwirbet si der eine,
so erbarmet mich der zweier nôt:
ist s'aber den zwein gemeine,
10 daz ist des dritten tôt:
von selchen dingen würde ein schamic wîp vil dicke rôt.

Nieman an fröiden sol verzagen,
ob ime sîn dinc niht ebene gât.
15 Er sol sîn leit mit zühten tragen:
mir selbem gibe ich disen rât.
Frô Sælde ist wilder danne ein rêch
und ist ouch wider mich gevêch.
ich volge ir allez ûf ir spor,
20 und bin ir dicke nâhe komen:
nu gêt si mir mit listen vor.

Werder gruoz von frowen munde
der freut ûf und ûf von grunde
baz dann aller vogele singen.
25 Kan ab ieman vrô belîben
anders iht wan bî den wîben?
fürder swer des habe gedingen!
Waz gelîchet sich dar zuo?
swer nu wunne
30 prüeven kunne,
sage waz ime sanfter tuo.
Wîlen frâget ich der mære
waz für trûren senfte wære:
daz wolt ich vil gerne schouwen.
35 Dô hôrt ich der wîsen ræte

daz ot niht sô sanfte tæte
sô diu fröide von den frouwen.
Von den ist ez mir geschehen
sunder lougen
40 swaz diu ougen
ganzer fröide habent gesehen.
 Sist vil guot, daz ich wol swüere,
der diu riche gar durvüere
von dem orte unz an daz ende,
45 Der envunde ir niender eine
diu mich alsô rehte reine
diuhte ân alle missewende.
Obe siz doch diu beste si?
nein si, herre,
50 dêst ir verre,
sin getuo mich sorgen vrî.

Ich wil urloup von vriunden nemen
dem lîbe und aber dem herzen niht.
Ir vröide müeze in wol gezemen:
55 ich minne daz in liep geschiht.
Vil wol müez ich si vinden âne swæren muot.
dâ vriundes scheiden alsô rehte unsanfte tuot,
dâ tuot ouch vriundes komen vil inneclîchen wol:
daz ist ein trôst der mich noch vröiden trœsten sol.
60 Daz ich von hinnen scheiden muoz
und daz sô schiere sol geschehen,
Wer sagt ir denne mînen gruoz;
wer sol ir mîner rede verjehen,
Daz ich sô senelîchen von ir scheide bin
65 und ich ir doch sô holt mit ganzen triuwen bin?
swer ir daz sage, der müeze fröiden sælic sîn:
des wünsche ich iemer mêre in deme herzen mîn.
 'Er tuot ein scheiden von mir hin,
daz mir nie scheiden leider wart,
70 Dem ich daz herze und al den sin
ze stiure gibe ûf sîne vart,
Und ouch der fröide mîn gelîche halben teil,
dâ mite er uns erwerbe beiden gotes heil.

enmüge im niht der ougen blic ze staten stên,
75 sô lâz et er daz herze für diu ougen sên.'

Ich wil mich einer schulde gar
got und der werlte beiden sagen,
Ê danne ich nû von lande var,
die hân ich lange her getragen:
80 Ichn bin den liuten holt noch allen niht gehaz;
mir geviel ie under zwein der eine muotes baz.
sol daz ein sünde sin, die ruoche er mir vergeben
der dirre werlte schuof als ungelîchez leben.

Swer got dur dise werlt nû lât,
85 sô lützel si doch vröiden phliget,
Sô jæmerlîchen si nu stât,
dem ist mit sorgen an gesiget.
Nu seht wiez allen guoten dingen abe gê:
die tage schînent niht sô schône mêre als ê
90 und . . . . . dar zuo sô suoze niht:
nieman in liehter varwe als ê die bluomen siht.

LII. Hêr Wahsmuot von Mülnhûsen.

'Juncherre, ich hân grôze huoter
durh iuwern willen, dast mir leit,
Beidiu von vater und von muoter:
verlorn hânt ir iur arebeit.
5 Wolt ir mir ein lützel beiten,
ich lôste iuch schiere ûz arebeiten:
juncherlîn,
durh rehte minne beit ein lützel mîn.'

Wære ich herre übr al die menige
10 dâ mite man prîset ein guot lant,
Und wære ich künic in Tschampenîge,
(sô wære ich wîtenân erkant),
Sô lieze ich sper und al die krône
ê mîn liep, daz ist sô schône
15 und ist sô guot.
got herre, machent mir ir minne spuot!

Wâ gesach ie mannes ougen
ie zwei wengel baz gestân?
Liljen wîs gar âne lougen,
20 wunneclîchen wol getân.
Si treit lanc gel valwez hâr:
wær daz rîche mîn und ir,
desn gunde ich nieman baz für wâr.
 Ein kus von mîner frowen munde
25 brennet sanfter danne ein gluot:
Swem si des mit willen gunde,
der wær iemer hôhgemuot.
Helfent alle wünschen des
daz ir küssen werde mir:
30 sô wünsche ich aber eteswes.

LIII. Marcgrâve Heinrîch von Missen.

Sælic sî mîn liebiu frouwe
diu mir fröit daz herze mit den sinnen!
Mir tuot wol swenn ich sie schouwe,
von ir güete mag ich heil gewinnen.
5 Sist gar mîn trôst vür sende nôt
und ouch vür ungemüete,
ir schœne lengert mir den tôt:
des bite ich got ir reinen lîp behüete.
 Ich fröu mich deich mac gedenken,
10 swenne ich wil, der herzeliehen frouwen.
Sie kan sendez trûren krenken,
mir tuot wol swenn ich ir lîp sol schouwen,
Ir brûne brâ, ir ougen klâr,
ir munt reht als er glüete:
15 swie verre ich sî, ich wünsche ir dar
und bite got ir reinen lîp behüete.

Waz hât diu welt ze gebenne mê
dâ von ein sendiu nôt zergê
dann wîbes minne alleine?

20 Ein wîp diu lôslîch lachen kan
gên einem wolgemuoten man.
der fröiden ist niht kleine.
Swenn sie stêt gegen im z'angesiht
und sie im mit ir ougen gibt
25 daz sin von herzen weine,
swer disen zwein geværic sî
und wone mit valscher huote bî,
der werde zeinem steine!
An schœnem lîbe wol gevar,
30 in edelem muote reine gar,
swer daz an wîben vinde,
Der lobe ir leben und êre ir lîp:
sist gar ein reine sælic wîp,
des Wunsches ingesinde.
35 Ir lûter spiegelvarwez leben
kan trüeben herzen fröide geben.
swer sich des widerwinde,
der frouwen rehte fröide wer,
versigelen müeze er ûf dem mer
40 von wîbe und ouch von kinde!
Ir zuhtfliehære, iu sî geseit
daz zuht vil verre nâch iu jeit,
des swer ich iû bî eide:
Mit unzuht habt ir guoten zinch.
45 bei zuhtfliehære, fiuhâ fliuch,
sô seit man von iu beide.
Ir frowen, nemt sîn kleine war,
er kome mit guoten zühten dar
sô daz er sich gescheide
50 von unzuht als ein zühtic man:
swelch frouwe im danne ir gruozes gan,
der lept gar sunder leide.

LIV. Der von Scharpfenberc.

Meije, bis uns willekomen,
sît du trûren hâst benomen

manigem daz den winter her mit sorgen hât gerungen.
dem walde ist wol gelungen,
5 er stât alsô besungen.
'Dirre mære bin ich frô',
sprach ein geiliu maget dô:
'wer sol mir nu wenden ob ich gê nâch bluomen swanze?
het ich der zeinem kranze,
10 sô zæme ich an dem tanze.'
'Tohter, lâ dîn swanzen sîn,
volge noch der lêre mîn.
mich bedunket dîn muot tobe sêre nâch der minne.
dun hâst niht guoter sinne:
15 dâ von belîp hie inne.'
'Nu sihe ich wol, ir hüetent mîn,
sît ich sol hie bî iu sîn:
wizzent doch, sît ich ez weiz, sô kumtz iu niht ze guote;
verlorn ist iuwer huote.'
20 sô sprach diu wol gemuote.
'Sol mîn huote sîn verlorn,
dêst mir wol von schulden zorn.
volge mir dur dîne frume und hüet dich vor der wiegen.
die man die künnen liegen,
25 dâ von lâ dich niht triegen.'
'In hüet mîn vor der wiegen niht,
swaz halt mir dâ von beschiht.
dem ich holdez herze trage, dem muoz an mir gelingen.
er kan wol swære ringen,
30 ich wil im fröide bringen.'
'Du fröwest in und beswærest dich:
tohter, lâze ez noch durch mich.'
'nein ich muoter, ir hânt iuch versûmet an dem râte:
ez ist nu ze spâte.'
35 hin spranc diu junge drâte.

LV. Hêr Wahsmuot von Kunzich.

Swie der walt in grüener varwe stê
und diu vogelîn hœben iren sanc,

Doch tuot mir mîn alter kumber wê
der mich hiure vor dem meien twanc.
5 Der hât vröude mir benomen:
owê, sol mir iemer trôst von liebem wîbe komen?
    Wie mac mir ein wîp sô liep gesîn
der ich alse gar unmære bin?
Daz kumt allez von der stæte mîn:
10 doch sô râtet mir mîns herzen sin
Daz ich an ir stæte sî.
bezzer ist ein stætiu liebe danne unstæter drî.
    Manigem ist mit sînre unstæte baz
danne mir mit mîner stæte sî.
15 Daz sol ich wol lâzen âne haz,
wan der selbe ist herzeliebe frî.
Swer nie leit durch liep gewan,
der enweiz ouch niht wie herzeliebe lônen kan.
    Mir ist dicke herzeclîchen wol
20 unde dicke herzeclîchen wê.
Swenne ich von der lieben scheiden sol,
sô hân ich deheine vröude mê.
Swenne ich sî ab mac gesehen,
sône kunde mir an vröuden niemer baz geschehen.
25   Ist diu liebe nâch ir schœne guot,
sô mac mîner swære werden rât.
Nu waz danne obs ungenâde tuot?
ich weiz wol daz sî diu beidiu hât.
Wie möht âne güete sîn
30 alse grôziu schœne alsô sî hât diu vrowe mîn?

LVI. Gedrût.

Von Kunzechen hêr Wabsmuot
der minnet sîne frouwen
über tûsent mîle: dannoch was sim gar ze nâhen,
Wand ez ime sô sanfte tuot
5 ob er sî solde schouwen
ûf eim hôhen turne und daz er danne solde enphâhen
Von ir hant ein vingerlîn: daz kust er tûsentstunde.

    læge er bî der wol getânen mit ir rôten munde,
    er geruorte niemer si, wand er vor liebe erwunde.
10   Wær aber ich sô sælic daȝ
    ich die vil liebe hæte
    alters eine an einer stat dâ uns dâ nieman schiede,
    Wir schieden unsich âne haȝ:
    wer weiȝ waȝ ich ir tæte,
15   obe ich ir gewaltic wære! ich sag iu, mîne liebe,
    Ja enkust ich niht daȝ vingerlîn daȝs an ir hende trüege;
    ich kustes an ir rôten munt, ich wære als ungevüege:
    mich dunket, sold ichs iemer phlegen, ichn möhtes mich niht gnüegen.

LVII. Hêr Geltâr.

    Het ich einen kneht, der sunge liht von sîner frouwen,
    der müeste die bescheidenlîche nemnen mir,
    daȝ des iemen wânde eȝ wær mîn wîp.
    Alram Ruopreht Friderîch, wer sol iu des getrouwen,
5   von Mergersdorf daȝ sô die hêrren effet ir?
    wære gerihte, eȝ gienge iu an den lîp.
    Ir sît ze veiȝ bî klagender nôt:
    wær ieman ernst der sich alsô
        nâch minnen senet, der læg inner jâres friste tôt.

10   Man singet minnewîse dâ ze hove und inme schalle:
    so ist mir sô nôt nâch alder wât deich niht von vrowen singe.
    mir wærn viere kappen lieber danne ein krenzelîn.
    Mir gæbe ein hêrre lihter sînen meiden ûȝ dem stalle
    dann obe ich als ein wæber Flæminc vür die vrowen dringe.
15   ich wil bî dem wirte und bî dem ingesinde sîn.
    Ich vliuse des wirtes hulde niht, bit ich in sîner kleider:
    sô wære im umbe ein überigeȝ hübeschen michel leider.
    gît mir ein hêrre sîn gewant, diu êre ist unser beider.
    slahen ûf die minnesenger die man rûnen siht!

20   Der walt und diu heide breit
    die stênt lobelîch gekleit,

elliu herze erstœret sint,
des fröunt sich megde und stolze kint:
ende hât der kalde wint.
25 'Ich wil mîn trûren lân',
sprach ein magt, 'dur einen man
der mir kom in mînen sin.
nu wizze er deich im wæge bin:
ich wil mit im vil tougen hin.'
30 Diu muoter vor zorne sprach
'wê daz ich dich ie gesach!
war hâstu dich ane geleit,
dîn hâr mit rôsen wol bekleit?
du wirdest niemer altiu meit.'
35 'Sô wird ab altez wîp:
muoter, ich muoz sînen lîp
minnen schiere od ich bin tôt.
. . . .
ich wil mit ime nâch rôsen rôt.'
40 'Tohter, wer mac er sîn?'
'ein Waleis, liebiu muoter mîn.'
'liebez kint, daz ist ein man
der senede sorge wenden kan:
lôn ime, daz ist wol getân.'

LVIII. Der von Wildonje.

Wir suln hôhen muot enpfâhen.
beide frowen unde man.
Trûren, du solt von mir gâhen
sit daz ich gesehen hân
5 Des vil lichten meien schîn:
man hœrt in den ouwen singen
diu vil kleiniu vogellîn.
Diu vröunt sich der spilnden sunne,
swâ si vor dem berge ûf gât.
10 Waz gelîchet sich der wunne
dâ ein rôse in touwe stât?
Nieman danne ein schœnez wîp

diu mit rehter wîbes güete
    wol kan zieren iren lîp.
15   Liep daz hebt sich in den ougen
und gât in daz herze în:
Sô spricht liep ze liebe tougen
'liep, wan solt ich bî dir sîn!'
. . . .
20 disiu liet diu hât gesungen
    vor dem walde ein vogellîn.

LIX. Der von Suonegge.

Vil süeziu Minne, du hâst mich betwungen
daz ich muoz singen der vil minneclîchen,
Nâch der mîn herze ie hât dâ her gerungen:
diu kan vil suoze dur mîn ougen slîchen
5 Al in mîn herze lieplîch unz ze grunde;
wand âne got nieman erdenken kunde
sô lieplîch lachen von sô rôtem munde.
    Wâ sach ie man ein wîp sô schœne und guote
in allen welschen und in tiutschen rîchen?
10 An kiusche ein engel, si ist in reiner huote:
in al der werlt kan ich ir niht gelîchen.
In weiz niht wâ ich ein lieber frowen funde;
wand âne got nieman erdenken kunde
sô lieplîch lachen von sô rôtem munde.
15   Dô ich êrst an sach die reinen minneclîchen,
ich wânde dazs ein schœner engel wære.
Ich dâhte ich solte an allen fröiden rîchen:
dô bant si mich in manige sende swære.
In trûwet niht daz si mich alsô bunde;
20 wand âne got nieman erdenken kunde
sô lieplîch lachen von sô rôtem munde.

LX. Meister Heinrich Teschler.

Si jehent ich habe doch vollen teil
der welte volge und ouch die kunst:

war umbe ich swige uud niht ensinge als wilent é?
si redent ir zuht: got gebe in heil
5 und daz ez in gein liebes gunst
baz dan mir noch gelungen si, ze leste ergé.
In zwivel niht, und wisten si
wie rehte kranc dar an gewesen ist mîn gelinge,
si stüenden mir des alle bi
10 daz es mir nôt tuot daz ich swige und niht ensinge:
sus wunder nieman ob ich sanges abe gesté.
Als mir in die gedanke kumet
waz ich ir liebe schaden habe,
dur die mîn herze senelîchen kumber treit,
15 Und mich daz nie niht hât gefrumet,
wan daz ich bin gewahsen abe
an fröide, diu der welt ie was von mir bereit.
Sô wirde sinne und witze bar:
wie möht ich dann gesingen ûz sô trüebem muote?
20 mîn neme ir helfe bezzer war,
daz mir doch eteswaz von ir beschehe ze guote.
sô ist mîn fröide und al mîn singen hin geleit.
Sît daz ich nu niht bringen mac
der welte fröiden rîchen sanc,
25 deswâr sô muoz ouch klagesanges sin geswigen.
Ob ich des ie dâ her gepflac,
dar an sô was mîn witze kranc:
daz muoz nu hinnen für von mir geruowet ligen.
Waz touc ze sange ein trüebez klagen?
30 ein siufteberndez liet, ein fröidelôs gedœne?
geschiht mir leit, ich wils gedagen:
kumt liep, mit fröiden rîchem sange ich daz bekrœne.
von dirre zît sô muoz der site an mir gesigen.

LXI. Hêr Heinrîch von Stretelingen.

Nahtegal, guot vogellîn,
mîner frowen solt du singen in ir ôre dar,
Sît si hât daz herze mîn
. und ich âne fröide und âne hôhgemüete var.

5 Si daz niht wunder,
son weiz ich frömder dinge niht,
daz man dar under   hie besunder   dicke vrô mich siht.
Deilidurei   faledirannurei,
lidundei   faladaritturei!
10   Frowe, bluomen unde klê
unde heide diu sô wünneclîche grüene lît,
Die wen muoten unde mê
daz diu vogelîn wol singen suoze wider strît.
Des fröit sich sêre
15 mîn muot daz si sint fröide rîch.
al dur ir êre   singe ich mêre,   sît sist minneclîch.
Deilidurei   faledirannurei,
lidundei   faladaritturei!
    Süeze minne, hilf enzît,
20 daz diu sælden rîche erkenne mîne grôze nôt.
Sît daz mîn trôst an dir lît,
sô gefüege daz ir süezer munt durliuhtic rôt
Der senden quâle
in kurzen zîten werde gewar.
25 schiuz dîne strâle   zeinem mâle   du weist selbe war.
Deilidurei   faledirannurei,
lidundei   faladaritturei!

LXII. Meister Friderich von Sunburc.

Swie liegen al der welte sî verboten in der ê,
doch wil ichz erlouben drîer hande liuten unde nieman mê:
den selben tuot ouch liegen wê,   jâ büezent si dâ mite.
Ich wæn der arme liegen muoz, der milte ouch liegen kan;
5 swer minne pfligt, der liuget ouch, ez sî daz wîb, ez sî der man,
die minnent von der ê hin dan: lüg ist der minne site.
Doch weiz ich einer hande volc, daz liuget âne schame,
des ich genennen niht getar: sô kreftig ist sîn name.
ez sol den herren nieman sagen; daz selbe volc daz liuget gern:
10 wær ich ein fürste, der mich lobt, den wolde ich heizen wern.

    Ich hœre dicke sprechen sô 'die haben sich abe getân
der welte:' daz doch nie geschach noch niemer mensche erziugen kan.

deheine stunde, naht nuch tac, noch niemer keine zît.
Man tuot sich vries lebennes wol und ouch der sünden abe:
15 âne got und ân der welte küele, ir werme und ouch ir labe
geleben nieman niht enmac, noch swenne er tôt geitt.
Der mensche muoʒ der welte hie fleisch und gebeine lân
und iemer endellch der lip mit samt der sêle erstân
dâ se iemer muoʒ ân ende wesen in êweclîcher êwikeit:
20 vrô Welt, alsolich stæte hât got selbe an iuch geleit.

Ich sunge gerne hübeschen sanc
und seit ouch guotiu mære
und hæte ouch hübscher fuoge pfliht,
swâ ich bî liuten bin.
25 Min munt iu allen des vergiht
daz ich wol hübscher wære,
und hæte ich hübeschen habedanc,
ich hæte ouch wîsen sin.
Ich sunge ouch wol von minnen liet
30 und von 'des meien touwen,
wie kûm sich liep von liebe schiet.
ein friunt von sîner frouwen:
diz sunge ich allez und ouch mê;
nu lâze ichʒ umbe daʒ:
35 zuht tuot den edelen jungen wê
und hübescher sang, und tuot in schelten wip bî wine baʒ.

LXIII. Meister Sigehêr.

Marîâ muoter unde meit,
du hâst den hôhsten prîs bejeit,
der tugende keiserinne;
Du süeze ob aller süezekeit,
5 dîn süeze ist al der werlt bereit,
heilberndiu küniginne;
Du zêderboum, du balsemsmac,
du richiu liljen ouwe,
du himelstroum, du sælden tac,
10 got liebiu spiegelschouwe.

Dich lobent die schuole in musicâ
und diu vil süeȝen canticâ,
der tugende keiserinne:
Dich lobent diu psalteriâ,
15 die schellen und diu organâ,
heilberndiu küniginne.
Du ölboumast,   du muscâtnuȝ,
du drivaltic sagrære,
du sunnen glast,   du minne schuȝ,
20 von dir sint süeȝiu mære.
Du licht ob al der werlde lieht,
die sternen sich dir glîchen nieht,
der tugende keiserinne.
Daȝ du bist alsô minnenvar,
25 des wunnet al der engel schar,
heilberndiu küniginne.
Du seiten klanc,   du fürsten stuol,
du hôhe swebendiu krône,
du himelsanc,   du tugende schuol.
30 du zimst wol küniges trône.
Du edeliu tohter von Siôn,
dich mant daȝ her von Babilôn,
der tugende keiserinne:
Erlœs uns daȝ verstanden pfant,
35 daȝ gêt dem tiuvel in die hant,
heilberndiu küniginne.
Du wunnen tanz,   du licht aurôr,
du vollensüenerinne,
du rôsen kranz,   du fröiden kôr,
40 dîn lop gît hôhe sinne.
Du edeliu gerte von Jessê,
der nie niht wart gelîches mê,
der tugende keiserinne,
Du hâst gewahsen über den luft,
45 gewurzet in der witze kruft,
heilberndiu küniginne,
Du vridestat,   du fröiden tal,
du spilndiu blüendiu heide,
du himelpfat,   du herzen schal,
50 der engel ougen weide.

    Du werdiu burt von Nazarêt,
der rât an dir alleine stêt,
der tugende keiserinne:
Daʒ uns diu helle iht werde kunt,
55 daʒ wende dîn wol redender munt,
heilberndiu küniginne,
Du ankerhaft,   du segelwint,
du liehter stern Dîjâne,
du magenkraft,   du Sælden kint,
60 du hôher trimontâne.
    Genâden wuocher voller boum,
genâden überladen ein soum,
der tugende keiserinne:
Genâden überflüʒʒic vaʒ,
65 er milter schenke der dich maʒ,
heilberndiu küniginne,
Du wolken duʒ,   du mirren trouf,
du bisme richiu krâme,
du honeges fluʒ,   du sternen louf,
70 du fröidebernder sâme!

    Wâ nu der baʒ gekrœnet sî
ein künic mit tugenden? der enwont uns niender bî,
der krône trage als er in hôhem prîse.
In hât gekrœnet vürsten art:
75 der milten Fruotes tugende sint an in gespart,
in hât gekrœnet Salomôn der wîse.
In hât gekrœnet der vil tugende ê des pflac,
Artûs der werde leie.
der drîer lop treit âne scharte und âne krac
80 Wazlab, der êren beie:
daʒ ist der die krône in Beheimlande hât,
sît er ob allen künigen sô gekrœnet stât
alsam ob allen mânden tuot der meie.

LXIV. Hêr Walther von Klingen.

Fröit iuch, fröit iuch, grüeniu heide,
fröit iuch, vogel, fröit iuch, grüener walt!

Swaz iu ie geschach ze leide,
daz tet iu der leide winter kalt.
5 Daz habt ir wol überwunden:
noch hân ich niht trôstes funden
an der lieben diu mich twinget mit gewalt.
 Dô von êrst ir liehten ougen
lieplich sâhen in daz herze mîn,
10 Dô wând ich des âne lougen
daz ich solde wol getrœstet sîn
Von ir: nû hât siz verkêret
unde hât mich sô gelêret
daz ich weiz waz sorgen ist und sender pîn.
15 Owê, fröiderîchez grüezen,
owê, minneclîcher rôter munt,
Wenne wiltu swære büezen
mir? ich bin nâch fröiden ungesunt
Von der lieben diech dâ minne.
20 nu ist siz doch mîn küniginne,
swie si hât daz sende herze mîn verwunt.
 Minneclîchez umbevâhen
daz tuot von den reinen wîben wol.
Swem si went mit küssen nâhen,
25 waz der ganzer stæte haben sol!
Gegen der wunne ich gelîche
swem ein wîp genædeclîche
fröide gît: des herze ist ganzer fröide vol.
 Süeziu Minne, twinc die bêren
30 dazs erkenne mînen senden pîn.
Du solt ir gemüete sêren
sam du hâst getân daz herze mîn.
Wirt ir kunt dîn minne twingen,
sô muoz si mir sorge ringen:
35 dar nâch kurzer stunde wil ich frœlich sîn.

Heide ist aber worden schœne,
si hât manger hande varwe kleit:
Vogele singent süeze dœne.
swie diu sumerwunne ist vil gemeit.
40 Dâ bî dulde ich sendiu leit.

swie der meie vogellin frœne,
ich hân nôt von liebe und arebeit.
  Wild und zam daz fröit sich sêre
gegen des wunneclichen meien zît:
45   Dannoch fröit sich michels mêre
swer bî herzenliebe tougen lit.
Âhî, waz dem fröide gît
werder reiner wîbe lêre
machet mannes ungemüete wît.
50   Wol gemuoten guoten wîben
wünsche ich heiles sunder nît;
Si kunnen ungemüete vertrîben:
wê waz wunne an wîben lît!
Wîbes minne fröide gît:
55 got füeg iemer hübschen lîben
âne swære minneclichiu zît.
  Manger giht in müeze blangen
nâch den fröiden die man wîlent vant.
Derst mit sorgen umbevangen:
60 wurde ab im von wîbe ein liep erkant.
Bezzer fröide er nie bevant.
fröide ist noch sô niht zergangen,
wîp gên fröide als ie übr elliu lant.

LXV. Künic Kuonrât der junge.

Ich fröwe mich maniger bluomen rôt
die uns der meie bringen wil:
Die stuonden ê in grôzer nôt,
der winter tet in leides vil.
5 Der mei wils uns ergetzen wol
mit manigem wünneclichen tage:
  des ist diu welt gar fröiden vol.
  Waz hilfet mich diu sumerzît
und die vil liehten langen tage?
10 Mîn trôst an einer frowen lît
von der ich grôzen kumber trage.
Wil si mir geben hôhen muot,

  dâ tuot si tugentlichen an
  und daʒ mîn fröide wirdet guot.
15 Swann ich mich von der lieben scheide,
  sô muoʒ mîn fröide ein ende hân.
  Owê, sô stirbe ich IIht von leide
  daʒ ich es ie mit ir began.
  Ichn weiʒ niht, frowe, waʒ minne sint:
20 mich lât diu liebe sêre engelten
  daʒ ich der jâre bin ein kint.

LXVI. Meister Rûmzlant.

  Ren ram rint, rechte râten rûch nâch meisterlichem orden,
  wie mac daʒ wunderliche wunder sîn genennet?
  Eʒ was ein kint und wart ein man und ist ein kint geworden:
  daʒ wunder ist vur wunder wunderlich erkennet.
5 Eʒ ist ein ren der wildekeit, ein ram der umbehende,
  der zucht ein rint:
  von alter gât eʒ hinder sich, sîn lop hât widerwende.
  daʒ wunderkint
  treit grâ gevar gestopfel hâr ûf kindes kinne:
10 eʒ ist genant — nu rât, wirsdu des namen inne.

  Vil lieber Marner, vrunt, bistu der beste dûtsche singer
  den man nu lebendich weiʒ, des hât dîn name grôʒ êre.
  Du hâs die museken an der hant, die syllaben an dem vinger
  gemeʒʒen: des vursmâ die leien nicht zu sêre.
15 Du weist nicht al daʒ got vurmac, wie er al sîne gâbe
  geteilet hât:
  jâ gît her eime Sachsen alsô vil als eime Swâbe
  helf unde rât.
  daʒ sante Pâwel in der pisteln hât gesprochen,
20 'got gît nâch sînem willen,' lâ daʒ ungerochen.

  Durch swarze nacht ûf dringet liecht der morgen grâ,
  der klâren wolkenlôsen luft ir himel blâ
  gezieret ist mit liechter sunnen glaste:
  Sam ist geschônet und gezieret Beiger lant

25 mit einen vürsten der dâ lôset unse phant.
den gerenden unde maniger hande gaste.
Her ist vur allen valsche klâr alsam die luft, an aller trûwe irkennet,
des rômeschen riches êrste kieser an der kur,
an leien vursten hât er sluzzel unde tur:
30 Lodewich herzoge und pallenzgrâbe genennet.

LXVII. Meister Singûf.

Swer ein durchgrundich meister sî,
der neme ouch spêher meister drî
zu helfe ûf diz gedûte.
Ez ist noch swêrer wen ein blî
5 und wonet der werlt gemeine bî,
ez twinget alle lûte.
Ez ist als alt   alsô der man
der keine mûter nie gewan;
ez ist noch tummer wen ein kint,
10 ez siht durch ganze wende,
ezn vrochtet regen noch den wint,
ezn hât noch vûz noch heude
und vert durch manigen touben walt.
 Ein wunder wonet der werlte mite,
15 daz kan sô manige spêhe trite:
ez stîget uber die sunnen.
Ez hât sô listellchen site
daz ich ez dicke zu mir bite
und hât ouch prîs gewunnen.
20 Ez sinket nider   an helle grunt,
ouch sint im alle kôre kunt,
von abegrunde nimt ez ware,
ez kan mit êren striten.
ez dringet an der engel schare,
25 ez quam bî alten zîten
von himele her: dar mûz ez wider.

Rûmzlant.

Singûf vier meister hât bekurt,
her hât in sînen sanc beschurt

zu râten in dem sande.
30 Sô grôzer wort im nicht enburt:
sîn liet ist valsch, daz ist gespurt,
des hât er selbe schande.
Der slâf ist niht sô vollen alt
alsô der man, wiest daz gestalt?
35 der man was ê ûf erden wis
ê dan der slâf gewurde:
dô brâchte in in daz paradîs
got, do er der sunden burde
gewûc: dâ wart der slâf getiht.
40 Ebrôn daz velt die erden truc
dâ got nam erden ûz gevûc,
dâ von macht er Adâmen.
Der vater ist mit wisheit klûc
der einen sun ûz erden wûc,
45 dâ von wir alle quâmen.
Geschûf her in ûz erden doch,
die erde ist ouch sîn muter noch:
si nam ir teil, dô Adâm starp,
der vater nam daz sîne,
50 dô got die sêle wider warp
ûz herter helle pîne:
mit dem gelouben ich hie bin.

LXVIII. Meister Stolle.

Swelch junger herre balde lob und êre erwerben wil,
der sol der messe und des gebetes ahten niht ze vil:
sîn nüchter trunc, sîn morgensegen,
slint er den vruo, wie mac im misselingen?
5 Ein junger herre vaste liegen unde triegen sol,
ot vil gedrewen und lützel tuon: daz zimt im allez wol.
er sol ouch bœser worte phlegen,
nâch loter und nâch huore vaste ringen.
Er sol undæres gruozes sîn
10 und über dem tische jæmerlich gebâren.
die guoten spîse und ouch den wîn

sol er vermûren, dar suo sol er eines winkels vâren.
meineide und ouch unendelich, deist allez wol getân,
den vriunden wolf, den vinden schâf,
15   und sîne diener in den nœten lân.

Der künic von Rôme englt ouch niht und hât doch küniges guot:
ern gît ouch niht, erst wærlich rehte alsô ein lewe gemuot;
ern gît ouch niht, erst kiusche gar;
ern gît ouch niht und ist doch wandels eine.
20   Ern gît ouch niht, er minnet got und êret reiniu wîp;
ern gît ouch niht, ezn wan nie man sô vollenkomenen lîp;
ern gît ouch niht, erst schanden bar;
ern gît ouch niht, er ist wîs unde reine.
Ern gît ouch niht, er rihtet wol;
25   ern gît ouch niht, er minnet triuwe und êre.
ern gît ouch niht, erst tugende vol;
ern gît ouch leider nieman niht: waz sol der rede mêre?
ern gît ouch niht, er ist ein helt mit zühten vil gemeit;
ern gît ouch niht, der küne Ruodolf,
30   swaz ieman von im singet oder geseit.

LXIX. Meister Kuonrât von Würzeburc.

Jârlanc vrîjet sich diu grüene linde
loubes unde blüete   guot:
wunder güete   bluot   des meien ê der welte bar.
Gerner ich durh liehte bluomen linde
5   biure in touwes flüete   wuot
danne ich wüete   fluot   des rîfen nû mit füezen bar.
Mir tuont wê die küelen scharpfen winde:
swint,   vertânez winterleit,
dur daz mînem muote sorge swinde;
10   wint   mîn herze ie küme leit,
wand er kleiner vogellîne fröide nider leit.
    Owê daz diu liebe mir niht dicke
heilet mîner wunden   funt!
ich bin funden   wunt   von ir: nû mache si mich heil.
15   Sendez trûren lanc breit unde dicke
wirt mir zallen stunden   kunt:

wil mir kunden stunt gelückes, so vind ich daz heil,
Daz si mich in spilnde fröide kleidet.
leit an mir niht lange wert:
20 ir gewant mir ungemüete leidet.
kleit nie wart so rehte wert
so diu wât, der mich diu herzeliebe danne wert.
Welt, wilt dû nû zieren dich vil schône,
sô gip dînen kinden wint
25 der niht winden kint zunêren müge: dêst mîn rât.
Swer mit stæte diene dir, des schône:
hilf im sorge binden, vint
die dich vinden; bint si zuo dir, gip in hordes rât.
Reiniu wîp: den rât mein ich ze guote.
30 muot und zuht ist in gewant:
swen si kleident mit ir reinem muote,
guot und edel daz gewant
ist: dar umbe ich uz ir dienste mich noch nie gewant.

Tou mit vollen aber triufet
35 ûf die rôsen âne luft;
Ûzer bollen schône sliufet
manger lôsen blüete kluft:
Dar in senkent sich diu vogellîn,
diu gedœne lûte erklenkent,
40 daz vil schœne kan gesîn.
Bî der wünne wol mit êren
sol sich kleiden mannes lîp,
Daz im künne fröide mêren
ein bescheiden sælic wîp.
45 Swer verschulden wîbes minne sol,
der muoz ringen nâch ir hulden
mit vil dingen tugende vol.
Swer mit sinne valsch kan üeben
als ein dieplich nâchgebûr,
50 Der wil minne sô betrüeben
daz ir lieplich lôn wirt sûr.
Wan sol zwischen minne mit genuht
triuwe in glanzer stæte mischen:
daz birt ganzer fröiden fruht.

55 **J**àrlanc wil diu linde vom winde sich velwen,
   diu sich von dem walde ze balde kan selwen.
   trûren ûf der heide mit leide man übet:
   sus hât mir diu minne die sinne betrüebet.
      Mich hânt sende wunden gebunden ze sorgen:
60 die muoʒ ich von schulden nu dulden verborgen.
   diu mit spilnden ougen vil tougen mich sêret,
   diu hât mîn leit niuwe mit riuwe gemêret.
      Gnâde, frouwe reine, du meine mich armen,
   lâ dich mînen smerzen von herzen erbarmen:
65 mîn gemüete enbinde geswinde von leide,
   ûʒ der minne fiure dîn stiure mich scheide!

   Zwelf schâcher zeines türsen hûs in einem walde kâmen:
   der fraʒ er einlif sunder wer, die schiere ein ende nâmen.
   sît begunder râmen
70 daʒs alle wurden gar verzert.
   Dô werte sich der zwelfte und wolte alsam ein helt gebâren.
   dô sprach der türse 'dune maht nu keiner wer gevâren.
   dô dîn zwelve wâren,
   dô soltest du dich hân gewert.
75 Dir gelîchet ein geslehte daʒ ein herre stœren wil.
   daʒ enlâʒe sich niht vil
   besunder under zücken:
   eʒ wer sich mit ein ander sîn, swenn erʒ beginne drücken.
   wil eʒ sich einzelingen under sîne füeʒe smücken,
80 sô wirt eʒ in stücken
   ze jungest gar von im verhert.'

   Der Mîssener hât sanges hort in sînes herzen schrîne:
   sîn dôn ob allen ræzen dœnen vert in êren schîne,
   dâ mit er bî Rîne
85 die singer leit in sîn getwanc.
   In fuorten überʒ lebermer der wilden grîfen zwêne,
   dâ lêrte in under wegen dœne singen ein sirêne:
   lebte noch Elêne
   von Kriechen, si seit im ir danc
90 Dur sîn adellîcheʒ dœnen daʒ dâ klinget hôh enbor.
   er gêt an der wirde vor

småragden und saphiren.
er dœnet vor uns allen sam diu nahtegal vor giren:
wan sol ze sinem sange úf einem messetage viren.
95 'alsus kan ich liren',
sprach einer der von Eggen sanc.

LXX. Boppe.

Ob al der werlte gar gewaltic wære ein man
und ob sin sin durchsunne daz nie sin dursan,
und ob er wunder wære übr elliu wunder;
Ob in gelücke trüege unz an der himel stein
5 und ob er künde brüeven wizzen unde zeln
des meres griez, die sternen gar besunder:
Ob sin kraft eine tûsent risen
manliche möhte ervellen unde twingen,
ob hôhe berge und velse risen
10 dur sin gebot und ob er möhte bringen
swaz wazzer luft viur erde weben,
swaz wont von grunde unz an den trôn der sunnen,
ob im ze rehter ê gegeben
nâch wunsche wære ein wîb in êren wunnen.
15 kiusch unde reine, wol gezogen, der schœne ein übergulde,
und ob er mit ir leben gar
solt tûsent jâr:
waz wære ez danne und ob er niht erwurbe gotes hulde?

Ob in vünf landen ûz erwünschet wære ein helt,
20 des lîbes schœne, in ganzen tugenden ûz erwelt,
getriuwe, milte, stæte in sînen worten;
Er künde schrîben lesen tihten seiten spil,
birsen jagen schirmen schiezen zuo dem zil
und wære er guot in wâfen zallen orten;
25 Künde er mit behendikeit
diu swarzen buoch, ouch kunst der grâmacîen,
und wære in sinnen wol bereit
ze dœnen singen alle stampenîen
und wurfe er den blîden stein
30 wol zwelf schuoch lanc vor allen sînen sellen,

dâ mite er quæme des enein
daz er einn wilden beren künde vellen,
und alle vrouwen teilten im ir gruoz ze hôhem dinge,
hæt er der siben künste hort,
35 wîs unde wort,
daz wær vil gar an im verlorn und hæte er niht pfenninge.

LXXI. Der wilde Alexander.

Mîn trûreclichez klagen
ist daz daz mich versneit
minne, owê!
sol aber ich nu tragen
5 diz grôze herzeleit
iemer mê
daz an mir begât
der minne rât?
  Nein ich wil mich vil
10 wol balde entladen
von disem schaden:
die nôt der tôt
è von mir jage
è daz ich trage
15 alle tage
mîn leit als unendelich.
reht als ein swan
der wizzen kan
daz in an
20 kumt sîn tôt, dem singe ich glich.
  Ach mîner wünne ein bernder rebe,
nimt ieman wunder wes ich lebe?
jâ mîn stætiu zuoversiht
træstet mich und anders niht.
25 Ach Minne, du hâst mir gegeben
nâch liebem wâne ein strengez leben:
sol ich ân die frouwen mîn
doch dîn schiltgeverte sîn?
  Er mac wol von nœten sagen,

30 der den schilt muoz eine tragen:
sô ist daz nôt über nôt,
Wirt getragen gên im der schilt;
ob si scheiden ungespilt,
ach daz ist ein lebender tôt.
35 Nu lât si zesamene komen:
lîhte wirt ein spil genomen
daz fröid über fröide birt.
Owê, sô tuot in dar nâch
aber ein langez trûren schâch,
40 swenne urloup genomen wirt.
Minne ist ir geselle:
swer ir dienen welle,
hiute süeze, morgen sûr:
leit ist liebes nâchgebûr.
45 Swer eht ie gespilte
under minnen schilte,
der leit übel unde guot,
als noch minne gernder tuot.
Uns zalten die alten
50 von der senden nôt,
wie sich maniger bôt
in den grimmen tôt,
swenn diu minne in überwant.
Nu lêre mich, hêre
55 minne, wie daz ich
dînen schilt und dich
wol und minneclich
dînen friunden tuo bekant.
Nu herâ her
60 swer des ger
daz er werde ein dienestman
werder minne ûf hôhen lôn:
Den lâze ich hie
wizzen wie
65 wæne gab und geben kan
minne ir zeichen und ir dôn.
Nu nemet war, diz ist der schilt
dar under manger hat gespilt:
ûf rôtem velde ein nacket kint,

70 daz ist gekrœnet und ist blint;
von golde ein strâle in einer hant
und in der andern ist ein brant.
    Daz kint hât ûf den rant gespenget
zwêne flüge nâch snellem fluge.
75 Der schilt ist ûz und ûz gesprenget
an dem zeichn und an dem zuge.
    Habt ir vernomen wie für si komen
diu wort und ir mâterje gar?
Schilt unde kint daz ist ein wint:
80 nu nemet ouch der glôsen war!
    Wecke ûf, minne, spæhe sinne,
tuo dîn reht dur daz dîn her
Dich erkenne: schiuz und brenne,
und sich wer sich dîn erwer.
85   Für wâr sô kumt Amôr geflogen,
der bringet vackeln unde bogen:
sîn strâle vert dur ganze want.
dar nâch sô wirfet er den brant:
sô kumt ein flur und ein gelust
90 bald under minne gernde brust.
    Swaz der begât od swaz er tribet,
daz ist allez kintlich spil,
Durch daz man in sô kintlich schrîbet:
er hât kindescher tücke vil.
95   Die krône er treit mit werdekeit
der mangen künic betwungen hât.
Â wichâ wich! wie starc wie rîch
er überkumt daz er bestât!
    Ir sult schouwen lieplich frouwen
100 und lât iuch her wider seben.
Kumt al stille zwein ein wille,
ach sô ist sîn schuz geschehen.
    Schône, minne, schône,
tobe niht mit der krône!
105 du bist in ir lande:
tobe niht mit dem brande!
du hâst nû ze mâle
zwei mit einer strâle
Gwunt in dîme stricke

110 von ir ougen blicke.
swâ brust kumt ze brüste,
dâ schînt von gelüste
dîn fiur an die strâze
und brennest âne mâze.
115 Ich muoz eht dîne blintheit klagen,
swâ man siht einen swachen zagen
hôher minne solt bejagen.
Blint unde blôz was ie dîn spil:
daz merke swer daz merken wil.
120 spræche ich mêr, daz wær ze vil.
Wünschen und gedenken
ist dîn gevider,
daz kanst du gelenken
hôh unde nider.
125 wer möhte dir entwenken?
du fliugest her, du fliugest wider.
Dînen schilt lâ schouwen,
sîn velt ist rôt,
als man dur die frouwen
130 kumt in die nôt,
daz einer lit verhouwen,
der ander lidet snellen tôt.
Swer dînn schilt wil üeben,
den sol niht betrüeben,
135 ob in daz kint mit der krône
twinge daz er volge schône
dem dône
den uns Pâris über sê
Brâhte von den Kriechen
140 an die minnesiechen.
dô die Kriechen gwunnen Troie,
swer dâ truoc der minnen boie,
des groie
was niht danne ach unde wê!

145 Wie bevor dô wir kint wâren
und diu zît was in den jâren
daz wir liefen ûf die wisen,

von jenen wider her ze disen:
dâ wir under stunden
150 viol funden,
dâ siht man nu rinder bisen.
    Ich gedenk wol daz wir sâzen
in den bluomen unde mâzen
welch diu schœnest möhte sîn.
155 dô schein unser kintlich schîn
mit dem niuwen kranze
zuo dem tanze.
alsus gât diu zît von hin.
    Seht dô lief wir ertber suochen
160 von der tannen zuo der buochen
über stoc und über stein
der wîle daz diu sunne schein.
dô rief ein waltwiser
durch diu riser
165 'wol dan, kinder, und gât hein.'
    Wir enpfiengen alle mâsen
gester dô wir ertber lâsen:
daz was uns ein kintlich spil.
dô erhôrte wir sô vil
170 unsern hirte rüefen
unde wüefen
'kinder, hie gât slangen vil.'
    Ez gienc ein kint in dem krûte:
daz erschrac und rief vil lûte
175 'kinder, hie lief ein slang în,
der beiz unser pherdelîn:
daz ne heilet nimmer.
er müez immer
sûren unde unsælic sîn!'
180   'Wol dan, gât hin ûz dem walde!
unde enilet ir niht balde,
iu geschiht als ich iu sage:
erwerbet ir niht bî dem tage
daz ir den walt rûmet,
185 ir versûmet
iuch und wirt iur vreuden klage.
    Wizzet ir daz vünf juncvrouwen

sich versûmten in den ouwen
unz der künc den sal beslôz?
190 ir klag und ir schade was grôz,
wande die stocwarten
von in zarten,
daz si stuonden kleider blôz.'

LXXII. Hêr Kuonrât der Schenke von Landegge.

Nû hât sich diu zît verkêret,
daz vil manigem sorge mêret:
walt und ouwe die sint val,
Dâ bî anger und diu heide,
5 die man sach in liehtem kleide,
in den landen über al.
Dâ bî klage ich vogellîn;
wan si singent süeze dœne
in des blüenden meien schœne:
10 seht die müezen trûric sîn.

    Swie der winter uns wil twingen,
doch wil ich der lieben singen,
der mîn herze nie vergaz:
Dast ein wîb in wîbes güete,
15 diust sô guot für ungemüete
daz nie niht gefröite baz
Mich vil senden dan si tuot.
swenne ich denke daz diu reine
mich in herzen lieplich meine,
20 dêst für alle sorge guot.

    Frowe Minne, ich wil dir danken
iemer mêre, ân allez wanken,
durh sô fröiderîchen funt,
Daz du mir ze frowen funde
25 der ich mîn ze dienste ie gunde,
diu lît an mîns herzen grunt.
Minne, tuo sô wol an mir,
hilf und twinc der reinen sinne,
daz si mich als ich si minne:
30 sich, sô wirt gedienet dir.

Diu vil süeze, diu vil reine,
diu vil liebe, valsches eine,
der ich iemer dienen wil,
Diu ist minneclichen schœne;
35 maniger tugende ich si krœne,
der gewan nie wip sô vil:
sô ist ir gebâren guot,
si ist . . . . . stæte,
si ist fri vor missetæte.
40 si ist mit zühten wol gemuot.
    Kunde ich minneclichen singen,
daz müest ir ze lobe erklingen,
wan sist schœne und wol gestalt.
Der vil süezen der ich diene
45 singe ich disen sanc vor Wiene,
dâ der künic lit mit gewalt;
Der bedenkt des riches nôt.
sô gedenke ich nâch dem gruoze
den sô minneclichen suoze
50 git ir mündel rôsenrôt.

Junge und alde,
fröit iuch gegen des meien zit,
wan ez gruonet in dem walde;
seht, wie schöne er lit:
55 Sost diu heide
sumerlichen wol bekleit;
diu hât bluomen ûf ir kleide,
der ist si gemeit.
Ûf dem rîse
60 dœnent wol ze prîse
vogellîn ir schal:
süeze wîse
singet nahtegal.
    Swen die rîfen
65 twungen und dar zuo der snê,
der sol nû ze fröiden grifen,
sit man siht den klê:

Sost min wunne
gar ein reine sælic wîp;
70 mich fröit weder loup noch sunne
niht wan eine ir lîp.
Diech dâ meine,
dêst diu süeze reine,
mîn gelückes funt
75 sî aleine:
rôt ist ir der munt.
  Diech dâ meine
liep vor allem liebe mir,
diu ist alles wandels eine:
80 ez lît lob an ir.
Swen sî minnet,
der wirt liebes wol gewert,
ob er rehte sich versinnet
ald er liebes gert.
85 Süeziu Minne,
Minne, meisterinne,
Minne, ich meine dich,
twing ir sinne
daz sî meine mich.
90   Frowe schœne,
frowe, an der mîn fröide lît,
frowe, diech mit lobe krœne,
hilf, êst an der zît.
Trût mîns herzen,
95 liebez lief, ich meine dich,
süeziu, wende mînen smerzen,
trôst, nu trœste mich.
Frowe, ich muote
des in mînem muote
100 daz mîn gernder muot
dich niht muote:
sost mîn wille guot.

Mich muoz wunder hân
wiez sich stelle bî dem Rîne,

105 umb den Bodensê,
ob der sumer sich dâ zer.
Francrîch hât den plân
den man siht in trüebem schîne:
rîfen tuont in wê
110 bî der Sêne und bî dem mer.
Dise nôt hânts ouch bî Aene,
da ist ir fröide kranc.
wunne und vogelsanc
ist in Swâben, des ich wæne:
115 dar sô jâmert mich
nâch der schœnen minneclich.
    Lieb und allez guot
wünsche ich ir die ich dâ meine,
unde nîge al dar
einer wîle tûsentstunt.
120 Ich hân mînen muot
gar vereinet an sî eine:
swaz ich lande ervar,
mir wart nie sô liebes kunt.
Diu vil süeze reine wandels frîe
125 zieret Swâbenlant:
Hanegöu Brâbant,
Flandern Francrîch Picardîe
hât sô schœnes niht
noch sô lieplich angesiht.
130   Swer erkennen wil
fröide und werndez hôhgemüete,
dem gib ich den rât
der für trûren sanfte tuot:
Rehter fröiden spil
135 ist ein wîb in wîbes güete
diu ir wîpheit hât
wîplich mit ir zuht behuot;
Die sol er mit ganzen triuwen minnen,
als ich tuon ein wîp
140 der herz unde lip
kan ûf wîbes lop sô sinnen
dazs ûz êren pfat
niemer kumt noch nie getrat.

LXXIII. Der schuolmeister von Ezzelingen.

Wol ab, der künic der gît iu niht;
wol ab, er lât iuch bî im vrezzen, habt ir iht:
wol ab, sîn hervart wirt ein wiht;
wol ab, swaz er geheizet, dast ein spel.
5 Wol ab, ern ruochet wiez ergê;
wol ab, er gæbe ez sînen kinden ê;
wol ab, si dörften dannoch mê;
wol ab, si wârn an guote gar ze hel.
Wol ab, sîn künne daz ist arn:
10 wol ab, daz wiler an uns ersparn.
wol ab, ê sîn geslehte erkrüphet wirt,
wol ab, sô sîn wir gar verirt:
wol ab, sô wirt dem brâter harte kleine.

Walt hât sich mit kleiden schône gegestet,
15 er hât ûf gesetzet mangen stolzen kranz.
Hî, wie dem diu heide widergleslet!
diu hât an geleit ir schœne wunderswanz.
Dâ bî hœrt man daz gevügel ûf schellen,
sam siu harpfen wellen:
20 dâ ze velde ist wildiu fröide rehte ganz.
Ich mac wol von wilden fröiden singen:
leider, mir wil alliu fröide wilde sîn.
Vogelsanc kan mir niht fröide bringen,
mich fröit weder loup noch gras noch bluomen schîn.
25 Schellic hase in walde und ûf gevilde
wart nie gar sô wilde
als mîn fröide ist: ouwê, liep, diu schulde ist dîn.
Trût, du kuppelst alle mîne sinne:
liep, nust dir doch bendic aller mîn gedanc.
30 Tuo mir fröide bendic, triuterinne:
dar zuo hœrt niht kuppel wan dîn ermel blanc.
Trûtez trût, mîn liebez liep ân ende,
mir zimt kein gebende
ganzer fröide wan dîn werder umbevanc.

LXXIV. Süezkint der jude von Trimberc.

Wâhebûf und Nihtenvint
tuot mir vil dicke leide:
her Bîgenôt von Darbiân
der ist mir vil gevære.
5 Des weinent dicke mîniu kint,
bœs ist ir snabelweide:
er hât si selten sat getân
biz ûf die fröiden bære.
In mînem hûs her Dünnehabe
10 mir schaffet ungeræte,
er ist zer welt ein müelîch knabe:
ir milten, helfent mir des bœsewihtes abe.
er swechet mich an spîse und ouch an wæte.
    Ich var ûf der tôren vart
15 mit mîner künste zwâre,
daz mir die herren niht went geben,
des ich ir hof wil vliehen
Und wil mir einen langen bart
lân wahsen grîser hâre:
20 ich wil in alter juden leben
mich hinnân für wert ziehen.
Mîn mantel der sol wesen lanc,
tief under einem huote,
dêmüeteclîch sol sîn mîn ganc,
25 und selten mê gesingen hovellchen sanc,
sît mich die herren scheident von ir guote.

LXXV. Der von Trôstberc.

Ob in einem walde ein linde
trüege rôsen liehtgevar,
Der schœn und ir süezen winde
zierten al den walt vil gar:
5 Reht alsame   diu frowe mîn
hât diu tugent, der wîbes name

muoʒ vil hôhe gërel sîn.
  Sô si ir ougen nâch ir grüeʒen
  gegen mir wendet dur ir zuht,
10 Sô siuft ich nâch der vil süeʒen
  reinen minneclîchen fruht;
  Wan got hât an si geleit
  gar der sælden wunsches rât
  und wîplîche werdekeit.
15   Ich klag ûf die sælderîchen
  diu mich twinget alle stunt,
  Ich klag ûf die minneclîchen,
  ir wol stênden rôten munt.
  Sost mîn klage, ir schœne an sehen
20 git mir jâmer alle tage,
  dâ von mir mac wê geschehen.

  Willekomen sî uns der meie,
  er bringt manger hande bluot,
  bluomen unde maniger leie
25 des der winter niht entuot.
  Sô fröit sich alleʒ daʒ dir ist
  gegen der schœnen sumerwunne
    wan daʒ frôide an mir gebrist.
    Frowe, getörste ich nû genenden,
30 sô klagt ich dir mîne nôt.
  'Herre, kunde ich nôt erwenden,
  sô want ich vil manigen tôt.'
  Juncfrowe, ir tœtet mînen lîp.
  'dâ für sô biute ich mîn unschulde',
35   sprach daʒ minneclîche wîp.
    Nu sprich an, minneclîche guote,
  dur dîn rôteʒ mündelîn,
  Wes ist dir gegen mir ze muote,
  mîner sinne ein rouberîn?
40 Si sprach 'wie meint irʒ? ald dur waʒ
  bin ich diu iuch der sinne roubet?
    wê war umbe tæte ich daʒ?
    Ir man, ir wellet âne wiʒʒen
  frowen in dem herzen tragen.

45 Ob ir iuch habt an eine geflizzen,
der sult irʒ mit zühten sagen:
Sô mugt ir schiere hân vernomen
ob iuwer biten ald iuwer flêhen
  iu iemer sol ze trôste komen.'
50   Frowe, ich wil, nâch dînem râte,
vâhen an dir selben an.
Hab ich gesûmet mich ze spâte,
des ich dich mit dienste man,
Sô hilf mir, liebiu frowe mîn.
55 stirb ich in disen ungenâden,
  frowe, sost diu schulde dîn.

LXXVI. Hêr Steimâr.

Sît si mir niht lônen wil
der ich hân gesungen vil,
seht sô wil ich prîsen
Den der mir tuot sorgen rât,
5 herbest der des meien wât
vellet von den rîsen.
Ich weiʒ wol, eʒ ist ein altez mære
daʒ ein armez minnerlîn ist rehte ein marterære.
seht, zuo den was ich geweten:
10 wâfen! die wil ich lân und wil inʒ luoder treten.
  Herbest, underwint dich mîn,
wan ich wil dîn helfer sîn
gegen dem glanzen meien.
Durch dich mîde ich sende nôt.
15 sît dir Gebewîn ist tôt,
nim mich tumben leien
Vür in zeime stæten ingesinde.
'Steimâr, sich daʒ wil ich tuon, swenn ich nu baʒ bevinde
ob du mich kanst gebrüeven wol.'
20 wâfen! ich singe daʒ wir alle werden vol.
  Herbest, nu hœr an mîn leben.
wirt, du solt uns vische geben
mê dan zehen hande,

Gense hüener vogel swin,
25 dermel pfâwen sunt dâ sin,
wîn von welschem lande.
Des gip uns vil und heiz uns schüzzel schochen:
köpfe und schüzzel wirt von mir unz an den grunt erlochen.
wirt, du lâ dîn sorgen sîn:
30 wâfen! jô muoz ein riuwic herze trœsten wîn.
  Swaz du uns gist, daz würze uns wol
baz dan man ze mâze sol,
daz in uns werde ein hitze
Daz gegen dem trunke gange ein dunst,
35 alse rouch von einer brunst,
und daz der man erswitze,
Daz er wæne daz er vaste lecke.
schaffe daz der munt uns als ein apotêke smecke.
erstumme ich von des wines kraft,
40 wâfen! sô giuz in mich, wirt, dur geselleschaft.
  Wirt, durh mich ein strâze gât:
dar ûf schaffe uns allen rât
manger hande spîse.
Wînes der wol tribe ein rat
45 hœret ûf der strâze pfat.
mînen slunt ich prîse:
Mich würget niht ein grôziu gans so ichs slinde.
herbest, trûtgeselle mîn, noch nim mich zingesinde.
mîn sêle ûf eime rippe stât,
50 wâfen! diu von dem wîne drûf gehüppet hât.

Sumerzît, ich fröwe mich dîn
daz ich mac beschouwen
Eine süeze selderîn,
mînes herzen frouwen.
55 Eine dirne diu nâch krûte
gât, die hân ich zeinem trûte
mir erkorn:
ich bin ir ze dienst erborn.
wart umbe dich,
60 swer verholne minne, der hüete sich.

Si was mir den winter lanc
vor versperret leider:
Nu nimt si ûf die beide ir ganc,
in des meien kleider,
65 Dâ si bluomen zeinem kranze
brichet, den si zuo dem tanze
tragen wil:
dâ geköse ich mit ir vil.
wart umbe dich,
70 swer verholne minne, der hüete sich.

  Ich fröu mich der lieben stunt
sô si gât zem garten
Und ir rôserôter munt
mich ir heizet warten:
75 Sô wirt hôhe mir ze muote,
wan sist ûz ir muoter huote
danne wol,
vor der ich mich hüeten sol.
wart umbe dich,
80 swer verholne minne, der hüete sich.

  Sît daz ich mich hüeten sol
vor ir muoter lâge,
Herzeliep, du tuo sô wol,
balde ez mit mir wâge.
85 Brich den truz und al die huote,
wan mir ist des wol ze muote,
sol ich leben,
dir sî lîb und guot gegeben.
wart umbe dich,
90 swer verholne minne, der hüete sich.

  Steimâr, hœhe dînen muot:
wirt dir diu vil hêre,
Sist sô hübesch und sô guot,
du hâst ir iemer êre.
95 Du bist an dem besten teile
der zer werlte fröide heile
hœren sol:
des wirstu gewert dâ wol.
wart umbe dich,
100 swer verholne minne, der hüete sich.

Ein kneht der lac verborgen,
bî einer dirne er slief
Unz ûf den liehten morgen:
der hirte lûte rief
105 'Wol ûf, lâz ûz die hert!
des erschrac diu dirne   und ir geselle wert.
    Daz strô daz muost er rûmen
und von der lieben varn.
Er torste sich niht sûmen,
110 er nam si an den arn.
daz höi daz ob im lac
daz ersach diu reine   ûf fliegen in den tac.
    Dâ von si muoste erlachen,
ir sigen diu ougen zuo.
115 Sô suoze kunde er machen
in deme morgen fruo
Mit ir daz bettespil;
wer sach ân geræte   ie fröiden mê sô vil!

    Nu ist der sumer hin gescheiden,
120 wan siht sich den walt engesten,
loup von den esten   riset ûf die heiden:
dien leiden   rîfen bin ich gram
und der winterzît alsam.
sumer sumer süeze,
125 schôn ich geleben müeze,
deich manic vogellîn grüeze!
    Der ich hân dâ her gesungen,
diust ein kluoge dienerinne:
nâch irre minne   hân ich vil gerungen.
130 gelungen   ist mir niht an ir,
wan si wolte guot von mir.
sumer sumer süeze,
als rîch ich werden müeze
daz ich beschuohe ir füeze!
135   Sô wær mîn singen wol behalten,
dar zuo næme mich diu kluoge
diu nâch dem pfluoge   muoz sô dicke erkalten,
schalten   den wagen so er gestât:

des meiers hof si gar begât.
140 sumer sumer süeze,
vür winter ich dich grüeze:
ich schuobe ir niht der füeze.

LXXVII. Der Kanzeler.

Manc herre mich des fråget
dur waz der gernden sî sô vil.
ob in des niht beträget,
dem wil ich tiuten ob ichz kan,
5 wiez umb die gernden sî.
Ein gernder man der triuget,
der ander kan wol zabelspil,
der dritte hoveliuget,
der vierde ist gar ein gumpelman,
10 der vünfte ist sinne vrî;
Sô ist der sehste spottes vol,
der sibende kleider koufet,
der ahte vederliset wol,
der niunde umb gåbe loufet.
15 der zehende hât ein dirne,
ein wîb, ein tohter unbehuot:
den gebent niuwe und virne
die herren durh ir tœrschen muot,
sie gebent durch kunst niht guot.

20 Mich fråget manic edel man
'her Kanzeler, ir kündet mir,
man seit ir kunnet künste vil:
waz tuot iuch guotes har?'
Des antwürt ich im, ob ich kan,
25 dur waz ich guotes ofte enbir:
die herren kargent âne zil,
swar ich der lande var.
Het ich gelücke und dâ bî kunst
und ouch die herren milte bî ir guote,

30 erwurb ich dann der edelen gunst,
armuot, sô schiede ich gar von dîner huote.
sus hât gelücke von mir pfliht:
ob ich iht kan, waz sol mich daz genützen?
mir sint die herren milte niht,
35 mich schiuht ir guot sam wildiu krâ den schützen.

Helfet mir, ir leien, meien klagen!
tragen sun wir gegen den argen rîfen nît.
Ir gewalt alt machet, swachet wunne,
sunne trüebe uns dunket gegen des winters zît.
40 Sîn pîn- ruot tuot heide
leide, dar zuo dem anger wê.
schouwet wie die rôsen bôsen garwe,
varwe si verliesent: daz tuot in der snê.
Fröide sol wol hiure tiure wesen,
45 lesen megde man nu niender bluomen siht.
Grüene gras daz salwet, valwet anger,
langer hœrt man kleine vogel singen niht.
Toup loup wil vil vallen,
schallen hœrt man niht nahtegal:
50 dirre unmuot tuot herzen smerzen sêren,
mêren wil sich is ûf berg und ouch dur tal.
Tenze ûf plân ân. büezen müezen kinden
swinden, des muoz fröide ûz menschen herzen pfaden.
Mag ein man dan schouwen frouwen schœne,
55 hœne winde munt im jârlanc lützel schaden.
Vrî sî der swer eine
reine lieplich mag.umbevân:
naht und tac mac sîne fîne sinne
minne lêren hôhen muot von schulden hân.

LXXVIII. Herman der Damen.

Ich sitze tiefe in sorgen wâg,
des mûz ich sorge trîben;
ouch irret mich vil manich zag

der mit klben
5 mich vertrlben wil.
Swaz gûtes ich gesingen kan
unde gûtes tichten,
daz woln der Schanden dienestman
gar irnichten:
10 daz erret mich sô vil.
Owê der ist kleine die rechter meister kunst
wirden nâch ir wirde: wen kunst hât gotes guns'
hie vur dô was recht meistersanc
in al der werlt genême,
15 dô er bî rîchen kuningen ranc:
widerzême
dunct mir daz er nû sî.

Reimâr Walthêr Rubln Nîtbart,
Vridrich der Sunburgêre.
20 dis alle sint in tôdes vart:
âne swêre
geb got daz sie dort leben!
Der Marner der ist ouch von hin
und der von Oftertingen:
25 dis alle heten wîsen sin
ûf daz singen:
des ist in prîs gegeben.
Wolferam und Klinsor genant von Ungerlant,
diser zwier tichte ist meisterlich irkant.
30 der Misner und meister Kônrât
die zwên sint nû die besten:
ir sanc gemezzen ebene stât;
kunden gesten
ist her nâch prîse geweben.

35 Tirol Metze Megenze Triere,
bete Swendeler die viere,
her vurbute in einem biere
basehart umb sie alle.
Swendeler, in dîner wîse
40 hân ich nâch der tummen prîse
vil vurzert, dâ von mich grîse

  tût der sorgen galle.
  ich můʒ din abe stên,
  sit eʒ den wisen missehaget:
45 im mac kein gůt geschên
  der diner volge ist unvurzaget.
  swer mit dir vert in schalle,
  den wil kummer nicht vurmiden,
  ere mac sin nicht geliden,
50 sus tůt her sich vri vor niden:
  daʒ wirt im zu valle.

  Vrouwenlop, des hâstu schande,
  vrouwen lob in schanden bande
  stunt nie halben tac zu phande.
55 merken diʒ beginne,
  Wie vil êren habe der nâme.
  vrouwen lob in êren krâme
  spilt vil schône sunder schâme
  nâch heiles gewinne.
60 Uns tůt hêr Reimâr kunt
  der vrouwen lob si reiniʒ leben.
  du treffes sêlden vunt,
  ist dir der name durch daʒ gegeben:
  sô soltu vrouwen minne
65 prisen unde ir wibheit êren
  unde ir lob mit sange mêren.
  wil dir ieman daʒ vurkêren,
  daʒ kumt von unsinne.

LXXIX. Meister Heinrich Vrouwenlop.

  Owê herzelicher leide
  die ich sender tragen můʒ;
  Owê liechter ougen weide,
  wenne wirt mir sorgen bůʒ?
5 Wenne sol din rôter munt mich lachen an
  unde sprechen 'sêlic man,
  swaʒ du wilt, daʒ si getân!'
    Jâ mein ich den munt sô lôsen

an dem al mîn trôsten liget.
10 Sprechet alle, rôte rôsen,
daz ein munt mit rôte siget.
Baz dem munde zême ein liljen wîzez jâ
denne ein nein von jâmer blâ:
daz wort tût mich jungen grâ.
15 Minne, kanstu vreude borgen,
des gih ich dir nimmer tac.
Swem du lachest gên dem morgen,
zwâr dem wirt dîn afterslac.
Dîner luste rôsen hegent scharpfen dorn;
20 leit ist liebe zu geborn:
solchen wûcher treit dîn korn.
 Minne, wiltu solchen jâmer
ûf mich erben mîne zît?
Dîner luste sêlden âmer
25 . mir deheine stûre gît.
Nie dem hern Iwâne wirs kein maget tet,
wan die schône vrou Lûnet
half, da er lieben trôst an het.
 Ach sold ich den apfel teilen
30 den Pâris der Minne gap,
Zwâr dû mustes jâmer seilen,
solt ich dar durch in mîn grap.
Pallas oder Jûnô musten halden mir:
sô rêch ich mîn leide an dir
35 die du hâst vererbet mir.

 Her Hof, her Hof, wie lange sol ich daz vertragen
daz û behagen
sô wol die klôstergiegen?
moht ir lâzen vliegen
40 die keppel hein, der menge unprîs   muste vor û biegen.
sêt hie, sêt dâ, sêt hin, sêt her: bî vürsten siht man kappen.
Her Hof, ir tût dem klôster und dem orden schaden,
will ir sie laden
mit lust gehegeter vulle.
45 seht waz dâ zeschulle!
wâ prîslich kleit, wâ rîlich wât,   wâ dîn werlich hulle?
die siht man nicht bî gernder diet: sie werdent klôsterknappen.

Her Hof, mugt ir ûch munchen, lât
der klôster hof ân ûwern stât,
50 sît daz ir rât
nicht anders gât
wan 'gip und gip! habt ir den grât,
ich nim den visch vur missetât.'
hèr Hof, lât ir nicht abe, û wirt der valke zeime rappen.

55 Ein hane sol krên, ein hunt sol bellen, kerrn ein swîn
nâch dunken mîn:
sô sol ein lewe limmen
und der ber sol brimmen.
dem ochsen lûn, dem rosse zimt weien nâch der stimmen.
60 wie sol des eseis lûten sîn, sô gouchen zimt dem gouche?
Ein smit sol smiden, ein bader baden, ein jager jagen,
ein trager tragen,
ein mâler bilde zirken;
sar den sarewirken
65 zimt eben: der knecht zu dienste pflege beidenthalp der lirken.
dem munche zimt sîn klôster baz dan er zu hohe sich ouche.
Dem priestr ist priesterschaft gegeben,
dem ritter ritterlîchez leben,
dem weber weben.
70 swâ man liez eben
daz dinc nâch sîner art bekleben,
sô kêm ez nicht ûf widerstreben.
der hof nâch unart verwet sich, alsam der verst nâch rouche.

Daz edel vederspil verderben muz dar abe,
75 swâ krâ swâ rabe
ir âtem gegen im bieten.
edel wîn muz nieten
von swachem vazze âsmackes sich. swâ die bôsen rieten,
dâ was mir ie zu hohe nicht liep: ir tât ist voller suchen.
80 Daz edel krût von bôsem krûte valwen muz,
tût man nicht buz
dem garten solher swêre.
vrischez obez umbêre
wol daz ein obez von vûler art bî im nicht enwêre.
85 'schûwl schûwl' rûfent die kint, 'verdirp uns nicht die kûchen.'
Bî edelen vursten edel tât

stét als daz golt bî sîden stât.
ûf gûter wât
ein slimme nât
90 zimt niht. daz gût ungûte enhât;
daz bôse ist ninder âu unvlât:
ir edelen, habet die enge unwert:' der wolf ist gerne in strûchen.

Ein jager sol wol jagende hunde haben wert:
man můz die pfert
95 durch rîten haben in wirde,
durch des lîbes zirde
stein unde golt und edel wât; durch ein teil begirde
daz vederspil man schône eruert: man beget den visch durch niezen.
Man darf der priester wol dâ man die bûze nimt:
100 ein bischof zimt
swâ man sol kirchen wîen.
sol der schuz gedîen,
man můz den bogen ê schicken eben. nâch hôben prîse vrîen
můz man mit tugent: der sluzzel vromt, swâ man sol slôz ûf sliezen.
105 Sam hôrt zu ritterlîcher tât
ein ritter wol und ouch sîn rât.
swer sorge hât
ûf ernstes pfat,
der darf wol helde, swennz ergât
110 daz sich der helm ûf binden lât.
ich wêne eins biderben mannes tât sich niemen lât verdriezen.

Man beizet mit dem raben und mit der bunten krâ:
sô jagt men nâ
mit ruden hovewarten.
115 in des hoves garten
stênt tistel rûch, unkrûtic trifs bî den blûmen zarten.
waz sol des snellen valken vluc, waz sol des habeches denne?
Ich spur daz wol, der hof nimt abe von tage zu tage.
sost daz mîn klage
120 swer nû kan lôsen smeichen,
sůze spruche reichen,
dem tragen die herren bernde gunst, daz sint swache zeichen.
dâ bî sô stênt die biderben dort recht als sie niemen kenne.
Her Hof, ir habt den esel wert

125 vur schöne ros, vur gûte pfert:
der smeicher hert,
der ûwer gert.
eins biderben mannes ir enbert
der doch nâch prîse kan sîn swert
130 genutzen zu den nôten wol: hin, daz sîn wort verbrenne!

'Nu hulde mir, ich wil dich hie zu knechte untfân.'
daz wirt getân
mit disem underscheide:
mîne hande beide
135 wil ich û valten ûf den trôst   daz die ougen weide
des sanges mir werd offenbâr.   'daz sol dir wol geschéhen.
Du zims mir zeime knechte wol, sint daz du wilt
des sanges schilt
und anders keinen vûren.'
140 ich wil in sô rûren,
swâs nôt ist, daz manz schouwen sol   an al sînen snûren.
'swâ du den sanc   zu kurz zu lanc   erverst, den soltu smêhen.
Daz wirt dir liep, des warte an mich.
sich an der rîme pinselstrich,
145 daz liebet dich.
mit sinne brich
in wêhe spruche, daz rât ich;
zu sanges sinne ebene sich.'
ich tûn, besigelt mir daz liet: ez suln die besten sêhen.

150 Vier rîche lop die welnt daz vunfte mit in hîn.
setzt ûf, her Sin,
ir sult ez alsô brinnen
daz ez ûzen innen
und allenthalben lûtic sî.   herze, ginc zem sinnen
155 und rât zu disem lobe alsô   daz mir der rât gevalle.
Tût ir des nicht, daz leidet beiden mir und û:
ir sult den sprû
hie scheiden von dem kerne.
'seht, daz tûn wir gerne.'
160 vor aller missewende ein schûr   und ein leitesterne
der tugent (er leitet manegen sô   daz er bestêt vor valle);
Ein kranz den Êre geblûmet hât,

ein króne tugentlicher tât
und ouch ein wât
165 der ieslich nât
zu prîsen und zu loben stât,
ein herze dâ nie valscher rât
ûz kam: daz ist von Mekelenburc   her Heinrich, dem ich schalle.

Adâm den érsten menschen den betrouc ein wîp.
170 Samsônes lip
wart durch ein wîp geblendet:
Dâvît wart geschendet,
her Salomôn an gotes rich   durch ein wîp gepfendet;
Absâlôns schône in nicht vervinc,   in het ein wîp betôret.
175 Swie gwaltic Alexander was, dem gschach alsus:
Virgilius
trouc wîp mit valschen sitten;
Olofern versnitten
wart und ouch Aristotiles   von eim wîbe geritten.
180 Troyâ die stat und al ir lant   wart durch ein wîp zustôret.
Achill dem geschach alsam:
der wilde Asabel wart zam,
Artûses scham
von wîbe kam;
185 Parzivâl grôze sorge nam.
sit daz ic vûgt der minnen stam,
waz schadet ob ein reinez wîp   mich brennet unde vrôret?

Ir edelen sûzen vrouwen gût,
tût nâch der alten wirdikeit:
190 Swer nicht treit ritterlichen mût,
den lât û immer wesen leit.
Ez was ie gûter vrouwen site,
swer ritterliche vûge trage,
den grûzet lieplich alle tage:
195 sô volget û vrou Sêlde mite.
   Wîp, sit du lôser blicke bist,
als dich von art ist an geborn,
Ich wil dich lêren einen list,
daz wandel wirt an dir verkorn:
200 Wis dîner blicke nicht zu balt,

wan dâ du spurest zucht der jugent
od ritterliches herzen tugent:
dâ wis mit blicken wol gestalt.
    Solt ein verloren getelinc
205 den vrouwen alsô wol behagen
Der nie sîn leben ûf kein gerinc
gevůrte al durch ein prîs bejagen,
Als einer der lîp unde gůt
durch frouwen êre wâgen tar,
210 ez si schimpf oder ernst gevar:
daz wêre ein ungevůger můt.

Ich saz ûf einer grůne
und dachte an maneger hande dinc
wie ich die werlt behielte
215 und ouch gên gote icht wurde linc:
dô kunde ich nie erdenken daz,
daz mir icht tochte ûf solher hande ger.
Mîn blôdekeit wart kůne
gedanke der ich vil verschriet;
220 al nâch der werlde tucke
mîn kintheit mir die witze riet
daz niemen ûf der êren saz
kum âne schaz: daz wart mîns herzen swer.
Ich strâfte frouwen Êren,
225 ich sprach 'ir sît ein kranke magt,
lât ir ůch schaz verkêren.'
sie sûfte und sprach 'du tumber,
schaz hât mich leider uberwegen.
man mac mîn wol mit schatze pflegen:
230 schaz âne tugent dêst gegen mir ein kumber.'

Vrou Êre quam gegangen
zu einem gůtes rîchen man:
er vrâgte wer sie wêre.
    'ich binz vrou Êre', sprach sie sân,
235 'und wolde gerne bî dir sîn.'
'des bin ich vrô:' sus sprach des schatzes zogel.
Ein schrîn der was mit spangen
beslagen, dâ inne er sie beslôz.

dem Glucke er gap den sluzzel
240 und sprach 'sê hin, pûic dîns genôz.'
Gelucke quam eins zu dem schrîn
und slôz in ûf: dô wasez ein gouches vogel.
Dô klagete Glucke sêre
und sprach 'er ist ein tumber gouch
245 swer mir bevilht sîn êre:
er solde ir selbe walten.
wan wêr ich stêt, son hiez ich nicht
Gelucke: von unstêter pflicht
heiz ich alsô.' die wort sint nicht gespalten.

250 Gevlolierte blûte kunst,
dîns brunnen dunst
und dîn gerôset flammen rîche brunst
die hâte wurzelhaftez, obez:
gewidemet in dem boume kunste rîches lobes
255 hielt wipfels gunst sîn list durchbliljet kurc.
Durchsternet was sîns sinnes himel,
glanz alse ein vimel,
durchkernet lûter golt nâch wunsches stimel
was al sîn blût geveimt ûf lop,
260 gevult ûf margarîten nicht zu klein und grop:
sîns silbers schimel gap gimmen velsen schurc.
Ach kunst ist tôt, nu klage armônîe,
planêten tirmen klage nicht verzîe,
pôlus, jâmers drîe.
265 genâde im, süze trinitât,
magt reine, enpfât
ich mein Kûnrât den helt von Wirzeburc.

Ich lobe ein reinez wîp sô schône
vur al die werlt in disem nûwen dône:
270 ir tugent swebet alsô hô
in werdes lobes krône.
si heizet leitvertrîp vur sendez swêren.
Sie ist der zucht ein vluzzic brunne,
ir glestet wunneclich der selden sunne,
275 si swanzet wol in êren dô,

der klârheit wol ein wunne,
sint daz wir higen müzen und sie éren.
Ir   jugent blût mit sélikeit.
mir   hât vrou Êr von ir geseit
280 Daz sie sô luste bernde kleit
mit voller tugent an sich sneit
die sie in glanzer schouwe treit.
si glenzet sam ein engel zwir:
sô schône wart doch nie kein lip umb sich.
285   Swaz   man ie lobes jach den vrouwen,
die dâ der Tôt hât leider gar verhouwen,
dâ bî ich ir gelich nie sach
vur wètlich an zu schouwen.
durch die Enèas vlôch von Tir sô werden,
290 Ob sie noch lebende schône wére,
Cundwirâmûr die süze klâre achtbére,
und die man dâ zu kinde jach
dem richen Terramére,
gén ir wér swach ir drier schône ûf erden.
295 Der   sunnen nimt si gar den pris.
er   lebt in witzen nie sô wis
daz er volblûmte ir lobes ris.
si ist ein lebendez paradis
und junger jâre in tugende gris.
300 sie trit ûf Éren strâzen her
die klâre * mit tugenden noch vil baz.

Swer zeiget kunst dâ man ir nicht erkennet,
swer ungezemte junge ros unkunde furte rennet,
swer lange krieget wider reht, swer vil verstolnes koufet;
305 Swer vil mit nâgebûren sich gebâget,
swer unverwizzenlichen gar die ungezogenen vrâget,
swer streichet dicke vremden bunt, swer alde juden toufet;
Swer dienet dâ mans nicht engert,
swer sich mit lugen wil machen wert,
310 swer spotten wil der alden;
swer ûf die verre vrunt sich sère fidet,
swer sin getrüwe sèlic wip durch velsche minne midet:
sol iz den allen wol ergân, des müz gelucke walden.

  O wîp, trût vîolgarte,
315 hô swebt dîns lobes krône
  ie sô daz sich vil wunne
  jô zu der sélden stricket,·
  bach aller sûzikeit!
  Ach wè, ich nâch ir brinne
320 sam in der glût ein sinder:
  kam mir ie wîp sô hère
  in mîner sinne vesten?
  nein, des enweiz ich nicht.
  Licht werde spiegelsunne,
325 sît ich vind trôstes ninder,
  àn des ich zu dir warte,
  hilf mir der swerde gesten
  durch sûze dîne minne,
  è sie mîn lîp versère.
330 hin wirt in stèter sône
  gevûret sendez leit,
  ob mich mîn liep an blicket;
  lob werdez angesicht.

  Wà von ist daz? man siht mich nicht.
335 nieman ouch mich erkennet.
  dà hàt nigromantîâ pflîht
  mit mir, ein kunst genennet,
  daz man mich nicht erkennen sol und nicht gesehen mac.
  Des sîtche ich nà den lûten bî
340 mit slichte und mit der krumbe:
  nieman envràget wer ich sî.
  sè, sus gàt mit mir umbe
  die hôhe kunst Virgilius: die vinstert mir den tac,
  Daz man mir keine helfe tût,
345 swà man die gâbe teilet.
  sèh man mich, sô géb man mir gût:
  ine làz nicht ungemeilet
  vil manec laster daz ich sihe
  in mîner nebelkappen.
350 swaz ich gesinge sprich vergihe,

mîn kunst ist tôt erblappen
und gêt in manges ôren nicht, kêrt Sêlde mir den nac.

Wer bin ich? wer mag ich gesîn?
ich valle in sunden glûte.
355 ich tûn recht an eim affen schîn
daz ich mich ir nicht hûte.
seht swaz der affe vor im sibt, daz tût er allez nâch.
Sus tûn ich nâch der werlde gar
und bin doch von der erden:
360 ich weiz ouch sicherlich vur wâr,
zu erden mûz ich werden.
diz weiz ich wol, iedoch ist mir zu sunden stête gâch
Und weiz nicht ob ich morne lebe
ald noch ein einec stunde.
365 nâch minem tôde ich sêre strebe:
kein wîser sich nie kunde
behûten des, im wêre alsam,
der Tôt der twunge in sêre.
ich mac mir selben wol sîn gram
370 daz ich mich nicht bekêre
von sunden der geladen ist ûf mich ein swêrez dach.

LXXX. Marcgrâve Otte von Brandenburc mit dem pfîle.

Kûmt den wec der mînen lieben frouwen
und lânt mir ir vil reinen lîp an sehen.
Den möht ein keiser wol mit êren schouwen,
des hoere ich ir die meiste menge jehen.
5 Des muoz mîn herze in hôhen lüften stîgen,
ir lob ir êre wil ich niht verswîgen:
swâ si wont, dem lande muoz ich nîgen.
    Frouwe Minne, wis mîn bote alleine,
sage der lieben diech von herzen minne,
10 Si ist die ich mit ganzen triuwen meine,
swie si mir benimt sô gar die sinne.
Sie mac mir wol hôhe fröide machen.
wil ir rôter munt mir lieplich lachen,
seht, sô muoz mir allez trûren swachen.

15 Ich bin verwunt von zweier hande leide,
merkent obe daz frölde mir vertrîbe:
Ez valwent lichte bluomen ûf der heide,
sô lîde ich nôt von einem reinen wîbe.
Diu mac mich wol heilen unde krenken:
20 wolde ab sich diu liebe baz bedenken,
sô weiz ich mir müeste sorge entwenken.

LXXXI. Herzoge Heinrich von Presselâ.

Ich klage dir, meie, ich klage dir, sumerwunne,
ich klage dir, lichtiu heide breit,
ich klage dir, ouge brehender klê;
Ich klage dir, grüener walt, ich klage dir, sunne,
5 ich klage dir, Vênus, sendiu leit,
daz mir diu liebe tuot sô wê.
Welt ir mir helfen pflihten,
sô trûwe ich daz diu liebe müeze rihten
sich ûf ein minneclîchez wesen.
10 nu lât iu sîn gekündet mînen kumber
    durch got und helfet mir genesen.
    'Waz tuot si dir? lâ hœren uns die schulde,
daz âne sache ir iht geschê
von uns, wan daz ist wîser sin.'
15 In liebem wâne habe ich wol ir hulde:
swann aber ich fürbaz ihtes jê,
si giht ich sterbe ê solch gewin
Mir von ir werde ze teile.
daz ist ein tôt an minneclîchem heile.
20 owê daz ich si ie gesach
diu mir in herzelieber liebe reichet
    sô bitterlîchez ungemach.
    'Ich meie wil den bluomen mîn verbieten,
den rôsen rôt, den liljen wîz.
25 daz si sich vor ir sliezen zuo.
Sô wil ich sumerwunne mich des nieten,
der kleinen vogele süezer fliz
daz der gên ir ein swîgen tuo.

    Ich heide breit wil vâhen
30 si swenn si wil nâch glanzen bluomen gâhen
    ûf mich und wil si halten mir.
    nu sî von uns ir widerseit, der guoten:
      sus muoz si sîn genædic dir.
    Ich brebender klê wil dich mit schîne rechen,
35 swenn si mich an mit ougen siht,
    daz si vor glaste schilhen muoz.
    Ich grüener walt wil abe mîn löiber brechen,
    hât si bî mir ze schaffen iht,
    si gebe dir danne holden gruoz.
40 Ich sunne wil durchhitzen
    ir herze ir muot: kein schatehuot vür switzen
    mac ir gên mir gehelfen niht,
    si welle dînen senden kumber swenden
      mit herzelieber liebe geschiht.
45   Ich Vênus wil ir allez daz erleiden
    swaz minneclich geschaffen ist,
    'tuot si dir niht genâden rât.'
    Owê sol man si von den wunnen scheiden,
    ê wolde ich sterben sunder frist,
50 swie gar si mich betrüebet hât.
    'Wilt du dich rechen lâzen,
    ich schaffe daz ir aller fröiden strâzen
    ie widerspenic müezen wesen.'
    ir zarter lîp der möht es niht erlîden:
55   lânt mich ê sterben, si genesen.

LXXXII. Herzoge Jôhans von Brabant.

    Minlijc ende goet,
    hoofsch ende rêner sinne
    Es si end wael ghemoet
    die ic met trouwen minne.
5   Si es coninghinne
    in miere herten gront,
    daer si bestedet es inne

nu ende ooc talre stont.
vriendelijc bevanghen
10 heeft mi een rôder mont
end twee lichte wangen,
daer bi een kele ront.
 Noch wordic ghesont,
troost mi die minnelike,
15 Die mi heeft verwont.
ach gnâde, doghetrike!
Ic moet sekerlike
sterven in corter stont,
mi worde ghenâdelike
20 dan ûwe goede cont.
vriendelijc bevanghen
heeft mi een rôder mont
end twee lichte wangen,
daer bi een kele ront.
25 Lichte ôghen claer,
minilic een lieflic kinne
Doen mi sorghen bar.
ach gnâde, coninginne!
Senender noot ic brinne
30 nâ û in alre stont:
helpt mi, dat ic ghewinne
troost, miere salden vont.
vriendelijc bevanghen
heeft mi een rôder mont
35 end twee lichte wanghen,
daer bi een kele ront.

 Eenes meienmorghens vroe
was ic op ghestaen,
In een schoon boomgaerdekijn
40 soudic spelen gaen.
 Daer vant ic drie joncfrouwen staen.
die een sanc voor, die ander nâ:
harbalorifâ, barbaharbalorifâ, harbalorifâ.
 Doe ic versach dat schône cruut

45 in den boomgaerdekijn,
End ic verhoorde tsoete gheluut
van den maechden fijn,
Doe verblide therte mijn,
dat ic singhen moeste nå:
50 harbalorifà, harbaharbalorifà, harbalorifà.
Doe groettic dalreschoonsten,
die daer onder stont,
Ic liet mijn aerm al omme gaen
doe ter selver stont;
55 Ic woudes cussen aen harn mont.
si sprac 'laet staen, laet staen, laet stà!'
harbalorifà, harbaharbalorifà, harbalorifà.

Onghelije staet ons die moet
mi enten clênen woutvoilkinen,
60 Want si vrouwen sich der bloet
diese uten asten sien schinen,
Daer [onder] si willen rûwen desen coelen mei
ende verniewen haer ghesanc enthaer gheschrei,
emmer dienen sonder loon dats jämerlic.
65 wêlti wie dat heeft ghedaen? siet dat ben ic.
Ic wil emmer bliven staet
ende enwil haer niet entwenken.
Loont si mi met missedaet,
wee, wes sal ic dan ghedenken!
70 Neenà, vrouwe Vênus, laet ontfermen di
ende bid die lieve dat si trooste mi.
emmer dienen sonder loon dats jåmerlic
wêlti wie dat heeft ghedaen? siet dat ben ic.
Ic moet emmer draghen quael
75 nacht end dach end tallen stonden.
Dat doet mi haer minne strael,
die ververschet mine wonden;
Die staen onverbonden, dat es al te haert:
nu alrierst sò jacch ic opter wedervaert.
80 emmer dienen sonder loon dats jåmerlic.
wêlti wie dat heeft ghedaen? siet dat ben ic.

LXXXIII. Künic Wenzel von Beheim.

Ûʒ hôher âventiure ein süeʒe werdekeit
hât minne an mir ze liebte brâht,
ich siufte ûʒ herzeliebe, swenne ich denke dar,
Dô si mir gap ze minneclîcher arebeit,
5 als ich in wunsche hete gedâht,
sô zart ein wîp des ich mich iemer rüemen tar
Und doch alsô daʒ, eʒ ir niht ze vâre stê.
si gab in grôʒer liebe mir ein richeʒ wê:
daʒ muoʒ ich tragen iemer mê,
10 in ruoche wemʒ ze herzen gê.
    Mich bat mîn muot daʒ ich der lieben künde nam,
(sô wol und wol mich iemer mê!)
mîn vollîu ger, mîn ougen weide und al mîn heil.
Dô si mir durch diu ougen in daʒ herze kam,
15 dô muoste ich werben baʒ dann ê
gein der vil klâren lôsen alze lange ein teil.
Herz unde sinne gab ich ir ze dienste hin,
al mîner fröiden ursprinc unde ein anbegin:
si gap mir des ich iemer bin
20 vrô und ist doch mîn ungewin.
    Reht als ein rôse diu sich ûʒ ir klôsen lât,
swenn si des süeʒen touwes gert,
sus bôt si mir ir zuckersüeʒen rôten munt.
Swaʒ ie kein man zer werlte wunne enphangen hât,
25 daʒ ist ein niht, ich was gewert
sô helfebernder trôstes, ach der lieben stunt!
Kein muot eʒ niemer mê durhdenket noch volsaget
waʒ lebender sælde mir was an ir gunst betaget.
mit leide liebe wart gejaget:
30 daʒ leit was vrô, diu liebe klaget.
    Diu Minne endarf mich strâfen ruomes, zwâr sin darf:
swie gar ich umbevangen hete
ir klâren zarten süeʒen lôsen lieben lîp,
Nie stunt mîn wille wider ir kiusche sich entwarf,
35 wan daʒ sich in mîn herze tete
mit ganzer liebe daʒ vil minneclîche wîp.

Bartsch, Deutsche Liederdichter.

Mln wille was den ougen und dem herzen leit,
dem libe zorn daʒ ich só trâten wehsel meit:
diu ganze liebe daʒ, besneit
40 und ouch ir kiuschiu werdekeit.
  Nu habe er danc der sîner frowen alsô pflege
als ich der einen senften fruht.
ich brach der rôsen niht und het ir doch gewalt.
Si pflac mins herzen ie und pfliget noch alle wege.
45 ei swenne ich bilde mir ir zuht,
sô wirt min muot an fröiden alsô manicvalt
Daʒ ich vor lieber liebe niht gesprechen mac
al mines trôstes wunsch und mîner sælden tac.
nie man sô werde mê gelac
50 als ich dô min diu liebe pflac.

LXXXIV. Wizlâv.

Wol up, gi stolten helde,
nu komet vor mit melde
drâde up de velde.
ne rôket wie juk scelde,
5 sit de tit is wunnechlik.
De bôme sint geklêdet,
den vogelin berêdet,
vil manigen twich se brêdet.
sen rôket wie se vêdet:
10 dit gift in de meije rik.
  Nu tredet up den anger unde dônet
mit den vogeln jûwen nûwen sôten sanc.
mitten meijen dorch de vogelin scôuet
jûwe lif
15 und dorch rêne werde [sôte] wif.
de meije heft ûs geven
mit em dit fröllk leven.
in êren môt wi streven
und in frouden sweven:
20 swie dat dô, de hebbe danc.

Sint de mei sich blôtet
und ene de vogellu grôtet,
dår tô de tit ûs sôtet,
de meije ûs kummer bôtet:
25 dorch dat love wi sin blôt.
Hir tô nemen wi frôwen
dorch minnichliket schôwen.
wêr ûs de mei vorhôwen,
er wunnechliket tôwen
30 macht ûs wal ên nûwen gôt.
 Nu hebbe wi bêde frôwen und den meijen:
dorch de scul wi frôlik leven mit scalle,
dansen, springen; froude manicher leije
underfât,
35 dâr tô, gi wif, den mannen nât.
dit dôt mit mênem râde
ût ûwes herten grâde.
ûr nêne's nicht vorspâde,
komet dâr hin drâde,
40 êr û de meije untfalle.
    Ei wif, wô dû mi lâgest!
vil wal du mi behagest,
mi frouden bant du dragest,
wen dat du mich verjagest:
45 mit owê ic dit melde.
Lange hebbic gesungen,
vil din lof vor gedrungen.
mi nis nicht wal gelungen,
dat miner lovender tungen
50 von di nicht wirt to gelde.
Wô hefstu dat in dime herten, frôwe,
dat ic nicht van dir minne sô genesen mach?
dû bist miner frouden bilde; ic scôwe,
sôte, di:
55 vor alle wif du frôwest mi.
Wizlâv de junge singet
dit liet, sin frôwe em bringet
dat sin lif dorch se ringet.
swô sêre sie en dwinget,
60 dat wirt noch sin frouden dach.

Lóvere riset
van den bómen hin to dal:
des stât blôt er este. -
Blômen sich wiset,
65 dat se sint vordorven al:
scône was er gleste.
Sus dwingt de ripe
mancher hande wortel sal:
des bin ic gar sêre bedrôvet.
70 nu ic tô gripe,
sint de winder is sô kal,
des wirt nûwe froude geôvet.
Helpet mi scallen
hundert dûsent frouden mêr
75 wen de mei kan bringen:
Rôsen de vallen
an mir frôwen rôder lêr,
dâr van wil ic singen.
Dwingt mi de kulde,
80 aller wortel smackes gêr
die sint an er live gestrôwet.
worve ic er hulde,
son bedrocht ic frouden mêr:
sus de minnechlike mi frôwet.

LXXXV. Grâve Kuonrât von Kilchberc.

Towic gras, gel brûne bluomen schœne
diu vil liebe kunft des meien bringet,
Sô diu lerhe lüftet ir gedœne,
daz ir schal ûf dur diu wolken dringet.
Dâ bî hœret man gar unverborgen
in den owen über al
süezen schal der nahtegal:
sô muoz ich mîn sendez leit besorgen.
    Steine krüt diu sint an tugenden riche:
10 wort wil ich dar obe an kreften prîsen.

Mit ir worten diu vil minneclîche
mehte herzeliebes mich bewisen.
Süeziu wort ze liebe ûz liebes munde,
suoze und in des herzen grunt,
15 ach waz liebe wurde kunt
swer bî herzeliebe minne enpfunde!
    Minneclîch gevar in rôsen rœte
blüet der schœnen wengel, munt, ir kinne.
Ob mich des ir güete, ir tugent nœte
20 daz ich si sô herzeclîche minne,
Dâ ist Vènus gar ân alle schulde.
Amor, ist dîn vackel heiz,
selker nœte ich niht enweiz.
wâriu liebe ist minne ein übergulde.
25   Swem sîn herze nû in fröiden swebe,
der mac und sol von schulden frô gebâren:
Ich muoz trûren eht die wîle ich lebe;
mir wart nie kunt in allen mînen jâren
Von der minneclîchen lieplich grüezen.
30 des muoz ich in sorgen sîn.
sist sô guot, diu frowe mîn:
swann si wil, si mag ez wol gebüezen.

    Hei winter, dîn gewalt
tuot uns aber hiure leit:
35 du verderbest uns der bluomen schîn,
Du velwest grüenen walt
und dar zuo die linden breit,
du gesweigest uns diu vogellîn.
Des bin ich unfrô:
40 doch sô mac sîn werden rât,
wil diu süeze reine
diech mit triuwen meine:
mîn muot hôhe stât.
    Mir wære wol gelich
45 beidiu bluomen unde snê,
wolde si genâde an mir begân:
Sô wurde ich fröiden rich.

beschiht des niht, owê,
só verdirbet mir mîn lieber wân,
50 Der an fröiden dô
volleclîche mich beriet,
dô ich si mîn vrouwen
êrst begunde schouwen:
von sorgen ich schiet.
55 Hei, wenne sol ez sîn
daz ir mündel rôsenrôt
welle wenden mînen kumber lanc?
Zwei liehtiu wengelîn
wæren guot für sende nôt
60 und ein minneclîcher umbevanc.
Wâfen, herre, jô!
wolde ir rœselehter munt
mir ein küssen lîhen,
sorge mich verzîhen
65 wolt ich sâ ze stunt.
Lîht hât si sorge des;
ob si minne mich gewer,
der ich lange hân an si gegert,
Daz si der iht genes.
70 nein, ir stirbet verre mêr
die niht minnent und sint minne wert.
Mêre danne zwô
sint bî mînen zîten tôt
die niht minnen wolden
75 dô si minnen solden
und minne inz gebôt.
Swenn ich ir minne ger,
sô vrâgt si waz minne sî.
nu kan ich sis baz bescheiden niht:
80 Sô volge mîner lêr,
si mir eteswenne bî
eine wîle dâ ez nieman siht.
Lîhte kumet ez sô,
ê daz wir uns scheiden dan,
85 daz ich siz gelêre,
daz siz iemer mêre
ze wunsche wol kan.

LXXXVI. Grâve Wernher von Hônberc.

Wol mich hiute und iemer mê, ich sach ein wîp
der ir munt von rœte bran   sam ein fiurîn zunder.
Ir wol triutelehter minneclîcher lîp
hât mich in den kumber brâht: von der minne ein wunder
5 An ir schœne hât got niht vergezzen.
ist ez reht als ich ez hân gemezzen,
sô hât si einen rôten rôsen gezzen.
　　So ist der eine der des niht enwære wert
daz er læge ûf einem strô,   der triut ir wîplich bilde;
10 So ist der ander der des tôdes dur si gert
und zuo zallen marsen vert,   dem muoz si wesen wilde.
Heiâ got, wie teilst sô ungelîche!
ist er hezlich, so ist si minneclîche:
waz sol der tiuvel ûf daz himelrîche?
15　　Hèrre got, und het ich von dir den gewalt
daz ich möht verstôzen in   von der grôzen wunne,
Sô möht ich in ganzen fröiden werden alt:
helfent alle biten mir   got daz ers mir gunne,
Daz der selbe tiuvel werde geletzet
20 und ich werde an sîne stat gesetzet:
sô bin ich mîs leides wol ergetzet.

LXXXVII. Meister Jôhans Hadloub.

Ach mir was lange
nâch ir sô wê gesîn:
dâ von dâcht ich vil ange
daz ir daz würde schîn.
5 Ich nam ir achte
in gwande als ein pilgrîn,
sô ich heinlîchste machte,
dô si gienc von mettîn:
Dô hât ich von sender klage
10 einn brief, dar an ein angel was,

    den hieng ich an sî, daʒ was vor tage,
    daʒ sî niht wisse daʒ.
       Mich dûcht sî dæchte
    'ist daʒ ein tubic man?
15 waʒ wolde er in die næchte
    daʒ er mich grifet an?'
    Sî vorchte ir sère,
    mîn frouwe wol getân:
    doch sweic sî dür ir êre,
20 vil bald sî mir entran.
    Des was ich gein ir sô gæhe,
    daʒ echt sî bald kæm hin în,
    dür daʒ den brief nieman an ir gesæhe:
    sî brâchte in tougen hin.
25   Wie sim dô tæte,
    des wart mir nicht geseit,
    ob sin hin wurfe ald hæte:
    daʒ tuot mir sende leit.
    Las sin mit sinne,
30 sô vant sî sælikeit,
    tief rede von der minne,
    waʒ nôt mîn herze treit.
    Dem tet sî nie sît gelîche
    daʒ ir mîn nôt ie würde kunt.
35 owê frowe reine minneneclîche,
    du tuost mich sère wunt.
       In torst gesenden
    nie keinen botten ir,
    wan sî nie wolt genenden
40 ir trôst erzeigen mir,
    Der ir kunt tæte,
    wie kûme ich sî verbir,
    und sî genâden bæte
    nâch mînes herzen gir.
45 Dâ vorcht ich ir ungedulde,
    wan sî mir ist dar umb gehaʒ
    daʒ ich sô gar gerne bæte ir hulde.
    war umbe tuot sî daʒ?
       Mîn herze sère
50 sî mir dürbrochen hât,

wan sî dâ dür, diu hére,
sô gwalteclîche gât
Hin und her wider,
doch ez sî gerne enphât:
55 sî lât sich drinne ouch nider
mit wunnen die sî hât.
Sî kan sô gefüege wesen,
swie sî mêr dan mîn herze sî,
swie sî drinne gât, des mag ich gnesen:
60 arges ist sî sô vrî.
 Mich dunkt man sæche
mîn frouwen wol getân,
der mir mîn brust ûf bræche,
in mînem herzen stân,
65 Sô lieplich reine,
gar wîplich lobesan.
in wîge ez doch nicht kleine
daz ich sî sô mac hân.
Nu muoz sî mir doch des gunnen,
70 swie sére sî sich frümdet mir:
doch gan sî mir niht der rechten wunnen
der ich ie muote zir.
 Owê diu minne,
wie wil sî mich nû lân,
75 und ich doch mîne sinne
an ir behalten hân!
Daz noch mîn herze
nie trôst von ir gewan,
des wil mir sender smerze
80 von nôt gesigen an,
Sin kêr mirz dannoch ze guote,
die reinen twinge gegen mir è,
daz sî mir ze heil der leiden huote
dür triuwe gar engè.

85 **Waz** man wunnen hôrte und sach, dô voglîn schal
sô suoze hal den sumer klâr!
Des man schœne frouwen sach sich dicke ergân,
des werde man gern nâmen war.

Wan swæriu zitkleit leiten sî dô hin,
90 des man sach wie wiplich wol sî sint gestalt
und manicvalt ir liechten schîn:
  Wan sî burgen nicht ir wunne in süezer zît.
der winter gît kalt winde und snê,
Des ir antlüt neckel kelen bergent sint.
95 an biuten lint tuot winter wê.
Ir hende wîz ouch dicke bergent sî
und sint in dien stuben, des mans selten sicht:
wen tæt daz nicht vil fröiden frî?
  Nieman mac die sumerzît verklagen wol
100 wan der der sol sîn lieb umbvân:
Dem ist winter liep, dür daz diu naht ist lanc,
vür voglîn sanc, vür schœnen plân.
Mir wære ouch sô, tæt sî genâde mir:
noch tuot sî recht als daz niemer sül ergân.
105 ûf lieben wân dien ich doch ir.
  Ich kum in dem sinne selten niht vür sî
daz ich ir frî müg sanfte sîn.
Merker und diu huote diu verderbent mich,
dür diu mîd ich die frowen mîn.
110 Ir wort diu snîdent, sî gént scharpfen slac,
doch sende ich ir mîn herze und mîn triuwe gar,
swenn ich nicht dar selb komen mac.
  Waz ich dür die merker und dür huote lân,
daz ich nicht gân sô dik vür sî!
115 Daz sî sîn verfluocht! ir zungen sint sô lanc,
ir hæler ganc ist tugende vrî.
Sî sehent umb sam diu katze nâch der mûs.
daz der tievel müeze ir aller pfleger sîn
und brechen in ir ougen ûz!
120   Ach ich sach sî triuten wol ein kindelîn,
dâ von wart mîn muot liebs ermant.
Sî umbvieng unde truchte ez nâhe an sich:
dâ von dâcht ich lieplich zehant.
Sî nam sîn antlüt in ir hende wîz
125 unde truchte ez an ir munt, ir wengel klâr:
owê sô gar wol kuste sîz.
  Ez tet ouch zewâre als ich hæt getân:
ich sach umbvân ez ouch sî dô.

Ez tet recht als ez enstüende ir wunnen sich,
130 des dûchte mich,   ez was sô frô.
Don mochte ich ez nicht âne nît verlân:
ich gedâchte 'owê wær ich daz kindelîn,
unz daz sî sîn   wil minne hân.'
 Ich nam war doz kindelîn êrst kam von ir,
135 ich namz zuo mir   lieplich ouch dô.
Ez dûcht mich sô guot wan sîz ê druchte an sich:
dâ von wart ich   sîn gar sô frô.
Ich umbvieng ez, wan sîz ê schône umbvie
und kustz an die stat swa ez von ir kust ê was:
140 wie mir doch daz   ze herzen gie!
 Man gicht mir sî nicht als ernstlich wê nâch ir
als sîz von mir·   vernomen hânt,
Ich sî gesunt; ich·wær vil siech und siechlich var,
tæt mir sô gar   wê minne bant.
145 Daz manz nicht an mir siht, doch lîde ich nôt,
daz lüegt guot geding, der hilft mir al dâ her:
und liez mich der,   sô wære ich tôt.

Wol der süezen wandelunge!
swaz winter truobte,   daz tuot sumer klâr.
150 Daz fröit alte, daz fröit junge,
wan sumer uobte   doch ie wunnen schar.
Wol im swer sich nu fröiwen sol!
dem ist sô wunneclîche wol.
swaz ab ich von wunnen schouwe,
155 doch wil mîn frouwe   daz ich kumber dol.
 Owê solt ich und mîn frouwe
unsich vereinen   und uns danne ergên
In ein schœnen wilden ouwe,
daz ich die reinen   sæhe in bluomen stên!
160 Dâ sungen uns diu vogellîn:
wâ möcht mir danne baz gesîn?
sô vund ich dâ schœn geræte
von sumerwæte   zeinem bette sîn.
 Daz wolt ich von bluomen machen,
165 von vîol wunder   und von gamandrê,
Deiz von wunnen möchte lachen.

dâ müesten under münzen unde klê.
Die wanger müesten sîn von bluot,
daz kulter von bendicten guot,
170 diu lînlachen klâr von rôsen:
ez wære ir lôsen lîb niht vor behuot.
 Wær sî niht sô lobelîche,
sî wær ze danke an daz bette mir.
Si ist sô rein, sô wunnen rîche,
175 dâ von nicht kranke wunne hôrte zir.
Sô spræche ich 'liep, nu sich wie vil
daz bette hât der wunnen spil:
dar ûf gê mit mir, vil hêre.'
ich vürchte sêre daz sî spræche 'in wil.'
180 Wan daz mir ir zorn wê tæte,
ich würde ân lougen dâ gewaltig ir.
Swes ich sî lieplîch erbæte,
daz bræchte tougen hôhe fröide mir.
Ê daz ab ich sî wolde lân,
185 ich wolde sî doch umbevân
und sî dan anz bette swingen:
owê! daz ringen mac mir wol vergân.

Er muoz sîn ein wol berâten êlich man
der hûs sol hân, er müeze in sorgen stên.
190 Nœtic lidic man fröit sich doch mangen tac,
er spricht 'ich mac mich einen sanft begên.'
Ach nœtic man, kumst du zer ê,
wan du küme gwinnen macht muos unde brôt,
du kumst in nôt: hûssorge tuot sô wê.
195 Sô dich kint an vallent, sô gedenkest dû
'war sol ich nû? mîn nôt was ê sô grôz:
Wan diu frâgent dik wâ brôt und kæse sî.
sô sizt dâ bî diu muoter râtes blôz.
Sô spricht sî 'meister, gib uns rât.'
200 sô gîst in dan Riuwental und Siuftenhein
und Sorgenrein als der nicht anders hât.
 Sô spricht sî dan 'ach daz ich ie kan zuo dir!
jan haben wir den witte noch daz smalz,
Noch daz fleisch noch vische, pfeffer noch den wîn:

205 waz wolte ich dín?   son hån wir niender salz.'
Sô riuwetz ir: dâ sint fröid ûz,
dâ vât frost und turst den hunger in daz hâr
und ziehent gar   oft in al dür daz hûs.
  Mich bedunket daz hûssorge tüeje wê:
210 doch klage ich mê   daz mir mîn frowe tuot.
Swenne ich für sî gên dür daz sî grüeze mich,
sô kêrt sî sich   von mir, daz reine guot.
Sô warte ich jæmerlîche dar
unde stên verdâcht als ein ellender man
215 der nicht enkan   und des nieman nimt war.
  Daz sî mich versêret hât sô manic jâr,
daz wolt ich gar   lîeplich vergeben ir,
Gruozte sî mich als man friunde grüezen sol:
sô tæt sî wol.   sî sündet sich an mir.
220 Wan ir mîn triuwe wonet bî:
dâ von solte sî mich grüezen âne haz.
wan tuot sî daz?   dazs iemer sælic sî!

Ich was dâ ich sach
in ir swert zwên dörper grîfen junge:
225 Ruodolf dâ begonde in zorne stetschen.
Chuonze dar zuo sprach
'nieman ist dem an mir wol gelunge:
ich hân dînen zorn nicht wan vür getschen.'
Ruodolf sprach 'du hâst Ellen gemeinet,
230 nâch der ich vil dicke hân geweinet:
hüet dîs lîbs vor mir
an dem werde an sunnentage vor ir.
dîn schuld ist daz ir huld gegen mir kleinet.'
  Sî swigen dar zuo
235 daz manz verre vernam in kurzer stunde.
dar kam dörper vil mit grôzem schalle.
Ruodolf malc sîn kuo
unde ruoft dien dien er guotes gunde:
'trinkent und sint mir bî hiute alle.
240 Helf man im, sô helfent mir ouch sêre,
daz ich hiut bejage vor Ellen êre.
ich wil Chuonzen slân

daz hund in in mügen zem herzen gân:
ern gewirbt umb Ellen niemer mêre.'
245   'Wir sunz understân',
sprâchen zwên der wægsten und der meijer:
bittent Chuonzen daz er Elln ab lâze.'
'Des mac nicht ergân,
ich gab ir ein geiz und hundert eijer
250 unde bin ir holt recht âne mâze.'
'Dâ vür sol dich Ruodolf vil wol mieten.'
'nu lânt hœren, waz wil er mir bieten?'
'zwô geiz und ein huon.'
Chuonze sprach 'daz wil ich gerne tuon:
255 ich tet ie daz biderbe liut mir rieten.'

Herbest wil berâten
mang gesind mit guoten trachten
bî der gluot ald swâ sî sîn:
Veize swînîn brâten,
260 dar umb sol ir wirt in achten
und ouch bringen guoten wîn.
Wirt, besende uns würste,
dâ bî schæfîn hirne,
daz in die stirne
265 glostent werden, als sî in sîn an gezunt.
mache in daz sî türste,
salze in vast der ingwant terme,
    tuon den herbst mit vollen kunt.
    Sô der haven walle
270 und daz veize drinne swimme,
sô begiuz in wîziu brôt.
Danne sprechents alle
'herbst ist bezzer danne ein gimme:
wol dem wirte derz uns bôt.'
275 Hânt in entefüeze,
dar zuo guot geslechte:
sô kumst in rechte
unde stêt dâ bî des herbstes êre wol.
swer nu trûren müeze,
280 der enhœrt niht zuo den frœzen,
    wan sî werdent fröiden vol.

Swer sich welle mesten.
der sol kèren zuom gesinde:
guote fuore macht sî veiz.
285 Wirt, besend dien gesten
gense die dâ sîen blinde,
unde mach die stuben heiz.
Du solt hüenr in vüllen,
dannoch sieden kappen:
290 frœliche knappen
hâst du danne in stuben und ouch bî der gluot.
beiz in tûben knüllen,
schützen und ouch vasant wilde:
daz nement sî vürs meien bluot.
295 Welt, du bist unglîche:
fræzen dien ist wol geschehen,
daz tuot mangem minner wê.
Frouwen minneclîche
mügent sî nû nicht gesehen
300 als sîs sân des sumers ê.
Sî hânt nû verwunden
diu antlüt in ir stûchen,
daz sî nicht rûchen.
swære winde tuont an linden hiuten wê.
305 wê uns küeler stunden!
rôsenwengel sint verborgen
und ir kein wîz als der snê.
Wir sorgen nicht eine:
vogel die hânt grôze swære,
310 in tuot ouch der winter leit.
Wir sunz hân gemeine,
wir sîn beide fröiden lære,
dulden sament arebeit.
Wan bî ir gedœne
315 was uns dicke sanfte.
dô d' amsel kanfte
mit der nahtegal, dô hôrt man süeziu liet,
und die frowen schœne
dô die minner mochten schouwen:
320 des enmuns nû leider niet.

Eʒ gêt nù in die erne
vil schœner dirne fin:
swer fröide habe gerne,
der kêr mit in dâ hin.
325 Dar zuo gêt manig eile
dar mit ir tochterlin:
daʒ kumt iu ouch ze heile,
went ir gesloufie sin.
Hæt ich ein liep daʒ gienge dar,
330 ich næm sin in der schiure war:
dâ würde ich lichte sorgen bar.
    Eʒ ist dien wol geteilet
der frowen gênt dâ hin:
des sich ir herze geilet,
335 eʒ wirt licht ir gewin.
Wol ûf, ir stolzen knechte,
dien stêt ûf minne ir sin,
iu kumt diu erne rechte,
wan tuot iuch zemen in:
340 Dâ sagent spel, ir jungen man
diu man wol ane lernen kan.
stat machet licht dams iu dâ gan.
    Swer sich kan zuo gemachen,
swieʒ si von êrst in leit,
345 eʒ wirt dar nâch ir lachen:
sô wirt dâ spel geseit,
Als man ûf strô sol sagen
dâ dirnen sint gemeit.
ob si daʒ wen vertragen,
350 daʒ tœtet sende arbeit.
Dâ ist diu kurzewile guot
mit speln sam enents baches tuot.
wol ûf in d'ern, diu hœhet muot.

LXXXVIII. Der von Bûwenburc.

Waʒ ist daʒ liehte daʒ lûʒet her vür
ûʒ dem jungen grüenen gras, als ob eʒ smiere

und eʒ uns ein grüeʒen wil schimpfen mit abe?
Eʒ sint die bluomen, den sumer ich spür
5 an den vogellinen und an mangem tiere:
ahtent ob nâtûre iht ze schaffenne habe,
ê daʒ aller dinge
stelle nâch der zît.
got gebe daʒ der herbest sîn êre volbringe.
10 sît des menschen fröide gruntveste dâ lît.

 Wan guot gedinge, sô meht ich sîn tôt
von ir stætem 'nein ich' und 'in tuon eʒ nimmer,'
diu niht wan 'jâ gerne' hât vunden an mir.
Wan siht ouch dicke daʒ schœn âbentrôt
15 kumt nâch mangem morgen, der trüebe ist und timmer:
dâ von ich mit dienste niht wenke von ir
Diu von manigen jâren
mir noch lônen sol.
ach het ich erworben die süeʒen, die klâren,
20 sô wart einem manne zer werlt nie sô wol.

 Sich lât doch brechen der herte adamas,
swenn er vor begoʒʒen wirt mit bockes bluote:
alsô meht ouch gnâde mit liebe verjagen
ir ungenâde dur liebe noch baʒ.
25 wer gesaʒ bî gote an dem rât dâ diu guote
mir wart widerteilet? des hœre ich niht sagen.
Liebe, in guote einvaldic,
wehsel mir diu leit,
habs in hôherm muote, des bist du gewaldic:
30 sô wirt mêrer muot dir ze namen geseit.

LXXXIX. Der Guotære.

Wie vor ein werder ritter lac
tôtsiech dâ an dem bette sîn.
sô schœne ein vrouwe vür in gie
Daʒ er sô hô ir schœne wac:
5 sî het vor allen wîben schîn,
ern sach ouch schœner vrowen nie.
Sî stuont vor im und sprach 'nu sage.

guot ritter, wie ich dir behage:
du hâst gedienet vilzic mir
10 gar dîne tage: nu bin ich komen und wil nâch tôde lônen dir.'
 Von golde ir krône, wol geberlt
ir wât ir gürtel ir vürspan:
dô sprach er 'vrouwe, wer sît ir?'
Sî sprach zuo zim 'ich binz diu Werlt,
15 du solt mich hinden schouwen an:
sich, den lôn den bringe ich dir.'
Ir was der rucke vleisches hol,
er was gar kroten würme vol
und stanc alsam ein vûler hunt.
20 dô weinet er und sprach 'owê daz dir wart ie mîn dienest kunt!'
 Swer dirre vrouwen niht ensiht,
der sehe der Werlde diener an,
wies in dem alter sîn gestalt:
Derst grâ, derst blint, son hât der niht,
25 die alten seht mit krücken gân.
unreht hôchvart, unreht gewalt
Diu leit diu werlt (owê der nôt!)
an lîbe an sêle an êren tôt:
wîb liebiu kint vriunt al sîn habe
30 nimt im diu Werlt, mit einem swachen tuoch, sich, sendet sin ze grabe.
 Sô in die vriunt bestatet hânt,
sô kumt diu Werlt und bringet dar
den lôn, den sach der ritter dort.
Die kroten würme des niht lânt
35 si ezzen von dem beine gar
hût unde vleisch: nu hœrt diz wort.
Gêt in den kerner unde seht
wes ir ze vriunt ze mâge jeht:
wâ richtuom schœne werdikeit?
40 dâ hât diu Werlt des armen bein dem rîchen vür den munt geleit.
 Nu dar, der Tôt ist ûf der vart,
er zoget alle tage her
zuo zuns ein tageweide breit,
Die strâze uns allen hât verspart,
45 wan zweier ist er unser wer,
daz ist vreud oder werndez leit.
Nein, alle sünder, bitent dar

die reinen maget diu Krist gebar
gar âne sünde und âne wê,
50 daz si uns helfe ûf die strâz diu z'immer wernder vreude gê.

XC. Der Dürner.

Swie der winter kalt, daz ich wol sihe,
vogel dœne krenket und der bluomen schin.
Diu mîn hât gewalt, des ich vergihe,
seht, der schœne muoz mîn blüender meie sîn.
5 An der ich vinde fröiden unde wunnen mê,
rôsen rôt geströit ûf wizen snê
sint der lieben under ougen: swiez ergê,
mirst ungedröit.
Wiz ist ir daz vel, dar under rôt
10 sint ir wangen und ir süezez mündelîn.
Blanc ist ir diu kel, daz ist ein nôt:
solt ich hangen, dar sô füer daz ouge mîn
Ermeijen sich dort in ir lichten ougen klâr.
für daz grüene loup ir valwez hâr
15 wil ich iemer gerne prîsen sunder vâr.
ich bin sô loup.
Mir getrounde ein troun, des ist niht lanc,
kunden gesten disiu mære diu sag ich,
Wie ein rôseboun hôch unde kranc
20 mit zwein blüenden esten umbevienge mich;
Dar under vant ich viol und der rôsen smac:
daz erschein ich mir, sô si nu mac,
daz ir umbevanc mich bindet halben tac.
gestat ichs ir?
25 Jâ vil gerne, ich wil dar meijen gân
dâ ein sender sieche sust enbunden wirt,
Sît si mac sô vil gewaltes hân
daz ir lachen mînem herzen fröide birt.
Ir ougen klâr erliuhtent in mîns herzen grunt.
30 als ein rôse rôt ist ir der munt:
swelhen siechen der berüert, der wirt gesunt
von sender nôt.

Dannoch hât ir lîp gewaltes mê,
den si mit ir armen zuo zir vâhen wil,
35 Si vil sælic wîp,   für sendez wê
ist ir wîplich güete guot, der ist sô vil.
Gedenkent dar wie liep ein wîp, wie trût si sî,
sît ir senftez 'jâ' tuot sorgen vrî:
'nein' daz sî verfluochet iemer, swâ ez sî;
40 ez machet grâ.

XCI. Hêr Kuonrât von Altsteten.

Der sumer hât den meien
frœlich vür gesant,
Der sol fröide heien
und daz er si erkant,
5 Wan er vertriben was.
ir kint, ir sît niht laz,
ir brüevet in, er bringt iuch bluomen unde gras.
zwô brûne brâ
die hânt mich dâ
10 verwundet sêre und anderswâ.
    Swel frowe trûric wære,
diu sol wesen frô;
Ich sage ir guotiu mære:
ez meiet hiure alsô
15 Daz aller frowen heil
ûf gât ein michel teil.
ir kint, ir sult mit fröiden järlanc wesen geil.
ein kele wîz
hât wol den prîs:
20 si machet mich an jugende grîs.
    Nu wünschet al gemeine
daz mîn leit zergê:
Die ich mit triuwen meine
(diu tuot mir dicke wê),
25 Daz ich ir werde erkant.
ir kus der wære ein pfant
den ich vür tûsent marke næme sâ zehant.

ein umbevanc
mit armen blanc,
30 des wünscht dem der den reigen sanc.

XCII. Kristân von Lupîn.

Sie reine, sie vil schône herzeliebe gûte,
sie sêlic wîp
Alleine wont gewalteclîche in mînem mûte:
ir lieber lîp
5 Mûz mir doch iemer mê der liepste sîn.
sô rôt wart nie nicht noch enwirdet niemer
als ir vil trûtez mundelîn.
Ir lachen, ir gelêze, ir liechten ougen blicke,
ir werder grûz
10 Kan machen daz vor frouden in dem lîbe erschricke
mîn sêle mûz.
Daz habe ein ende: solches wart nie nicht.
durch got seht an ir kel ir weichen hende,
die wîzer sint dann ichtes icht.
15 Ich wolde ir gevangen sîn gern unverdrozzen:
sô daz sie mich
Dort solde in ir blanken arme haben geslozzen:
nie mêr kund ich
Mîn leit gerechen an der trûten baz.
20 ir mundel kust ich unde wolde sprechen
'sich, dîner rôte habe du daz.'

XCIII. Hêr Heinrich Hetzbolt von Wîzensê.

Nu wunschet alle der sûzen daz sie mich noch meine in der liebe
als ich sie,
und daz ir lôslîchez grûzen mich doch twing alleine: des wunschet
ouch mie.
swenne ich ir wangen bedenke und ir munt,
sô hât mich gar zir gevangen die vil zarte reine: mir wart froude enzunt.

5   Ich sach ir munt sam ein rôse: swer des kunde warten   an ir wengelîn,
    dâ brach durch wîz rôt sô lôse.   ich tet unreht: hophgarten   nant ich grûbelîn.
    vor sendem smerzen   wart mîn froude ganz.
    sie hiez ie trût in dem herzen,   die wîle wir sparten,   der Schône Glanz.
    Seht an ir munt, in ir ougen,   und prüvet ir kinne   unde merket ir kel,
10 der ich muz iemer vil tougen   den lîp und die sinne   an ir gnâde bevel.
    die ist ân ende   gewaltic nu mîn:
    ich vald ir herze unde hende,   gnâdâ, keiserinne,   ich muz dîn eigen sîn.

Nust mir al der mût geringe,
sît mich grüzt ir mundelîn.
15 Ach daz mac mir froude bringe,
kund ich nâch dem willen mîn
An ime mich gerechen,
seht sô wêr ich frouden rich:
daz stêt als ez welle sprechen
20 'jâ truz, wer tar kussen mich?'
    Got die trûtelîchen krône,
daz ir niemer leit geschehe.
Ich lob an ir fromde schône,
der muz ich ir iemer jehe.
25 Ein mundel alse freche
sach ich nie sô sûverlich:
daz stêt als ez welle spreche
'jâ truz, wer tar kussen mich?'
    Zart liep, lâ mich dich erbarmen,
30 mache mich noch sorgen vrî!
Must ich noch mit blanken armen
frôlich umbevangen sî
Gar von gûtem wîbe,
sô wêr ich in frouden ganz.
35 swie vil ichz an sie getrîbe,
sost siez doch der Schône Glanz.

XCIV. Regenboge.

Ir pfaffen und ir ritter tribet von iu nlt,
ir prüevet anders grôzer ungenâde zit;
ir sult gedenken rehte wie ez umb iuch ltt:
der pfaffe, ritter, bûman, die dri solten sin gesellen.
5 Der bûman sol dem pfaffen und dem ritter ern:
sô sol der pfaffe den bûman und den ritter nern
vor der helle, und sol der werde ritter wern
dem pfaffen und dem bûman, die in tuon iht bœses wellen.
Nu dar, ir edelen werden dri gesellen!
10 stôl unde swert, welt ir ein ander helfen wol,
sô wirt diu kristenheit von iu genâden vol.
stôl unde swert, der pfluoc tuot allez, daz er sol:
sit ir mit triu ein ander bi, iuch kan nieman gevellen.

Fünf hande tugende sol ein reine vrouwe pflegen,
15 wil si behalten völleclichen wibes segen.
die êrste tugent sol si niemer under wegen
von ir, mit triuwen daz rât ich, eins fuozes lenge lâzen.
Diu êrste tugent daz sol wiplich êre sin,
diu ander zuht: sô wirt ir lop der welte schin.
20 bescheidenheit sol in ir herze ân argen pin
gar stætez sedel halten wol, ûf velde, in stete, an strâzen.
Diu vierde sol sin kiusche zallen stunden:
diu milte bi der kiusche sol gemischelt sin;
sô mac si wol geheizen mannes keiserin.
25 si wirt versigelt in der hôhen engel schrin.
vil sælic wip, din werdekeit wirt dort in fröiden vunden!

XCV. Albreht marchschal von Raprehtswile.

Aber hüget mir der muot:
zwâr ez meijet meijen bluot;
man siht ûf dem zwie
Bollen die sich went ûf tuon;
5 dar in setzet sich dur ruon
nahtegal diu vrie.

  Gêret sî diu kalle sîn
  diu des zwîes hüete:
  iemer müez sî sælic sîn
10 diu dâ zuo dien vogellîn
  setzet mîn gemüete.
   Sî hât engellîchen schîn:
  wünschent daz sî werde mîn,
  der mir heiles gunne;
15 sô hab ich ein paradîs
  hie ûf erde in maniger wîs.
  si ist mîns herzen wunne.
  Mit vil tiurer varwen zol
  ist ir lîp bestrichen,
20 wiz rôt brûn, gemischelt wol,
  ist ir herz gar tugende vol
  und diu schand entwichen.
   Zweier sternen hât gewalt
  diu mich machet junc unt alt:
25 daz sag ich dien liuten.
  Dar inn kan ich sehen wol
  waz her nâch beschehen sol
  und ouch schön betiuten.
  Kum ich noch in ir geriht,
30 hœrent frömdiu mære,
  diz beschehen daz beschiht,
  dâ sô bin ich, anders niht,
  ein wîssag gewære.

XCVI. Hêr Otte zem Turne.

  Mîn muot dien valken tuot gelîch
  die durch ir adellîchen art
  sich geilent mit der sunne:
  sô hôher flüge ist er nu rîch.
5 nie schœner bilde ûf erde wart
  dan mîner ougen wunne:
  Die mag ich schouwen und an sehen;
  und wölte des der keiser gern,
   im möht ein schade von ir geschehen.

10 Wol mich daz sich diu ougen mîn
sô glanzer varwe hânt gewent;
des fröit sich mîn gemüete.
Ich sach ir minneclîchen schîn
nâch der sich ie mîn herze sent
15 in bernder wîbes güete,
Daz ich bî allen mînen tagen
sô wandels frî nie lîp gesach:
daz muoz ich bî dem eide sagen.
Vind ich genâden rîchen muot,
20 sô mag ich danne sprechen wol,
si trage des Wunsches bilde.
Mîn herze brinnet als ein gluot:
swann ich genâde suochen sol,
sô wirt mir sprechen wilde.
25 Iedoch hât si ein teil vernomen
daz si mir ist für elliu wîp
in ougen und in herze komen.

Fröit iuch der vil lieben zît,
werden wol gemuoten jungen,
30 durch des liehten meien schîn.
Schouwent wie diu heide lît:
liehte bluomen sint entsprungen:
man hœrt kleiniu vogellîn
In dien ouwen über al:
35 tröschel lerbe und diu zîse
dœnent hügellcher wîse
mit der frîen nahtegal.
Diu fröit sich des meien bluot
und der süezen sumerwunne
40 diu sô hôhe vröide gît.
Sô fröit sich mîn sender muot
daz mîns herzen spilndiu sunne,
an der al mîn fröide lît,
Sich für alle vrouwen gar
45 sunder wanc, in hôchgemüete,
und mit reiner wîbes güete
hœhet als der adelar;

      Den sin adel und sin art
      in des luftes wilde twinget
50 dar kein vogel nie geflouc:
      Zuo dem die vil reine schart
      ir muot der nách éren swinget.
      ir gebáren mich niht trouc.
      Dò ich si von érst an sach,
55 dò kós ich des Wunsches wunne
      mé dann ich besinnen kunne
      an ir: si ist der sælden tach.

XCVII. Heinrich von Muglîn.

    Ein esel vant eins louwen hût und zôch si an.
    er sprach 'mich hât gelucke bracht ûf dese ban:
    mîns herren gunst hân ich mich gar erwegen.'
    Die kleinen tir gemein und ouch der herre sîn
5 die leden alle vor im . . . grôze pîn.
    dò er des louwen sprunge solde phlegen,
    Wie tump was dò sîn esell!
    sîn obermût in grôzem zorne brande.
    die ôren ûs der hûte frî
10 im worden: dâ bî in der herre kande.
    er gab im einen kûlen slac:
    er sprach 'du esel woldest mich betrigen.'
    er bant im weder ûf den sac:
    dò muste er sich in grôzen schanden smigen.
15 kint, gere valscher lére nicht nách eselischer wise.
    du salt an zien dîns vater wât;
    das ist mîn rât.
    nicht trit ûf fremdes lobes zil, sô stét dîn ére in prise.

    Es sâzen frosche zinses frî und vorchte lér;
20 die bâten lange umb einen konig ern Jûpitér,
    das er erlachte solcher tumpheit schimel.
    Der kroten schare rif und schrei daz ander mâl.
    dem sé zu konige warf er einen trum zu tal,

als die poêten sagen, von dem himel.
25 Des sêr erschrac der frosche schar,
beguuden sich durch vorcht zû grunde lâzen.
dar nâch si quâmen wider gar
und ûf des sanften koniges achseln sâzen.
umb einen konig sie rifen mê;
30 den hôen got erwegte zornes galle:
zu konige sande er dem sê
den storch, der si vorslant in grimme alle.
ist sanfte gût der herre dîn, des lâz in nicht entgelden,
das du icht komest sam der sê
35 in jâmers wê.
fritûm und êrste herschaft wirt vorbezzert, hôr ich, selden.

Ein frouwe sprach 'mîn falke ist mir enphlogen
sô wît in fremde lant:
Des vorchte ich, den ich lange hân gezogen,
40 den vest ein fremde hant.
Ich habe der trûwe fezzel
im gar zu lang gelân:
des bruet die afterrûwe sam ein nezzel
mîn herze sunder wân.
45 Ich hoffe doch das er mir komet wider,
wie er nu sweimet wît.
Wann er vorlûst die schell und das gefider
bricht und die winterzît
Im drouwet und die beize
50 vorgât und rist der hag,
sô swinget er dann wider in sînen weize,
wann er nicht furbaz mag.
Ach hete ich einen blâfûz vor den falken!
ab er nicht wêr sô risch,
55 Doch blebe er stân ûf mînes herzen balken.
was hilfet mich der fisch,
Der in des meres grufte
wart alles angels fri?
mich stûret klein der vogel in der lufte,
60 wie edel das er sî.

XCVIII. Namenlose Lieder.

Dû bist mîn, ih bin dîn:
des solt dû gewis sîn.
dû bist beslozzen
in mînem herzen;
5 verlorn ist daz sluzzelîn:
dû muost immer drinne sîn.

Stetit puella
rufa tunica:
si quis eam tetigit,
10 tunica crepuit. eia.
    Stetit puella,
tamquam rosula
facie splenduit,
et os ejus floruit. eia.
15   Stetit puella
bî einem boume,
scripsit amorem
an eime loube.
    Dar chom Vênus alsô fram;
20 caritatem magnam,
vil hôhe minne
bôt si ir manne.

Floret silva undique,
nâh mîme gesellen ist mir wê.
25 gruonet der walt allenthalben,
wa ist mîn geselle alse lange?
der ist geriten hinnen:
owê, wer sol mich minnen?

Wære diu werlt alliu mîn
30 von dem mere unz an den Rîn,
des wolt ih mih darben,

daʒ diu künegin von Engellant
læge an mínen armen.

Tougen minne diu ist guot,
35 si kan geben hôhen muot.
der sol man sich vlîʒen.
swer mit triwen der niht phliget,
dem sol man daʒ verwîʒen.

'Mich dunket niht sô guotes   noch sô lobesam
40 sô diu liehte rôse   und diu minne mines man.
diu kleinen vogelîn
diu singent in dem walde: dêst manegem herzen liep.
mirn kome mîn geselle,   ine hân der sumerwunne niet.'

'Diu linde ist an dem ende   nu jârlanc sleht unde blôʒ.
45 mich vêhet mîn geselle: nû engilte ich des ich nie genôʒ.
    Vil ist unstæter wîbe,   diu benement ime den sin.
got wiʒʒe wol die wârheit   daʒ ich ime diu holdeste bin.
    Si enkunnen niewan triegen   vil manegen kindeschen man.
owê mir sîner jugende!   diu muoʒ mir al ze sorgen ergân.'

50 'Mir hât ein ritter', sprach ein wîp,
'gedienet nâch dem willen mîn.
Ê sich verwandelôt diu zît,
sô muoʒ im doch gelônet sîn.
Mich dunket winter unde snê
55 schœne bluomen unde klê,
swenn ich in umbevangen hân.
und wærez al der werlte leit,
    sô muoʒ sîn wille an mir ergân.'

'Dir'nbiutet, edel riter guot,
60 ein frowe der dîn scheiden tuot
alse herzeclîchen wê.
nu lis den brief, er seit dir mê

waȥ si dir enbiutet
diu dich ze herzen triutet.'

65 Der walt in grüener varwe stât:
wol der wunneclichen zît!
Mîner sorgen wirdet rât.
sælic sî daȥ beste wîp
Diu mich træstet sunder spot.
70 ich bin vrô: dêst ir gebot.
 Ein winken und ein umbesehen
wart mir do ich si nâhest sach.
Dâ moht anders niht geschehen,
wan daȥ si minnecliche sprach
75 'Vriunt, du wis vil hôchgemuot.'
wie sanft daȥ mînem herzen tuot!
'Ich wil weinen von dir hân',
sprach daȥ aller beste wîp.
Schiere soltu mich enphân
80 unde træsten mînen lîp.
Swie du wilt, sô wil ich sîn.
lache, liebeȥ frowelîn.

Diu nahtegal diu sanc sô wol
daȥ man irs iemer danken sol
85 und andern kleinen vogellîn.
dô dâhte ich an die frouwen mîn:
diu ist mîns herzen künigîn.

Jâ lige ich mit gedanken der alre besten bî.
mirst leit daȥ ich sie ie gesach, sol si mir fremede sîn.
90 ichn mac ir niut vergeȥȥen deheine zît; sist guot,
und ist behuot: des trûret mir der muot.
ir sult mir alle helfen klagen diu leit diu man mir an ir tuot.

Ich hân gesehen daȥ mir in herzen sanfte tuot;
des grüenen loubes bin ih worden wolgemuot:

95 diu heide wunneclîchen stât:
mirst liep dazs alsô vil der schœnen bluomen hât.

Wol hœher dannez riche   bin ich al die zît
sô sô güetlîche   diu guote bî mir lît.
si hât mich mit ir tugende   gemachet leides frî.
100 ich kom ir nie sô verre
    ... sît ir jugende   irn wær mîn stætez herze ie nâhe bî
    'Ich hân den lîp gewendet   an einen ritter guot.
daz ist alsô verendet   daz ich bin wol gemuot.
daz nident ander vrouwen   unde habent des haz
105 und sprechent mir ze leide
    daz si in wellen schouwen.   mir geviel in al der welte nieman baz.'

'**R**îtest du nu hinnen   der alre liebest man?
du bist in mînen sinnen   für al diech ie gewan.
kumest du mir niht schiere,   sô vliuse ich mînen lîp:
110 den möhte in al der welte
got niemer mir vergelten',   sprach daz minneclîche wîp.
    'Wol dir, geselle guote,   deich ie bî dir gelac.
du wonest mir in dem muote   die naht und ouch den tac.
du zierest mîne sinne   und bist mir dar zuo holt
115 (nu merket wiech daz meine)
als edele gesteine,   swâ man daz leget in daz golt.'

Der al der werlt ein meister sî,
    der gebe der lieben guoten tach,
Von der ich wol getrœstet bin.
120   si hât mir al mîn ungemach
Mit ir güete gar benomen.
unstæte hât si mir erwert:
    ih bins an ir genâde komen.

Owê mîner gar virlornen jâre
125 diu mir in der welte sint erstorben!
Ir velschiu minne stuont mir ie ze vâre,

des ich nâch der sinne was verdorben.
Nû hât mich diu minne des ermant
daz got durch uns ûf ertrîche kam
130 und daz sîn wort ze guote an uns ist worden:
sîn minne hât mich brâht in grâwen orden.

Ich hân eine senede nôt,
   diu tuot mir alsô wê;
daz machet mir ein winder kalt
135   und ouch der wîze snê:
Kœme mir diu sumerzît,
sô wolde ich prîsen mînen lîp
umb ein vil harte schœnez wîp.

Einen brief ich sande
140 einer vrowen guot,
Diu mich inme lande
belîben tuot.
Stille ich ir enbôt; ob sin gelas,
dar an was
145 al mîns herzen muot.
diu reine ist wol behuot.
Sælic wîp, vil süezez wîp,
du gîst wol hôhen muot.
schœn ist diu zît:
150 bî dir swer lît,
sanfte dem daz tuot.

'Ze niwen vröuden stât mîn muot
hôhe', sprach ein schœne wîp.
'Ein ritter mînen willen tuot,
155 der hât geliebet mir den lîp.
Ih wil im iemer holder sîn
danne deheinem mâge mîn:
ih erzeige im wîbes triwe schîn.'

Nahtegal, sing einen dôn mit sinne
160 mîner hôhgemuoten küniginne.

künde ir, daz mîn stæter muot und mîn herze brinne
nâh ir süezen lîbe und nâh ir minne.

Ich gesach den sumer nie,
 daz er sô schône dûhte mich.
165 Mit manigen bluomen wol getân
 diu heide hât gezieret sich.
Sanges ist der walt sô vol:
diu zît diu tuot den kleinen vogelen wol.

'Eine wunneclîche stat
170 het er mir bescheiden,
Dâ die bluomen unde gras
 stuonden grüene beide.
Dar kom ih als er mih bat:
 dâ geschach mir leide.'
175 lodircundeie lodircundeie.

Der starke winder hât uns verlân.
diu sumerzît ist schône getân.
walt unde heide sih ih nu hân
loup unde bluomen, klê wol getân:
180 dâ von mag uns fröude nimmer zergân.

Springe wir den reigen
 nu, vrowe mîn,
Vröun uns gegen dem meigen,
 uns kumet sîn schîn.
185 Der winder der der heide
 tet senede nôt,
der ist nû zergangen:
sist wunneclîch bevangen
 von bluomen rôt.

190 In liebter varwe stât der walt,
 der vogele schal nu dœnet.

Diu wunne ist worden manicvalt.
des meien tugent krœnet
Senede liebe: wer wær alt
195 dâ sih diu zît sô schœnet?
her Meie, iu ist der brîs gezalt:
der winder sî gehœnet.

Nu suln wir alle fröude hân,
die zît mit sange wol begân.
200 Wir sehen bluomen schône stân;
diu heide ist wunneclîch getân.
Tanzen reien springen wol
mit fröude und ouch mit schalle!
daz zimet kinden als iz sol:
205 nu schimphen mit dem balle!
mîn vrowe ist ganzer tugende vo
in weiz wiech ir gevalle.

Ih solde eines morgens gân
eine wise breite:
210 Dô sach ich eine maget stân.
diu gruozte mih bereite:
Si sprah 'lieber, war went ir?
dürfent ir geleite?'
gegen den füezen neig ih ir,
215 gnâde ih ir des seite.

Vrowe, ih bin dir undertân,
des lâ mih geniezen.
Ih diene dir so ih beste kan:
des wil dih verdriezen.
220 Nu wildu mîne sinne
mit dîme gewalte sliezen.
nu wold ih dîner minne,
vil süeze minne, niezen.
vil reine wîp, dîn schœner lîp
225 wil mih ze sêre schiezen.

ûz dîne gebot ich nimmer kume,
ob alliu wîp ez hiezen.

Süeziu vrowe mîn,
lâ mih des geniezen:
230 Du bist mîn ougen schîn.
Vênus wil mih schiezen.
Nu lâ mih, küniginne, dîner minne niezen.
jâne mac mih nimmer dîn verdriezen.

Solde ab ich mit sorgen iemer leben,
235 swenn ander liute wæren frô?
Guoten trôst wil ich mir selbem geben
und mîn gemüete tragen hô
Alsô von rehte ein sælic man.
si sagent mir alle, trûren stâ mir jæmerlîchen an.

240 Vrowe, wesent vrô,
trœstent iuch der sumerzît;
Diu kumt iu alsô:
rôsen liljen si uns gît.
Vrowe, wesent vrô!
245 wie tuot ir nu sô
daz ir sô trûrec sît?
der klê der springet hô.

Kume kum, geselle mîn,
ih enbîte harte dîn.
250 ih enbîte harte dîn:
kume kum, geselle mîn.
 Süezer rôsenvarwer munt,
kum und mache mich gesunt.
kum und mache mich gesunt,
255 süezer rôsenvarwer munt.

Ich wil den sumer grüezen, sô ih beste kan.
der winder hât mir hiure leides vil getân:

des wil ich in rüefen in der vrowen ban.
ich sihe die liehte heide in grüener varwe stân.
260 dar suln wir alle gâben,
die sumerzît enpbâhen.
des tanzes ich beginnen sol, wil eʒ iu niht versmâhen.

'Ich wil trûren varen lân.
ûf die heide sul wir gân,
265 ir vil liebe gespilen mîn:
dâ seh wir der bluomen schîn.
ich sage dir, ich sage dir,
mîn geselle, kum mit mir.
　Süeʒe minne, râme mîn,
270 mache mir ein krenzelîn:
daʒ sol tragen ein stolzer man,
der wol wîben dienen kan.
ich sage dir, ich sage dir,
mîn geselle, kum mit mir.'

275 'Ich sihe den morgensterne brehen:
nu, helt, lâ dich niht gerne sehen:
vil liebe, dêst mîn rât.
swer tougenlîchen minnet,
　wie tugentlîch daʒ stât
280 dâ friuntschaft huote hât.'

Möhte zerspringen mîn herze mir gar
von leiden sachen, ich wær lange tôt,
Daʒ diu vil reine ennimt keine war
und ich unmære ir, daʒ ist ein nôt;
285 Daʒ ich an ir armen　sol niemer erwarmen:
sol ich an ir armen　nie mêr ruowen niht,
owê, ruowen niht, owê, ruowen niht,
ach, sendeʒ herze, der leiden geschiht!
　Tantálus geselle bin ich nu gesîn,
290 den türstet vil sêre unde tuot hunger wê:
Doch sô fliuʒet troufte vor dem munde sîn,

grânât manger leige, und ein tiefer sê.
·Alsô sen ich dicke liepliche ougen blicke,
dâ von ich erschricke. ach die tuont mir wê,
295 ach daz tuot mir wê, ach die tuont mir wê.
rât, edel Minne, daz sorge zergê.

Lebennes gedinge ist al der werlde trôst,
dâ bî tôdes vorhte ein engestlich wân.
dâ von möhte durren ein man sam ein rôst:
300 er siht mange vröude mit leide zergân.
    Nieman kund erdenken im græzere nôt,
daz uns niht gewisser ist danne der tôt:
des nimt wunder mich, wirt·ieman wol gemuot,
sit des libes süeze der sêle wê tuot.

305 'Swer nu verholne lige,
der sol vil balde entwichen,
diu naht ein ende hât,
Ê daz im an gesige
der tac gewalteclichen
310 dort har von Kriechen gât.
Den sinen segen
geb er der süezen reinen:
verlit er umbe ir weinen,
dés ûf den lip gelegen.'
315 'Wahtær, dîn sanges gruoz
mir senenden wibe bringet
wan trûren unde klagen,
Sit er von hinnen muoz
der mich vil selten dringet:
320 den wilt du mir verjagen.
Est ê der zit;
du singest umbe ein scheiden:
dîn morgensanc uns beiden
wan nôt und angest git.'
325   Diu liebe ir werden gast,
der bî ir lac verborgen,
mit armen umbeslôz.

An vröiden ir gebrast;
siu sach den liehten morgen.
330 ir weinen in begôz.
Diu vrowe erschrac:
siu sprach 'wach und von hinnen;
der wahter an der zinnen
verkündet uns den tac.'
335   Der lieben leide wart:
der jâmer was ir beider,
ê si geschieden sich.
Diu werde ûz hôher art
siu bôt im siniu kleider:
340 siu sprach 'wem lâst du mich?'
'Vil sælic wîp,
got dîne sælde mêre.'
siu sprach 'dem sî dîn êre
bevolhen und dîn lîp.'

345 Ez sint allez klageliet
wîlent für, des ist niht lanc,
daz von tiutschen landen schiet
wünne vil und frœlich sanc.
daz mac nu niht anders sîn.
350 einer sprichet 'ez ist mîn:'
dem ist wol mit sîner habe.
'nu lât abe
allen unnutzbæren schimpf.'
waz ob mîn schimpf hât ungelimpf?
355 wan ich trage schimpflîchen muot
âne guot.
swie dem sî, sô wil ich doch
  von schimpflîchen dingen
schimpflîchiu liedel singen.
360 ez kumt noch dar
daz manic schar
 dar nâch beginnet springen.
   Jârlanc wirft der jungen vil
ûf der strâzen einen bal.
365 dast des sumers êrstez spil:

dâ mit hebent si den schal.
si meldent einen ziteline:
dast ir schimpf und ist ein dinc
des ich gerne lange enbir.
370 waz ob mir
des dorfes neve gibt einen stôz?
des unfuoge ist alsô grôz,
swenne er wepfet in der schar
her und dar.
375 er kan fliehen unde jagen,
    mit dem balle triegen.
dar nâch hânt umb den giegen
ie zwei und zwei
ein hoppaldei
380 reht als si wellen fliegen.
     Boppe gâhet enent her
sam er habe ein wilt erschen.
sô kumt einer, heizet Ber,
schehende umbe und wil ouch spehen
385 ob der bal im werden müge.
unzîtiger kranches flüge
mac man wunder schouwen dâ.
jarâ jâ,
wie die megde den selben lobent!
390 wie si glîent, wie si tobent!
swenn er den bal ûz werfen sol,
sost in wol.
swenne er welt wem er den bal
    durch die lüfte sende,
395 si reckent ûf ir hende:
'nu bist duz mîn
geveterlîn;
wirf mir her an ditz ende!'
    Unserm neven Küenzel tuot
400 niht sô wol sô daz diu kint
Jiutelîn und Elsemuot
vor im ûf dem anger sint.
swer den bal dâ mac bejagen,
diu sol lop ze vorderst tragen.
405 dâ von Rumpolt Krumpolt lief

unde rief
'wirf mir her, ich wirf dir wider.'
er stiez manige dierne nider,
als in sin unfuoge hiez.
410 dar nâch stiez
Erkenbolt ein diernelîn,
  daz lief nâch dem balle.
er stiez ez in dem schalle
übr Eppen bein:
415 dem kinde erschein
ein kniekel von dem valle.
  Daz tet mir wol halbez wê,
wan ich het sîn war genommen
daz übr al den anger mê
420 nie sô schœnez was bekomen.
doch begreif daz kint den bal;
dô verklagte ez gar den val.
frœlich hoppelt ez dâ abe.
manic knabe
425 lief im gar unstetelîch nâch.
si schrirn alle 'vâhâ vâch!',
dô daz kint den bal ûf warf.
niemen darf
sprechen daz kein diernelîn
430 den schimpf baz kunde schicken.
ez kan mit ougen blicken
und mit der hant
den wurf erkant
sô hovelîch verzwicken.

435 'Töhterlîn . . . . du solt niht minnen
ê du kumest ze vier und zweinzec jâren.
Wie sol ich der selben rede beginnen?
ez minnte noch ein kint nie bî zwelf jâren.'
'Müeterlîn,
440 lâ daz sîn.
ich wil iemer leben nâch dem willen mîn.'
tohter, dâ lender lender lenderlîn.
  'Töhterlîn, genc ûz dem boumgarten

unde volge diner muoter lêre.
445 Du solt niht tumber liute rede warten;
tuostu daz, des hâstu prîs und êre.'
Müeterlin,
lâ daz sîn.
ich wil iemer leben nâch dem willen mîn.'
450 tohter, dâ tender lender lenderlîn.
   'Töhterlîn, gedenke an Friderûnen,
wie diu wart mit einem man ze schalle.
Dô wolte si ze vil mit im gerûnen:
dô machte er ir daz hâr ze einem balle.
455 Daz geschach:
ich daz sach
daz er ir den spiegel von der sîten brach.'
tohter, dâ tender lender lenderlîn.

   Der von Riuwental der spottet mîner vogellîne
460 diu mir ûf mîne houben næten minneclîchiu wîp.
Er trîbet mit sîm sange daz ez hillet bî dem Rîne.
ich bring in in schande, sam mir Hildemâres lîp.
Kumt er in die Zelle her
zuo der Persenicken,
465 Hildemâr und Irenber
wellent in bestricken.
   Wê waz wil her Nîthart mîner gickelvêhen houben?
die möht er mich wol mit sînen hulden lâzen tragen.
Wil er sich des selben spottes gein uns niht gelouben,
470 wir entrihten im den sînen elenlangen kragen.
Sît er niht erwinden mac
an uns mit sîm sange,
wir zeriuten im den nac,
wil erz trîben lange.

475 Ich sach ze tanze gân
mangen hiuzen getelinc
vor einer meide, diu was wert.
dô huop sich ein strît von einer blâsen, hôrte ich wol.

Sî kâmen ûf den plân:
480 zehant dô machtens einen rinc,
dô missekêrten sî diu swert,
einer hin, der ander her, als ich iu sagen sol.
Der junge Ranz
durch den tanz
485 gienc vermezzenlîche.
Kotzel hiez der spileman, dem ruofte er dar
'ir strichet ûf die rehten hovestriche!'·
er sluoc die blâsen durch den rinc daz sî vil lûte erkar.
Lât iu bescheiden baz,
490 wie der tanz ein ende nam
und wie diu blâse wart zeslagen.
sî begunden alle . . . grîfen hinder sich.
Umb den selben haz
vil schiere kam ein vrideman,
495 der het ein riutel ê getragen.
er sprach 'swer den strît erhebt, der missemachet mich.'
Schiere kam
Engelram
mit ûf erbürtem swerte:
500 'nu strichet ûf bald einen rehten hovetanz!
sich hebet hie des ie mîn herze gerte:
hie wirt entrennet daz dâ heime wære beliben ganz.
Der schare wâren zwô.
ir iegelîcher sînen friunt
505 bat daz er im gestüende bî.
dô wart vil manic scheide lær diu ê vol îsens was.
Seht, des wart ich frô.
dô liefen durch des meiers biunt
biuzer getelinge drî:
510 die stuonden dâ ze vrône mæn und wolten riuten gras.
Übelher
kom ze wer
mit sînem kipfelîsen.
er sprach 'swes ir welt, des spil ich iu nu mite
515 man muoz mich hiute gegen zweîven prîsen.'
zehant verkêrte er sînen ganc nâch spæhem hovesite.
Dô sprach Enzeman
'war umb geviel iu niht der tanz?

nu was ez doch ein niuwer trei:
520 in het iuwers vater wîp mit êren wol getreten.'
Ein ander liefens an,
Übelher und ouch der Ranz.
zâhl, wie lût frou Metze schrei
'wâ sint nû die wîsen alle, daz siz undertreten?'
525 Durch den bac
wart ein slac
dem küenen Übelheren,
daz man sîner zende siben vallen sach,
swie er niuwen zwelver wolte weren.
530 des hât einhalp sînes mundes wênic nüzze gemach.
Dô kom des dorfes schar
mit vil manger fremden wer,
zuberstangen spiez und gabel,
zieter ûz dem pfluoge und leitern von der stubenwant.
535 Dô sach Engelmâr
daz sîn veter Übelher
was gegrüezet durch den snabel:
er sprach 'wer hât dir den schorpf verhowen unz ûf den zant?
Zwâre ich sol
540 gelten wol
dise grôzen smæhe.'
er gienc limmend als ein wildez eberswîn:
'wa ist er nû, daz ich mir in ersæhe?
ich trûwe des mînem swerte, ez schrôte die hirngupfen sîn.'
545 Vil schiere kom gegân
der wîse meier Mangolt.
er truoc vor im ein halbe tür
und einen mistkorp, den het er geriemet vaste an sich.
Er sprach 'ir sult ez lân,
550 Engelmâr und Willebolt.'
dicke bôt er den schirm für.
er sprach 'swer nu sleht, dem gibe ich einen mezzerstich.'
Seht, der schiet
tœrsche diet,
555 daz sî niht mêr sluogen:
ez wær anders dâ ein schedelîn getân.
doch sach ich zwên die sî von dannen truogen:
die muosten zehen wochen doch ir sprenzelieren lân.

Wâfen iemer mêre!
560 eʒ weinet milte und êre
den künic ûʒ Bebem lant.
Dem tôde wil ich fluochen,
sol man den künc niht suochen
und sîne gebende hant.
565 Man sol den künc Otacber klagen:
jâ herre got, er ist erslagen.
sîn milte sach man nie verzagen:
er was ein schilt in sînen tagen
übr alle cristenheit.
570 Den Falwen und den heiden
waʒ er den Criste leiden
den schilt engegen bôt!
Ein löwe an gemüete,
ein adelar an güete,
575 der werde künc ist tôt.
Der Behem künc ist nû gelegen:
des weinent, ougen, jâmers regen.
wer sol der witwen weisen pflegen?
der künc ist tôt reht als ein degen,
580 der ie nâch êren streit.

Owê mîner jungen tage,
wâfen mîner senden klage,
daʒ man mich wil in ein klôster twingen!
Dâ gesihe ich nimmer mê
585 loup gras bluomen grüenen klê
noch gehœre der kleinen vogele singen.
daʒ ist ein nôt: mîn freude ist tôt
daʒ man mich wil scheiden
von den lieben friunden mîn
590 und stirbe ouch in dem leide.
wâfen wâfen mîner klage,
die ich tougenlîchen trage.
Swester, lieben swester mîn,
sullen wir gescheiden sîn
595 von der werlt, daʒ ist mîn meistiu swære.
Sol ich nimmer schapel tragen,

sô muoʒ ich wol von schulden klagen,
wan ich gerne bî der werlde wære.
Ein schapel klâr   ûf mînem hâr
600 trüeg ich für den wîle
als man siht die nunnen tragen
   zeiner kurzewîle.
wâfen wâfen mîner klage,
die ich tougenlîchen trage.
605   Ich muoʒ der werlde ein urloup hân,
wan eʒ wil an ein scheiden gân:
elliu freude muoʒ mir sêre leiden.
Tanzen springen, hôher muot,
vogele singen, meigen bluot
610 . . . .
Trüegn vogelîn   den jâmer mîn,
möhten si wol swîgen
in dem walt und anderswâ
   ûf dem grüenen zwîge.
615 wâfen wâfen mîner klage
die ich tougenlîchen trage.

Mich dûhte ein vrowe gekleidet wol
diu ze nâhest an ir bæte
Ein hemede ganzer kiusche vol,
620 gegürtet wol mit wernder stæte,
Dar obe einn roc mit reinen siten
und einen mantel schamevar,
den rehtiu mâʒe bæte gesniten
vür ungebære: ir vrowen, nemt der kleider war!
625   Mîn vrowen, der ich wol guotes gan,
bekenne ich wol bî disem kleide.
Si treit disiu kleider an
stæte, als ich iu bescheide.
Ir lop ir leben gezieret hât:
630 sô balsamt ouch ir leben ir lîp.
ir tugent die êre sô in lât
daʒ si mac heiʒen wol von rehte ein reineʒ wîp.
   Der vrowen hœrn, der vrowen sehen

und ir sprechen von ir munde,
635 Diu driu diu suln also geschehen
daz ir sehen ir kiusche iht wunde
Und daz ir sprechen [iht] breche ir zuht.
ir ôren sulen sîn verspart
daz bœsiu wort deheine vluht
640 dar în ne haben: so ist ez allez wol bewart

Himelrîche, ich fröwe mich dîn
daz ich dâ mac schouwen
Got und die liebe muoter sîn,
unser schœne frouwen,
645 Und die engel mit der krône
die dâ singent alsô schône:
des fröwent sie sich.
got der ist sô minnenclich.
wart umbe dich:
650 hüetent iuch vor sünden, dast tugentlich.
    Lützel reden daz ist guot
und ze mâze lachen.
Twinc diu ougen und den muot;
man sol lange wachen.
655 Bete gerne und wis alleine,
fliuch die welt, sist gar unreine,
ir valschez leben:
got der wil sich selbe uns geben.
wart umbe dich,
660 hüetent iuch vor sünden, dast tugentlich.
    Sit ich mich nu hüeten sol
vor des tîvels lâge,
Herre got, nu tuo sô wol,
verlîch mir dîne gnâde,
665 Ich bit dich, herre, durch dîn güete,
daz der lîp iht an mir wüete
und diu welt,
want siu gît sô bœse gelt.
wart umbe dich:
670 hüetent iuch vor sünden, dast tugentlich.

'Ich wil jârlanc nimmê sünden',
  sprach ein frowelln gemeit:
Ich hab einen herren funden,
  von des lône ist mir geseit.'
675 Juncfröulln, mit die sünde gerne:
  der von rîchen landen gibt,
swer die sünde niht wil mîden,
  der kom in sîn rîche niht.
  'Ist ez der von rîchen landen,
680 der die sünde vergeben mach,
Alsô tuot er mir noch hiure:
  er nint mir al mîn ungemach,
Sô die wîzen engel fliegent
  unde werbent umbe mich.
685 dâ man reine megede krœnet,
  sehent, dâ wil er trœsten mich.
  War für hânt ir die gewinne
  dâ man got ze lône gît?
Dar nâch stuont mir ie die sinne
690 dâ man solcher lœne phlit.
Ich trûwe wol daz mich mîn herre
  niemer mê verderben lât.'
alsus fuor diu maget ze klôster
  frœlich âne ir muoter rât.

695 Weine herze, weinent ougen,
  weinent bluotes trehen rôt,
Weinent offenbâr und tougen,
  weinent vil: es tuot iu nôt,
Wande ich hân mîn liep verlorn
700 daz mir was vor alme liebe
  har an dise welt erkorn.
  Ich gân umbe alsam ein weise
und suoche mînes herzen trôst
Der mich von der helle freise
705 an deme kriuze hât erlôst.
Ichn weiz war ich kêren sol,
  dâ ich vinde den herzelieben,
nâch dem ich bin leides vol.

Ich was liebes wol geweide,
710 dô ich sîner minnen phlac.
Nu gàn ich in herzen leide,
sît daʒ ich mich sîn verwac.
Owê reine süeʒekeit!
Jêsu, liep, lâ mich dich vinden:
715 sô wirt noch mîn freude breit.

Wer hilft mir daʒ ich den begrîfe
nâch dem mîn herze sich versent,
Daʒ er mir nimmer mêr entslîfe?
ich hân ins leider niht gewent,
720 Daʒ ich in niht behalten hân.
swie dicke er sich mîm herzen biutet,
doch trîbe ich alles in hin dan.
swer die wârheit welle minnen,
der volge Jêsu Kristi lêre:
725 sô wirt er des vrides innen.

Jêsus, dîn vil süeʒiu minne
diu hât verwunt daʒ herze mîn.
Nâch dir flôrierent al mîn sinne:
daʒ herze mîn nim zuo dir hin
730 Und ziuch mich ûʒ mîn selbes grunt.
swenn sich dâ geist mit geist vereinet,
alrêrst ist mir diu friuntschaft kunt.
swer die wârheit welle minnen,
der volge Jêsu Kristi lêre:
735 sô wirt er des vrides innen.

Jêsus, ist dîn minne iht süeʒe,
die lâʒ du, herre, wiʒʒen mich,
Daʒ ich ir noch enpfinden müeʒe:
sô kan ich, schepfer, loben dich.
740 Du bist ein gnâden rîcheʒ vaʒ:
swem du dich, herre, selbe schenkest,
wie künd dem immer werden baʒ?
swer die wârheit welle minnen,
der volge Jêsu Kristi lêre:
745 sô wirt er des vrides innen.

'Du sûmest dich ein teil ze lange:

des wirst du selbe wol gewar.
Du kum her zuo der engel sange
und zuo der reinen meide schar.
750 Swenn mich dîn sêle dâ ersiht,
wie klâr ich in drivelde schîne,
sô sûmet si sich langer niht.'
swer die wârheit welle minnen,
der volge Jêsu Kristi lêre:
755 sô wirt er des vrides innen.

Anmerkungen.

Ich schicke die Bezeichnung der Handschriften voraus.

A. Die Heidelberger Handschrift 357 nach Pfeiffers Abdrucke, Stuttgart 1844.
B. Die Weingartner Handschrift, jetzt in der Privatbibliothek des Königs von Wirtemberg, in Pfeiffers Abdrucke, Stuttgart 1843.
C. Die Pariser Handschrift.
C.ᵃ Die Naglerschen Bruchstücke in Berlin (ms. germ. 4. 519).
D. Die Heidelberger Handschrift 350.
E. Die Würzburger, jetzt Münchener Handschrift.
F. Die Weimarer Handschrift.
G. Die Münchener Handschrift des Parzival.
J. Die Jenaer Handschrift.
K. Die Kolmarer Handschrift, jetzt in München cod. germ. 4997.
L. Die Münchener Handschrift von Ulrich von Liechtensteins Frauendienst.
M. Die Münchener Handschrift der Carmina Burana, in Schmellers Abdruck, Stuttgart 1847.
R. Die Riedegger Handschrift von Neidharts Liedern.
W. Die Wiener Handschrift 2701.
a. Der Anhang der Handschrift A, Bl. 40—43.
b. Die zweite Reihe reinmarischer Lieder in B, S. 86—103.
c. Die Berliner Neidharthandschrift (ms. germ. fol. 779).
e. Der Anhang der Handschrift E zu Reinmars Liedern.
f. Die Berliner Handschrift (ms. germ. 4. 764).
h. Der Anhang der Heidelberger Hs. 349.
m. Die Möserschen Bruchstücke in Berlin (ms. germ. 4. 795).
n. Die Leipziger Handschrift II, 70ᵃ der Rathsbibliothek.
p. Die Berner Handschrift.
r. Die Handschrift des Schwabenspiegels in Zürich: altdeutsche Blätter 2, 121.
s. Die Handschrift der königlichen Bibliothek im Haag. Haupts Zeitschrift 1, 227.

Es konnte nicht in der Absicht liegen, den vollständigen handschriftlichen Apparat der ausgewählten Lieder zu geben. Ich habe daher die jedesmal beste Handschrift zu Grunde gelegt und Lesarten nur dann verzeichnet, wenn ich von ihr abwich. Für die Kritik mancher Dichter war durch kritische Ausgaben ihrer Lieder bereits viel gethan: ich nenne hier nur die in 'des Minnesangs Frühling' enthaltenen Dichter des zwölften Jahrhunderts, die Ausgaben Walthers von Lachmann und von Wackernagel und Rieger, die Ausgabe Wolframs von Lachmann, Neidharts von Haupt, Singenbergs und Leutolds von Seven von Wackernagel und Rieger, Neifens von Haupt, Frauenlobs und Hadlaubs von Ettmüller u. a. Für die meisten Dichter aber musste nach dem handschriftlichen Material die Kritik erst festgestellt und nur einzelnes konnte in Wackernagels Lesebuche in kritischer Gestalt benutzt werden. Bei manchen Dichtern, wie bei Neidhart und Frauenlob, habe ich auf handschriftliche Lesarten nur dann Bezug genommen, wenn ich von den Herausgebern abzuweichen mich veranlasst sah.

Besondere Aufmerksamkeit ist der Behandlung der Mundarten zugewendet worden. Wo die Heimath des Dichters und sein Reim- und Sprachgebrauch eine bestimmte Mundart zeigten, da wurde dieselbe unter Zuhilfenahme anderer sprachlich verwandter Denkmäler und Handschriften durchgeführt. In manchen Fällen jedoch, wo zwar der Name und urkundliche Nachweise einen Dichter einer bestimmten Mundart zuwiesen, die in seinen Liedern keine Bestätigung findet, habe ich die mundartliche Herstellung unterlassen, weil denkbar ist, dass die betreffenden Lieder nicht in ursprünglicher, sondern umgearbeiteter Gestalt auf uns gekommen sind.

I. Der von Kürenberc.

1 = C. 1. frúnt C, vnd fremden fehlt. *Lachmann* (MFr. 7, 1) *ergänzt* vâren. fremdē *konnte nach dem ähnlich geschriebenen* frúnde *leicht ausfallen. Verwechselt werden beide Worte Dietr.* Flucht 2845, *wo den* fromden *und den* gesten *statt des in der Flucht und Rabenschlacht gewöhnlichen* den friunden und den gesten *steht*. Alph. 317, 3 *für den* fromden myt by stât *für* der dem friunde bî stât. 4 hie bi vor C. 5 jungest C *und Lachmann.* ze jungeste *auch Schade, altdeutsches Lesebuch* 147. 6 = C 2. min vil liebe C; mîn vil liebez liep *Lachmann*. 7 múffe: ich habe die Umlaute æ üe œ und ü *bei dem Dichter nicht angewendet, weil Handschriften und Reime jener Zeit sie noch nicht kennen. Auch der Name* Kurenberc *findet sich in den Urkunden ohne Umlaut.* 9 harte *Haupt:* fehlt C. 10 ist der minnist und alle C: *von* Wackernagel *gebessert* (Fundgr. 1, 967). *Vgl. über die Ausdrucksweise* daz minnist *J. Grimm in Haupts Zeitschrift* 8, 544. *Sinn* 'dass meine Freude in Bezug auf andere Männer das kleinste ist, d. h. dass ich keine Freude an anderen Männern habe.' *Lachmann schreibt* daz mîn fröide dez minnist ist umb alle ander man. *Man muss zweisilbigen Auftakt annehmen oder* fröide in die Senkung setzen; mîn fröid ist wie diu lant *Küren*b. 18. úns zwein 54. *Die Betonung* ándere *ist keineswegs falsch. Schade, Lesebuch* 147. *liest* diu mîn ist umb alle andere man.

11 = 3 C. liebe *Lachm.*: lieb C. 'Sorge verleidet liebe Wonne.'
15 = 4 C. zinnen *Lachmann*; der Reim ist wie *Küren*b. 21, 43. 18 alder C. 19 = 12 C. gewant C.

23 = 5 C. 25 *Die Lücke kann auch mit Lachmann vor des angenommen werden; etwa* si sprach. 26 ein eber wilde C. ein bèr wilde *Lachmann*. jô *etwas mit zwei Hebungen wie MF.* 8, 15 *gezählt werden muss, widerspricht dem gewöhnlichen Gebrauche von* ja en. jo en *im Verse. Vgl.* jone mein ich *Küren*b. 31. jo engerte ich *Dietmar von Eist* (11, 14) *und mhd. Wörterb.* 1, 773b. eber, *vor der Cäsur stehend, ist nicht falsch, trotz Haupts Verweisung auf Nibel.* 118, 2 *und Lachmanns Anm.*

27 = 6 C. 28 gedenke an dich C; gedenke ane dich *Lachmann*. 29 erblüt C. erblüejet *nach Pfeiffer:* erbliuget *Lachmann.* am *Wackernagel,* an dem C. als rôse an dorne tuot *Lachmann. Der zweisilbige Auftakt wird*

*durch Elision über die Cäsur einsilbig; übrigens steht er 42. 30 mir *Lachmann: fehlt* C.
31 = 7 C. 34 'es sieht den Leuten ähnlich, es trägt Menschengestalt.' 35 = 8 C.
39 = 9 C. 42 die gelieb C. die gerne geliebe wellen sin *Lachmann*. 43 = 10 C. 47 = 11 C. vile *Lachm*.: vil C. 48 leide *Lachmann*: leit C. sant C und *Lachmann*; rgl. 11, 70. 50 minnestu C.
51 = 13 C. tunkele *Wackernagel*: tunkel C. dirre tunkelsterne *Lachmann*. sich *Lachmann*: fehlt C. 54 undr MF.
55 = 14 C. 58 wiech *Wackernagel*: wies C. alse] als C. 59 = 15 C.

II. Hêr Dietmâr von Aiste.

1 = 12 C. MFr. 37, 4. *Wackernagel, altdeutsches Lesebuch* (4. Ausg.) 221. 3 ir C und MF. liebe *Lachmann*: liebes C. 7 in dem C. du erkiusest in dem walde MFr. 10 selbe man *Lachmann*. 11 welten *Lachmann*. 14 dekeiner *Wackernagel*: dekeines C.
15 = 13 C. MFr. 37, 18. *Wackernagel* 222. 16 gevogelsang C. geswunden *Lachmann*: gesunde C. *Wackernagel* gesunden, *ist fortgegangen*. *Lachmann schreibt* Sô wê dir sumerwunne *und* geswunden; *letzteres ist aus der Schreibung von Hss. des zwölften Jahrhunderts leicht erklärlich.* 18 *Lachmann* mir truobent ouch. 20 dih gelouben C. gelouben dich *Lachmann*, mit einer der Einfachheit des Liedes widerstrebenden Wortstellung.* 23 erst sehe C: von *Wackernagel* gebessert. *Lachmann* êrst sæbe (: zewâre).
27—38 = 1—3 B. MFr. 32, 1. 29 vil wol ichz von ein ende chôme BC: an ein ende ich des wol kœme *Lachmann* nach M, *wodurch Hiatus entsteht. Ich würde* al wol *geschrieben haben, wenn diese Verbindung belegt wäre.* 30 *die Cäsur nach der vierten Hebung, die Lachmann nicht bezeichnet, folgt aus der lateinischen Nachbildung (Carmina Burana S.* 227) amor est quam sentio (: vario) ad gaudia. 35 werlt C und *Lachmann*: welt B. 37 jô wæne *Lachmann*.
39 = 4 B. MFr. 32, 13. frúndinne BC *und Lachmann*. 40 das ich BC und *Lachmann*. 41 i'r *Lachmann*: ich ir BC. 42 vogele *Lachmann*: vogelline BC. 43 gescheiden C: schaiden B.
45 = 5 B. MFr. 32, 21. 46 lâzen allez ungemüete *Lachmann nach* BC. 49 an BC. 'Leid welches ich mit ansehen muss.' 50 daz ich *Lachmann mit* BC.
51 = 10 B. MFr. 34, 3. 52 lut C: lvte B. 53 da'z, *Lachmann*. rose C, rosen B. 54 gedenke B, gedanken C.
55 = 11 BC., Heinrich von Veltkilchen A. MFr. 34, 11. *Der Text folgt* A. 56 so *Lachmann*: schulde ABC. 57 euhôrte *Lachmann und* A. 58 ouch BC, och A.
59—70 = 32—34 C. MFr. 39, 18. *Wackernagel* 223. Slâfest du C. Slâfest du mln friedel (: schiere) *Lachmann*. 60 wan wecket C *und Lachmann*. *Ich habe mit Wackernagel der zweiten Strophenzeile nur drei Hebungen, nicht vier mit Lachmann, der hier* unsich *schreibt, gegeben.* 64 *Lachmann* wâten wâfen. 66 gebûtest C. min frûndin C: friundin mln *Lachmann*. *Das von Wackernagel früher gesetzte* friwendin (*die neueste Ausgabe hat* friudelîn) *scheint mir das richtige. Die dreisilbige Form, die ich auch* 39 *hergestellt habe, war Anlass zu der Einschiebung von* mln. 68 du ritest hinnen und C. du ritest hinne und *Lachmann*. eine *Wackernagel*: einen C und *Lachmann*. ritst *ist nicht stärker gekürzt als* gebiutst 66. 69 wenne

C. wenne wilt du wider her? owê du füerest mine fröide dar *Lachmann.* *Wenn dieser Reim der echte war, dann würde doch ohne Zweifel C, die in der Schweiz geschrieben ist, die dort gewöhnliche Form* har (: dar) *gewählt haben.* 70 fürest mine fröide sant *C.*

III. Spervogel.

1 = 12 *A.* M Fr. 25, 13 ff. *Der Dichter verweist seine Söhne, denen er keinen festen Besitz hinterlassen kann, an Gottes Gnade und die Freigebigkeit der Herren, und schliesst mit der sprichwörtlichen Erwähnung des milden Frute von Dänemark, eines sagenhaften Königs, über den Haupt (Engelhard S.* XI) *gehandelt hat.* vch *A* immer. 2 vch enwahset *A.* 3 ich enkan *A.* 6 Fruote *Lachmann:* aber *auch wenn der Nomin.* Fruot *durch die folgende Strophe belegt ist, ist* Fruoten *kein unerlaubter Dativ.* 7—30 = 13—16 *A. Ich habe die folgenden vier Strophen als ein Lied zusammengefasst: es ist ein Klagelied um Wernharts Tod, die erste Strophe geht von den Gönnern aus und schliesst mit Wernhart. Die zweite und dritte preisen diesen ausschliesslich, und Strophe* 4 *wendet sich mit einer* captatio benerolentiæ *an den Erben von Steinberg, den Ötinger.* 7 Vurût *C,* vurt *A.* von *Lachmann:* fehlt *A C.* 10 von *Lachmann.* vñ vō *A C.* noch ein, *nämlich noch ein Heinrich, wie* Haupt *erklärt.* 12 gesaz *Lachmann.* 13 nü *ergänzt Lachmann.* 15 wier] wer *A,* wie er *C und Lachmann.* 16 biderbem *A:* biderben *C und Lachmann.* 18 iungist *A:* jungest *C und Lachmann.* 20 welt *A,* werlte *C.* 21 begunde *C:* begonde *A und Lachmann.* 23 Bechelære: mære *Lachmann* mit *A C.* 27 einen *Lachmann:* ein *A C.* 27 pfligt: gesigt *Lachmann nach C.*

31 = 17 *A.* Man *C:* Wan *A und Lachmann.* 33 Gebehart *C:* gebewart *A.* 35 zwene *A C.* 37 = 18 *A.*

43 = 19 *A.* Wie *Lachmann:* Swie *A C. Nach* betragt *Ausrufungszeichen, nach* stegereif *Punkt, Lachmann.* 47 begunde *C:* begonde *A und Lachmann.* 48 alrest *A,* alrerst *C,* alrèrste *Lachmann.* 49 = 20 *A.* 55 = 21 *A.* tüeje: früeje *Lachmann;* tuo: vruo *A C.* 57 so *C:* inkenen *A.* 60 niht *C:* sich *A.*

61 = 22 *A.* grawe: alwere *A C,* græwe: alwære *Lachmann. Aus diesem Reime* (vgl. *auch* 23) *geht hervor, dass der Dichter den Umlaut* æ *noch nicht kannte.* 65 bigiene *A:* begiene *C und Lachmann.* 66 me *C,* mere *A.* 66 schriet *A C und Lachmann.*

67 = 23 *A.* 68 sasten *nach C:* salzen *A,* sazten *Lachmann.* satzen *konnte beibehalten werden.* 70 begunde *C:* begonde *A.*

73 = 24 *A.* 75 geislichen *A.* 78 rude *C,* ruden *A.* unstete: tele *A C.* 79 = 25 *A.* 83 widersezze: rezze *Hss.* 84 zwene *A C.* 85 = 26 *A.* zwene *A C* 89 ander *A C;* der ander der truog ez *Lachmann,* vgl. 134. 91 = 41 *A.* 92 so *C:* winnaht *A.*

97 = 42 *A.* 101 so *C:* A hat nur noch. 102 were *A,* wær er *Lachmann nach C.*

103 = 43 *A.* 105 marmeltn *Lachmann* mit *C.* 106 unser *C:* vñ *A.* 108 ern ensi *A.*

109 = 44 *A.* kilchen *A.* 110 dà *C:* fehlt *A.* dà inne stât *Lachmann, weder dem Verse noch dem Sinne unentbehrlich. Lesebuch* 214, 21 der zi chilcun gàt und âne riuwe dà stât.

115 = 45 *A.* gedienet *C:* gedienen *A.* 116 so *C:* leider also lange einem manne *A.* 118 brüet *C,* brvwet *A.* 120 mir *C,* mich *A.* de ich *A C.*

121 = 46 A.   122 einen C, en A.   123 so C: oben A.
127 = 47 A.   132 wirt C: wir A. es C, er A.
133 = 48 A. hât C: fehlt A.   134 ander A C und Lachmann.   136 erger C: fehlt A.
139 = 49 A.   144 urlobes A C. im C: in A.
145 = 50 A.   147 so Lachmann: erzornte A C.   149 en Lachmann: ein A C.   150 sîn Lachmann: sînen A C. Der Sinn ist: 'Wie ein Feld, auf das der Bauer seinen Fleiss verwendet hat, gewissermassen einen Lohn dafür verspricht, so auch ein Mensch, der einem andern etwas für seinen Dienst verheisst: beide, Feld und Mann, sollen das Versprechen freiwillig lösen.'   151 = 51 A.
157 = 52 A. osterlichem A: österlichen Lachmann nach C; vgl. 16.
161 sine A C.   162 troste C: trosten A. Reinmar von Zweter (Hagen 2, 178ª) ebenfalls von der Höllenfahrt do erschein ein lieht, daz sant er uns ze troste, dâ mite er vil manige sêle erlôste. (Haupt.)
163 = 53 A.   164 criz A, erze C und Lachmann.   167 stênt A, slênt C, was Lachmann aufnimmt. Ich habe stânt geschrieben, weil die Reime nur die â-Form zeigen; vgl. stât (: hât) 127. gât (: hât) 133. gân (: bûman) 145.
168 dc enmohte A.

IV. Hêr Meinlôh von Sevelingen.

1 = 3 B. MFr. 11, 14. dienst B C.   2 haisset B C. andrú C, anderú B.   4 im Lachmann: mir B C.   5 nâch Lachmann: vil nach B C. verkêret Lachmann gegen die hss.
8 = 4 B. MF. 12, 1. 'der soll ebenso d. h. werde handeln.'   11 nieman B C. er ensol ez nieman sagen Lachmann.   12 biderber Lachmann: biderben B C.
15 = 6 B. MF. 12, 14. werdents Lachmann: werdent sin B C.   18 wan B C und Lachmann. das ist B C.
22 = 11 B. MF. 13, 27. erwelten B C: welten Lachmann, vgl. 11, 11.   25 allen Lachmann: al B C.
29 = 12 C. MF. 14, 1. sumers C.   34 enwirt Lachmann.

V. Der burcgrâve von Regensburc.

1—8 = 1. 2 C, Lutolt von Seven 17. 18 A. MF. 16, 1—14. stætekeit Lachmann. einem A C.   2 es C: dc A.   4 werlte C, welte A. 6 mînen muot Lachm. mînem muote A C. meneges A und Lachmann. 7 'vielleicht vor nîde Lachmann': unnöthig.   8 'sie machen sich ohne Noth Kummer und Sorge' Haupt.
9 = 8 A. MF. 16, 15. wol A C. wol getrôste Lachmann.   10 so Lachmann (doch daz für si): vûre si mir mit vroiden wolde kvnden A C.   11 niden A C. dest A. des ist C und Lachmann.   12 so Lachmann: ez enwirt niemer gesunt A C.
13 = 2 A. MF. 16, 23. Nach mac Komma, Lachmann.   15 nach arme Punkt, Lachmann. Schade, Lesebuch 149, interpungiert wie ich. des C, daz A. 16 vnsanftes A.

VI. Der burcgrâve von Rietenburc.

1 = 2 B. MF. 18, 17. nahtegal B C; allerdings ist das Fehlen der Senkung nicht ohne Belege, vgl. MF. 18, 9. 27.   3 wol B C. ê wol Lachmann.   8 so C: als ir ist liep alse wil B.

9 = 3 *B. MF.* 18, 25. 10 alre *B,* aller *C und Lachmann.* 12 harnschar *Haupt:* an herschal *B; C weicht ganz ab.* 16 mêre *fehlt B:* me *C.*

VII. Hêr Heinrich von Veldeke.

1—40 = 13—17 *A. MF.* 57, 10—58, 10. 7 dvr heinen *A.* kranc *Lachmann:* tranc *A.* 8 niene *Lachmann:* nieme *A.* 9 Mir *BC*, Hie *A.* 11 daz ich im *BC:* dahte ich nv *A.* 14 to eischenne] nv schene *A,* an mich aischen *BC Lachmann* an mich eschen gunde; *aber* gunde *für* begunde *hat Veldeke nie gesagt.* 16 danne he danne hez an *A.* 19 ich warnite in es alze spâte *Lachmann: die Senkungen dürfen bei Veldeke fehlen, vgl.* 152. 164. 22 ml *Lachmann:* min *A.* 23 mich *fehlt A.* 30 sln *BC: fehlt A.* 31 iesch *BC:* ich ez *A.* 33 an ml *Lachm.:* an ime *A,* al *BC.* minne *BC:* minnen *A.* 34 ml] ime *A.* 35 sinne *B C:* sinnen *A.* 36 et *Lachmann:* er *A.* niet *A,* geriet *BC.* 37 im *Lachm.:* im ein *A.* 38 inne *BC:* wime *A.* 40 hêt] herze *A,* hezt *Lachmann.*
41 = 8 *B. MF.* 58, 11. 42 dem wünsche *BC.* 44 so *C, doch* mit *für in: B* swer min an miner vrowen schonet. in *Lachmann.* 48 kenne *Wackernagel und Lachmann:* bekenne *BC.*
53 = 9 *B.* 62 swer nu welle *BC.* swer wil *Lachmann.* 63 niemen noet *BC und Lachmann: alle Verse des Abgesangs haben Auftakt.* 64 sorgen *Lachmann:* von sorgen *Hss.*
65 = 1 *A. MF.* 58, 35. 68 dan *C:* danne *AB.* 69 dir güte *A.* 71 alsvlhen pin *A, BC haben* tranc. *Lachmann* wlu. 75 wis *BC: fehlt A.* 76 = 2 *A.* 77 kalten *A.* kelte *Lachmann.* 79 ir *ABC.* 83 so *BC:* blüm den *A.*
87—100 = 19. 20 *B. MF.* 61, 18. 93 tugende went *BC.* tugende welnt *Lachmann.* duht *ist die niederrheinische Form, durch welche auch der Vers auf die richtige Form gebracht wird. Vgl. über Karlmeinet S.* 331. 94 to niete] niht *BC Lachmann* die man ensint nu niwet fruot. 97 sinz *Lachm.:* sy (si *C*) in es *BC.* 98 swer daz schiltet *BC,* swer daz schilt *Lachmann.* 100 dann noch die gedîhent selden *BC und Lachmann.*
101—114 = 21. 22 *B. MF.* 61, 33. ze der *BC,* zer *Lachmann.* 104 *fehlt B:* wol im derst ein sælic man *Lachmann nach C; aber* minne steht *in allen Versen der beiden Strophen.* 108 schöne *statt* die schœnen *Lachmann.* 110 obe mine minne mit velsche sin *B,* ob minû minne ist kranc *C: Haupt* ob miner minne minne ist kranc. 113 ir *BC.* 114 er ist *BC.* dunket kranc *B, C abweichend.* dunket vàr *Lachmann.* swâr *für* swære, *in Oberdeutschland nicht üblich, hat Veldeke im Reime auch* 118. *Vgl. Nicolaus von Jeroschin von Pfeiffer S.* LVII.
115—128 = 23. 24 *B. MF.* 62, 11. 117 diu wîp hazzen *Lachmann* mit *BC.* 122 deste — deste *B,* dest *C,* diu — diu *Lachmann.* 125 die *Lachm.]* das *B,* das si *C.* 126 *vielleicht* in nemen: in *kannte nach* zin *leicht ausfallen.*
129—149 = 28. 25. 26 *B. MF.* 62, 25. 131 so singent die vogele und heben iren willen *B.* so haben ir wellen. da die vogel singen *C. Mein Text stellt die Worte von B in die richtige Ordnung, ohne zu ändern. Lachmann* sô haben ir willen die vogele singen, *wo* vogele *gemeinsames Subjekt ist.* 132 si si *C,* si *B.* 136 gesahen *BC.* 139 und sungen *B: Lachmann mit C* ir singen. wîse *gehört gemeinsam zu* wâren riche und huoben. *Wegen des Reimes* springen: sungen *vgl. Germania (Pfeiffer)* 5, 420. 141 daz ich *Lachmann mit BC.* 143 mit fröiden ir hulde *Lachmann gegen die Handschriften. Die falsche Betonung* mîner *ist im dactylischen Verse*

nicht selten. 146 ruochen *Lachmann mit BC.* 147 âne *Lachmann:* sunder *BC.* 148 wan ez *Lachmann mit BC:* want = wan it. 150 = 37 *B. MF.* 65, 21. Swer *BC und Lachmann.* 151 dike das *BC. Lachmann* daz ubele dicke stât, *um den Hiatus zu vermeiden.* stêt u. s. w. *BC und Lachmann. Vgl. Germania* 3, 594. 152 man der treit *Lachmann.* 154 swer *BC und Lachmann.* 155. 156 *in einer Zeile BC und Lachmann. Da auch zornigem auffallend ist, so vermuthe ich*
vil ofte der . . . . gât
unvrô mit zornechlichem mûde.
158 = 39 *B. MF.* 66, 1. gêt *BC und Lachmann.* 162 ar *C:* har *B.*

VIII. Hêr Friderich von Hûsen.

1 — 18 = 11. 12 *C. MF.* 45, 1. 2 solte beschouwēn *C.* solt aber schouwen *Lachmann.* 5 min *C.* 14 sin trûwe *C.* 18 die berge, *nämlich die Alpen. Das Lied ist in Italien gedichtet, wahrscheinlich bei dem zweiten Aufenthalte des Dichters* (1196). 19 — 34 = 15 16 *C. MF.* 52, 37. 21 mach *sprach der Dichter, denn er reimt* mach : jach *MF.* 54, 38. lach: bach 48, 23. 26 diu mir wonl ime muote *Lachmann, ohne Noth von der Handschrift abweichend.* 27 wafena *C.* 28 niht engunde *C:* erbunde *Luchmann.* 29 das ich *C.* werlde *C.* 32 lân *Lachmann:* fehlt *C.*
35 — 50 = 43. 44 *B.* 36 sô *BC und Lachmann.* 38 ine *C,* ich *B.* erfunde *C:* entpfunde *B.* 39 jehen: geschen *BC und Lachmann,* vgl. sê (sehe): wê 54, 9. *Da im dactylischen Verse nicht leicht zwei kurze Silben auf der Hebung verschleift werden, so waren die verkürzten durch den Reim belegten Formen zu setzen.* ich es *BC.* hette *B,* hete *C:* bâte *ist die der Mundart des Dichters gemässe Form für* hæte. 40 geschehen *BC und Lachmann.* 41 alsô *BC und Lachmann.* 42 dar an geloben (gelouben) *BC: von Lachmann umgestellt.* 43 noch fehlt *BC und Lachmann.* 44 mim *Lachm.:* minem *BC. Besser wäre wie vil du mim herzen* vrouden erwendest. 45 und möhte *BC und Lachmann.* 46 het *BC.* 50 sus muoz ich *betont Haupt: unrichtig, vielmehr* sus múoz ich von dir leben betwungenliche. *Wie bei viersilbigen Wörtern, wie* genátiúrel, *gewöhnliches Versmass vorstehende Betonung, so erfordert bei dactylischem Rhythmus das fünfsilbige Wort entsprechende.*
51 = 17 *C. MF.* 53, 31. *Ich habe die sinnreiche Herstellung Lachmanns fast unverändert aufgenommen, wenn auch sich* verzin *mit dem Dativ nicht unbedenklich ist.* Si wennent dem tode entrunnen sin *C.* 55 Swerz *Lachm.:* swer das *C.* wider warp] niender vert *C oder* nie dar warp? 56 ez fehlt *C. Lachmann* dem wirt doch gol ze jungest schin. ez, *das, wenn die niederrheinische Form* et (wirt el) *dastand, leicht ausfallen konnte, bezieht sich auf den Gedanken von* 54. 57 verspert *C.*
51 — 108 = 6 — 9. 28 *B. MF.* 45, 37. 2 ich enhete *B.* 63 kom sin *BC. Lachmann* ich kom sin dicke in solhe nôt. 65 engegen *C:* gegen *B. Die Stelle ahmt Ulrich von Gutenburg, MF.* 76, 17, *nach:* daz muoz wol schinen, swenne ich minen morgen an der strâzen den liuten biute gegen der naht. 68 ichs *Lachmann:* ich sin *BC.* vernan *Lachmann:* verstân *BC. Der Dichter bildet in Gedanken und in der Form eine Strophe Folquets von Marseille nach (vgl. Germania* 1, 480):

Qu'el garda vos eus ten tan car
quel cors s'en fai nescis semblar,
quel sens i met l'engenh e la valor,

si qu'en error
laissal cor pel sen quel rete:
qu'om me parla (maintas vetz m'endeve)
qu'eu no sai que,
em saluda qu'eu non aug re.
pero jamais nuls hom nom occaizo,
sim saluda et eu mot no li so.

70 vil *fehlt BC und Lachmann.* nu *und* uil *werden in Hss. oft verwechselt, weil sie ähnlich aussehen, und daher konnte* vil *nach* nu *leicht ausfallen.* 71 getân *fehlt BC. Lachmann* behabet wider; *aber den strit* behaben *heisst 'im Streite siegen', und das passt hier nicht.* strit tuon *unter vielen Stellen,* Parz. 618, 12. 744, 30; *vgl. auch unten* 147. alre *B, aller C und Lachmann.* 74 *vor* C, *von* B. 76 ruoch *Lachmann:* geruoch BC. 77 aber *fehlt BC: es konnte um so leichter ausfallen, wenn statt* ob *die niederdeutsche Form* ab dastand. *Lachmann* wan ob ich. 78 zwiu C, *wie* B. schuof *Lachmann:* geschuof BC. 82. 83 *von Lachmann gebessert.* das verlie BC. 83 kerle ich BC. 85 so B: daz selbe klagen *Lachmann mit* C. 89 so *Lachmann:* Miner — undertan BC. 90 minen BC. 93 so *Lachmann:* wider mich ze unmilte ist BC. 102 so *Lachmann:* v'iesche B, gefriesch C. 103 so *Lachmann:* das ich und wan BC. 104 tuot *Lachmann:* getuot BC.
109—132 = 10. 25. 11 B, *die Reihenfolge nach Lachmann,* MF. 47, 9. 110 varnt *Lachmann:* waren BC. 113 werlte C, welt B. 114 niht BC. niene volgent *Lachmann,* niht envolgent *Wackern.* 119 das es also were BC: *wieder erklärt die niederdeutsche Form den Ausfall von* et. *Lachmann* ez wær ouch reht deiz, herze als ich dâ wære, wan daz sîn stætekeit im sîn verban. *'Es wäre Recht, dass es so wäre, dass ich von dem Kummer frei wäre, wenn mich meine Beständigkeit nicht daran hinderte.'* 122 ez *'das Herz', von dessen Streite mit dem Leibe das ganze Lied handelt, und das daher der Dichter noch im Sinne hat, wenn auch das Wort seit* 112 *nicht mehr vorkam.* 124 an dem ende süle *Lachmann.* 126 dune C, du B. 127 ruoche *Lachm.:* geruoche BC. 128 wol enpfân B, welle enpfan C. 132 solhen *Lachmann: fehlt* BC. 133 = 25 B. MF. 47, 33. darf BC *und Lachmann.* 134 die ich BC. 135 vil C: *fehlt* B. 136 niht C, iht B. 137 dunket reht (rehte C) wie BC, *gebessert von Wackernagel und Lachmann.* 138 als BC *und Lachmann.* *Sie ist ebenso unbeständig wie der Sommer von Trier.'* 140 mè C, mere B. 141 — 160 = 26. 27 B. MF. 48, 3. 142 solt ich oder iemer man BC. *Lachmann* solt ich od ieman bliben sîn. 143 oder BC. 146 deich tete *von Lachmann.* 147 han getan swie es doch dar umbe BC: hân getân *fehlt Lachmann.* 148 got herre *Haupt:* herre got BC. 152 mère *Lachmann:* me BC. 153 helen CB *und Lachmann.* 154 wan ez wære ir eren slac *Lachmann nach* BC. 155 in C, *fehlt* B. 158 warnes *Lachmann:* wę ren sv̂ B, gruęze si C. 159 geşehe si min oge niemerme BC. *Lachmann* sæn si mîn ougen niemermê.
161 = 29 B. MF. 48, 23. 164 do erwachete min lip BC: *Lachmann* do erwachet ich è zît, *dem Sinne nach gut. Da Friedrich von Hausen Senkungen nicht auslässt, so nehme ich eine Lücke an. Vielleicht hiess es* dô wart erwaht mîn lip; *zu erklären durch häufige Verwechselung von* erwahte (*von* erwecken) *und* erwachte (*von* erwachen), *vgl.* arm. Heinrich 480 (BC). *'Ich wurde geweckt aus dem Traume', ein Ende, welches auch in den spätern Traumvisionen der deutschen Dichtung das gewöhnliche ist.* 165. 167. 168 kürzt *Lachmann um eine Hebung, wohl wegen der Aehnlichkeit mit dem folgenden Tone.* leider *streicht Lachmann.* 166 kabe ich

nach dem Vorgange Lachmanns als reimende Zeile genommen, denn ebenso
reimt fri: min *MF.* 44, 5. làn: enpfâ VIII, 128.   167 fröide kom *Lach-
mann:* aber zweifelhaft ist mir, ob der Dichter im Präter. kom sagte.
VIII, 18 *reimt* kam: vernam.   168 daz tuont mir dougen min *Lachmann.*
170—187 = 30. 31 *B. MF.* 48, 32. *Die Strophenform ist einem Liede
Bernhards von Ventadorn nachgebildet. vgl. Berthold von Holle* S. XXXVII.
Deich *Lachmann:* Do ich *BC.*   172 als *Lachmann und BC.*   174 so
Lachmann: die valschen diet *BC.*   178 so *C:* in ungemach *B.*   180 sin
C, si *B.*   181 tuont *Lachmann:* tûn *BC.*   183 *auch diese Stelle ahmt
Ulrich von Gutenburg nach:* er kêrte den Rin ê in den Pfat 75, 6.   184
so *C:* bekeren *B.*
188—208 = 35. 36 *B. MF.* 49, 37.   189 üzer *Lachmann:* us *BC.*
190 *so C:* wol worden schin getan *B.*   192 von ir *Lachmann: fehlt B;*
mit ir tribe *C.*   193 iemer *fehlt BC: Lachmann ergänzt* vil.   196. 207
sehe *BC und Lachmann.*   198 das ich *BC.*

IX. Grâve Ruodolf von Fenis.

1—27 = 20—22 *C. MF.* 84, 10. *Das Lied ist, wie ich Zeitschrift* 11,
149 *nachgewiesen, einem Liede Peire Vidals nachgebildet. Die erste Strophe
ist Vidals vierte,* 13, 28 *meiner Ausgabe:*

Estiers non agra garensa,
mas quar vei que vencutz so:
sec ma domn' aital razo
que vol que vencutz la vensa;
qu' aissi deu apoderar
franc' umilitatz ricor,
e quar no troh valedor
qu' ab leis me posc' ajudar,
mas precs e merce clamar.

3 gewalte *C. Belege für dieses Sprichwort aus andern Dichtern führt
Haupt zu MF.* 84, 12 *an.*   6 gewalt *C.*   9 gwalt *Haupt:* gewaltes *C.*
10 *bei Vidal die dritte Strophe,* 13, 19

E quar anc no fis falhensa,
sui en bona sospeisso,
quel maltraitz me torn en pro,
pos lo bes tan gen comensa.
e poiran s'en conortar
en mi tuit l'autr' amador,
qu' ab sobresforsiu labor
trac de neu freida foc clar
et aigua doussa de mar.

13 mit = dâ mit.   17 stunde *C.*   18 zehen *C.*   19 *Vidals sechste
Strophe,* 13, 46:

E cel que long' atendensa
blasma, fai gran falhizo;
qu'er an Artus li Breto,
on avian lor plevensa:
et eu per lonc esperar
ai conquist ah gran doussor
lo bais que forsa d'amor
me fetz a mi dons emblar,
qu' eras lom denh' autrejar.

23 deme *Haupt:* dem *C.*

X. Hêr Heinrich von Rugge.

1—14 = 11. 12 *C. MF.* 102, 27. menger *C und Lachmann.* 7 der im *Lachmann:* den der im *C.* 8 *so Lachmann:* minen frúnt *C.* 15 = 5 *A. MF.* 107, 27. 23—43 = 56—58 Reimar *A. MF.* 108, 22. werlt *C*, welt *A B.* 26 weren si *C:* weren disc *A.* 28 truobe *Haupt:* tumbe niht singe *C*, niht singe *A B.* sus von mir ergänzt. 29 fröide *B C:* frivnden *A.* danne *B C: fehlt A.* 30 welt *A B*, werlt *C und Haupt.* 32 umbe *A*, umb die *B C und Haupt.* 33 alze verre *A B C und Haupt.* 34 si es *C*, sú des *B.* Der Vers fehlt bis doch *A.* 38 wil ich *B C:* wil ich vil *A.* 39 so *Haupt.* ich enwil *A.* niht lachen *A.* niemer gelachen *B C.* 40 sô nu *Haupt:* nu so *A*, nu *B C.* 42 vind ich *Haupt* mit *B C.*

XI. Hêr Albreht von Jôhansdorf.

1 = 3 *A. MF.* 86, 25. 3 kom *A.* 7 si *A C und Haupt.* 9—32 = 4—6 *A. MF.* 87, 5. 10 anders *A und Haupt.* 12 reiner vröide si hân *Haupt* nach *A.* 13 erarn iren *A.* 16 gnedic *A.* 17 *so Haupt:* gesach de ervce an mine cleide *A.* 18 vil *fehlt A und Haupt.* ê ich *fehlt A: Haupt* ergänzt do ich. 19 mir fehlt *A und Haupt; erklärlich durch die Aehnlichkeit von mir und* nu. 21 so *Haupt in der Anmerkung* (aber *gebârn umbe sie*): si sprach wold geborn umbe si *A.* 25 nu entrure *A.* niht sêre *Haupt:* niht so sere *A.* 26 iemer zeinem *A*, iemer zeim *Haupt.* 27 *Haupt* betont *unrichtig* wir suln várn. 28 *so Haupt:* dem vil h. *A.* 29 *so Haupt:* vil wol *A.* 30 — 32 *von Haupt* hergestellt, *der auch sô* 31 *tilgt.* mac *fehlt A.* ze sere gevallen *A.* 31 so so die selen werden vro *A.* 32 mit schallen *am Schluss A.* 33—74 = 29—35 *C. MF.* 93. 12. si muss mit âne verschleift oder ganz gestrichen werden. 34 minnecliche *C.* 35 Sâ *Haupt:* ia *C.* 36 went *C.* har *C.* 38 sagent *C und Haupt*, und so immer. Die Reime zeigen die 2. Person Plur. ohne n. sint *C und Haupt.* das sult *C.* 40 iu vil *Haupt: fehlt C.* 42 er mugent *C*, ir mugent *Haupt: auch diese Stelle beweist die Form der* 2. prs. plur. 43 ich enmag *C.* 48 selken *C.* 49 iur *Haupt:* uwer *C.* 54 wolten *C und Haupt.* 55 vielleicht nune welle got. 56 het *C.* und wære] so wær *Haupt* (wohl sô wær) mit *C.* 57 *so Haupt:* So lant *C.* 62 jâ hât si *Haupt:* ja si hat *C.* 64 ir] er *C.* 66 dú bete *C.* geschehen *Haupt:* beschehen *C.* 73 meinent *C und Haupt.* 74 dest *C.*

XII. Hêr Bernger von Horheim.

1—27 = 1 — 3 *B. MF.* 112, 1. *Die erste Strophe ist einem französischen Liede nachgebildet*, *das bald dem Christian von Troies*, *bald dem Gace Brulé beigelegt wird: Mätzner*, *altfranzösische Lieder S.* 63. 258.

    Ains del beveraije ne bui
    dont Tristans fu enpuisunés.
    car plus me fait amer que lui
    fins cuers et boine voluntés.
    bien en doit estre mieus li grés,
    c'ains de riens erforciés nen fui
    fors tant que les miens ex en crui,

par cui sui en la voie entrés
dont ja n'istrai n'ains n'en issi.
2 Tristan *C und Haupt*. kan *C:* kam *B und Haupt*. **4** ysalden *C*, ysaldens *B*. das ist *B C*. **6** *u ohl* diu leiten mich. **7** alrêste *Haupt:* alrest *B*, alrerst *C*. **9** kumberliche *B C*. nie *Haupt:* noch nie *B C*. **10** *so Haupt:* es ist ain w. *B C*. verzagete: clagete *B*. **11** '*da ich so lange ungetröstet bin.*' **16** das ich *B C*. **17** an den *Haupt:* an sôlhen *B C*. **18** das ich *B C*. **20** der *C:* des *B*. **21** ungebiten *Haupt:* gûten gebiten *B C*. '*Ich fürchte, dass diejenigen, die den Erfolg ihrer Liebeswerbungen nicht abwarten können, an mir ihren Hass erzeigen.*' *Auch hier und im folgenden hat dem Dichter das französische Original vorgeschwebt. Strophe* 1:
d'amour.. me plaing ge (= 25) si q'ades otroi
que de moi face son plaisir.
et se ne me repuis tenir
que jou ne chant (= 24) *u. s. w.*
26 *vgl. Strophe 5 des französischen Liedes:*
Cuers, se ma dame ne m'a chier,
ja pour çou ne t'en partiras,
toujours soies en son dangier,
puis k'enpris et coumencié l'as.
27 sie *habe ich gegen die Hss. wegen des Reimes* sie: nie 3 *geschrieben.* **28**—**59** = **4**—**7** *B.* MF. 113, 1. *Vgl. Heinrich von Morungen* MF. 125, 21 ich var als ich vliegen kunne. **29** werlte *C:* welte *B.* **31** so *Haupt:* so ist (sost *C*) es mir *B C*. **34** mir enmag *B C*. dehain *B C*. **37** geloben *Haupt*. **43** wil ich *C*, ich wil *B*. wârheite *Haupt:* warhait *B C*. **47** nu ist *B C*. **49** verwnden *aus* veswnden *B*. **54** vil *fehlt B C und Haupt*. mengen *B C und Haupt*. **55** mere *B C*. **56** dehain *B C*. **59** doch lanc *Haupt:* doch niht lang *B C*.

XIII. Der von Kolmas.

1—**40** = **4**—**7** *r*. MF. 120, 1. *Altd. Blätter* 2, 122. **2** deich. *Pfeiffer* (*Germania* 3, 490): daz ich *Haupt und r.* **4** drumbe *Pfeiffer:* dar umbe *Haupt und r.* **5** hânt *Haupt und r.* **7** gedenken *Haupt und r.* **8** mit nihte *Haupt:* mit rehte *r.* ez nach und *r und Haupt.* erwenden enkan *Haupt:* erwende kan *r.* **9** nu enruocht uns wie *Wackernagel:* nu enruochen unz swie *r.* dar vmbe *r.* **10** bitter *r und Haupt.* honege *r und Haupt.* **12** enstirbet *Haupt:* stirbet *r.* **14. 15** von *Wackernagel gebessert: in r lückenhaft.* **15** volbédenken; *so muss betont werden.* **18** da enirret riechend *r:* da enirrent riechendiu *Haupt.* daz *fehlt r und Haupt.* triefendiu *Haupt.* **19** nie *Pfeiffer:* fehlt *Haupt und r.* **20** sun *r*, suln *Haupt.* **24** Punkt nach gar *Haupt.* **25** denne *r.* **26** daz wurder *r.* daz wunder daz er begie *Haupt.* **27** so *Pfeiffer, der aber merkent al wunder schreibt.* merkent *r.* gen dem wunder *r.* alliu wunder des gen dem wunder ein wint *Haupt.* **28** himele *Haupt:* himelrîche *r.* **31** bilgerîne *r und Haupt.* **32** bestecket *Pfeiffer:* stecket *r und Haupt.* **33** enmac *Haupt:* mac *r.* **35** *Besserung Pfeiffers:* Haupt nach *r* wir suln durch niht enlâzen, wir bereiten den wirt. bereiten *wäre genügend; um Zweideutigkeit zu vermeiden, habe ich en gesetzt.* **36** dez vns *r.* **37** gelten *Pfeiffer:* gelt im bi dem tage *r.* gelt im: ditze leben smilzt als ein zin *Haupt.* **38** da hin *r.* **39** *so Haupt:* sun uns gezîle *r.* berâten *Haupt und r. ich habe die apocopierten Infinitive, die der heimischen Mundart des Dichters zukommen, hier und* 35 *gesetzt.*

XIV. Hêr Heinrich von Morungen.

1—27 = 10—12 *C*. *MF*. 124, 32.   5 mâne *Lachmann:* mane tuot der *C*.   7 alsô *Lachmann:* als *C*.   kument *Lachmann*.   9 in das herze min *C*.   10 *so Haupt:* lr wol liehten *C*.   12 aber *C*.   18 gesprach *Lachmann:* sprach *C*.   20 klagende leit dû ich *C*.   21 wencut si danne *C*.   22 doch *Lachmann:* noch *C*.   23 wirt *Lachmann:* werde *C*. *Die niederdeutsche Form* wert *war wohl das ursprüngliche*.   24 ane gê *Haupt:* an ir bege *C*.
28—55 = 8—11 *A*. *MF*. 126, 8.   der elbe *BC:* den elben *A*.   30 *so BC:* dehein man ze vrunt gewan *A*.   31 si aber *Lachmann:* aber si *ABC*.   32 mir *BC:* vñ *A*. danne *ABC*.   33 tuo *BC:* vñ tuo *A*. sô mich *B:* so sere mich *A*.   37 solt ich *Lachmann* mit *BC*. gevage] gevangen *BC und Lachmann*, gewaltic *A*.   38 sie] mir *A*.   41 nu ist *BC:* ja ist *A*.   43 krenket *BC:* crenken *A*.   46 *so Lachmann:* und ir schone *ABC*. edelkeit *Lachmann* mit *BC*.   48 oder *A*. *Lachmann nach BC* deist mir übel und ouch lihte guot.   50 mich mit *BC Lachmann*. 50 stêt mit *BC Lachmann*.
56 = 21 *C*, 24 *A*. *MF*. 127, 1.   57 mine *C*, minen *A*   58 enzwei *AC und Lachmann*, *rgl*. 293. gebræche *Lachmann:* bræche *AC*.   60 ougen *Lachmann:* ougen min *AC*.
62 = 22 *C*, 23 *A*.   *so C*, also *A*.   *Lachmann nach C* sô lange rüeft. 64 *so C:* nu der schal *A*.   65 bekennen *A*. *Lachmann nach C* swie sis niht erkenne; *offenbar hat C geändert, um den thüringischen Infinitiv zu entfernen*.   66—71 fehlt *A*.   66 klaget *C und Lachmann*. vil dicke *C und Lachmann*.   67 oder] alder *C*.
68 = 23 *C*. alder *C*. mehten *C und Lachmann; auf diese Strophe bezieht sich* 132, 7 ichn weiz wer dâ sanc 'ein sitich und ein star an alle sinne wol gelernten daz sie spræchen Minne.'   69 Minnen *C und Lachmann: die Besserung ergab* 132, 9.   71 versinnen *C und Lachmann; rgl.* zu 65.   72 *so C:* nein sinen tût got der welle e. w. sin vil *A*. vil verre *AC und Lachmann*.   73 *Lachmann* jâ möhte ich sit baz; sit *fehlt A*, baz *fehlt C*.
74 = 24 *C*. *MF*. 127, 34.   75 swanne *C*, swann *Lachmann*. *Der Dichter reimt* eteswenne: bekenne 63. leit *Bodmer:* liet *Hagen und Lachmann*.   76 aber *C*.   77 *so Lachmann:* diu durb — singen nie verlie *C*. 82 dâ ich gnâden *Lachmann*.
83 = 25 *C*.   85 aber *C*.   87 dien *C und Lachmann*.   90 minen *C*. 92 = 26 *C*.   99 geriuwent *Lachmann:* rûwent *BC*.
101 = 16 *B*.   104 swer *BC und Lachmann: die der Mundart des Dichters gemässe Form stellt den fehlenden Auftakt her; rgl*. VII, 150. 107 owê *fehlt B*.   109 *so C:* mir wart und me owe *B*.
110 = 28 *C*. '*Jedes seltene Ding wird werth gehalten, nur ein treuer Mann nicht*.'   111 wan *Lachmann:* wan den *C*.   112 swære bî '*langweilig,' wie Haupt erklärt, rgl. Walther* 819. *Wintersteten* 101.   115 *so Lachmann:* ich ir mit trûwen ie *C*.   117 an *Lachmann: fehlt C*.   118 gediene *Lachmann:* diene *C*.
119—151 = 30—32 *C*. *MF*. 129, 14. *Wackernagel*⁴ 314, 13.   *Im MF. ist die erste Zeile jedes Stollens als trochäisch mit Unrecht bezeichnet: sie ist dactylisch, dem Stollen entsprechen die drei letzten Zeilen des Abgesanges*. 123 tuot mich *C und Lachm. Wackern.*   125 si lühtet *C und Lachm. Wackern.*   128 *so Lachmann:* muost ich *C*.   130 aber *C*.   145 und ich unmære *Wackern., weil die entsprechenden Zeilen auftaktlos sind*. Doch

scheint ir nicht entbehrt werden zu können, es ist daher und mit wêre zu verschleifen. 118 so *Lachmann:* und ir gewinne *C*.

152 183 = 12 — 15 *B. MF.* 130, 31. 156. 157 niht *und* sole *fehlt C. Lachmann* niht âne si sol lieber sîn. 158 aber *C und Lachmann.* 160 owê *uC und Lachmann.* des *C:* daz *B:* ebenso 163. 162 aber *BC und Lachmann.* 164 dô er *Lachmann.* 166 von sinen *BC und Lachmann.* ich nas *BC*, ein bal *Lachmann. Möglich, dass die Handschriften den rührenden Reim entfernen wollten.* 169 gesage *C:* ge *B*. 172 ich *C:* vñ ich *B*. ich fluoche in unde *Lachmann.* niht *C:* das *B*. 173 die ich *BC und Lachmann.* 174 aber *BC und Lachmann.* 175 seht *fehlt BC und Lachmann.* es *C:* ez mir *B und Lachmann.* 176 owê *BC und Lachmann.* wissent sú *BC*. 179 müejet *Lachm.:* mût *BC*. 180 sin] sú in so *B*. wol *B. Lachmann* nach *C* daz si in grüezent über al: *was offenbare Aenderung ist, um wal zu entfernen.* 181 unde zuo im *Lachmann.* 183 ir *Lachmann:* fehlt *BC*.

184 — 207 = 12 — 14 *A. MF.* 132, 27. und min ungemach *ABC. Lachmann* ist ir leit min liep und min gemach. 186 mir geschach *A und Lachmann,* so mir geschach *BC*. 187 klaget *BC:* clage *A*. 189 minnecliche *BC*, -en *A*. 190 ich si *ABC und Lachmann.* ane *AB.:* an *C und Lachmann.* 193 oder *BC:* oder *A.* nâch ir *BC und Lachm.* naher *A*. 195 ich des wol *A und Lachmann*, ich wol des *BC.* selchen *A und Lachmann.* 196 nahtegal *ABC*. 205 der stat *A:* diu stat *BC und Lachmann: der Genitiv hängt von* breit *ab*.

208 = 46 *C. MF.* 133, 13. *Wackernagel* 315, 18. 209 hânt *Lachmann.* nach *C.* klagte *Wackernagel:* klage *C.* für *C und Lachm. Wackern.* 212 aber *C*. 215 ze der welte *C*.

216 = Dietmar von Aste 17 *B*, H. v. Morungen *C*. seht *C:* schent *B*. 217 danne *BC*. 219 aber *BC.* rehte *BC und Lachmann.* 221 so *C:* do hûp si mich *B*. 222 verstringet *Lachmann:* betwinget *B*, twinget *C*.

224 = Dietm. v. A. 18 *B*, H. v. Mor. *C*. 225 die ich *BC*. 226 so *C:* sch. u. sch. dû libe a. sch. *B*. 227 *Lachmann mit C:* des muoz ich ir jên. 228 welte *B*. sol sie *C und Lachm. Wackern.* 229 flehen *C*, sehen *B*. 230 so *C:* mir vrowe *B*. 231 han *C:* han *B*.

232 = 49 *C*. 234 sihe *C und Lachmann.* 237 vil trurik scheiden dan *C. Der Dichter reimt* an: ân *nicht (vgl. zu* 281). *Lachmann* trûrecliche dannen gân. *Noch näher stände* vile trûric scheiden sân.

240 — 263 = 1 — 3 *A. MF.* 136, 1. 246 geblecket *Lachmann:* geblüt *AC*. 247 des *Lachmann:* und des *AC*. 250 kleinen *C:* kleinem *A*. 252 so *Lachmann:* vnd ein verholner wan *AC*. 253 dicke *C: fehlt A*. 254 swa *Lachmann:* swen *AC*. sprüche *C*, spreche *A*. 257 heis 'heiser.' heis *C:* heiz *Lachmann.* 258 wan *C:* vñ *A*. 259 sage *C:* von ir sage *A*. 260 so *C:* und ich ir doch so holdez *A*. 261 mirn *C*, mir *A*. 262 nach gote *Lachmann mit C. Vgl. Guillem von Cabestanh, im provenz. Lesebuch* 62, 17 s'ieu per crezensa estes vas dieu tan fis, vius ses falhensa intrer'en paradis. *Diez*, *Poesie der Troub.* S. 163. 263 zim *Lachm.* zuo zim *AC*.

264 — 275 = 4 — 6 *A. MF.* 136, 23. 266 set *C:* siht *A*. 267 sunnen *Lachmann mit C.* abens *A*. abendes *C*. 268 wan *Lachmann mit C*. 269 ichs *C:* ich ez *A*. 270 so *Lachmann:* dú mir so w. *C, fehlt A*. 272 Swer der frouwen hüetet, dem künd ich den ban *Lachmann mit C*. 274 al der werlde ein wunne gar *C und Lachmann.* 275 begraben *C*. begramen *A*.

276 — 279 = 19 *p*. 276 Wê der huote *p. Lachmann* Wê den ræten. 277 huote machet stete frowen *p. Lachmann* huote stæten frowen machet wankeln muot. 279 *vgl. Hagen* 1, 63 verboten wazzer bezzer sint.

280—296 = 21. 22 A. MF. 137, 10. Wackernagel 316, 16. 281 der Reim an: hân ist wohl nicht der echte, denn der Dichter scheidet genau an und ân, ar und âr. Vgl. 123, 2. 285 den Reim könnte man wie in der zweiten Strophe machen: frowe. daz bânt mir gefrumt (statt gefrumt); was wie gesant (statt gesamt) 140, 2 wäre (vgl. Haupts Anm.). 291 neina neina nein A. 292 ein neinâ fehlt A. 294 etes wenne AC: etswan Lachmann.
297—326 = 74—76 C. MF. 139, 19.. hôrte Lachmann und C. 300 trûrens Lachmann: an truren C. 305 leit C. 308 eine vñ ir wengel von trehen nas C. Lachmann eine und ir wengel naz. 314 kniwede C. kniete Lachm. 316 gar Lachm.: fehlt C. 317 vant si C und Lachmann. 318 eine vñ ich C (vgl. 308). Lachmann eine, und ich was zir gesant. 318 minnen (: zinnen) Lachmann; vgl. 68. mehl Lachm. nach C. 321 rgl. diu lant diu wil ich brennen gar 145, 36 und mhd. Wörterb. 2, 705ª. Germania 7, 190. 325 dien sinne C, dien sinnen Lachm. 326 enblant Lachmann.
327—340 = 88, 89 C. MF. 142. 26. 333 dünkent schreibt Haupt.
341—372 = 93—96 C. MF. 143, 22. keine Pause nach Owê bezeichnet Haupt. Dieses Liedes Echtheit zu bezweifeln, liegt durchaus kein Grund vor, wie Haupt (S. 285) anzunehmen scheint. 354 vielleicht ursprünglich als er mit klage sach, was wegen des mitteldeutschen Reimes sach (: dach: lach) entfernt wurde. 358 deme Lachmann: dem C. 360 trehenne C.

XV. Hêr Reinmâr.

1—16 = 2. 3 B. MF. 151, 1. komen B. under wilent BC und Haupt. 4 er C, der B. 6 in C: fehlt B. 7 des Haupt: fehlt BC. 9 Besserung Haupts: beschehen BC. 13 werlte C, welte B. 16 so C: ich was in B. 17—46 = 7. 6. 8 B. Strophenfolge nach E und MF. 151, 33. 18 gedenken B. 21 vil Haupt: fehlt BCE. 25 mir als wol E, also wol mir BC. 30 ein Haupt: dehain BC, kein E. 32 werlt CE, welt B. 33 so E: von mir nach belibet BC Haupt daz bilbet von mir. 38 sol CE: so B. 39 den Haupt: fehlt BCE. 44 mir ist BCE und Haupt. 45 des Haupt: des das BC.
47 = 29 A. MF. 153, 14. 49 so BCE: dar vûrt A. 55 = 1 A. MF. 151, 32. iender BC: ienir A. 56 tar Lachmann: getar ABC. 57. 58 so BC: diz machet mir die swere klage. de mir ze helfe nieman komen mac A. 59 denke Lachmann: gedenke ABC. 61 troste BC: trœst A. 62 dactylisch, als Korn reimend mit 71. 80. 63 mir ist ABC. 64 = 15 B vil E: fehlt ABC. 66 nu B: so CE und Lachmann. aber BCE. 67 so Lachmann: ich gesach BCE. 68 iedoch meit si daz, ie Lachmann ohne Handschrift. Die Aenderung scheint unnöthig. 'Wie lange ich auch entfernt war, so that sie das doch immer,' nämlich was im vorhergehenden Verse gesagt ist, dass sie sich nicht nach mir sehnte. 69 underwilent BCE und Lachmann. 70 also C: alse B und Lachmann; vgl. 149. 71 gelân Lachmann gegen die Hss. und mit Zerstörung des Rhythmus. 73 = 2 A. 75 der BCE: des A. mere BCE: mir A. 77 Lachmann nach BC(E) doch wæne ich, sist von mir.
83—126 = 6. 7. 8, 5. 9 A. Reihenfolge nach E und MF. 159, 1. 84 wereltl. E, weltl. Ab. 85 niht Lachmann: ich AbC. E nieman kan. 86 vil b, wol A. 87 daz ennimet E, daz engenimet AbC. disiu Lachm.: si AbCE. 88 so bCE: si stet noch hûte an A. 89 das b, de A, da si CE. wîbes Lachm.: wiplichen hss. noch Lachm.: fehlt hss. 90 ir] in E

und *Lachm.*, in *A. Lachmann* vermuthet deist jenen mat. *Auf diese Strophe bezieht sich Walther*, 89, 15 *Wackern.* (112, 23 *L.*)

Ein man verbiutet âne pflіht
ein spil, des im doch nieman wol gevolgen mac:
er giht, swenn er ein wîp ersiht,
si sî . . . . sîn österlîcher tac.
Wie wære uns andern liuten sô geschehen,
solt wir im alle sines willen jehen?
ich bin der imez versprechen muoz:
noch bezzer wære mîner frouwen senfter gruoz:
deist mates buoz.

97 *so b C:* denne den laze ich iemer a. b. *A.* 100 Als *b C E:* So *A.* 102 *so b C E:* und ich gefr. mir *A.* 103 wane *Lachm.:* wan *A b C.* 104 dc ez *A.* Lachmann mit *b* (*E*) wol ime des deiz. 107 werlte *C*, welte *A b* und *Lachmann.* 114 lihten *b C E:* senften *A.* 115 so *b C:* geloubet eth si mir dc wol swenne ich ir clage *A.* 116 inme *Lachm.:* in mime *E*, an dem *b C.* de ich die not ze herzen von *A.* 117 an deme *A b*, in dem *C*, mine *E.* Lachmann inme. 119 daz ich hss. abe *b C E:* von *A.* 120 Lachmann nach *b C* gît got deichz mit. 121 Lachmann sô wil ichz. 122 Lachmann und ist daz. 124 ich selic *A.* 126 ich ez *A.* Ich habe mich in den Schlusszeilen genau an *A* gehalten. Lachmann mit *b C E* dâ ichz dâ nan, als ich wol kan, *wodurch die Wirkung der Schlusszeile und die Pointe zerstört wird.* — *Darauf erwidert Walther im Namen der Frau* 90, 5 *Wackern.* (111, 32 *L.*)

'Ich bin ein wîp dâ her gewesen
sô stæte an êren und ouch alsô wolgemuot:
ich trûwe ouch noch vil wol genesen,
daz mir mit steine nieman keinen schaden tuot.
Swer küssen hie ze mir gewinnen wil,
der werbe ab ez mit fuoge, und ander spil:
ist daz ez im wirt sus iesâ,
er muoz sîn iemer sîn mîn diep und habe imz dâ
und anderswâ.'

127—153 = 61. 60 *C.* 11 *b. Strophenfolge nach E und MF.* 162, 34. 132 welte *C und Haupt.* daz ich ie sach *Haupt.* 137 die *E:* al die *C.* 140 sin leit *C E, vgl.* miniu leit 184, 14. kan sîn lein leit sô schöne tragen *Haupt, der übersehen hat, dass sein Vers um einen Fuss zu kurz ist.* 141 beget *Haupt:* des (ez *E*) beget *C E.* des ich *C.* 144 das mir *C.* *Haupt* ez mir. 145 *ähnlich sagt der von Johansdorf* 91, 22 wie sich minne hebt, daz weiz ich wol: wie si ende nimt, des weiz ich niht. *Folquet von Marseille* (Mahn 1, 331) Los mals d'amor ai eu ben totz apres, mas anc los bes no poc un jorn saber. 146 gât *Haupt.* 148 liebe *b C.* der ist *b C E. Haupt setzt nach* unbereit Komma, *nach* wê Punkt. 149 also *E*, alse *b*, als *C.* 151 niht wan *Haupt.* 153 *Besserung Haupts:* wenne ich sie noch nie (*gebessert* in) bî. *E*, die selben ich noch *b C.*

154—189 = 68 *A.* 17 *b.* 65. 67 *A. Reihenfolge nach b. MF.* 164, 3. *Wackernagel* 328, 27. 157 ich enkunde *b C:* ich enkonde *A.* ichn könde *Haupt.* 159 gerne *E:* da gerne *A b C.* sahen *b C E:* sehen *A.* 161 froiden *A.* 167 ir *E: fehlt b C.* mir londe *b C.* 168 vil *fehlt b C.* 172 al *b C E:* aller *A.* 175 miren kunde *b C*, mir konde *A.* mirn könde *Haupt.* 177 so *E:* von ir daz ich *fehlt A.* 181 des *fehlt hss.* und *Haupt.* 185 aber hss. 186 kurzen wil daz man der guoten mir ze schenne gunde *Haupt. Die Kürzung wil ist nicht unbedenklich. Mit* ze sehen *vergleicht sich ze* nennen ist 165, 29. zerwerben ist 181, 12. *Vgl. zu* 386.

190 = 66 *C. MF.* 167, 13. 195 trúwe *C*, truwen *AE*. . 196 si sprechent *C und Haupt*, so sprechent si *E*, och jehent si *A*. sprechen *für* jehen setzen die Hss. auch im arm. Heinrich mehrfach fehlerhaft. Vgl. 199.
199 = 25 *b. MF.* 167, 31. *Wackern.* 331, 30.   209 an *Wackern.*: an einem *hss. Die reimlose Zeile ist im MF. nicht kenntlich gemacht.* 211 = 26 *b. Die Welt ist die redende.* 212 swenne *a*, dô *Haupt und bC*. 213 so *a*: und wie min teil *bC*. und wie *Haupt*.   216 *Haupt gegen die Hss. und zu kurz* swaz ich ie mê geleben mac.   221 wiel *Haupt*: viel *hss.* daz bluot *a*: der muot *bC*.   222 von *Haupt*: von dem *hss*.   223 = 45 *a*. 225 daz ich *a und Haupt.* erbern *a*.   228 daz mir min *a und Haupt.* 230 jo *a*.   234 so *Haupt*: gesinde *a*.
235 = 44 Niune *A* (Reinmar *bCE*). *MF.* 169, 9. *Wackern.* 330, 1. Mir ist *hss*.   240 so *bC*: mere *und* danne ich bl. clage *A*.   241 = 31 *b*. 247 = 45 Niune *A*. ein *bCE*: an *A*.   249 icb *bCE*: ich gerne *A*.   250 selben *Haupt*.   252 im *bCE*: in *a*.   253 = 33 *b*. wellen *b*.   258 dast *C*, das ist *b*.
259 — 279 = 49 — 51 *b MF.* 172, 23.   260 werlt *C*, welt *b*. *Haupt schreibt* sô stuont nie diu werlt sô trûric mê, *gegen die Hss. und mit ungewöhnlicher Wortstellung. Der Auftakt ist in diesem Liede nicht fest.* so gestuont *ist wie* si gelônet 114. in erloube 374.   266 mans *Haupt*: man sin *hss*.   272 lan *C*, gelan *b*.   274 so *Haupt*: spil si gehalt *hss*.   276 so *Haupt*: sit der zit das *hss*.   277 mich sin *hss*. *Haupt* ich wæn mich sin; *vgl.* 266. 278 al *Haupt*: *fehlt hss*.
280 — 309 = 70 — 74 *b. MF.* 177, 10. daz *CM*: als *b*.   289 demst *Haupt*: dem ist *hss*.   291 *mit Bezug auf* 164, 2 swaz geschehen sol, daz geschiht.   293 aber *Hss.* und *Haupt*.   294 *Beziehung auf* 171; *woraus sich zu ergeben scheint, dass die Strophen* 163, 23—164, 38 *zu einem Liede gehören, wie sie Wackernagel nimmt.*   296 mugt *C*; mugent *b und Haupt. Vgl.* wârt 510. *Daraus geht hervor, dass Reinmar* et. *nicht entsprach. Beweisende Reime gibt es nicht.*   298 aber *Hss*.   303 oder ob *Hss*.   305 su enwellent *b*, sine wellent *C*.   306 ich enwil *b*.
310 = 75 *b. Strophenfolge nach MF.* 178, 1. wirbe *b*.   311 ime *b*. 317 = 230 *E*.   320 so *Haupt*: vergebe *E*.   322 so *m*: *Haupt mit E* und sæhe in gerner denne den liehten tac. *die entsprechenden Verse sind auftaktlos.*   324 = 77 *b*. dazd *Haupt*: das du *bC*; ebenso 326.   325 das ich *bC*.   331 = 121 *C*.   333 er *Em*: ers *C*.   334 rede *Em*: die rede *C*. die er *C Em*.   335 so *Em*: ê daz ich in an gesche *C*.   337 so *E*: daz niemer doch an mir geschehe *C*.   338 = 76 *b*.   341 also *C*: alse *b*.   345 = 213 *E*. 346 gerede *E*.   347 wande *Haupt*: wenne *E*, went *m*.   350 dem *E*. 352 — 381 = 125 — 127 *C. MF.* 182, 13. *Wackernagel* 330, 27.   353 gedanken *C*.   357 das si *C*.   358 wellent si *C*.   360 dû ist *C*.   364 dem gote, *Attraction für* den got.   365 den helfent *Haupt*.   367 wellent noch alles *C*; *vielleicht aber* sprach Reinmar auch welnt.   368 so *Wackernagel*: wen das ich *C*.   372 Gedanken nu wil *C*.   376 So si *C*. 382 — 401 = 129 — 133 *C. MF.* 182, 14.   386 ich hân ir niht ze gebenne wan *C und Haupt. Alle Strophen beginnen auftaktlos.* ze geben *wie* se sehen, *vgl. zu* 186.   387 der ist *C. Haupt bemerkt* (zu 103, 22) *bei einem Liede, das C² Reinmar zuschreibt:* 'der Reim (nämlich wip: lit) *verräth, dass dieses Lied nicht von Reinmar ist.' Wenn dies Lied echt, so ist jene Bemerkung unrichtig, und zum Zweifel liegt kein Grund vor. Dagegen zeigt ein anderer Reim* (bân: kan 103, 31), *dass das Lied* 103, 3—34 *wirklich von Reinmar, nicht von Heinrich von Rugge ist, denn dieser bindet nicht* an: ân.   389 swann *Haupt und C*. wie si *C*.   392 fuer si *C*. 401 so *Haupt*: dû schone mich *C*.

402—436=141—144 *C. Strophenfolge nach MF.* 183. 33. 414 dünken *schreibt Haupt.* 421 vránt *A,* fründe *C.* 422 ieman *C und Haupt.* 423 Mir enmac *C.* 426 *so A (doch* lege ez): ich lege si an den arm mín *C.* 430 Das ich *C.* 433 verliesent *C.* 434 sî ir: *daraus ergab sich die Schreibung* sî (*oder* sie). *Im Reime begegnet keine Form; vgl. auch* 441. 437—464 = 145—148 *C. MF.* 184, 31. 442 von *Haupt:* vor *C.* 445 wan *C und Haupt.* ê dö *Haupt.* 446 da *Haupt, mit einer Hebung zu wenig.* 449 under den *C.* 450 gênt *C und Haupt.* grawe *C.* 453 nieman *C und Haupt.* 455 aber er *C.*
465—482 = 207—209 *C. Anordnung nach MF.* 191, 7. 472 *Haupt stellt um* ein wunder grœzer. 475 beide *C.* 479 wie ich *C.* 480 geloube *C.* 483 = 208 *C. MF.* 191, 25. 484 welte *C und Haupt.*
492—507 = 225. 226 *C. MF.* 194, 18. 501 la sten la stan *C. Vgl. Walth.* 42, 25 lâ stân! du rüerest mich mitten an daz herze. 502 gewalteklich *C.* 505 veilre *C.* 506 nu ist *C.*
508—543 = 236—241 *C. MF.* 195, 37. kan *C.* 510 waret *C. vielleicht* wârt ir ie ein wætlich wîp. *denn alle entsprechenden Zeilen haben keinen Auftakt.* 511 sint *C und Haupt.* 516 enhân *Haupt:* han *C.* 520 Solhe *C.* 522 fröuwet *Haupt und C.* 523 mir *fehlt C und Haupt: der Auftakt fehlt keiner der entsprechenden Zeilen.* 525 lieber *Haupt:* liebes *C.* 529 wol *Hagen: fehlt C.* 537 sône *Haupt:* so *C.* 538 fründe *C.* 539 jehent *Haupt:* liegen *C.*
544—559 = 250. 251 *C. MF.* 198, 4. *Die Verstheilung nach Germania* 2, 275. *Dieselbe Strophenform, mit Unterschied einer einzigen Hebung in der vorletzten Zeile, auch mit grammatischen Reimen, hat Heinrich von der Mure, Hagen* 1, 119a. 550 mê *Haupt:* nie *C.* 560—587 = 368—371 *e. MF.* 203, 24. 561 daz ich *e und Haupt.* 562 daz *Hagen:* das ist der *e.* 564 küme *Haupt:* vil k. *e.* 565 want] sit *e und Haupt.* 570 daz ist *e.* 571 wenne *e.* 572 wol *e.* 580 dannân *Haupt und e.* 583 daz sie *e.* 585 ûwer *e.* 587 so ist *e.*

XVI. Der junge Spervogel.

1 = 1 *A. MF.* 20, 1. 2 ein] mîn *Lachmann und AC. Die Kürzung* wær *auf vorletzter Hebung hat nichts analoges beim Dichter. Auch würde er wohl gesagt haben* deist mîn rât. rât *steht im prägnanten Sinne* 'ein guter Rath.' *Punkt nach* rât *Lachmann.*
7 = 2 *A. MF.* 20, 9. Wan sol die jungen hunde lazen *AC: gebessert von Lachmann nach J,* ebenso 8. 9. 8 und den r. h. zem (zeim *A*) r. welle ers gern *AC.* 9 und elliu ros zurstun *A.* 11 herzen *C:* truwen *A.* 13 = 3 *A. MF.* 20, 17. 15 solde er *Lachm.:* sol der *AC.* 14 = 6 *A, wo aber die erste Zeile fehlt. MF.* 21, 13. 22 *so C:* allel *A.* 25 = 7 *A. MF.* 21, 21. dienestes *C,* dienst *A.* 29 dèr *Lachmann:* daz er *AC.* 30 '*weil er treu handelt, darum kann er, wenn ihm Gott nicht hilft, den Untreuen gegenüber nicht ohne Schaden bleiben.' Haupt gegen die Handschriften* mit riuwen.
31 = 8 *A. MF.* 21, 29. 34 zühte *Lachmann:* zuht diu *AC.* 35 wise *Lachmann und AC.*
36 = 10 *A. MF.* 22, 9. arcmůte *J:* armůt *AC.* 37 *so C:* beide wise *A.* 39 lîhte rât *Lachm.* gegen *AC* (auch *J* hat guoten rât); *vgl. die Belege von* lîhten, guoten rât *im mhd. Wb.* 2, 572. 41 vil *J:* wol *AC.* 42 wile daz er *AC. Lachmann* die wîle dêr; eher die wîle unz er, *vgl. zu Strickers Karl* 4305. 42 holde *CJ:* volle holde *A.*

43 = 47 *C. MF.* 22, 25. Wan *C und Lachmann.* 44 *so Larhmann:*
fremder *C.* dâ *Lachm.*: danne *C.* 45 sis *C.* 47 Es ist *C.* 48 *der
zweisilbige Auftakt nach der Cäsur ebenso* 23, 10; *vgl.* 59.
49 = 8 *J. MF.* 23, 13. *so C:* ich ungelucklich byn *J.* 51 da *J.*
kuole *J.* 53 *so Hagen:* gegezzet *J.* 54 dar] da *J.*
55 = 4 *J. MF.* 23, 21. *Diesen Spruch hat ein Dichter des* 13/14 *Jahr-
hunderts zu einer Erzählung verarbeitet: Lassbergs Liedersaal* 2, 613.
59 *Haupt streicht* und; *doch vgl. zu* 48. 60 deme darb *J.* ob man ym
J, daz si im *C.* *Haupt mit C:* dâ mac ein hôchvart von geschehen dazs
im ein stiefkint toufet.
61 = 52 *C. MF.* 23, 29. haln *C.* truoc 'Getreide trug,' *wie Haupt
erklärt.* 62 korns genüg *C.* 63 al diu *Haupt:* ellú die *C.* 65 dem
C. gar dem *Haupt.* 66 gedienet *Haupt:* gediente *C.* aber dan ze miste *C.*
67 = 53 *C. MF.* 24, 1. reine *J: fehlt C.* 68 michs *Haupt:* mich *C.*
es mich *J.* kan *streicht Haupt.* 71 vil *fehlt C und Haupt:* so *J.*
72 valsche *C.* 73 = 2 *J. MF.* 24, 17. 73 den *fehlt J. Haupt ergänzt
statt* den, *hinter* vriunt, vil wol. 75 besunder hin dan *J. Haupt* er nem
besunder in hin dan. 77 er *Haupt:* und er *J.*
79 = 13 *J. MF.* 25, 5. 80 *Hagen und Haupt setzen hinter* wirte *ein
Komma.* 82 sinem *Haupt:* unnöthig abweichend. 83 ym *J.* dünke *schreibt
Haupt.* kegen ym *J. Haupt* engegen im.

XVII. Hêr Bliggêr von Steinach.

1 — 18 = 1. 2 *B. MF.* 118, 1. Min *C:* Ain *B.* 2 si *A B* und *Haupt:*
ich habe, *weil das Bruchstück des Umhangs* sie: gie 77 reimt, *im acc.* sie.
im nom. sin *gewählt.* 5 ie *fehlt B C und Haupt.* wân *C:* wâne *B.* 7 *so
Haupt:* aber dú sumerzit *B C.* 9 beide *fehlt B C und Haupt.* 10 vor
C: wol vor *B.* 12 viere *B C.* 14 lang stete *B*, lanc stete *C*, *gebildet
wie* laneblîten. *Haupt* lange stæte, *wodurch der Rhythmus schlecht wird.*
17 lân *Haupt:* lassen *B C.* 18 sweme *B C.*
19 — 39 = 3 — 5 *B. MF.* 118, 19. funde *B C. Haupt* fünde *ohne Grund,
er schreibt* wurde 118, 8. 119, 2. 21 ie *C:* noch ie *B.* 23 vürhte *Haupt:*
vorhte *B*, förhte *C.* 25 triuwe *Haupt: fehlt B C.* 30 das *C:* das ie *B.*
33 funde *wird am Beginn jeder Strophe wiederholt. Belege von diesem den
Romanen entlehnten Spiele weist aus der mhd. Lyrik nach Haupt zu M F.*
181, 14. *Ich füge noch bei Meister Heinrich Teschler, der alle Strophen
eines Liedes mit* vrouwe Minne *beginnt (Hagen* 2, 128b).

XVIII. Hêr Hartman von Ouwe.

1 — 48 = 13 — 16 *B. MF.* 209, 25. *Wackernagel* 333, 1. 4 mite
Lachmann: da mitte *hss. Andere Beispiele von Auslassung des* dâ *gibt das
mhd. Wörterbuch* 2, 193a. 5 niht *C: fehlt B.* 10 darunder *Hss.* 11
touc] touget *B*, tougt *C.* toug êtz *Wackern.* 12 ders *Lachmann:* der sin
B C. 16 *so Lachmann:* beidú (beide) lip und guot *B C.* 25 — 28 *ver-
tauscht mit* 29 — 32 *B C: berichtigt von Lachmann.* mich lachet *Wackern.:*
lachet mich *B C.* 22 *so C:* dar was mir under wilent gach *B.* 26 das
ich *B C.* 41 — 44 *fehlt B.* 43 und *Wackern.: fehlt C.* 45 ime *Lach-
mann:* ich ime *B C.* 46 die ich *B C.* 47 irm *Lachmann:* ime ir *B C.*
49 — 72 = 33. 34 *C. MF.* 210, 35. *Wackern.* 334, 26. 58 en *Lach-
mann:* ein *C.* 67 sorgen *C.* 71 swanne *C.* 72 wunnekliche *C.*

73 — 96 = 58 — 60 C. MF. 218, 5. Wackern. 335, 23. 74 die C.
75 ieman C. 76 mln *fehlt* C. 77 Minne *hier und* 81. 85 *Haupt*. 83
gern C. 86 wie si C. úz miner zungen '*aus meiner Heimath*.' 94 aber
C. wilent C. 96 mügel *Haupt*.
97 — 114 = 1. 2 A. MF. 214, 34. Dir CE: Mir A. 98 sin E: sinen
AC. 106 minen ACE. *Haupt nach* C du solt im minen dienest sagen.
108 nieman *Hss*. 111 im ein E: ein AC. 113 *so Lachmann nach* C, *wo
danne fehlt*: swer er uch anders gert A, swes er danne nach eren gert E.
115 — 138 = 45. 47. 46 C. *Strophenfolge nach* MF. 215, 14. 116 erst
C. êrste *Haupt*. 119 iemer *Lachmann*: iemer mere C. 120 ze der C.
121 so C: MF. 215, 20 bekêre, *aber auch so hat der Vers noch eine einsilbige Senkung. Vielleicht* déste baz iemer dur ir willen kêre. 122 mére
Lachmann: gemere C. 124 *alle Verse sind auftaktlos: und so muss auch
dieser mit einer nur im dactylischen Verse gestatteten Betonung gelesen
werden*. 125 selige C. 128 *so Haupt*: mis willen gar C. 129 sô du
irs *Lachmann*: unnöthig. 130 ie *Lachmann*: iemer C. MFr. 215, 29 *steht
auch von Lachmann* mê. 132 blîben *statt* belîben *habe ich, um den Vers
auftaktlos zu machen, gesetzt*. 134 und *fehlt* C und *Haupt*. alle C und
Haupt, vgl. 218, 19. 135 *so Lachmann*: und leit C. 136 das ist C.
138 und ir êre *Haupt: aber in ir lip ist ir nicht possessiv*.
139 — 162 = 52 — 54 C. MF. 216, 29. 145 truwe C. trûwe *Haupt, aber
triuwe war die dem Dichter gemässe Form*. 150 dú C. 155 beschach
C. 156 sprach *Haupt*: gesprach C. 162 bescheben C.

XIX. Der Marcgrâve von Höhenburc.

1 — 24 = 3 — 5 A. B *hat* 1 — 8 *unter Friedrich von Husen*. Hagen 1, 33b.
2 *so* BC: wunschen solde A. 3 selbem A. 4 iemer B: *fehlt* AC.
6 nie] nie niht A. 7 er ' *der Wunsch*.' 8 erwæret BC: *fehlt* A. 9 de
ist. 10 daz ich AC. frömden C: vmiden A. 11 welt A: wolt A.
das niht C: niht de A. weine AC. 14 man C: in A. 15 wie C: solde
A. 18 als si mir e . . . . wuns an ir treit A. 24 di A. mir si A.
25 — 63 = 32 — 34 Niune A (Marcgr. v. H. C). Hagen 1, 34a. 28 uns
A. im *mit* C *zu lesen ist nicht unbedingt nöthig: das gemeinsame Wohlergehen aller dreier hängt von seinem Erwachen ab; vgl*. 59. 29 mê C:
e A. 31 est C: ez ist A. 38 Din C: Min A. der C: *fehlt* A. 39. 44
wahter AC. 49 sender C: menegen A. 53 do enphlag in A, do beval
ich in C. 60. 61 *ebenso beginnt ein anonymes Wächterlied*, Hagen 3, 427;
vgl. meine Meisterlieder der Kolmarer Hs. S. 584.

XX. Hêr Hiltbolt von Swanegou.

1 — 14 = 3. 4 D. Hagen 1, 280a. Bodmer 1, 143a. schappel brun und
under wilent BC. 7 mir C: mir nu B. 12 minnen als ie (e B) BC.
13 ich umbe C: ich ie umbe B. 14 erkenne-erkande BC.
15 — 50 = 7 — 10 C. Hagen 1, 280b. Bodmer 1, 143b. In B nur 15 — 17
erhalten, das übrige fehlt. ain B: *fehlt* C. 17 mir *fehlt* C. 20 wê
fehlt C: *vgl*. Pfeiffer (German. 5, 28) *zu Walther* 13, 11. dem ein scheiden
C. 21 Als C. 26 vil *fehlt* C. 27 maniger C. 29 maniger den tol
C. 33 úch C. *Diese Strophe nimmt Hagen als Rede eines andern (der
Frau), dazu stimmt aber der Schluss nicht. Vielmehr wendet sich der Dichter
damit an einen Freund und Gönner*. 35 gedenken *nach* herre C. 36

súlt *C.* 37 iu *Hagen*: *fehlt C.* 38 niwan leit *C.* 40 gelank *C.* 41 danne *C.* 42 mich so gar *C.* 43 klagel *C.* 49 dienen sule *C.* 50 vie *C.*
51—80 = 11—13 *C. Hagen* 1, 281ᵃ. *Bodmer* 1, 143ᵇ. der lieben aber *C*: *kein Vers hat Auftakt.* 76 das ich *C. Jch habe, weil hier si auf der Hebung im Hiatus steht, si angenommen.*
81—96 = 22. 23 *C. Hagen* 1, 281ᵇ. *Bodmer* 1, 144ᵇ. vor leide nach *C.*
82 versagen *Hagen:* versagit *C.* die fröide min *C*: *beide Verse sind, jambisch gelesen, richtig. Es bestätigt meine anderwärts ausgesprochene Ansicht, dass der dactylische Vierfüssler mit dem romanischen Hendekasyllabus identisch ist.* 84 ich nu hån *C*: *ich habe den Vers auftaktlos machen wollen.*
87 habent *C.* 89 gegen *C.* 90 fröit *C.* dem *C.* 91 so enpfie aber si min rede so gar zunguote *C.* 95 wie ich gegen *C.* 96 das si *C.*
97—120 = 27—29 *C. Hagen* 1, 282ᵃ. *Bodmer* 1, 145ᵃ. 101 Die ich *C.* 102 dú ist *C.* 108 enwirde doch *C.* 109 die ich *C.* 110 froun *C.* 117 wolte si *C.*

XXI. Hêr Walther von der Vogelweide.

1 = 43 *A. Lachmann* 8, 4. *Wackernagel und Rieyer* 8, 7. 4 hete *Hss. und Ausg.:* aber *Walther* reimt nur hâte 3, 2 *und im conj.* hæte 79. 31. 5 daz künne *die Ausg. mit B C.* 7 wie *B C*: wes *A und Wackern.* welte *A B C und Ausg. Walther braucht weder* welt *noch* werlt *im Reime; schon daraus würde die Aussprache* werlt *für ihn wahrscheinlich. Vgl.* 116. 38 *und Germania* 6, 207. 8 deheinen *Lachm. mit B C.* kunde *B C*: konde *A,* kond *Ausg.* 9. 10 erwurbe: verdurbe *Hss. und Ausg. Nach Anleitung von* gewünne (: dünne) 17, 24. fünde (: künde) 22, 13 *wird auch hier Umlaut anzunehmen sein.* 10 deheinez *Hss.* 16 so *Lachmann*: des enmac niht sin *A und Wackern.,* des mag niht gesin *B C.* 17 weltlich *Hss. und Ausg.*
25 = 44 *A. Lachmann* 8, 28. *Wackern.* 9, 10. 27 welte *Hss. und Ausg.* 28 unde *fehlt Hss. (Germania* 5, 195); auch *Wackern.* unde. 30 erden *A und Wackern.* 32 der dekeinez *A,* dehaines *B C.* 37 si enduhten *A.* si dûhten *Lachm.* si endiuhten *auch Wackern.* 38 en *Lachm.: fehlt Hss. und Wackern.* 41 owê *A und Wackern.* 43 die muggen habent kunic under inne. die blen einen wisel dem sie volgen: kein krêatiure lebet âne meisterschaft *Der Meisner, Hagen* 3, 104ᵃ. 46 cirkel *C*: cirken *A und Wackern.* 48 en *Lachm.*: ein *A,* den *B C.*
49 = 45 *A. Lachmann* 9, 16. *Wackern.* 10, 11. *Im Sommer* 1201 *nach der Bannung Philipps gedichtet; vgl. Abel in Haupts Zeitschrift* 9, 381. 49—52 *fehlt A.* 50 wip *B C.* 54 und *B C; fehlt A und Lachmann.* 57 so *B C*: der begonde sich *A,* daz sich begonden *Wackern.* 58 das zweite die *fehlt Hss. und Ausg., aber in B C mit Recht, weil auch das erste* fehlt. 59 vor *B C*: von *A.* 62 leien *B C*: lere *A.* 63 sie *fehlt A.* 66 nivt *A,* niht *B C (German.* 5, 195). 70 *vgl. Opel,* min guoter klôsenære. *Halle* 1860.
73 = 112 *B. Lachm.* 20, 4. *Wackern.* 20, 24. ungeschihte *Pfeiffer*: ungesühte *B und Ausg.* 74 las *B*: lâze *die Ausg.* 76 gedringen mag *B.* 82 fuor wol kunt *B, vielleicht* mirst wol sin hôhiu fuore kunt. 83 gulte *B und Ausg.* 84 stüent doch *B;* stüend doch *Wackern.,* stüende ouch *Lachmann.*
75 = 111 *B. Lachm.* 19, 29. *Wackern.* 21, 11. 76 dêr *Lachmann:* das er *B.* 77 minen *Wackern.:* miner *B und Lachm.* krenchen *B.* in die erde *B.* 89 mine *B.* 90 ab *Wackern.: fehlt B.* 91 nû *fehlt B.*

94 *so Wackern.*: mir ist *B.* worden *fehlt B.* 95 alrérste *Pfeiffer und Wackern.*: èrste *B und Lachm.* 96 stigen *Lachmann*: sigen *B.* 97 = 291 C. *Lachm.* 18, 29. *Wackern.* 22, 1. danne *BC und Lachmann.* 98 mugent *BC und die Ausgaben,* und so immer. 101 nieman *BC und Ausg.* 102 irnwederz *Wackernagel:* ietweders *B,* ir dewederz *C.* tugende *B*, da *C.* 103 lachent *C.* 109 = 292 *C. Lachm.* 19, 5. *Wackern.* 22, 13. 113 der *B*: die *C.* drige *C.* 116 hohgeborne *BC.* 121 = 95 *A. Lachm.* 17, 11. *Wackern.* 21, 4. *Mit diesem Spruche, der um Neujahr 1213 gedichtet sein muss (Rieger S.* 18) mahnt *W.* den *Kaiser Otto, freigebig zu sein.* 125 für snlden *Pfeiffer,* nů snlden *Wackern., um dem Verse den fehlenden Auftakt zu geben.* 129 so *Wackernagel:* sin möhte ez niemer *Lachm.* und *Hss.* 131 muose *Hss. und Ausg.* 132 ander *Wackern.*: an der *Hss.* und *Lachmann.* 135 = 96 *A. Lachm.* 17, 25. *Wackern.* 21, 18. 139 al vûl] wol vul *A,* vûl *C und Lachmann,* vil vûl *Pfeiffer und Wackern.* 140 èrest *Wackern.*: èrst *AC und Lachm. Vgl. Troj.* 22374. *Der Sinn von* wan èrest *ist 'wenn sie noch gar nicht reif, wenn sie noch (nur erst) frisch ist.'* 144 danne *Hss. und Ausg.,* vgl. 49, 2. 145 wirdet *Lachm.*: wirt *A*, vň von *C.* 148 frowe *AC.* liberâ *Wackern.*: set libera *AC und Lachmann.* 149 = 98 *A. Lachm.* 18, 15. *Wackern.* 26, 1. *Nach dem Reichstage zu Frankfurt im März 1212.* 155 ieman *Hss. und Ausgaben.* 158 so *Lachmann:* erenneren *A.* got mücze ouch im die sinen meren nach *C, Pfeiffer und Wackernagel. German.* 6, 197. 159 — 162 *in A entstellt, daher nach C.* 163 — 202 = 112 — 116 C. *Lachm.* 61, 31. *Wackern.* 26, 15. *Nach Rieger (S.* 15) *am kärntischen Hofe entstanden.* 166 die *Lachmann* (Anm.): dich *C.* 169 sô *Wackern.*: also *C und Lachm.* 178 nieman *Hs. und Ausg.* 182 dâ *Lachm. Anm.*: doch *C*, des *Wackern.* 183 ze der *C.* 186 *in der Mühle harfen, d. h. etwas vergebliches thun: Belege dieser sprichwörtlichen Ausdrucksweise gibt W. Grimm, Freidank S.* XCVI. *und das mhd. Wb. unter* harpfe. 187 frevenlichen *C.* 192 alsô *Lachmann*: so *C.* 195 — 202 = 101 *B.* ungefuoge *BC.* Der *Wackern.* mit *C.* 198 dâ die frôn *Lachmann*: da von *B.* iht *Wackern.* 199 ir *C*: in *B.* 201 den *C*: bl den *Lachmann* mit *B.* bien *Wackern.* 202 ist si *BC.* komen *B.* 203 = 63 *A. Lachm.* 32, 8. *Wackern.* 28, 17. *In derselben Zeit und unter denselben Verhältnissen wie das vorige Lied.* 209 so *C*: gewunne vch *A.* 212 allerèrst *Lachmann*: alrerst *C,* alrest *A.* 212 vind *C*: vň *A.* 213 = 328 *C. Lachm.* 31, 4. *Wackern.* 32, 9. *Diese und die folgende Strophe beziehen sich auf die Aufstellung von Almosenstöcken in den Kirchen im Jahre 1212, vorgeblich um für die Kreuzzüge zu sammeln* (229). *Die zwên Almân sind Otto und Friedrich.* 214 swenne *A*: swanne *C.* 215 redde *A*, seit *C und Lachm.* redet *Wackern.* 216 almar *A*, allaman *C.* 217 sulen *AC und Ausg. Der Reim* sül (: mül] 186 *beweist für ü.* 218 so *Wackern.*: muelin in ir k. *C,* vulle ich die k. *A. Lachmann* füllen wir die kasten. 220 welschen *Lachm.*: velschon *C.* wehsel *A.* 223 die *Ausg.* bezeichnen die Lücke nach Tiutschen. *Vielleicht ist mit Hilfe von A zu ergänzen* ir vrezzet unde swelhet, unde lât die Tiutschen vasten. 223 = 329 *A. Lachm.* 31, 14. *Wackern.* 33, 1. 224 ir] er *C.* pfende (durch Punkte getilgt) swendet *C.* 227 danne *C und Ausg.* 229 wening *C.* 232 tœriunen *C.* 233 = 23 *B. Lachm.* 31, 23. *Wackern.* 33, 21. 233. 234 herre *ABC.* 235 haime *B.* 240 hain *BC.* heim *A und Ausg.* hein *braucht Walther im Reime* 30, 26. 242 ir] nu *A und Lachmann,* herre *BC,* hér *Wackern.* büezel *A*: büezent *BC und Ausg.*

243 = 74 *A. Lachm.* 26, 3. *Wackern.* 41, 23. 246 die wâren minne *Lachm. mit C.* 247 vater *B*: *fehlt A C.* gên-gên *Wackern. mit B.* 248 sô mir *C*: *fehlt A.* 249 *so Pfeiffer*: frôn krist vater und sun *Lachm. mit A C*, got vater unde sun *B. Vielleicht* frô, vater unde sun, '*Herr*' *vgl.* sprechet alle vrô, herre, vrô *mhd. Wb.* 3, 419b. got *und* Krist *scheinen Glossen.* minen sin *A.*
253 = 29 *B. Lachm.* 26, 13 *Wackern.* 42, 9. 254 ê *Lachmann*: *fehlt B.* 255 dar vfte *B.* 256 mort *u. s. w. Lachmann und Wackern.* 257 einer *B*, einr *Ausg.* der ist *B.* 258 sprechent sŷ *B.*
263 = 308 *C. Lachm.* 26, 23. *Wackern.* 47, 11. 264 nam *A*: genam *C.* 265 lonenne *C*, lône *A und Lachm.* lônne *Wackern.* 267 eʒ ensi *A*, es si *C.* sprúchen *C.* 268 wîlent *C und Ausg.* 272 sît irʒ *A*: ir sît *C.*
273 = 309 *C. Lachm.* 26, 33. *Wackern.* 48, 10. 275 als lanc *Lachm.*: so lange *C.* hete *C und Ausg.* 279 niht wahsel *C. Lachmann ergänzt wol nach* jâren. 280 brâht *Wackern.*: brahte *C.* brâhte deʒ meʒ *Lachm.* 282 gnôʒ *Lachmann*: groʒ *C.*
283 = 310 *C. Lachm.* 27, 7. *Wackern.* 49, 1. 288 danne *C und Ausg.* 289 ichʒ behalte *Lachmann.* 292 nu prüeven dar *Lachm.*: *fehlt C.* nu prüeven hin, nu prüeven her *Wackern.*
293 = 76 *A. Lachm.* 28, 1. *Wackern.* 47, 1. 294 *so C*: leit alsus arm *A.* sol ich sus bî richer kunst verarmen und verderben *der Meisner, Hagen* 3, 104; *vgl. zu* 43. 296 danne *Hss. und Ausg.* 297 wîlent *Hss. und Ausg.* 299 wangel *A.* 300 sus *B und Wackern.*: *fehlt A C und Lachm.* 302 bedenke *A*: *Lachm. und Wackern.* bedenkent.
303 = 314 *C. Lachm.* 28, 31. *Wackern.* 47, 21. 305 dester *C und Ausg.* 308 minen *Wackern.* und *C*, verre *tilgt Wackern.* 309 mich' wîlent *C*: ê *Lachmann in der Anm.* alsô sie lâten *Wackern.* 311 volle *C.* vol *Ausg.*
313 = 36 *B. Lachm.* 30, 9. *Wackern.* 45, 7. *Lachm. mit C* ohne daʒ. 315 ald-alder *B und Wackern.* gewisser *Wackern.*: gewissenen *B. Lachm. mit C* mit gebærde, mit gewisser rede, mit rœte (*Anm.* mit der tæte). 319 lûter *B*: süeʒe *C und Lachmann.* liebiu *B*: lûter *C und Wackern.* 320 alder lach aber *B.*
323 = 122 *C. Lachm.* 104, 7. *Wackern.* 54, 11. 328 hœrent *C und Ausg.* 332 daʒ *fehlt C und Lachm.* 338 ieman *C und Ausg.*
339 = 123 *C. Lachm.* 104, 23. *Wackern.* 55, 1. 341 dar *Lachmann*: dar vmbe *C.* 343. 344 *so Lachmann*: niht entstan und mich *C.* 345 schilte si *C.*
348 = 30 *C. Lachm.* 82, 11. *Wackern.* 55, 11. Dietrich *C und Ausg.* 351 Ilh *Lachmann*, ich lîhe dir einʒ, wilt du daʒ *Wackern.* 352 hêrre, gerîte (hêrre, ich rîte *Anm.*) *C und Lachm.* hêrr, ich gerîte *Wackern.* 353 *Interpunktion nach Wackern.* 354 rîtest *Wackern.*: rîtest *Lachm.* 358 *vor er bezeichnet Wackern. eine Lücke.* 359 gebent *C und Ausg.* 360 *so Lachm.*: nu k. d. b. rit selbe hâr hein sit du *C.*
361 = 22 *a. Lachm.* 82, 21. *Wackern.* 56, 16. Vor 1207 *gedichtet, in Oesterreich oder Kärnten. Wackernagel bessert* jugent *in* mugent. 368 nie wolti *a.* 370 sün *a und Ausg.* 371 niht) andirs niht *a. Lachmann* hetst anders niht. hetest *Wackern.*, *sonst wie ich.* 372. 3 du hettest an ir lob alse gi stritin. daʒ ellu *u. s. w. a. Lachmann* du hetest alsô gestriten an ir lop (lobe *Wackern.*) und iemer *ausgeworfen.* Die *Strophe Reinmars lautet (MF.* 165, 28)

Sô wol dir, wîp, wie reine ein nam!
wie sanfte er doch zerkennen und ze nennen ist!
Eʒ wart nie niht sô lobesam,

swâ duz an rehte güete kêrest, sô du bist.
Dîn lop mit rede nieman wol volenden kan.
swes du mit triuwen phligest wol, der ist ein sælic man
und mac vil gerne leben.
du gist al der werlte hôhen muot:
maht och mir ein wênic fröide geben?

374 = 31 *C. Lachm.* 83, 1. *Wackern.* 57. 7.   375 michel *a und Wackern.*
378 wil *a und Wackern.*   379 edel *a und Wackern.*   380 frode *a*, froiden
C.   383 der — ist *a und Wackern.*
387—426 = 47—51 *C. Lachm.* 87, 1. *Wackern.* 64, 3.   Nieman *C und
Ausg.*   389 zeron *C.*   393. 94 kindes zuht *und* nieman kan *vertauscht.
Wackernagel stellt in* 387. 8 *um und folgt hier C.*   395 Hüetent *C und
Ausg.*, immer. úwerre *C,* iuwer *Ausg.*   396 dien *C und Ausg.*   398. 9
dekein *C.*   403 etc. úwere *C,* iuwer *Ausg.*   405 etc. lànt *C und Ausg.*
408 *Wackern. interpungiert nach* spehen.   410 *fehlt C.*   412. 417 sint
C und Ausg.   417 oder *Lachmann:* alder *C und Wackern.   Nach* 426
noch eine Strophe, die ich mit Wackernagel getilgt habe (88, 1—8).
427—506 = 270—273 *C. Lachm.* 76, 22. *Wackern.* 78, 6.   431 fröude-
bære *bessert Wackern. Wie* hère bernde 442 *ist wohl auch* frônebære *ge-
stattet.*   432 vür] über *AC,* übr *Ausg.* al *Bodmer:* vf *AC.*   435 lœser
AC und Lachmann. erlœser *Wackern.*   436 ze den *C.*   452 heilent *AC
und Ausg.*   470 trôst *Wackern.:* trò *A,* drò *C und Lachm.*   475 so
Wackern.: sündic *Lachm. und AC.*   480 dà *A:* daz *C und Lachmann.*
486 den heiligestes *C,* den heiligeist *A.*   503 mit swelcher *Wackernagel.*
505 das si *CA.*
507—551 = 139—143 *A. Lachm.* 94, 11. *Wackern.* 92, 23.   516—519
mit *Wackern. nach A: Lachmann folgt C.*   518 *so Wackern.:* do kom ich
von *A.*   521 mir da *C,* mir küelen *Wackern.*   522 ich *C: fehlt A.*
529 *so Wackern.:* und doch der lîb solte hie leben *C,* und wie der lîp solte
gebâren *Lachm. und A.*   531 niender wê *C und Lachmann.*   536 begonde
AC und Ausg.   539 mir *C: fehlt A.*   543 begond *AC und Ausg.*   550
seite si *AC,* seit si *Lachmann.*
552—561 = 40. 41 *B. Lachm.* 39, 1. *Wackern.* 90, 14. geschadet *BC
und Ausg. Vgl. German.* 6, 203.   553 diu *Pfeiffer: fehlt BC und Lach-
mann. Man könnte auch umstellen* walt unde heide.   557 winters *BC
und Lachmann.* winters gezlt *Wackern.*   560 doch *B:* ouch *C und Ausg.*
561 nu *C: fehlt B.*
562—597 = 128—131 *C. Lachm.* 39, 11. *Wackern.* 109, 8.   *Die erste
Zeile jedes Stollens ist dactylisch.*   575 hère frouwe *nach der Erklärung
von Pfeiffer, Germania* 5, 41.   577 *so B:* er kuste mich *C.*   580 hat *C,*
het *B und Lachmann,* hele *Wackern.*
598—627 = 121—125 *A. Lachm.* 49, 25. *Wackern.* 100, 19.   601 bete
Hss und Ausg.   602 *Lachmann mit CE* waz sol ich dir sagen mê.   603
dann ich für owè *C und Lachmann.*   605 so nidere *C:* nider *A.*   608
sin *A.*   609 dje nâch *Lachmann:* die da nâch *Hss.* schœne *CE:* sene *A.*
611 zuo der *A.*   612 liep *A.*   613 schœne *CE:* schoner *A.*   614 desn
C: des *AE.* machet niemer *CE:* gemachet *A.*   617 ichz iemer wil *Lach-
mann:* ich iemer wile *A,* ich immer wil *E.*   623 des *C:* dîn *Wackern.
und A.*   626 aber *Hss.*   627 mir *C:* min *A.*   danne *fehlt A.*
628—660 = 1—3 *A. Lachm.* 45, 37. *Wackern.* 110, 22.   629 lachent
A.   633 gellchen *Lachm. mit BCE.*   640 gekleidet *EF:* gecleit *A.*
643 so *BC:* ein wenic vmbe sehende *A.*   646 dà sô *CE:* denne da so *A.*
653 werden *A. Lachmann mit BEF* schœne.   654 daz ir *Lachmann mit
EF.*   655 so *CE: Wackernagel mit A* daz bezzer teil daz hân ich mir

genomen. 657 das ich *C*, dc ich da *A*. 658 *so F:* obe ich ze rehte danne kur *A*. danne *Hss. und Ausg.* 660 min *CF:* mine *A*.
661—700 = 56—59 *B. Lachm.* 43, 9. *Wackern.* 113, 7. hœre *DEFas:* hôrte *BC* und *Wackern. Lachmann liest die erste Zeile jeder Strophe mit fünf Hebungen; vgl. Germania* 6, 203. 663 enhete *E:* hat *B*. 665 *so EFa:* ich wil *B.* iemer *nach* ich *Hss: von Wackern. berichtigt.* 666 vrowe *DEF:* sælig vrowe guot *B*. 669 *so a:* nu bin ich tump mih wille ist guot *B*. 671 enkan *Wackern.:* niene kan *B und Lachm.* 672 *Lachm.* zer welte. 675 ich bin *DEFa:* nu bin ich *BC.* noch *a und Lachmann.* 676 nu *Wackern.: fehlt Hss.* 677 uns den *E:* den *BC. Lachm. mit aF* disen. 678 nu tuot von erst *Lachm.* 679 und saget mir *Fa:* lert ir mich *B*. 683 *so Lachmann: die Hss. alle entstellt.* Kunnent ir *B.* sin gemeit = gemeitheit. 684 diu lilie *aEF:* lilien *B*. 685 linden *aEs:* lilie *B*. 686 vogelline *B*. 688 *so a:* michels bas stat ûch frowen schoner gruos *B*. 689 ir *EF:* ûwer *B*. 690 der *aFs: fehlt B*. 691 *so EFs:* ir man fragent *BC.* 692 *so Lachmann:* nieman wan *a.* der übel und guot erkennen kan *B*. 696 *so Lachmann: die Hss.* weichen alle ab. *BC* das er gedenket ze masse weder nider noch ze ho. 698 *so EFas:* so tuot er des das herze gert *BC.* 699 im *Fas:* dem *BC*. 700 guot *Ea:* guoter *BC*.
701—716 = 442. 443 *C. Lachm.* 65, 33. *Wackern.* 127, 16. 705 rehte *Wackern.: fehlt kss.* owê des *F: fehlt C*. 706 cleines *F: fehlt C*. 708 ieman *Hss. und Ausg.* 709 haln *C*. 712 von *B:* bi den *C*. 714 Nu *F: fehlt C*. 715 ich tet *B,* ichs also maz *C*. 716 daz tr. mich *F: fehlt C*.
717—750 = 116—120 *A. Lachm.* 73, 23. *Wackern.* 140, 22. 719 müeze *Lachm.:* muoz *ACE*. 723 herzekliche *C:* herzeliebe *A*. 725 nach *Wackern. mit A; Lachm. mit C* 'esel' und 'der gouch.' 726 gehœren *E:* hœren *AC*. 727 *so E:* im—dem *AC*. 729 Wan *AC und Ausg.* 736 den vor sol *Lachm.: fehlt Hss.* 737 ieman *Hss. und Ausg.* 740 senftet] entstet *A,* entstet *Lachm. und C.* mins *Hss.* 742 ist *C: fehlt A*. 743 *so Wackern. (auf Grund von E in behalde):* ich enbiute iu (dir *A) AC und Lachm.* 747—750 *sind als Geleit im romanischen Sinne zu betrachten.*
751—766 = 140. 142 *C. Lachm.* 42, 15. *Wackern.* 144, 21. 757 ir *Wackern.:* vor *Hss. und Lachm.* 758 wirt si. 762 mitten *BE:* inmitten *C*. 763 enmein *BE:* mein *C*. 765 alleine] aller *BCE*.
767—806 = 57—61 *A. Lachm.* 56, 14. *Wackern.* 158, 21. 773 in vil *Lachmann:* vil *A,* ü *CE*. 787. 788 wolte vor wol *AC*. 789 nu *E: fehlt AC*. vil rehte *A*. 792 und *C: fehlt A.* an der *Wackern. mit A:* an *Lachm. mit CE*. 793 sô mugen *C und Lachm. (German.* 6, 205). da für sô *A*. 794 die *C:* dc *A*. 797 sem mir got *C: fehlt A*. 801 derst *C:* derst gar *A*.
807 = 164 *C. Reihenfolge nach Lachm.* 47, 36. *Wackern.* 178, 19. 810 swâ *C und Wackern.:* sô *Lachm. und E*. 818 werre *e:* were *C*. 820 = 85 *A. so BCE:* wunnecliche *A*. 824. 825 danne *Hss. und Ausg.* 827 singe *BC:* si *A*. 833 = 87 *A*. 835 alse *BC:* als *A*. 838 daz si sich ouch *Lachmann mit BCe*. 840 manne *A*. 842 sit *Lachmann mit BCe*. 845 gelîchents *Lachm.:* gelîchens *Wackern. mit A.* gekrenket *Be:* getrenket *A*.
846 = 88 *A. Lachm.* 48, 38. *Wackern.* 180, 11. iemer *Hss. und Ausg.* Wip daz muoz *Wackern.* 847 ich ez. 855 alliu *Wackernagel, was deutlicher. aber grammatisch nicht notwendig ist.* 858 dc ist *Ae,* ist *C*. dest *Ausgaben.*
859—894 = 435—438 *C. Lachm.* 122, 24. *Wackern. (unter den unechten Liedern)* 194, 5. *Vgl. German.* 6. 207. 862 swiez *Lachmann:* swiech *Wackern. nach den Hss.* iz dunkel *Lachm.:* ich dunke *Hss.* 863 die *Wackern.*

fehlt Hss. 865 vogellin *Hss.* 866 diu *Lachm.* der *Hss.* 870 lassen *C E.*
kan *Wackern.:* wan *C* und *Lachm.* 871 so *Wackern.:* das er *C E.* bære
Lachm. grôzeu nlt *Lachm.:* grosse not *C E.* 874 vürhte *Lachm.:* vorhte
vörhte *Hss.* 875 gebære *Lachm.* und *C E.* 878 hân guot *fehlt C E.*
Lachmann ergänzt zer sælde, *Wackern.* zer werlt. 882 vinstern *C E* und
Lachm. 884 mit geringen *Lachm.:* mit sorgen *C E.* 888 die list *Hss.*
und *Ausg.* das ich dich in k. f. alsam dine c. k. gemeine *C E*, von *Lachmann gebessert.* 890 geschehen den *C E.* 891 so *Lachmann:* dinge ein
kint *C E.* 892 der welte *C E* und *Ausg.* 893 mach è *Lachm.:* mache
C E und *Wackern.* so *Wackern.:* è min sele *C E*, mit *E*. C versinke in.
894 so *Wackern.:* versenke sich in daz *Lachm.* mit *E*. *C* versinke in.
895—945 = 439—441 *C*. *Lachm.* 124, 1. *Wackern.* 74, 11. *Vgl. German.*
6, 212—214. alle mine *C E.* 896 so *E:* min leben mir *C.* 899 erwaht
Lachm. 901 so *Lachm.:* danne (dannen *C*) ich — geborn *C E.* 902 als
ob ez *C E* und *Lachm.* *Lachm.* tilgt worden. 904 so *Lachm.:* bereitet *C.*
906 min ungelucke wurde *C.* min unglücke wurde *Ausg.* 907 kande
Lachm. 910 gar *Lachm.:* fehlt *C.* 913 unvil *Wackern.:* nu vil *C* und
Lachm., der gânt : stânt vermuthet. 914 wê *Lachm.* nû wan *Wackern.*
916 tanzen unde singen *Wackern.* *Lachm.* ergänzt daz vor zergât. 917
schar *Lachm.:* jar *C.* 921 trûre *Lachm.* 922 innecklichen sere wir *C.*
Lachmann behált sêre *bei und vermuthet* ich lebte ie wol. 924 so *Wackern.:*
die wilden vogel (die *ergänzt Lachm.*) *C.* 925 vil gar *Wackern.:* fehlt *C.*
Lachm. ergänzt dâ bî nach ist. 930 bittern gallen *C.* 933 verleitet
habe *C.* habe verleit *Lachm.* 938 nu fehlt *C* und *Ausg.* Doch bleiben
noch auftaktlos 899. 910. 939 nôtic *C* und *Ausg.* 941 so *Lachm.:* selbe
crône *Wackern.* mit *C.* 942 soldener *C* und *Lachm.* 944 wol und ouwê
Ausg. Vgl. German. 6, 213. 945 *fehlt C* und *Lachm.*
946—981 = 105—108 *C*. *Lachm.* 100, 24. *Wackern.* 186, 15. Welt
Hss. und *Ausg.* du solt *Lachm.* gegen die *Hss.* ebenso gebe dir 980. 948
grôziu *Wackern.* grôzer *A.* græste *C* und *Lachm.* 951 è *A:* es *C.* 957
waz ich *Lachm.* und *C. German.* 6, 206. gedenke waz ich dir erbôt *Wackern.*
960 du daz ie *Lachm.:* dus *C.* 968 doch wohl dir gesach. 969 wunderlich *C* und *Lachm.* wünnen rich *Wackern.* des muoz ich jehen *Lachm. Anm.:*
fehlt C. 976 underwîlent *C* und *Ausg.* 978 das ich *C.* 979 nieman
C und *Ausg.* 981 herberge *C* und *Ausg. Germania* 6, 207.

XXII. Hêr Wolfram von Eschenbach.

1—40 = 4—8 *G*. *Lachmann* 4, 8. Ich verzeichne nur die Abweichungen
von *Lachmanns Texte*. Die Zusammenfassung der beiden ersten Stollenzeilen
ergibt sich aus 25. 8 sln vil manegiu *G* und *Lachmann*. mich daz, *L:*
michz, *Lachmann*. 9 Wahtær *G* und *Lachmann*. 11 mær *G* und *Lachmann*. 14 biut ich *Lachmann*; vgl. biute ûnz 164. 16 sô bellbet *G*
und *Lachmann*. der geselle *G:* der selle *Lachmann*. 25 wahtær *G* und
Lachmann. 27 *Kolon nach* ie *Lachmann*. 30 *Komma nach* lieht *Lachmann*. 34 wahtær *Lachm.* 35 si *Lachm.* mit *G*. 39 und *Lachmann*.
41—58 = 1—3 *BC*. *Lachmann* 5, 16. 46 si *Lachm.*, und so immer
statt siu, sie. 53 so *BC:* *Lachmann* Seht waz ein storch den sæten schade.
59—98 = 6—8 *BC*. *Lachmann* 6, 10. 60 und die entsprechenden
Zeilen in je zwei zerlegt bei *Lachmann*. 73 wahtær *Lachmann*. 79
melden *B*, meldes *C* und *Lachmann*. 85 eht *B:* et *Lachmann*. 86 ez]
dô *BC* und *Lachmann*.
89—128 = 9—13 *C*. *Lachmann* 7, 10.

XXIII. Hêr Heinrich von Frowenberc.

1—30 = 1—3 C. *Hagen* 1, 95ᵃ. *Bodmer* 1, 37ᵃ.   6 *keine Lücke bezeichnet* C.   10 nu *fehlt* C.   20 úwer C.

XXIV. Der tugenthafte Schrîber.

1—35 = 11—15 C. *Hagen* 2, 149ᵃ. *Bodmer* 2, 101ᵇ. Minne *am Anfang jeder Strophe: vgl. zu* XVII, 33. Minne *muss auf der zweiten Silbe betont werden: wäre die Wortstellung nicht etwas bedenklich, könnte man schreiben* Minn è was sô tiure *und* Minn è was ir friunden. *Vgl. zu* XXI, 893. 5 Si ist C.   7 aber C.   10 houbt aller ir ere C. houbt al ir ére *wäre auch zulässig.*   14 benement ir alle ir ere C. *in ir ére ist ir Dativ; vgl. zu* XVIII, 138.   17 Die si da C.   19 dien C.   20 sich fehlt C. 21 *aus* sî einen und sî überwunden 28 *ist die Schreibung* sî (*oder* sie) *zu folgern.*   22 si ir C.   24 è fehlt C.   26 è fehlt C.   28 nu ist C. 35 zware C.

XXV. Hêr Nithart.

1—21 = 210—212 C. *Haupt* 3, 1—21. *Ich verzeichne nur die Abweichungen von Haupts Texte.*   8 *mit schwebender Betonung des ersten Wortes zu lesen.*   13 minne so bin ich C. *Wackernagel schrieb früher* minn sô bin ich, *gewiss nicht unrichtig, da Neithart auch* heid 26, 27 würd 44, 28 *vor Consonanten kürzt.*   19 solte C *und Haupt: entscheidende Reime gibt es nicht. Aber für das ähnliche* schelden *entscheidet der Reim vermeldet :* scheldet 23, 27; *daher auch* 22, 12 vergolden : solden, 23, 29 schelden : enkelden *zu schreiben ist.*   wolde stand 3.
22—49 = *Haupt* 3, 21—4, 30.   25 winter *Haupt.*   30 on c: âne *Haupt.* âne *erscheint gekürzt vor* n *in der letzten Senkung* 11; *vgl.* 229. *Auch die folgenden Strophen beginnen ohne Auftakt.*   39 *vielleicht ist durchgängig im Plural. und Infin. so wie im Conj.* megen *zu schreiben, nach dem Reime* megen : legen 5, 26.   40 zuo Cc: ze *Haupt.*   49 spricht c *und Haupt, vgl. zu* XV, 196. schœnste c *und Haupt.*
50—64 = *Haupt* 4, 31—5, 7.   54 winter *Haupt.*
65—82 = *Haupt* 6, 1—18.
83—112 = *Haupt* 8, 12—9, 12.   83 alle : gewalte *Haupt.*   88 *und die entsprechenden Zeilen sind bei Haupt in je drei zerlegt. Beweisend ist die Elision* (88) *und der Wechsel des Reimgeschlechtes* (106). *Vgl. Germania* 4, 248. wunneclîchen *Haupt.*   103 alten *Haupt.*   105 dan *Haupt.*
113—160 = *Haupt* 9, 13—10, 21.
161—209 = *Haupt* 15, 21—16, 37.   189 behalten : alten *H.*   201 tougenlîcher *Hs: Haupt und* c tugentlîcher.
210—249 = *Haupt* 24, 13—25, 13.   212 wunneclîchiu *Haupt. Der Dichter reimt* wünne : trünne 40, 32. *Daher ist auch* 67, 1 wünne : günne, 85, 6 wünne : künne, 97, 9 sumerwünne : enbünne *zu schreiben;* 89, 5 *steht richtig* günne : künne.
250—305 = *Haupt* 29, 27—31, 4.   256 *Komma nach* vogele *Haupt. Vgl. zu* MF. 62, 29.   259 ir *ist mit* hôhe *zu verschleifen. Ebenso* 512. 278 mir ist *Haupt.*   286 und habe gedult *Haupt.*   289 wie gerne *Haupt.* 290 du hœrest *Haupt.*   294 sine *Haupt.*   297 walte : behalte *Haupt.* 298—305 *vom vorigen Liede getrennt bei Haupt.* indert *Haupt; vgl.* winder:

ninder 517. 300 swalwe *Haupt.* 302 inne *Haupt.* '*Ein Lengbach fliesst eine Stunde südöstlich von Attlengbach in der Gegend von St. Pölten.*' *Haupt.* 306—346 = *Haupt* 31, 5—32, 5. 309 '*Friedrich II. war im Mai und Juni 1235 in Steiermark und Oesterreich, dann kam er, um das Herzogthum Oesterreich in Besitz zu nehmen, im December 1236 nach Deutschland, wo er in Graz Weihnacht hielt, und im Januar 1237 nach Wien, wo er bis in den April blieb.*' *Haupt.* 316 deist *Haupt.* 326 danne *Haupt.* 342 Vrômuot *die Personifizierung des Frohsinns; vgl.* 680. 344 solte *Haupt.* 347—416 = *Haupt* 38, 9—39, 39. 359 solten *Haupt.* 383 umbe dez *Haupt.* 407—416 *bei Haupt vom vorigen Liede getrennt. Es ist nicht ungewöhnlich, freilich mehr bei romanischen als bei deutschen Dichtern, dass sie in der letzten Strophe auf ihre persönlichen Verhältnisse übergehen.* 415 swanne *Haupt.*
417—488 = *Haupt* 40, 1—41, 32. 417 ein guldin huon *ist Vocativ.* 423 würde *Haupt.* 425. 437 danne *Haupt.* 460 dünket *Haupt.* 472 minnen d: minne *R und Haupt.* 481 *vgl.* Wackernagel *in Haupts Zeitschrift* 6, 294 ff. 488 *die auf einem Berge gelegene Stadt* Siena *ist gemeint.*
489—508 = *Haupt* 42, 34—43, 14. 504 *vgl. mhd. Wörterbuch* 2, 702[b]. *Zu der von Haupt angenommenen Bedeutung scheint besser zu stimmen Fastnachtsp.* 1106 die grossen braten swer, die kummen von der cleyen, und auch von manigem pawern ey, das legen sie in die reyhen. *In der Bedeutung eines 'schmalen Ganges zwischen zwei Häusern' steht* rihe *bei Ortloff* 1, 109. 706. *Bei Haupt* Punkt *nach* schouwen; *keine Interpunktion nach* rihen.
509—574 = *Haupt* 49, 10—50, 36. 540 wellents ir geleise *Haupt. Ich stimme W. Müller (mhd. Wörterbuch* 3, S. V, Anm.) *bei.* 558 danne *Haupt.* 564 hilfet *Haupt.* 568 Er ist *Haupt.* 574 Erkenbreht *Haupt; alle drei Hss. haben p.* 49, 36 *steht richtig* Erkenpreht. *Es kann fraglich sein, ob nicht in diesem Liede die zweite, vierte, sechste, achte Strophenzeile vom Dichter dactylisch geschrieben war. Nach der handschriftlichen Ueberlieferung sind ohne Schwierigkeit so zu lesen* 510. 512 (gar fehlt in R). 514 (guntram liest C[b]). 516 (lân). 521 (wunders begât Rc). 523. 525. 527 (sî hat Haupt ergänzt). 532 (entweder hebent einsilbig, oder sî kann man streichen, dann liegt das Subject in den 534). 554 (*Haupt* verewent). 558 (bestât er denn dâ). 565 (noch sîn hiubelhûot). 569; *also bei weitem die Mehrzahl. Andere lassen sich durch leichte meist handschriftlich bestätigte Aenderungen dactylisch machen:* den ich schaden gân 534. daz læge eben ân 538. dâ sî giengen bî 543. daz ir lægen dri 547. vür min vrouwen gât 556; (min *hat* R). daz ér riuwic stât *oder* dér vil riuwic stât 560. er zuhte ir den bal (*vgl.* c) 567. *So bleiben nur ein paar übrig:* 536. 545. 549. 571.
575—587 = *Haupt* 73, 11—23. 580 solten *Haupt.* 588—671 = *Haupt* 82, 3—84, 7. 593 wirser danne guot: *eine Parodie des namentlich beim Stricker und bei österreichischen Dichtern häufigen* bezzer danne guot, wirs danne wê. 604 selten : ze schelten *Haupt.* 619 swer sî *Haupt.* 622 wîlent *Haupt und* C. 634 ich hœre niht *Haupt und* C. 645 *so Haupt in der Anmerkung: im Texte* büetet iuch vor ir gelæze. 651 al dâ her *von mir ergänzt.* 653 die ich C *und Haupt.* ir *von mir ergänzt.* 663 mînem *Haupt.* 664 Werltsüeze *Haupt.*
672—735 = *Haupt* 85, 6—86, 30. 676 diu *Haupt gegen die Handschriften.* 678 nieman *Haupt.* 682 dér *Haupt: unnötig.* 700 einen Herrn Trœstelin *nennt Ulrich von Liechtenstein* (Frauend. 472, 4) *beim Jahre* 1240. 701 der hoveherre *ist Herzog Friedrich, der auch nach dem Zeugniss des Tanhausers Sommerlieder sang* (*Haupt zu* 85, 35). 706 hiete *Haupt nach* R. 730 begrîfents in *Haupt.*

736—749 = *Haupt* 101, 6—19. *Auch diese Strophe lehnt sich wohl als Schlussstrophe an* 99, 1 *an; vgl. zu* 407.
750—770 = *Haupt* 102, 32—103, 14. 755 nû *fehlt Haupt und Hss.*
757. *Der Bischof ist Eberhart II. von Salzburg, der öfter in die zu seinem Sprengel gehörige Steiermark* (750) *kam. Der Dichter ist im Begriff, dieselbe zu verlassen, wahrscheinlich um nach Baiern zurückzukehren* (*Haupt* S. 243). 766 *keine Klammern bei Haupt.* zimet *c: von Haupt in* dünket *geändert.* 770 ieman *Haupt.*

XXVI. Grâve Otte von Botenlouben.

1 = 2 *B. Hagen* 1, 27ª. *Bodmer* 1, 15ª. Karfvnkel *C:* Karbvnkel *B.* 2 saget *BC.* 3 Der ist *BC.* 4 ze Loche *Wackernagel:* zoche *BC. Lachmann zu Nibel.* 1077, 3. 5 *Spott auf Otto IV., der nicht mit den echten Reichskleinodien gekrönt war.*
9—29 = 3—5 *B.* 9—15 *A* 32ᵇ *unter dem Namen des Markgrafen von Hohenburg. Hagen* 1, 28ª. *Bodmer* 1, 15ᵇ. 11 wise *C:* wiser *B.* deste *ABC.* 15 ist *A:* si *BC.* 21 mir geschiht von ir minne *BC.* 22 als *C:* alse *B.* obe ir vrôden *BC.* 27 das ist *BC.* 29 vrlob *B.* genaden *B.*
30—43 = 17—18 *C. Hagen* 1, 31ᵇ. *Bodm.* 1, 16ᵇ. *Die Strophenform ist dieselbe wie beim vorigen Liede, auch der Inhalt gleich, daher man beide zu einem fünfstrophigen Liede vereinigen könnte. Aber der Dichter liebt zwei- und dreistrophige. Dreistrophig sind noch* 3. 13, *zweistrophig* 4. 14. 43 *die einzige Schlusszeile mit Auftakt: vielleicht ist* her *zu streichen.*
44—76 = 29—31 Niune *A* (Botenl. 19—21 *C*). *Hagen* 1, 32ª. *Bodm.* 1, 16ᵇ. 50—53 aus *C* 19: *A hat dafür* 61—64, *und statt dieser vier andere Zeilen. M, die* 55—65 *enthält* (*Carm. Bur.* 215) *stimmt mit C überein, während die Lesarten zu A stimmen.*
55—65 *vertauscht mit* 66—76 *A C. Meine Anordnung beruht auf der üblichen des Wächterliedes, indem auf den Ruf des Wächters die Frau zuerst erwacht, und den Ritter weckt.* an der *CM:* vf der *A.* 57 wie mvzen v'sich *A.* wir m. uns nu *C,* wir m. uns schaiden nu *M.* 62 ine *A.* 63 din *CM:* dich *A.* 70 flust *C,* v'lust *A.* 73 clemme *A,* klembert *C.* 73 so *C:* mvz uf dich zu dir *A.* 75 dich enlat *C,* mich let *A.*

XXVII. Der herzoge von Anehalt.

1—24 = 1—3 *A. Hagen* 1, 14ª. *Bodm.* 1, 6ᵇ. enphahen *AC.* 2 alle *AC.* al *'obgleich' ist niederdeutsch. Der Rhythmus wird gebessert durch die niederdeutsche Form* voilkln. 3 ich enwart *AC.* 4 dur *AC.* mine *A,* minne *C.* 7 liehtvarwer *C:* licht'varwe *A.* 9 wol mich *nur einmal A.* 13 schûf *AC.* 14 het in *AC. Das flectierte* ir, *das ich des Metrums wegen gesetzt, ist in der Mundart des Dichters im Beginn des* 13. *Jahrh. nicht auffallend.* 15 lebenne *C,* lenbume *A..* 17 Mohten si deme (dem) *AC.* loup *A.* 18 blûten *A.* 19 geraten *AC.* si daz rieten *AC.* 21 same die wolve sich *AC.* 22 ab *fehlt A.* nieten *AC.* 23 ere die lat *AC.* 24 alse *Hss. vielleicht* mîn liep.
25—40 = 4—5 *A. Hagen* 1, 15ª. *Bodm.* 1, 6ᵇ. an *C:* lan *A. Bernart von l'entadorn* (*Mahn* 1, 22) Quan la douss' aura venta deves vostre pais, m'es vejaire qu'eu senta odor de paradis. 26 kuneginne *AC.* 28 ern *C:* er *A.* 32 so *C: fehlt A.* 36 wonent *A.* 39 wer des *AC.* 40 mich *C: fehlt A.*

XXVIII. Hêr Liutolt von Savene.

1—24 = 1—3 *B*. 1—16 Spervogel 39. 40 *A. Wackernagel* 261, 15.
2 meiet *BC:* smeket *A.* 14 sprungen *A.* springent: singent *BC. es ist
ob zu ergänzen.* 17 vrôwe *BC.* 19 daʒ *fehlt: Wackernagel ergänzt
den Vers ebenso.* 20 scheide *Wackernagel:* schiede *BC.*
25—45 = 9. 8. 10 *B. Strophenfolge nach Wackernagel* 261, 1. 33
volenden *ist intransitiv noch nicht nachgewiesen.* 34 alder *BC.* 35 alrest
B, alrerst *C.* 37 ersterben *BC und Wackern.* 38 einem wîbe *Wackernagel.* 39 sorgen *BC und Wackern.* 41 Inc *C*, ich en *B.* 44 so *C:*
vertriben *B.*
46—93 = 175—180 *C Walther v. d. V.* (*A* 43—46 *L. v. S.*). *Walther Lachm.* 51, 13. *Wackern.* 268, 15; *vgl. Wackernagel S.* XXI. 52 so *Lachmann und C:* swar er vert, dur sîne wünne *Wackern.* mit *A.* 59 die
vogele *Lachmann.* 60 so *A und Wackern.*: singent in ir *C und Lachmann.*
64 boume *M:* bluomen *C.* 68 striten *A*, stritent si *CM. Lachmann stritens: dann musste er auch* gellchens 48, 37 *schreiben, wie Wackernagel thut.*
80 ciner *s:* iemer *C.* 85 sint *C.* 87 daʒ *A und Wackern.*: die *C und Lachm.*
88 so *A und Wackern*: an fröiden *C und Lachm.* 92 so *A:* möhte mir
ein vil kleine *C.*

XXIX. Hêr Reimâr der Videler.

1 = 11 *A. Lachmann zu Walther* 38, 10. *Wackernagel, Walther S.* 258.
3 so *Wackernagel*: niht *fehlt A. Lachmann* jehent, eʒ sî wâr. *Auch hier
ist 'ob' zu ergänzen.* 5 schimphict *A.* rüegliet *Wackern.*: regeliet *A.*
8 gêden *A:* geuden *Wackern.* 9 swinget *Wackern.*: singet *A und Lachm.*

XXX. Der Truhsæze von Sant Gallen.

1—30 = 11—15 *A. Wackernagel* 224, 7. 5 enkan *Wackern.*: eine
kan *AC. Wackernagel nimmt keinen zweiten Inreim nach* mich: ich, vür:
verlür, wol: sol *an. Allerdings haben ihn die beiden letzten Strophen nicht.
Auch fällt er in der ersten Strophe in die Senkung, und wechselt die Stelle
in der zweiten und dritten: aber für all das lassen sich Belege beibringen.*
8 vrûnde *AC. Wackernagel* vriunde ensol man. 10 *vielleicht* deich iu
iuwer. 12 uch eʒ *A.* 14 ernst *AC.* 16 sprechent *AC und Wackern.*:
der Dichter reimt ir klaget (: gesaget) 55. 21 zürnet *C:* zürnent *Wackern.*
und *A.* 28 sagte *C*, sage *A.*
31—70 = 15—19 *Niune A* (110—113 *Tr. v. S. G. C*). *Wackern.* 254, 13.
40 gûte *A. Wackern.* mit *C* liebiu. 42 so *C:* wan sie verbere *A. Wackern*
wan daʒ ich sî verbære. 43 iuch *C:* mich *A.* 45. 48 iuch *Hagen*:
mich *A, fehlt C.* 48 dêʒ] des *A*, daʒ *C.* iuch] ich *A*, eʒ *C:* iht *Wackern.*
51 vert *C:* verret *A.* 52 leides *C:* liebes *A.* 57 es ist gar *C*, eʒ ist
A und Wackern. 58 die ich *A.* 59 drumbe *Wackern.*: dar umbe *AC.*
60 vil lîhte *fehlt A.* 62 so *Wackern.*: an der werlte *C.* daʒ ir an dirre
welte niemer mere an niht *A.* 66 wolte *A.* 68 dâ *C: fehlt A. Wackern.*
dâ habent liep der iuch. 70 enminnet *A*; eʒ *ist zu tilgen, weil alle
Schlusszeilen auftaktlos sind*,
71—104 = 101 = 105 *A. Wackern.* 253, 3. 73 *der Meister ist Walther, dessen Gedicht* 75, 25 (91. 7 *Wackern.*) *hier nachgeahmt ist. Eine andere
Nachahmung von Rudolf dem Schreiber, Hagen* 2, 264ᵃ. 74 *Walth.* 75, 28

nû schriet aber diu nebelkrâ. 78 Gnûge *A*. 80 ich *C*: ist *A*. 88 hat
A, het *C*. 90 tuo *für* entuo. 92 were es *C*, wers *A*. 96 mine *A C*.
97 bæt *Wackern*: hat *A*, het *C*. 101 leige *A*.
105 — 114 = 31 *B*. Walther (64 *C* Truchs.). *Lachm.* zu *Walther* 28, 10.
Wackern. 211, 9. *Der Spruch ist Parodie von Walthers* 293 — 302; *daher
auch in demselben Tone verfasst. Ich folge Wackernagels Herstellung.* werlte
C und Wackernagel: der Dichter reimt welt : gelt 170. 109 diz *B*: daz
C und Wackern.
115 — 122 = 118 *A*. *Lachm. Walther* 108, 6. 117 im *Wackern.*: in
A und Lachm. 118 *so Lachm.*: nu waz frumet *A*. 120 *so Lachmann*:
hovelichen *A*. *Dass die Zeile nur sechs Hebungen haben darf, zeigen die
Strophen* 72 — 75 *A*.
123 — 134 = 84. 85 *A*, *als Anhang zu einem Liede. Wackernagel* 249, 5.
125 verwesen : vürwesen *Wackern*. 127 siner *fehlt. Wackernagel ergänzt*
schœnen. 129 *Besserung Wackernagels (vgl. S.* XXXVI.): blappen blap.
132 mûst. 134 bûr *Wackern*. holz *Hagen*: hozze *A*.
135 — 190 = 96 — 102 *C. Wackernagel* 215, 16. Betrogene werlt *C. vielleicht hat diese Stelle der Hardecker im Sinne, wenn er (Hagen* 2, 136a) *die
Welt sagen lässt* ir hörtet doch 'hetrogeniu Werlt!' mich ie die wisen
nennen. 141 werlte *C und Wackern*. 142 volleist *Wackern.*: fehlt *C*.
144 wirt *Hagen*: fehlt *C*. 146 so *Hagen*: fûr dank *C*. 147 Dêr *Wackern.*:
das er *C*. niht *Wackern.*: fehlt *C*. 149 allerest *C*. allêrest *Wackern*. 150
dar an *C*. 154 ir spilt mit dem wihtelin ûf dem tisch umb guoten win
mhd. Wörterbuch 3, 657b. 158 liegent *C. Wackern.* und liegent. der ist
C: erst *Wackern*. 162 beide *C*. 163 und *Wackern* : fehlt *C*. 166
alder *C*. 171 danne *Wackern.*: da *C*. 173 gent *C und Wackern*. ze der
C. 174 versaget hânt inz *Wackern.*, *um der Cäsur willen*. winster *Hagen*:
vinster *C*. 182 vliegendez und vliessenz *C. so Wackern* : giht der habe ime
C. 188 morgens *C*. liht des morgens *Wackern*. *der Cäsur wegen*. 190
e doch *C*.

XXXI. Grâve Friderich von Liningen.

1 — 55 = 1 — 5 *C*. *Hagen* 1, 26a. *Bodm*. 1, 14b. 4 ingesinde *C*. 5
liebter *C*. 6 vogelin *C*. 25 herzens *C*. 29 slôz unde bant; *vgl. Parz.*
76, 26 diu minne ist slôz unde bant mins herzen. *Titur*. 101, 1 du maht
mich wol enstricken von slôzlichen banden. 31 rat *C*. 37 danne gegen
C. 40 lützel *Hagen*: fehlt *C*. 49 vien *C*. 52. 53 so fûrest zwei herze
in arbeite. das mine und ouch dine hin *C*.

XXXII. Hêr Kristân von Hamle.

1 — 33 = 1 — 3 *C*. *Hagen* 1, 112n. *Bodm*. 1, 46a. *Der Rhythmus ist
dactylisch, mit Ausnahme der zweiten Hälfte jeder ersten und dritten Strophenzeile.* 3 cime trostlichen *C*. 5 herzen *C*. 6 worten *C*. 8 si
immer, liebe ietweder us ir munde *C*. 9 zit *C*. sprechen *C*. 11 noch
fehlt *C*. 12 herzen : smerzen *C*. 13 für das *zweite* bi wilen *steht* underwilen *C*. 14 si *Hagen*: fehlt *C*. sunder der hûte *C*. 15 vindet er *C*.
16 in ein *C*. 19 zer werlte niht besser *C*. 20 mit *C*. 21 gedruket
C. 22 des stat man funde *C*. 23 sehen : geschehen *als klingende Reime
gebraucht: dies so wie die Infin.* si (: bi) 24. gê (: stê) 51. hât gegân 47.
nâ 21. hô 15 *weist auf Mitteldeutschland als des Dichters Heimat*. 24 ouch
zwei herzen vil holt ein ander si *C*. 25 sich vil tougen *C*. 28 dennoch

C. 30 maneger hande froide *C*. *Da fröide hier und* 19 *das Schlusswort der reimlosen Zeile ist, so ist nicht unwahrscheinlich, dass auch in* 8 *so zu lesen ist; etwa* sô lât diu liebe ir ietwederz vor fröide. *Aehnlich ist die Durchreimung im folgenden Liede.* 31 vil fehlt *C*. 33 die mit zûbten *C*. 34—54 = 4—6 *C. Wackernagel, Leseb.* 609. *Hagen* 1, 112ᵃ. *Bodm.* 1. 46ᵇ. 41 úch froiden *C*. müstent *C*. *Wenn man* froiden *beibehält, muss* muost *gelesen werden* 3 *vgl.* vint *C* 9, 6. 47 *vielleicht* hât gestân *wegen* 42. 48 bittent *C*. swere sule *C*. 53 wirdet *Wackern.*: wirt *C*. gruessen *C*. grüeze *ist wieder apocopierter Infin.* (*vgl. zu* 23). 54 gruonet *C*. 55—89 = 7—11 *C. Wackern.* 611. *Hagen* 1, 112ᵇ. *Bodm.* 1, 47ᵃ. 56 úber *C*. 57 vogelin *C*. 61 nu ist *C*. 62 min *C*. 66 der liebe got *C*. uber *6*. 74 vindet die schonen alleine *C*. 75 sî ist: *daraus geht hervor, dass der Dichter* sî *oder* sie *sprach:* sî *ist bei der mitteldeutschen Heimat nicht wahrscheinlich.* 77 lachet ich wenne *C*.

XXXIII. Hêr Uolrich von Liehtenstein.

1 = *Lachmann* 97, 9. *Wackern.*⁴ 659, 21. *Der Text folgt L.* 2 vogelln *Lachmann und L.* 4 bluegent *C*, bluent *L.* 14 *man könnte schreiben* gebe got; *aber Ulrich hat ähnliche Kürzungen häufig. Vgl.* LXXVIII, 22. 15 si *CL und Lachmann: der Dichter hat im Reime* sie (eam, eos) 149, 29. 222, 11. 616, 27. 654, 13. *Doch auch im nom. sing. fem.* sie 442, 10. 20 di *L und Lachm.* 22 weinent *Lachmann.* 26 das ist *CL.* 28 sic enlâze *Lachm.*: si laze *CL.* 31 günne : wünne *Lachmann: der Dichter reimt* wunne : sunne 437, 19. 507, 16. 509, 3. 513, 24. 31 werde *L.* 34 wælde *L.* 36 minner danne *L*, niht als *C*. minr dann *Lachmann.* 37 möhtel *L*, möhtent *C.* 41 = *Lachm.* 113, 13. 45 so *C*: gewinnen kan *L.* 46 der ist *CL.* 55 dienst *L.* 59 tivre *L*, túr *C*. 62 habet *C*: hânt *L und Lachmann.* 68 kalter *CL und Lachmann*; *vgl.* alde (: balde) 446, 1. 72 *Lachmann* vrowe, sô hilfstu mir enzit. 73 = *Lachm.* 394. 16. *Wackern.*⁴ 673, 1. 81 dingen *ACCᵃ*: *fehlt L.* 83 hende *Hss. und Lachm.*, *ebenso in der Senkung* wünsche 93. 84 dasse *Cᵃ*, daz si *ACL und Lachmann*. 88 sendes *CCᵃ* : senedez *AL und Lachm*. 90 wie ich *Hss. und Lachmann.* 98 = *Lachm.* 403, 25. *Wackern.*² 636. *Das Versmass ist durchgängig daktylisch. Die beiden letzten Zeilen bei Lachmann und Wackernagel in vier getheilt. Den Namen* uzreise *erklärt Frauend.* 405, 15: Mit der uzreise höchgemuot fuor den sumer manc ritter guot. turniren was dô ritter sit: dâ dienten sie den vrowen mit. 109 schand *Lachm. und Wackern.* 110 des *fehlt CL. Ich habe es hinzugefügt, um Auftakt zu gewinnen: auftaktlos bleibt noch* 124, *wenn man nicht umstellt* der ich wil ze dieneste dem schilde volgen; *oder* dienste *— gevolgen.* niht *C*: mich *L.* 113 Erge und *Lachmann und CL.* und unfuore *fehlt L.* 114 touc *Lachm.*: tuoch *C*, tuogt *L.* 118 Hôchgmuote *Lachmann.* 122 guote *CL.* fri *C*, vñ *L.* 123 Si *C*: Er *L.* 125 für ir zürnen *L*. *fehlt C.* 126 ander *C*: anders *L.* schilt *Lachmann*: schildes *L*. schulde *C*. 127 danne *CL.* 128. 129. 130 gegen *CL.* 132 min *C*: ir *L.* 133 = *Lachm.* 422, 21. *Wackern.*⁴ 674, 11. 136 so *Lachmann*: min dienst *L.* 146. 153 künnen si *L und Lachmann.* 153 friunden *Wackern.* *Lachm.*: freuden *L.* 166 wünne : gewünne *Lachmann.* 177. 178 ich bin *Wackernagels Interpunktion gefolgt*; *ebenso* 183. 178 waz *Wackern.*: swaz *L und Lachm.* 190 gegen *L.* 192 enwer *Lachmann* (*Druckfehler?*).

197 het *L und Lachm. Wackern.*, *vgl. im Reim* hæte 636, 24. 653, 24.
656, 5. 198 ane *L*. 207 *wohl* ougenweide *wegen* wunne *im folgenden
Verse.* 225 vor *L und Wackern.:* von *Lachm.* (*Druckfehler?*). 226 diech
mèr *Wackern.:* die ich mere *L*, die ich *Lachm. Ueber den Leich bemerkt
Ulrich* 422, 13 Nâch disen lieden sanc ich dô einen leich mit noten hô
und ouch mit snellen noten gar. ir sült gelouben mir für wâr, daʒ ich
des leiches dœne sanc gar niu. manc fidelær mir danc sagt, daʒ ich die
not sô hô macht; *und* 426, 4 der leich vil guot ze singen was. manc schœniu
vrowe in gerne las. wan er sprach von ir werdikeit.
230 = *Lachm.* 429, 11. 247 wünneclichez *Lachmann.* 249 *vielleicht*
dèst al ein, *wodurch der Hiatus gemieden würde.*
266 = *Lachm.* 512, 7. Zu *diesem Tageliede ist die vorausgehende Betrachtung* 509, 14—510, 30 *zu vergleichen, worin die Gründe der Abweichung von dem älteren Wächterliede angegeben werden.* 271 hinne *a*,
hinnan *C*, von hinnen *L*. 275 hochgemuote *L*. 277 hinnen *L*. 281
verbergen *L*. 284 chemenaten *L*. 288 wilt vil *C*, wil *L*. 289 sô *C:
fehlt L*. 290 wer *fehlt L*. verliese *L*, lasse *C*. 292 kumich *und* baten
311 *habe ich geschrieben, um die Verse auftaktlos zu machen.* 293 strit *L*.
295 hochgemuote : guote *L*. 298 sin *C*: si sin *L*. 301. 2 dô sâ *C*: sa
do *L*. 306 dannen *C L*. 309 anderstunt *L*. 311 hat in *C L und Lachm.*
315 = *Lachm.* 536, 9. 324 hoher muot *L*. 328 sit *Lachm.*: git *C L*.
335 und schœne dâ *Lachm.*: und dâ *C L*. 336 varwe *C*: warbe *L*, varbe
Lachm. 341 schœne *L*. schône *Lachmann mit C*.

XXXIV. Hêr Burkart von Hôhenvels.

1—20 = 1—5 *C. Hagen* 1, 201[a]. *Bodm.* 1, 83[b]. in] die *C*. 2 tanze *C*.
9 siner *C*. gewinne *als Plural*, *vgl. mhd. Wörterb.* 3, 713[a]. 12 trefes *C*.
18 Lant slichen ze gemuete daʒ gevider *C*: *schon der Auftakt macht die
handschr. Lesart verdächtig. Sinn 'Lasst den Muth sein Gefieder ausdehnen.'*
21—70 = 27—31 *C. Hagen* 1, 201[b]. *Bodm.* 1, 85[b]. 31 Lâʒ *Hagen*:
Das *C*. 39 *wahrscheinlich überall* mirst *zu sprechen*. 41 Ès ist *C*.
45 ich gewinne *Hagen*: ich habe *C*. 48 we wan wer *C*. 57 sons *C*.
62 einèn gerich: *solche falsche Betonung bei dem Dichter ungemein häufig,
vgl. C* 7, 1. 9. 3. 13, 6. 23, 6. 25, 4. 26. 6. 37, 1. 38, 7. 8. 40, 4. 43, 3.
44, 6. 46, 3. 50. 6. 55, 2. 4. 57, 3. 75, 6. 79, 8. 64 zwinget *C*. 66 gegen *C*.
71—110 = 17—21 *C. Hagen* 1, 203[a]. *Bodm.* 1, 84[b]. 74 wande sin
iemer *C. zu betonen ist* iemèr, *vgl. zu* 62. 78 dú von ir *C*. 81 frömde
C. 83 gros *C*. *Alle entsprechenden Zeilen sind auftaktlos.* 86 mir
vor höhen *C*. 90 für *fehlt C*: *von Hagen ergänzt.* 91 Sam *C*. kiusche
vor mit *C*. 94 dú im niht genahen mag *C*. 96 gibe *C*; *vielleicht* gap.
97 *daraus ist* si *zu schliessen.* 99 ich im *C*. mir *fehlt C*. 102 vnwissende *C*. bl mir *Hagen*: bi im *C*. 107 Sus *C*. och *fehlt C*. 109 si es
C. 110 wil frundes not nahe gan *C*.
111—160 = 45—49 *C. Hagen* 1, 206[a]. *Bodm.* 1, 87[a]. 122 tache *C*.
125 vil *fehlt C*. 126 müse *C*. 127 hat *C*. 128 begunte *C*. 134
mengelich *C*. 154 dem ist *C*. 157 si ist *C*.
161—200 = 64—68 *C. Hagen* 1, 208[a]. *Bodm.* 1, 88[b]. 181 *die Umstellung* vürder var *und* liebe liep, 187 *lag nahe: aber sie hätte den Dichter
nicht die Handschrift berichtigt.* Vgl. *zu* 62. 183 erflouget '*macht uns
fliegen*', *aber wohl nicht im Sinne von* '*benimmt*' *mhd. Wörterb.* 3, 344[a].
186 liebe *C*. 188 wol] wil *C*. 189 waltir *C*. 191 blûgent *C*. 196
das ist *C*.

XXXV. Der burcgrâve von Lüenz.

1—60 = 1—6 C. *Hagen* 1, 211ᵃ. *Bodm.* 1, 90ᵇ. juncvrowe C. 4 schest C. 7 danne balt C. 13 ze der C. 14 get da har C. 15 *ein* der *fehlt* C. 16 huet C. 18 nu *fehlt* C. 28 sich C. *Ganz ähnlich beginnt ein anonymes Tagelied, dessen erste Strophe uns in M erhalten ist, s. die namenlosen Lieder* 275—280. 38 des min C. 41 Urlup C. 43 senlichen C. 46 mengem C. 49 kumt C. 53 ich enbůte C. 59 urlop C.

XXXVI. Her Gotfrit von Nifen.

1—50 = 69—73 C. *Haupt* 21, 2. vogele *Haupt: aber ein Dichter, der nam für* name, man *für* mane *im Reim sagt,* (*vgl.* 23, 27. 29, 8) *wird wohl auch* vogel *gesprochen haben.* 15 sin entrœste C: sine trœste *Haupt.* 17 es ist C. 19 si *Haupt, immer: der Dichter reimt* sie (: nie) 19, 21. 26 trœstent C *und Haupt: es reimt* ir tuot 4, 5. ir sit 42, 11. 29 mueste C. 30 *so Hagen:* de sint leit C. 36 *so Haupt:* was ich vil gemeit C. 39 *so Beneke:* triben C. 50 *schon Hagen hat bemerkt, dass die reimlose Schlusszeile der fünf Strophen ein Vocalspiel enthält, zwar nicht in regelmässiger Folge der Vocale, sondern* i ê â ô: *er hat auch bemerkt, dass man in der letzten Zeile den Reim durch Umstellung erreicht. Ich möchte lesen* min bete wol weist dů.
51—80 = 110—112 C. *Haupt* 33, 33. Nu ist C *und Haupt.* 52 vil *Haupt: fehlt* C. 57 meigen C *und Haupt.* 60 diu sint *Haupt.* 62 geschach p: beschach C. 63 dú ist C. 64 spræche *Wackern.:* spreche C *und Haupt.* 77 minneclichen *ist adj., das Adverb. brauckt der Dichter nur in der Form* liche; *vgl.* 11, 32. 31, 7. 43. 7. 50, 2. *Unrichtig steht* minneclichen: inneclichen 39, 27: *das erste Mal könnte es Adj.* (zu solt) *sein, aber es ist wohl beide Mal als Adv. zu fassen.*
81—108 = 113—116 C. *Haupt* 34, 26. 4 *Winnenden bei Waiblingen ist gemeint.* 86 ein magel *ist gemeinsames Object von zwei Sätzen.* 95. 98 sunt C *und Haupt.* 97 lânt C *und Haupt.* 100 brechent C *und Haupt.* 101 ê] lihter *Haupt,* liehter C: *wie die darauf reimende Zeile* 87 *ist auch diese mit einer fehlenden Senkung zu lesen.*
109—147 = 125—127 C. *Haupt* 37, 2. 110 *die zweite, sechste und zwölfte Zeile jeder Strophe hat das Schema* —⏑—⏑⏑—⏑. 4 ist nach jamer C. 119 herter *Hagen: fehlt* C. 121 ie *fehlt* C: *Haupt ergänzt* aller. *Allein es ist zu beachten, dass in der Cäsur zwei Hebungen zusammenstossen, wie sonst zwei Senkungen (in der Nibelungenstrophe).* 126 dô *Haupt:* da C. 129 gesprach *Haupt:* sprach C. 130 erebeit C *und Haupt.* 134 dur den iuwern *Haupt.* 135 Nu *ist wohl zu streichen.* 144 bemede: fremede C. 147 wirdet *Haupt.*
148—172 = 153—157 C. *Haupt* 44, 20. 149 frömdiu C *und Haupt: vgl.* 146. 154 zuo zim C *und Haupt: aber* kunde *und die andern Reime* (156. 157) *stehen für zwei Hebungen.* 157 ih'm] ich im C *und Haupt.* 166 *mit fehlender Senkung, wie* 153. 169; *auch* 101. 170 nebent C *und Haupt.* 171 sint C *und Haupt.* 172 mir wart nie gebunden baz C *und Haupt. Ich habe das in Grimms Weisth.* 1, 504 *vorkommende Particl.* bunden *gesetzt, weil der Vers nur drei Hebungen haben darf. Kaum wäre gestattet* mir wart nie binden baz.
173—184 = 158. 159 C. *Haupt* 45, 8. 177 'in der minne *ist geistliche Bittformel.' Haupt. Vgl. noch mhd. Wörterb.* 2, 178ᵇ. *MF.* 57, 5 *und*

XXXVII. XXXVIII.

Anm. 179 hie inne *C.* 180 metti *C.* 181 venjen *C und Haupt.* 183 wellent *C.* Den Ausgang des nicht vollständig erhaltenen Liedes zeigt ein jüngeres Volkslied, bei Uhland 1, 236.
185—202 = 160—162 *C. Haupt* 45, 21. sanfte *nach* frouwen *C.* 197 hie enist *C.* 198 sint *C und Haupt.* 199 so *Hagen:* an minem libe ergienge *C.*
203—220 = 188. 189 *C. Haupt* 52, 7. 205 vil *Lachmann: fehlt C.* 207 ze den *C.* 208 reigen *C und Haupt: dass der Dichter* reie, meie, leie *sagte. scheint aus dem Liede* 11, 6 *bestimmt hervorzugehen.* 209 gigen *Wackern.:* gugen *C (in der neuesten Ausgabe des Lesebuches* gugen). 214 als liep *C.* 218—220 nur etc *C.*

XXXVII. Der Taler.

1—21 = 10—12 *C. Hagen* 2, 147b. *Bodm.* 2, 100b. Kúnzeli *C.* 7 du gesehe *C:* du gesæh *wäre erlaubt, wenn nach* dar *eine Cäsur fiele. In der ersten und dritten Strophe ist dies der Fall, nicht in der zweiten, weil* lîht *für* lîhte, *wenn auch vor Vocal, in der Cäsur nicht ohne Bedenken ist.* 13 Heinzelin-Kuenzelin *C.* 17 korn gan *C.* 19 du maht *C.* 20 isse *C.*

XXXVIII. Schenk Uolrich von Wintersteten.

1—70 = 11—14 *C. Hagen* 1, 151a. *Bodm.* 1, 59b. *Wackern.*⁴ 683, 1. 3 so *Wackernagel:* danne der der *C.* 7 die *C.* 14 so *Wackernagel:* ich dahte alter *C.* 19 ob er *C.* 26 das ich *C.* 29 schone : hone *C.* 32 er ist *C.* 35 sant *C. Der Dichter reimt* samt : verschamt 400. 39 *mit Auftakt. Wackernagel* d'alte. 51 so *Wackern.:* Wenest du das dir *C.* 54 alder *C.*
71—132 = 31—35 *C. Beneke* S. 203. *Hagen* 1, 154a. 77 werlt *C; vgl. den Reim* welt : gelt 103 *C.* 78 nieman *C.* 83 etc. verlúret *C.* 93 urlop *C.* 100 sint *C; vgl.* slt : glt *C* 141, 7. 123 *ebenso beginnt eine Strophe des von Neifen:* 23, 28 *Haupt.* 124 die *C.* 129 Ein roten munt *C.* 132 durz] dur min *C.* 134 tugenden *C.* 135 wissent *C.*
136—190 = 36—40 *C. Beneke* 206. *Hagen* 1, 155a. 139 mis *C.* 142 Swaben *C.* 143 tragent *C.* 144 so *Hagen:* mit zuht ir sin *C.* 154 nieman *C.* 155 dobet *C.* 164 die *C.* 170 guote *C.* 173 uffe *C; ebenso steht* 203. 218. 233 uffen *für* uffe. *Im Reinfrid von Braunschweig ist die Form* uffen *durch den Reim gesichert.* 175 lânt *C.* 176 es si *C.* 180 die *C.* 182 gegen *C.* 188 mîns *Hagen:* min *Beneke.*
191—265 = 41—45 *C. Beneke* 208. *Hagen* 1, 155b. 194 lant *C.* 197 hant *C und so immer.* 209 úch *C.* 215 das herze dicke tuot *C.* 219 wand si ist gar ein biderb wib *C.* 222 sulnt *C.* 239 dienst *C.* 252 sunt *C.* 253 went *C.* 254. 256 gegen *C.* 265 alsus so schiet *C.*
266—315 = 62—66 *C. Beneke* 220. *Hagen* 1, 159b. 276 habe *C.* 290 In der gúte lôse *C.* 293 si *C:* oder tugent doch si. 299 smehel *C; vgl.* 4, 22. 31, 2. 34, 1. 37, 2 *Hagen* 306 dú ist *C.*
316—335 = 67. 68 *C. Beneke* 222. *Hagen* 1, 160a. 320 wirde *C.* 321 klage *C.* 329 nû *fehlt C.* 333 sol noch sehen *C.*
336—377 = 143—145 *C. Beneke* 259. *Hagen* 1, 171b. 339 gewalt *C nach Hagen: Beneke hat* gevalt. 341 rîf *stark ist nicht belegt: daher wohl* den rîfen und den snê. 350 schoner *C.* 356 sit *aus* sint *gebessert C.* 357 went *C.*

378—419 = 145—148 C. *Beneke* 261. *Hagen* 1, 172ª.   386 Wurbe C.
389 losen *Beneke:* bœsen *Hagen*.   391 got der schende C.   397 zûhten C.   399 sehet C.   400 allesamt C.   401 bi den wihen C: *vielleicht* bien wîben? *Vgl. zu* XIV, 112   402 lûterere C.   408 den C.   414 minnerli C.   415 sprechent nu C; *vgl. zu* XV, 196.

XXXIX. Der von Sahsendorf.

1—27 = 15—17 C. *Hagen* 1, 301b. *Bodm.* 1, 159ª.   2 nûwe C.   3 *die dritte, sechste und neunte Strophenzeile sind dactylisch, in den Stollen der beiden ersten Strophen mit Inreim, ohne denselben in der dritten. Er liesse sich herstellen, wenn man schriebe* ob einiu mich heilet und sorgen tuot buoz. *In der ersten Strophe hat auch der Abgesang Inreim.*   12 einû C. enlât C.   14 dâ ich mit C.   16 hanz ir also C.   17 minnent *Hagen:* minnet C.   23 dienest C.   24 einiu C, *vgl.* 12.   25 einê C.

XL. Hêr Reinmâr von Zweter.

1 = 6 C. *Hagen* 2, 201ª. *Bodm.* 2, 124b. *Wackern.* 692, 6.   2 klôsterlîchen *h:* kloster C.   6 hofmünchen C.   8 ir *Wackern.: fehlt* C. ir leben *h.*   9 sie *schreibe ich durchgängig, weil im Leich* 31 sie : nie *reimt.*   12 hofs C.
13 = 17 C. *Hagen* 2, 184b. *Bodm.* 2, 126b. *Wackern.* 689, 20.   14 bescheiden: *Wackernagel schreibt* bescheidn. *Doch ist nicht wegzuleugnen, dass in einer ziemlichen Anzahl von Strophen, und auch solchen, die nach Form und Inhalt keinen Anstoss geben, nach der dritten Hebung des zweiten und fünften Verses eine klingende Cäsur anzunehmen ist, die zuweilen noch durch Inreime hervorgehoben wird. Aehnlich verhält es sich mit der dritten und sechsten Zeile.*   18 tugenden C.   24 iemer C: *aber der Dichter reimt* gezimmer : nimmer *Hagen* 2, 208ª.
25 = 21 C. *Hagen* 2, 186ª. *Bodm.* 2, 127ª.   zû C.   26 trûwe vûr C.   28 in ein C.   29 silber golt vnd edel C.   30 dû sich so bütet C.   31. 32 bunde : funde C: *der Umlaut kommt Reinmar zu, denn er reimt* lünden : künden *Leich* 32, fünde : künde 146; *ebenso* würde : bürde 20; *dagegen* twunge : junge 160, *weswegen ich* gulte, *nicht* gülte *geschrieben*.   34 möhte C.
37 = 39 C. *Hagen* 2, 196ª. *Bodm.* 2, 129b. e *h:* ie C.   38 totreismundes *Hss.*   39 mortkolben *Hss.*   42 mortlîcher: *Hagen schreibt* sô mortlîcher. *Es fallen auf* mortlîcher *zwei Hebungen und eine Senkung*.   43 lere *h:* ere C.
49 = 60 C. *Hagen* 2, 206b. *Bodm.* 2, 132b. heuschrecke C. *Ein Lügenmärchen in strophischer Form; vgl.* XLII, 39.   50 dunket *Hss.*   52 so wene ich *Hss.*
61 = 74 C. *Hagen* 2, 209ª. *Bodm.* 2, 134b. *Wackern.* 693, 18.   *Aehnliche Einkleidung in einem Gesange der Heidelberger Handschrift* 680 (m. *Meisterlieder S.* 614); *und in einem Gedichte des Liedersaals* 2, 575.   62 dehein C.   63 gelûke C.   66 gegen C.   69 geliefe C.   70 balse C. 71 dâ C. selben *h,* selbe C.
73 = 79 C. *Hagen* 2, 210ª. *Bodm.* 2, 135ª. *Vgl. Wackernagel, Lebensalter S.* 23; ἑκατὸν στρέφοντα *S.* 10. vluorzûn *h:* zun C.   75 als der hunt das ist C.   77 also *h:* als C.   83 minnebere C.   79 danne C.   81 solt C.   83 herren C.   84 wol drû rosses alter C.
85 = 88 C. *Hagen* 2, 212b. *Bodm.* 2, 136b. *Wackern.* 693, 36.   87 vnd

ein isen *C.* vnd das ros *C.* einen *C.* 89 burg *C.* 92 breit *C.* 96 wert ahte *C.*
97 = 90 *C. Hagen* 2, 179b. *Bodm.* 2, 136b. *Wackern.* 689, 4. *Vgl. die Büdinger Bruchstücke, die mit h in nächstem Zusammenhange stehen, Zeitschrift* 10, 275. du dâ bist, *Wackernagel.* 98 dem *C: vgl.* deme : zeme 148 *Hag.* 99 werde *Hss.* zü so muesse *C.* 102 sin *h* und die *Büd. Hs.:* sint *C.* 104 als *Hss.* 107 kor *Wackern.:* bekor *C.*
109 = 128 *C. Hagen* 2, 183a. *Bodm.* 2, 142a. 110 wan die *C.* 112 besmen *C.* 113 gehorte *C.* 114 mere *C.* 120 ritterliche *C. vielleicht vil ritterlich: die letzte Zeile hat fast immer Auftakt und mit wenigen Ausnahmen eine männliche Cäsur nach der vierten Silbe.*
121 = 151 *C. Hagen* 2, 184b. *Bodmer* 2, 145b. 122 man *h:* fehlt *C.* 126 vriet *C.* 132 vrô *fehlt C.*
133 = 153 *C. Hagen* 2, 203b. *Bodmer* 2, 146a. *Wackern.* 693, 1. *Wohl bald nach Friedrichs Entsetzung* 1245. Venediere *C.* 135 wellent gerne *C.* 138 iehen *C.* riche *C.* iemer *C.* 139 ist *h:* ih *C.* 142 vil *fehlt C.* 144 müge *sprach der Dichter; er reimt darauf* behüge : überflüge *Leich* 16. müget : hügel 48. mügen : zügen 140. müge : hüge 150.
145 = 155 *C. Hagen* 2, 204b. *Bodm.* 2, 146b. 147 hêrre, *nicht* hêrre, scheint Reinmar gesagt zu haben, denn er reimt nur hêrre : der mêrre *Hagen* 59. 149 das ich *C.* 150 wirdet *U.* er es *C.*
153 = 183 *C. Hagen* 2, 212b. *Bodm.* 2, 150b. ebenhere *C.* 154 gegen *C.* 162 müle *C.* 168 müln: *ebenso* helnt 75, 8 *Hagen, wo* helent *zu lesen und nicht vil mit Hagen zu ergänzen ist.*

XLI. Bruoder Wernher.

1 = 7 *C. Hagen* 2, 228b. *Bodm.* 2, 160b. 2 gedillet *J:* gedilet *C.* 3 türn mit slossen *C.* 9 ich ir eines wilent ze Wiene *C.* 11 sunder dach *J:* vnd ouch mit lache *C.*
13 = 41 *J (Raudstrophe): gehört als nothwendige Ergänzung zum vorigen Spruche. Hagen* 3, 16a. 14 ja wen ich ez eman *J.* 15 were vil schone gepflogen *C.* 17 *vielleicht* und ez durchvlozzen schande hât. 18 da mite doch gar betrogen : *J gibt der dritten und sechsten Zeile eine Hebung mehr als C.* 19 So touk ez *J.* 20 si sol *J.* 21 dem *J.* sin altes ymmer in *J:* von *Hagen gebessert.* 24 die an tugenden *J.*

XLII. Der Marner.

1 = 37 *C. Hagen* 2, 241a. *Bodm.* 2. 169b. *Wackern.* 745, 25. 11 yme lunge *C* und *Wackernagel.* Burlenberge *Bodmer und Wackern. Vgl. Holtzmann in Pfeiffers Germania* 5, 446. 13 daz er] der *C. Die entsprechenden Verse in der ersten und dritten Strophe haben Auftakt.* teile *Wackern.:* teilte *C.*
20 = 38 *C. Hagen* 2, 241a. *Bodm.* 2, 169b. *Wackern.* 747, 9. 22 melwe *C.* 28 dir springent hirze dur din munt *bessert Wackernagel; allein der Marner bezieht sich auf Reinmars Spruch* 161 *(Hagen* 2, 206a*), wo es in einem Lügenmärchen (vgl.* XL., 49) *heisst* dâ saz ein hirz und span vil kleine siden. *Der Marner sagt also* ' in deinem Munde (d. h. in deinem Liede) können Hirsche spinnen.' *Dass diesen Spruch der Marner meint, geht auch aus* 23. 26 31 *hervor; aber er erklärt nicht alle Anspielungen, daher ein ähnlicher Reinmars verloren gegangen sein muss. Eine Beziehung auf* 162 (XL., 49) *erscheint beim Marner nicht.* 36 prüvest *C.*

39 = 55 C. *Hagen* 2, 243ª. *Bodm.* 2, 172ª. 41 úch C. nú *fehlt* C.
42 vúr einen l. wol t. kl. lang sprang C. 47 zweine C. 54 im ein
salamander dem waren C.
55 = 61 C. *Hagen* 2, 246ª. *Bodm.* 2, 173ª. *Wackern.* 747, 29. 57 Reimar C, *vgl.* 29. 58 Nithart *ist mit zwei Hebungen zu lesen.* 63 *so*
Wackernagel: Die toten — die lebenden C. 66 und *fehlt* C.
71 = 64 C. *Hagen* 2, 248 . *Bodm.* 2, 173b. dien C *etc.* 75 ère berndiu *Hagen:* erberndú C.
91 = 68 C. *Hagen* 2, 249b. *Bodm.* 2, 174b. *Wackern.* 748, 35. *Meisterlieder der Kolm. Hs.* 93, 41. 93 er in C. winteklich *C: Wackernagel
schreibt* witzeclich: *aber auch die Kolmarer Hs. hat* wihteclich. wiht *hier im
ursprünglichen Sinne* 'Ding' *und* gellch *mit dem gen. plur.* 'jeder'. 100 magenfröide er sang *K:* mag unfröide das er sang C. magenfröide *ist ganz richtig: der Esel hat rollauf zu essen, und darum singt er.* 101 *um eine
Hebung zu kurz, und mit Auftakt, der sonst an dieser Stelle fehlt. K hat*
schalle: *vielleicht* zuo dem selben schalle. 103 *fehlt* C. 110 ir ist C.
111 = 76 C. *Hagen* 2, 251b. *Bodm.* 2. 176ª. *Wackern.* 749, 21. *Meisterlieder* 94, 1. 113 Dietrich C. 114 künig C. 115 Eggehartes C. 120
heren W. sturn C. heren C. 121 ahtode C. *vielleicht* Sô wil der ahtôde
niht wan. 123 nach enweiz *bezeichnet Wackern. eine Lücke: dem Sinne
nach fehlt nichts und die Betonung* ênweiz *ist nicht unerhört. Besser wäre
der Vers nach K* son weiz der zehende wie *oder* der zehende enruochet wie.
125 ymlunge *C: so liest hier und* 11 *C, dennoch habe ich an beiden Stellen
mit Hagen* Nibelunge *geschrieben, was die Kolmarer Hs.* 125 *auch hat, weil
ich* imelunge *für einen graphisch leicht erklärlichen Schreibfehler halte.*
128 schatze C. 129 so *K:* orn C.
131 = 78 C. *Hagen* 2, 252ª. *Bodm.* 2, 176b. *Vgl. die ähnliche Strophe,
Meisterlieder* 94, 41. 133 och *C: fehlt bei Hagen.* literel C. 134 die templeise
C. 136 draken C. 140 teille zchimeren C. 146 pfawē *aus* pfaffen *gebessert* C.

XLIII. Hêr Ruodolf von Rôtenburc.

1 — 136 = 55b *C: der dritte Leich bei Hagen* 1, 78ª. *Beneke, Beiträge*
, 90. 3 höflich *Hagen (nach C?)* 22 min *fehlt* C. 28 die ich C.
ze *fehlt* C. 30 muose C. 41 wande C. 47 Méljoth *auch ein Ritter
der Tafelrunde; ebenso* Clies, *den Konrad Flecke und Ulrich von Türheim
zum Helden ihrer Dichtung nahmen.* Lâvîne 57 *ist aus Veldekes Eneit bekannt.*
49 glies C. 58 danne C. 62 machen bl *muss dem Sinne nach heissen*
'vorbeigehn machen'. *wobei* sorgen *als gen. plural. aufzufassen ist; aber bis
jetzt noch nicht nachgewiesen.* 69 tumbem *Hagen* 73 rotē C. 77 menig
C. 84 ie *fehlt* C. 101 erst C. 105 zwischen *C. wohl zu bessern* von
Pâris unz zer Sal. 108 wande in mins C. 111 mir were C. 119 die
ich C. 122 von dem houbte C. 126 gemachet C. 134 die ich C.
137 — 163 = 1 — 3 *A. Hagen* 1. 86b. *Bodm.* 1, 32b. 140 so *C:* vñ
iemer muoz unz an min ende sin *A.* 142 so *C:* ê deswar *A.* 143 aber
niht *A,* aber *C.* 145 ie *C: fehlt A.* 146 lIhte *C: fehlt A.* 149 genenden *mit* an *und* dem *Datir: vgl. mhd. Wörterb.* 2, 378b, 20. 151
vñ ir here vremd *A: C abweichend.* 156 mir *C:* mich *A.* 157 *fehlt A C.*
158 *vielleicht* ûf ir genäde. 159 — 162 *nach C geordnet: in A folgen* 159.
160 *nach* 161. 162. 162 mines *A.*
164 — 193 = 18 — 22 *C.* 126 - 129 Walther d. d. Vog. *A, auch in E unter
Walthers Namen. Reihenfolge und Text nach A, wo aber die zweite Strophe
fehlt. Hagen* 1, 88ª. *Bodm.* 1, 36b. *Wackern.* 685, 1. 172 vor mir

E: vf *C.* *Wackern. schreibt* si bran ûf vor mir schône; *dadurch erhält der Vers einen Auftakt.* vf *kann aus* vr (vûr) *entstanden sein.* 175 vndersnitten gar *C, wegen des Auftaktes umgestellt.* 177 dc ich ir *A C.* minú *C:* minen *A.* 178 wolte *C*, sold *A.* 180 hende *A.* 183 danne *Hss.* 184 daz si ir *A*, so si ir *C.* 185 sanc *C E: fehlt A.*

XLIV. Der Schenke von Limpurc.

1 — 45 = 12 — 14 *C.* *Hagen* 1, 132^b. *Bodm.* 1, 58^h. 4 vogelin *C.* 10 *diese Zeile ist dactylisch: ebenso in der zweiten und dritten Strophe.* 28 als *C.* 43 hin gegen dir *C.* *Der Reim* hin : dîn : mîn *hat allerdings bei dem Dichter keine Analogie.* ingegen dîn *wäre denkbar (vgl.* Graff *4,* 138); *aber* dîn *reimte schon* 34.
46 — 72 = 15 — 17 *C.* *Hagen* 1, 133^b. *Bodm.* 1, 59^a. Sint *C, aber der Dichter reimt* ir sit : lit 5 *C.* fro *hat Bodmer.* 49 und *steht für das Relativum.* 53 zwingen *C.* 64 der *fehlt C.* 72 danne *C: der Dichter reimt* wenne : ennenne 10.

XLV. Der Hardegger.

1 = 12 *C.* *Hagen* 2, 136^b. *Bodm.* 2. 122^a. 2 ein *C: oder* hereberge einn. 4 ald *Hagen:* als *C.* 7 dur kúniges *C.* 9 danne *C.* 15 da muos *C.* 16 = 13 *C.* *Hagen* 2, 136^b. *Bodm.* 2, 122^a. druohen *C.* 2 si *Bodmer: fehlt C.* 19 wilderere *C.* 21 wissent *C.*

XLVI. Hêr Reinmâr von Brennenberc.

1 — 28 = 4 — 7 *C.* *Hagen* 1, 335^a. *Bodm.* 1, 184^a. *C schreibt den Vornamen* Reinman; *in der Liste dagegen* Reinmar. 3 vogelin *C.* 6 zornlichen *C.* 8 sol ich nu ane *C.* 9 *die einzige Zeile mit Auftakt: vielleicht* sô klag ich ein ander nôt. 11 munde so rot *C.* 14 sten *C; die Reime des Dichters zeigen nur* stân gân. 16 leid *C.* 17 Da *C.* 19 Da *C.* 21 von senden sorgen *C.* 23 die *C.* mir *fehlt C: aus der Verwechselung mit* nu *erklärlich.* 26 das ist *C.*
29 — 64 = 20 — 22 *C.* *Hagen* 1, 337^b. *Bodm.* 1, 185^b. *Wackern.* 695, 4. Schonen *C.* *Aehnliches Streitgedicht zwischen Liebe und Schöne beim Suchenwirt (Primisser S.* 150) *und von einem Ungenannten (Myller, Fragmente S.* XXXIV.). 31 so *Wackernagel:* hoher swer des gert *C.* 34 swem *Wackern.:* wan *C.* 39 durliuhtec *Wackern.:* durlûhtet *C.* dîn *fehlt C:* 40 geist mir noch und reize *C.* 41 lebe *C.* 42 gellmen : rlmen *Wackern.t* gefuegen : runen *C.* 52 zuo den *C.* 53 ff Schœne und liebe *C.* diu *fehlt.* *C.* 54 vil *fehlt C.* 58 so *Wackernagel:* diu minne enzündet *C.* 60 gevründet *C.* 61 daz *fehlt C.* 62 mins *C; vielleicht auch hier* daz ist mins. 63 daz *fehlt C.* als min *C.*
65 = 1 D *(Zeitschrift* 3, 340): *ohne Namen.* *Die Strophe gibt* Haupt (*MF.* 261). *Hagen* 3, 334^a. 66 meisteilig tot *D.* *Haupt streicht* meisteilig; *aber der Vers bedarf des Auftaktes.* 72 ouch *fehlt D.* Rocke *D.* 75 Robin *D.* einer der hie *D.* 76 Gundenberc *D.*

XLVII. Der Tanhûser.

1 — 130 = 265^b *C: der dritte Leich bei Hagen* 2, 84^a. *Bodm.* 2, 67^a. 3 kan *C: kein Reim beweist, dass dem Dichter* n *für* m *zukommt.* 8 zhoie

C. 11 camandre *C*, *wie* cloien 13. 14 do *C*. sant *C*. 24 zhantieren *C*. 31 uber *C*. 33 dú klare dú suesse *C*. fanúre *C*. 36 wan *C*. mehte ist hier und 40. 153 *richtig*, *wenn auch nicht durch Reime bewiesen; denn* mahte, conj. mehte *ist österreichisch*. 51 werden *Hagen*: werde *C*. 59 *nach min setzt Hagen mit Unrecht ab*. 62 conträte *ist* contrade, conträe 'Geyend.' zhoie *C*. 67 da *C*. 69 da von ich ir *C*. 70 zhantieren *C*. 77—80 *ist ein besonderer Absatz, gleich im Bau mit* 15—18. 63—66. 74 do wir do *C*. 79 leiste *C*: *vgl*. 24. 83 zimt *C*. 84 wir beide do ein gemelliches *C*. 95 sist *C*. 96 granze *ist* greance graance creance 'Versprechen, Bewilligung.' 98 iemer *fehlt C*: *der Absatz entspricht im Baue* 114—119, *wenn auch in letzterem am Schluss* aaaa *statt* abab *steht*. 103 daz *nur einmal C*. 108 wol úf *nur einmal C*. 112 enspringet *C*. 113 frówent *C*. 114. 115 høre *C*. 122 sor ie so selik *C*. sor ie *mackt den Vers länger als alle folgenden auf* unt *reimenden*. 130 der ist *C*: *vielleicht auch* 128 derst enzwei, heiä hei.

131—184 = 10—12 *C. Hagen* 2, 92ª. *Bodm*. 2. 66ª. *Ein Gedicht gleiches Inhaltes hat der Tanhuser noch* 2, 91ᵇ; *vgl. Meisterlieder S*. 245—251; *und Boppe, Hagen* 2, 385ᵇ. 138 ich *Bodmer*: *fehlt C*. 139 gêt *Hagen*, vf gel *C*. 148 *etc*. die ich *C*. 154 tete *C*. 157 zerteite *C*: *wohl nur Schreibfehler der Handschrift, denn auch in der im mhd*. Wb. 3, 146ᵇ *angeführten Stelle hat Roths Ausgabe des Troj*. 23994 verlän. 158 jost *C*. 159 tete *C*. 169 irn dus (*Bodm*. iren) *C*: *wenn man mit Hagen* ir *schreibt, dann fallen auf* Tuonouwe *zwei Hebungen*. 172 bringen *C*. 176 des ausgestrichen *C*.

185 = 20 *C. Hagen* 2, 94ª. *Bodm*. 2, 67ᵇ. *Vgl. Wackernagel in Pfeiffers Germania* 5, 291. 187 her vor Unrât *fehlt C*. 189 ber-her *Wackern*.: der—der *C*. 192 buwe *C*.

193—247 = 23—27 *C. Hagen* 2, 94ᵇ. *Bodm*. 2, 68ª. *Ueber die strophische Form vgl. Germania* 2, 265. im *C*. 195 sumeliche *C*. 210 snœdem *C*: *oder vielleicht* in snœdem mlm gewande. 211 wirt *C*. wol *C*. 212 solde *C*. 217 sturmwinde *C*: *der Dichter ha' kein* n *für* m. *zeinem C*. 226 gegen *C*. 227 túrggie *C*. 230 piscol *Hagen*: piscop *C*. 233 smak *Hagen*: ak *C*. 238 gelouben *C*. 240 arsúle: *wohl das franz*. arsure *ist gemeint*. 243 túrggie *C*. 244 das ist *C*. *Vielleicht sind die Strophen anders zu ordnen, so dass die zweite den Schluss bildet*.

XLVIII. Grâve Kraft von Toggenburc.

1—40 = 1—5 *C. Hagen* 1, 20ª. *Bodm*. 1, 10ᵇ. 2 ze *C*. 4 loube schatten *C*. 5 liebt *C*. vogelin *C*. 6 *vielleicht* der schallet unde singet, *was den Ausfall erklären würde*. 8 uf als dú *C*. 11 vindet *C*. 18 nienen swache *C*. 19 mich gesunt *C*. 22 diu *fehlt C*. kónden *C*. 29 erlőschet *C*. 38 die schonen *C*. 40 schonen *C*.

XLIX. Hêr Hûc von Werbenwâc.

1—49 = 1—7 *C. Hagen* 2, 67ª. *Bodm*. 2, 49ª. 10 seldebere *C*. 12 fróite *C*. 14 der ist *C*: *alle Zeilen dieses Liedes sind auftaktlos*. 17 Si ist *C*. 18 selde *C*. 19 do *C*. 20 dar an *C*. 21 dienst *Bodmer*. 28 babe *C*. 30 swie wie *C*. *Ueber den Zweikampf zwischen Mann und Weib vgl. Rechtsalterth*. 930. MSH. 4, 321. 36 kúnig *C*. 39 do *C*. 40 do *C*. 41 ze dem iungen kúnige us Dúringen *C*. 45 babste *C*.

L. Hêr Walther von Metze.

1—24 = 14—16 *A. Hagen* 1, 310b. *Bodm.* 1, 166a. *Aehnlich wünschen andere Dichter die Treuen und Untreuen geschieden: Bliyger von Steinach im Umbehang* 296 ich gunde in inneclîche wol, daz sie mit einem horne an ir linnen vorne bekumbert iemer müesen wesen. *Bernart von Ventadorn (Mahn* 1, 37) ai dieus! ara fosson trian li fals drut el fin amador, quel lauzengier el trichador portesson corn el fron denan! hiure *C:* noch *A.* 2 maniger *C,* meneger *A.* 3 dest *C:* des *A.* 5 *da alle Zeilen auftaktlos sind, so ist zu lesen* sus klag ich *oder* alsus klage ich bluomen. vogelin *C,* vogelline *A.* 7 manegen *A.* 9 daz *C:* des *A.* 13 in *fehlt A C.* 17 nahtegal *A C.* 18 mühte *C,* mohte *A.* 21 *so C:* gvggvz *A.* tistel *C.* destel *A.*
25—36 = 8 *A. Hagen* 3, 328b. 30 och *A.* 31 sweles *A.* 33 si haben *A.*

LI. Hêr Rubin.

1 = 16 *A. Hagen* 1, 314a. *Bodmer* 1, 168a. *Interessant als eine Probe von Liebesfragen, die eine Frau zu entscheiden hat. Die Frau mit drei Bewerbern erinnert an die provenzalische Tenzone zwischen Savaric von Mauleon, Gaucelm Faidit und Uc de la Bacalaria (Raynouard* 2. 199). *Vgl. Wackernagel, Zeitschrift* 6, 292. 3 drin. *nicht* drin, *habe ich geschrieben, weil der Dichter auch* in (: bin) *sprach* 52, 3 *C.* 9 ist aber *A,* ist aber si *C.* 11 wurde *C:* wirt *A.*
13 = 26 *A. Hagen* 1, 315a. *Bodm.* 1, 169a. 17 Fro *C:* dv *A.* 18 *so C:* ist si *A.*
22—51 = 144—146 Walther *A* (37—39 Rubin *C). Hagen* 1, 315b. *Bodm.* 1, 169b. 24 a'le *A.* al der *C. doch wäre* alle *nicht falsch.* 25 aber *A C.* 31 der sage *A C.* 33 senfte *C:* sanfter *A.* 36 ol] och *A,* es *C.* 51 sin *C:* si *A.*
52—75 = 17 *A.* 65. 66 *C. Hagen* 1, 318b. *Bodm.* 1, 171b. 54 mueze *C:* muoz *A.* 57 fründes *C:* vreunde *A.* 66 mueze mit fröiden *C.* 67 mère *fehlt C.* dem *C.* 75 et *fehlt C.* stên : sên *ist ein bei einem oberdeutschen Dichter auffälliger Reim; vielleicht ist* gên *statt* sên *zu schreiben.*
76 = 19 *A. Hagen* 1, 319a. *Bodm.* 1, 172a. *Ich habe diese und die folgende Strophe, wenn sie auch denselben Gegenstand behandeln, nicht zum vorigen Liede gezogen, weil die drei ersten ein abgeschlossenes Ganze bilden.* 77 welte *A.* 80 *so A* (ich enbin): den liuten allen holt noch allen niht gehaz *C. dem Sinne nach richtig, aber um einen Fuss zu lang. Dem Dichter scheint ein Spruch Walthers* (XXI, 243—252) *vorgeschwebt zu haben.* 81 ie *C:* nie *A.* 83 dirre] der *A C.*
84 = 18 *A.* werlt *C:* welt *A.* 88 wie er ab allen guoten dingen ge *A,* wiez ab allen dingen ge *C.* 89 mère *fehlt A C.* 90 *so C:* bloss so suoze niht *A.* 91 in *C: fehlt A.*

LII. Hêr Wahsmuot von Mülnhûsen.

1—16 = 3—4 *C. Hagen* 1, 327a. *Bodm.* 1, 178a. 4 úwer arbeit *C. Ursprünglich wohl* ûwe arebeit, *denn des Dichters Sprache neigt zum Mitteldeutschen. Er gebraucht* spuot 16. schöne *(adj.):* kröne 14. 5 wolt = woldet, *wie* beit = beitet 8. min *für* mir *zu schreiben läge nahe.* 6 arbeiten

C. 8 ein lützel *Hagen: fehlt C.* 9 über *C.* 10 mite *fehlt C.* 11 Tschampanige *C.* 14 sô *Hagen: fehlt C.*
17—30 = 5—6 *C. Hagen* 1, 327ª. *Bodm.* 1, 178ª. 22 were *C; ebenso kürzt der Dichter* krôn 2, 5 *C; und sogar im Reime* ich mein (: ein) 10, 5 *C.* ir reimt *auf* mir *in der folgenden Strophe.*

LIII. Marcgrâve Heinrich von Missen.

1—16 = 9—10 *C. Hagen* 1, 13b. *Bodm* 1, 5b. liebe *C.* 2 dien *C u. s. w.* 3 si *C, immer.* 5 Si ist *C.* 9 Ich lrôwe mich das ich *C.*
17—52 = 11—13 *C. Hagen* 1, 13b. *Bodm.* 1, 6ª. *Vgl. Walther* 93, 20 waz hât diu werlt ze gehenne liebers danne ein wîp. 23 in *C.* 24 si in *C. Aus der Stellung des* si *im Hiatus auf der Hebung ergab sich die Schreibung* sic. 28 *ähnliche Verwünschungen gegen die Merker, die* huote, *wie hier und* 40 *sind häufig: Rudolf von Rotenburg* (*Hagen* 1, 75ª) daz die vor kirchen lægen! 1, 75b der die dar umbe hienge. 29 schone *C.* 33 si ist *C.* 37 'wer sich dem entgegenstellt, widersetzt.' *Vielleicht ist zu lesen* sich des underwinde, dêr (= daz er) frouwen *u. s. w.* 41 zuhtflieher üch *C.* 45 zuhtflieher nu flüh nu flûh *C.*

LIV. Der von Scharpfenberc.

1—35 = 1—7 *C. Hagen* 1, 349ª. *Bodm.* 1, 194b. *Die Strophe ist untheilbar wie viele neidhardische. Der Dichter ahmt Neidhart nach; die erste Strophe seines zweiten Liedes* (*Hagen* 1, 350ª) *ist fast ganz Neidhart entlehnt. Auch das Vorbild dieser Strophenform ist in Neidhart zu finden, Haupt* 6, 19

    In dem tal
    hebt sich aber der vogele schal.
    si wellent alle grüezen nû den meien.
    den wolgemuoten leien
    den wil ich helfen reien.

12 nach *C, vgl.* 32. 13 das din muot *C.* 23 from *C.* hüte *C.* 26 hüte *C.* 31 Nu *C.*

LV. Hêr Wahsmuot von Kunzich.

1—30 = 4. 1—3. 8 *B: in der Reihenfolge von C. Hagen* 1, 302ª. *Bodm.* 1, 160ª. 2 dú *C:* die *B.* ir sang *BC:* iren *erfordert der Vers.* 9 kumt *C:* kumet *B.* 10 mines *BC.* 13 sinr *C:* siner *B.* 17 durch herzeliep *BC.* 18 der wais *BC.* 23 wan swenne ich si aber *BC.* 24 sone *C:* so *B.* 27 ob si *C,* obe si *B.* 28 diu *fehlt BC.* 29 wie möhte si ane *BC.* 30 grosse *BC.* als si *BC.*

LVI. Gedrût.

1—18 = 1. 2 *A. Hagen* 3, 332. 3 si ime *A.* 6 eime *A.* 7 kant ein virgelin *A.* stvnt *A.* 13 unsich *fehlt A.* 16 virgerlin dc si *A.* 17 kustiz *A.* 18 ich ez *A.* ich enmohtez *A.* genvgen *A.*

LVII. Hêr Geltâr.

1 = 3 Gedrut A (1 Geltar C). Hagen 2, 173ᵃ. Bodm. 2, 119ᵃ, lihte AC: verkürzt wie wær 3. 2 nenmen A, nennen C. 3 so C: were min lip A. 5 Mergersdorf ist ein Pfarrdorf in Oesterreich unter der Enns. 9 in der Hss. 10 = 4 Gedrut A (2 Geltar C). Hagen 2, 173ᵃ. Bodm. 2, 119ᵃ. Wan AC. inme C: in mime A. 3 weren vier AC: der Vers muss auftaktlos sein wie auch 15. 19. kappen C: knappen A. 13 meiden ist vorzugsweise bei österreichischen Dichtern gebräuchlich. 16 verluse AC. 17 hübschen C, hubeschen A. Aehnliche Gesinnung spricht der Stricker in einem Gedichte aus, das in Hagens Germania 8, 295—301 gedruckt ist. 20—44 = 7—11 Gedrut A (5—9 Geltar C). Hagen 2, 173ᵇ. Bodm. 2, 119ᵃ. Die erste Zeile jeder Strophe hat folgendes Schema $\_ \smile \_ | \_ \smile \_$ oder mit Auftakt $\smile \_ \smile \_ | \_ \smile \_$. Doch kann man auch lesen $\_ \smile \smile \_ \smile \_$. 22 herzen AC. 23 froiwent A, fröit C. 24 der C: fehlt A. 28 daz ich AC. 35 wirde C, werde A. aber AC. 37 oder AC. 41 ein C: A hat dafür ein X, die entsprechende Zeile der andern Strophen ist auftaktlos. 42 man C: fehlt A.

LVIII. Der von Wildonje.

1—21 = 7—9 C. Hagen 1, 348ᵇ. Bodm. 1, 193ᵇ. Das Vorbild des Dichters in diesem Liede ist Ulrich von Liechtenstein. 1 sun C. 6 wan C. 8 vrôwent C. sunnen (: wunnen) C. 14 irn C. 16 herze min C: besser und gât zuo dem herzen in oder unde gât zem herzen in. 17 sprichet C. 21 in vor dem C. Der Schluss ist ganz nach der Weise des Volksliedes.

LIX. Der von Suonegge.

1—21 = 6—8 C. Hagen 1, 349ᵃ. Bodm. 1, 194ᵇ. suesse C. mich so bezwungen C. 5 gerunde C. 8 Wa gesach C. 11 werlte C. 16 das ein C.

LX. Meister Heinrich Teschler.

1—33 = 16—18 C. Hagen 2, 127ᵇ. Bodm. 2, 88ᵃ. 5 gegen C. 6 danne C. 7 wústen C. 12 gedanken C. 17 fröiden C. 19 mocht C. 32 kumet C.

LXI. Hêr Heinrich von Stretelingen.

1—27 = 1—3 C. Hagen 1, 110ᵃ. Bodm. 1, 45ᵇ. Der Eingang erinnert an das Lied des Troubadours Peire von Auvergne (Mahn 1, 89):
        Rossinhol, en son repaire
        m'iras ma domna vezer
        elh diguas lo meu afaire
        elh digua te del seu ver.

7 die Zusammenfassung der drei letzten Zeilen bei Hagen in eine erfordert der Bau der Strophe: jetzt sind die beiden letzten Zeilen des Abgesanges dem Stollen bis auf den Auftakt gleich. vrô] man C. 13 suesse C. 15 min gemuete C. 16 si ist C. 20 grôze fehlt C. 22 so fuege C. 25 din C. weist wol selbe C.

LXII. Meister Friderich von Sunburc.

1 = 2 C. *Hagen* 2, 360ª. *Bodm.* 2, 209ᵇ. werlte C: aber der Dichter reimt welt : gelt 19 C. 2 wil ichz muss einsilbig gelesen werden, wie wil 'chz: sonst könnte man auch umstellen liuten drier hande erlouben. 3. 6 sind mit Inreim aufzufassen, weil die drei letzten Zeilen des Abgesanges den Stollen wiederholen. Es reimte wohl wè : è. 9 dien C.
11 = 50 a (21 C). *Hagen* 2, 357ᵇ. *Bodm.* 2, 212ᵇ. 12 welt a. 13 dehen a, enheine C. keine C: ken a. 14 lebenes C: leben a. 16 er CJ: fehlt a. 17 gebeine CJ: leben a. 19 da si CJ: also a. 20 vro C: vor a. stete CJ: erc a.
21 = 26 C. *Hagen* 2, 355ª. *Bodm.* 2, 213ª. *Vgl. Marners Strophe* (XLII. 131). 22 güte C. 23. 27. 28 bete C. 31 kume ich C: sich verlangt der Sinn und ist daher schon von Bodmer gesetzt. küm ist wie gern für gerne im Reim (: wern) 9   36 wegen dieser Schlusszeile von sieben Hebungen die beiden letzten Zeilen des Stollens zusammenzufassen war deswegen nicht so sicher, wie beim vorigen Tone, weil Stollen und Abgesang sich hier nicht genau entsprechen.

LXIII. Meister Sigehêr.

1—70 = 1—7 C. *Hagen* 2, 360ª. *Bodm.* 2. 219ᵇ. *Vgl. altdeutsche Blätter* 1, 88, wo bemerkt ist, dass die Zeilen 191—212 des dort abgedruckten Gedichtes Umarbeitung von Sigehers Liede sind. 7 zederboum (: himelstraze); ein Reimwort muss entstellt sein: es stand die Wahl zwischen zéderwàz, und himelstroum, wie Haupt vorschlägt. himelstráz, wäre wie schuol 29. aurôr 37. 10 got C. 12 vil fehlt C: der Auftakt gebricht keinem Verse. 13 tugenden C. 18 sagerere C: besser vielleicht du drivalt sagerære. 20 susse C. 22 gelichen C. 28 boh C. 29 tugenden C. 37 aurore C. 39 kôr] kore C, *Hagen* bessert trôr, *Bodmer* krone. 42 geliches altd. Bl. 1, 85] gelichet C. 44 hàst gewhasen ist nicht oberdeutsch; es zeigt wie gelîchen 22 u. a. dass der Dichter Spuren nicht oberdeutscher Herkunft nicht ganz verleugnen konnte. 45 witzen C. 49 du herzen altd. Bl.: des h. C. 51 geburt C. 58 sterke C. Die Verse 54—63 sind bei Hagen ausgelassen.
71 = 18 C. *Hagen* 2. 362ᵇ. *Bodm.* 2, 221ª. 74 gekront C. 75 tugende Fruotes C. 77 tugenden der e pflak C. 78 leige C. 83 als ob C: die andern Strophen haben Auftakt. manoden C.

LXIV. Hêr Walther von Klingen.

1—35 = 11—15 C. *Hagen* 1, 72ª. *Bodm.* 1, 30ᵇ. 3. 4 úch C. 10 wande C. 19 die ich C. 29 Suesse C. 30 das si C.
36—63 = 22—25 C. *Hagen* 1, 73ª. *Bodm.* 1, 31ᵇ. 38 Die vögel C. 42 arbeit C. 48 als gemeinsames Subject zweier Sätze. 52 der einzige Vers in diesem Liede, der Auftakt hat. Der Dichter ist nicht immer ganz streng in Bezug darauf: doch habe ich 63 gèn für geben aus des Auftakts wegen geschrieben. Hier wäre die schweizerische Form mun (statt mügen) für kunnen denkbar. 61 aber C. 63 geben C. über C. gèn ist conjunctiv für das gewöhnlichere engèn.

LXV. Künic Kuonrât der junge.

1—21 = 3—5 *C. Hagen* 1, 4b. *Bodm.* 1, 1b. 5 *man könnte leicht umstellen* uns wils; *doch ähnliche Kürzungen wie hier* mei *sind* llht 17. wær 2, 4 *C*, *und in der Senkung* wolt si 2, 1 *C*. meie *stand* 2. 17 lihte.

LXVI. Meister Rûmzlant.

1 = 11 *C. Hagen* 2, 369a. *Bodm.* 2, 225a. *Die Auflösung des Räthsels* Marner *ist in C am Rande von alter Hand beigeschrieben*. rint *J: fehlt C*. *nach J:* rate enrûche nach meisterlicher *C*. 3 geworden: *in niederdeutschen Mundarten scheint diese Form zuerst vorzukommen, ebenso* gevunden: *vgl. zu Albrecht von Halberstadt* 1, 993. 6 der *J: fehlt C*. 7 von *J:* vor *C*. gel *C: nur die Form* mit â *ist durch Reime belegt*. 11 = 37 *J. Hagen* 3, 56b. *Wackern.* 749, 25. diu vische *J*. 13 syllaban *J*. 17 sasen also vil also *J*. 19 sunte *J*. 21 = 24 *J. Hagen* 3, 55a. 25 einen *für* einem *so wie allen* 27 *habe ich nicht entfernt, weil diese Schwächung des* m *am häufigsten bei mittel- und niederdeutschen Dichtern vorkommt*. 27 an alle truwe *J*. 28 an dem kür *J*. 30 lodewich: *dass der Dichter* ch, *nicht* c, *am Schlusse sprach, lehrt der Reim* Brûneswich : rich 72 *J* (*Hagen* 3, 62a).

LXVII. Meister Singûf.

1—52 = 3—6 *J. Hagen* 3, 49. *Wackern.* 751, 8. 7 also alt *J*. 10 stichet *J* (*bei Myller* sichet). 12 wider vuz noch *J*. 15 manigen spehen *J*. 20 nider *Hagen: fehlt J.* an die helle grunt *J*. 22 abgrunde *J*. 26 dar *Hagen:* da *J*. 27 Rumelant *J*. *Die dritte und vierte Strophe sind in der Handschrift umgestellt*. *Die vier Meister sind nach Hagen* 3, 65 *der Meisner,* Konrad von Würzburg, Hellefeuer *und der Unverzagte.* Sygvf *J*. 29 tzu zalen *Myller,* ze raten *Hagen, ohne eine Variante anzugeben*. 32 selben *J*. 7 vullen *J*. 34 wie ist *J*. 38 do er *fehlt J*. vûrde *J*. 39 getichtet *J*.

LXVIII. Meister Stolle.

1 = 10 *J. Hagen* 3, 5a. 9 unteres *J*. 11 ouch *Hagen:* ol *J*. 12 vûrmu (*Loch im Pergament*) *J*. 13 daz ist *J*. 15 vienden scaf *J*. 16 = 11 *J. Hagen* 3, 5a. *Wackern.* 751, 31. kunine *J*. ne git *J*. 17 erne git *etc J*. er ist *und so immer J*. rehte *Wackern.: fehlt J.* 21 vollenkomen *J*. 26 tugenden *J*. 30. 31 rodolf swaz eman *J. Die Zerlegung der letzten Zeile in zwei ergab der Vergleich mit dem Stollen, dem der Schluss des Abgesanges bis auf das Reimgeschlecht entspricht*.

LXIX. Meister Kuonrât von Würzeburc.

1—33 = 31—33 *C. Hagen* 2, 318b. *Wackern.* 755, 4. 3. 6 *habe ich als éine Zeile gefasst, weil sie dem Schlussverse des Abgesanges genau entsprechen*. 12 vogellin *C*. 18 spilnder *C*. 20 mir ungemüete *Wackern.:* min gemuete *C*.

31—54 = 53—55 C. *Hagen* 2, 322ʰ. *Wackern.* 756, 20.
55—66 = 75—77 C. *Hagen* 2, 326ʰ. 5 wunde C. 63 Genade C.
67 = 100 C. *Hagen* 2, 331ʰ. *Bodm.* 2, 205ª. *Denselben Stoff behandelt ein Beispiel des Strickers, bei Wackernagel, Lesebuch* 619, 10. *Es scheint Konrad vorgelegen zu haben: einzelne Ausdrücke erinnern daran.* türsten C. 70 dasse alle wurdent C. 72 türste C. du enmaht C. 73. 74 dö du selbe zwelfte wære, hetet ir iuch dö gewert, sö möhtest du dich hân ernert *Stricker* 621, 11. 75 dem türsen tuot geliche ein übel herre riche, der ein geslehte vertriben wil *Stricker* 621, 16.
82 = 111 C. *Hagen* 2, 334ʰ. *Wackern.* 760. 20. 83 résen C. 94 einen C.

LXX. Boppe.

1 = 1 C. *Hagen* 2, 377ª. *Bodm.* 2, 230ʰ. 2 so J: Durh sinde C. 3 uber C. 6 mers C. 8 manlih C. 11 weben J: birt C. 16. 17 so J: mit ir solte leben gar tusent iar C.
19 = m. *Hagen* 2, 382ª. *Auch in der kolmarer Handschrift* 545ᶜ (S. 56). 21 triuwe *m.* 28 ze *fehlt m.* stemphanten: *ich habe die gewöhnliche Form gesetzt. Vgl. Teichner (Karajan)* S. 37. 59. 31 dar *m.* in ein *m.* 32 einen *m.* 34 hete *m.* 35 und wis *m.* 36 und *Hagen: fehlt m; vgl.* 18.

LXXI. Der wilde Alexander.

1—144 = 412ᶜ C. *Hagen* 2, 364ª. 1—20. *Die beiden ersten Absätze sind die einzigen, die einem regelrechten Baue, aus zwei Hälften bestehend, widerstreben. Zwei gleiche Theile würden bilden* 1—3, 4—6, *und wiederum* 13—16, 17—20: *die dazwischen liegenden Zeilen* 7—12 *sind keiner Theilung fähig.* 2 daz daz J: daz C. 10 balde *fehlt* C: *ergänzt aus* J *und* W (*Wiener Hs.*), *die aber sonst abweichen.* 17 *vgl. Albrecht von Halberstadt* S. CXX. CCLIX. 21 ein J: *fehlt* C. 25—28 in C nach 44. 27 ane C. 32 gegen C. 33 si W: si sich CJ. 44 so J: lieb ist leides C. 47 leit JW: lide C. 48 als noch minnen gernde (minne gerne J) tuot JW: alse noh lieb nah leide tuot C. 53 swenne in diu minne Hss.: *der Vers muss auftaktlos sein, darnach wäre zu lesen* diu minn, *was in* dáz kint 135 *Analogie fände.* 55—58 so JW: minne wiltu daz ich dich vñ dinen schilt gar wunneklich dinem fründe t. b. C. 65 wæne] wen W, er J, *fehlt* C. 66 dön *ist das Feldgeschrei.* 67 nemen C. 69 naket C. 74 flüge C: flügel *schreibt Hagen nach* JW, *doch vgl. mhd. Wörterb.* 3, 344ª *und Meleranz, Anm. zu* 9281. 80 ouch JW: *fehlt* C. 91 begee oder C: *die Reime zeigen nur die Form mit* a. 109 Gewunt C; *vgl.* gwunnen 141. 112 schinet C. 114 *der Auftakt schwindet, wenn man über den Verschluss hinüber elidiert.* 131 daz JW: *fehlt* C. 133 dinen C. 136 den W: der CJ: *wenn* CJ *recht haben, dann reimte der Dichter* uoben: truoben *und es ist zu lesen* der sol niht entruoben, '*nicht traurig sein.*' 141 gewunnen Hss.
143—193 = 30—36 J. *Hagen* 3, 30ʰ. *Wackernagel*¹ 695. bevorn J: dies Form durfte bei einem Dichter, bei dem alles auf Oberdeutschland hinweist, nicht beibehalten werden. kinder J. 147. 148. 157 wesen : desen : besen J. 148 wider her *Wackern.*: her wider J. 152 gedenke J. 154 wellich die schoneste J. 158 get J. dis tzil *hat Myller.* 159 liefe wir ertberen J. 165 get J. 167 gestern J. ertheren J. 170 unsen hirten J. 172 get J. 176 pherdelin *Wackern.*: pherierlin J. 180 get J. 184

rumen : vûr sumen J. 186 uwer J. 187 wizzent J. 189 kuninc J.
191 wante J.

LXXII. Hêr Kuonrât der Schenke von Landegge.

1—50 = 21—25 C. *Hagen* 1, 353ª. *Bodm.* 1, 197ª. 15 dú ist C.
17 danne C. 18 swanne C. 26 *der Dativ* grunt *ist wie* pfat 142. 28
unde C. 41 kônde C. 47 bedenket C: *die Kürzung ist nicht stärker
als* gebrist (: ist) 74 C. verswint (: sint) 82 C.
51—102 = 44—47 C. *Hagen* 1, 356ª. *Bodm.* 1, 199ª. 72 die ich C.
75 mir gelükes C. 77 Die ich C. 78 alle C. 92 die ich C. 96 suesse C.
103—143 = 58—60 C. *Hagen* 1. 357b. *Bodm.* 1, 200b. 104 wie es C.
107 het C. 109 rife C. in *mit Bezug auf die in Frankreich gedachten
Bewohner.* 110 Sène C: *Walther sprach* Seine 31, 13. 111 ene C:
nach Hagen 3, 644b *ist* Aisne *gemeint.* 123 wûne C. 124 vrije C.
126 Hanegôwe C. 132 gibe C. 140 herze C. 142 das C.

LXXIII. Der Schuolmeister von Ezzelingen.

1 = 5 C. *Hagen* 2, 138ª. *Bodm.* 2, 93b. *Vgl. den ähnlichen Spruch*
LXVIII, 16. *und meine Meisterlieder Nr.* 134. úch C. 2 hant C. 3 ein
niht C. 5 enruochet wie es im erge C. 7 bedorften C. 8 waren C.
10 wil er an úns C. 12 gar fehlt C. 13 hart harte kleine (*Bodm.* harte
harte kleine) C. *Der Dichter liebt es den Schlussreim mit einem versteckten
zu binden. So in* C 7 *den Reim* vil mit dem Inreim spil *v.* 8; *in* C 8 mln
mit der ersten Silbe des Abgesanges. So ist vielleicht hier dünne *statt* kleine
zu schreiben und auf künne 9 *gereimt. Dann hiess es wohl* der brâte harte
dünne, *vgl. Walther* 130.
14—34 = 11—13 C. *Hagen* 2, 139ª. *Bodm.* 2, 94b. 19 *vielleicht* sam
diu harpfen wellen. 20 wilde C. ganze C. 22 alle C. 25 *Nachahmung
von Parzival* 1, 19. 28 nu kuppelst C. 29 nu ist C. 30 trutarinne
C. 31 hort C. 32 ein ende C. 34 ganze C.

LXXIV. Süezkint der jude von Trimberc.

1—26 = 10—11 C. *Hagen* 2, 259b. *Bodm.* 2, 178b. *Vgl. Wackernagel
in Pfeiffers Germania* 5, 291. 3 darbion C. 8 fröidenbere C. *Wackernagel* wan ofte fröiden lære. 9 haben, *aus* hagen *gebessert,* C. 10 schaffet
mir C. 16 *vielleicht* sît mir. 17 das ich C. 19 haren C. 20 *dass
der Dichter ein Jude war, könnte möglicherweise erst aus dieser Stelle gefolgert sein.* 28 scheiden C.

LXXV. Der von Trôstberc.

1—21 = 1—3 C. *Hagen* 2, 71ª. *Bodm.* 2, 51b. 3 schœne C. 6 tugende
C. 10 súfte C. 13 wunsche C. 17 der C.
22—56 = 19—23 C. *Hagen* 2, 72b. *Bodm.* 2, 53ª. *Ebenso beginnt ein
Lied Neifens* 31, 27 Haupt. 23 bringet C. 24 Bluomen maniger hande
leie C, *wäre unbedenklich, wenn nicht* hande *in der vorigen Zeile stünde
und die Nachahmung Neifens ersichtlich wäre.* 31 kônde C. *der Dichter*

reimt kunde (conj.): munde 8 C. 32 wante C. 33 tretent C: dass der Dichter nicht nt sagte, scheint aus 40 hervorzugehen. 40 meinet C. 43 wellent C. 48 bitten C. 53 des wil ich mit dienste man C: man für manen hat nichts Aehnliches bei dem Dichter. 54 liebe C.

LXXVI. Hêr Steimâr.

1—50 = 1—5 C. *Hagen* 2, 154ᵃ. *Bodm.* 2, 105ᵃ. *Wackern.* 741, 19. 8 martere C. 16 leigen C. 23 danne C. 30 joch C. 35 als C. 50 daruf C.
51—100 = 24—28 C. *Hagen* 2, 156ᵃ. *Bodm.* 2, 107ᵃ. *Eine geistliche Umdichtung dieses sehr weltlichen Liedes sieh unter den namenlosen Liedern* 641—670. 71 frůwe C. 76 si ist C. 87 und sol C: und könnte mit dem Schlusse des vorigen Verses verschleift werden: sieh zu XXV, 259. LXXI, 114. 91—100 *fasst Hagen als Rede einer zweiten Person.* 92 mir C. 93 Si ist C. 94 *die einzige jambische Zeile, denn 63 ist si ûf zu verschleifen. Vielleicht* du hâst ir ie êre.
101—118 = 29—31 C. *Hagen* 2, 157ᵃ. *Bodm.* 2, 107ᵇ. 106 *ich habe eine Cäsur nach der dritten Hebung angenommen, wenn auch über dieselbe hinüber elidiert werden dürfte, weil die epische Verszeile in diesem volksthümlichen Liede nachgebildet ist.* 110 arn; ebenso kam: an 8 C. 116 dem C.
119—142 = 50—52 C. *Hagen* 2, 159ᵇ. *Bodm.* 2, 109ᵃ. 119 von hinnen C. sumer *einsilbig zu lesen und* von hinne *zu schreiben ist nicht gestattet, weil Steimar* summer *als klingende Cäsur braucht* 13 C. 126 das ich C. 128 dú ist C. 129 ir minne C: *ich habe irre geschrieben, weil der Dichter sagt* iriu bant 36 C, *und weil diese Zeile immer Auftakt hat.* 134 beschuehe C. 135 gar wol C. wær *verkürzt wie* C 20, schier C 20. *und im Reime gern* C 12, kern C 16, strâf C 19, *in der Cäsur* solt C 18. 138 *diese Zeile könnte gegen den Inreim sprechen, den Hagen mit Recht angenommen hat, während er den zweiten nicht beachtet. Man muss hier sprechen* schalten wagen *oder besser* schalten *mit schwebender Betonung lesen.* 142 schuehe C.

LXXVII. Der Kanzeler.

1 = 14 C. *Hagen* 2, 390ᵃ. *Bodm.* 2, 240ᵃ. Manig C. 4 betiuten C. *oder* wil ich *ist einsilbig zu lesen.* 5 wie es C. 7 zavel C. 8 hof C. 10 sinnen C. 13 ahtode C. 18 die *Bodmer:* dê C.
20 = 63 C. *Hagen* 2, 397ᵃ. *Bodm.* 2, 245ᵇ. 21 kanzler C. 22 kúnnet C: *ich habe* kunnet *geschrieben, weil der Dichter reimt* kunnen (: wunnen, sunnen) 47 C. 33 des C. 35 schúhet C.
36—59 = 52—54 C. *Hagen* 2, 395ᵇ. *Bodm.* 2, 244ᵃ. *Jch gebe dies Lied als eine Probe überkünstlicher Töne; ihm vergleicht sich Konrad von Würzburg* 2, 326ᵃ. b. Helfent C: *der Dichter reimt* wizzet (: mizzet) 67 C; *ganz aber ist ihm* nt *nicht abzuerkennen, vgl.* ir munt: ir sunt 5 C. 37 suln C: sun *wegen* ir sunt 5 C. 42 schouwent C. 47 kleinú C. 49 hœret C. 51 ouch *Hagen: fehlt* C. 55 mugent C. geschaden C. 59 von rehten schulden C.

LXXVIII. Herman der Damen.

1 = 9 J. *Hagen* 3. 163ᵃ. *Wackernagel* 851, 8. wâge : zage, *so geschrieben wären die Reime klingend, wie der Dichter ähnlich reimt* schamen

âmen *Leich* 39, *und wie hier* wâge (libra): zage 16 J; jâren : sparen, name: krâme *u. s. w.* 5 *ohne Auftakt: wahrscheinlich* mich verre triben wil. 6 ich gutes *J.* 7 *auch diese Zelle muss Auftakt haben: etwa* und gütes kan getichten. 8 wollen *J.* 14 gemeyne *J.* 15 *Wackernagel nimmt nach* bl *keinen lnreim an, der hier wie öfter in die Senkung fällt. Allerdings ist der lnreim nicht in allen Strophen dieses Tones: aber dann ist die Schlusszeile auf andere Weise gebunden, wie in* 7 *J mit* 11 *und* 13, *in* 10. 12. 16 *J mit* 5 *und* 10, *in* 11 *J mit* 6 *und* 8, *in* 13 *J und* 14 *J sind die Schlusszeilen als Körner mit einander gebunden.* 18 = 10 *J. Hagen* 3. 163ᵃ. *Wackern.* 852, 8. *Simrock*, *Wartburgkrieg S.* 274. Robin *J.* 19 Vriderich der sunnenburgere *J.* 22 gebe *J.* 29 tzwier *J: die Herausgeber schreiben* zweier; *aber der Dichter reimt* zwier: drier 20 *J* (3, 165ᵇ) *und so ist auch* 19 *J* (165ᵃ) *zu schreiben* zwin: drin; *denn* ei *für* mhd. 1 *liefe der Mundart des Dichters zuwider.* 31 tzwene *J.* 32 unde cbene *J.* 35 = 30 *J. Hagen* 3, 167ᵇ. trere : vere : bere *J.* 38 haschat *J.* 52 = 32 *J. Hagen* 3, 168ⁿ. *Ettmüllers Frauenlob S.* XXII. 59 gcheiles wynne *J: die Betonung ist wie* 30. 60 *nach Hagen* (3, 752) *Beziehung auf Reinmars von Zweter Spruch* 36 (*Hagen* 2, 183ᵇ). 62 der selden *J.*

LXXIX. Meister Heinrich Vrouwenlop.

1—35 = 1ᵇ *m. Ettmüller S.* 348. 2 sender *F:* sende *m.* 12 zæme *F:* tzimt *m.* 14 *so F:* dat wort myn jughet maket gra *m.* 17 swem *Ettmüller:* wen *m,* wenn *F.* 27 wenn *F*, sam *m.* 28 halp dat leben der trost an het *m*, hilff das leben trost an het *F. Ettmüller* half: dâ Iwân tröst an het. *Der Sinn ist 'wie schlimm auch dem Iwein seine Herrin (Laudine) that, so half ihm doch Lunete, an der er lieben Trost hatte: ich habe keine Lunete, die mir hilft.'* 33 halden *m F: Ettmüller* und *Hagen* schreiben hulden, *was bedenklich scheint.* halden *ist von dem Spiel entlehnter Ausdruck, und bedeutet hier übertragen* 'helfen.' 36 = 105ᵃ *J. Ettmüller S.* 57. 36—187 *sind im langen Tone Frauenlobs.* 40 müesten *J.* 45 tzuo schuolle *J.* 46 wa nu din *J.* 47 werdet nuwer k. *J.* 48 inch *Ettmüller:* uf *J.* 49 hof *Ettm.:* hoven *J.* 52 wan] niur *J und Ettm.* 53 nim *Ettm.:* geb *J.* 55 = 105ᵇ *J. Ettmüller S.* 58. *Aehnliches Gedicht in meinen Meisterliedern Nr.* 22. 59 negen *J* und *Ettmüller.* 64 *die von Ettmüller vorgeschlagenen Besserungen sind unnöthig: 'zum Harnischmacher gehört der Harnisch' ist vollkommen genügend,* ein *Verbum braucht in sar nicht zu liegen. Ebenso stekt* dem munche zimt sin klôster. 65 enbeidenthalp *J und Ettmüller.* 67 ist *Hagen: fehlt J.*
74 = 105ᵇ *J. Ettmüller S.* 58. 76 in *J.* 85 schuy wie schuy *J.* schuwl schuy *Ettmüller.* 90 enhât *Ettm.:* hat *J.*
93 = 105ᵇ *J. Ettmüller S.* 59. 95 wierde : zierde : begierde *Ettmüller.* 103 nach *F:* in *J.*
112 = 45 *C. Ettmüller S.* 59. 113 man dâ *C und Ettmüller.* 114 so *J:* m. r. und mit h. *C.* 117 und des habches klemmen *C: nach J* gebessert. 121 so *C:* der riche spruch kan reichen *C.* 122 tragen *J.* gent *C.* 124 Der hof ist habt *C,* Her kunic ir habt *J.* 128 ir *J:* des ir *C.* 129 nach prise *J:* ze noeten *C.*
131 = 105 *J. Ettmüller S.* 85. *Wackern.* 853, 1. entpfân *Ettmüller.* 137 zimst *Ettmüller.*

150 = 106ª J. *Ettmüller* S. 97. *Herzog Heinrich von Meklenburg starb 1302*. 154 ginc J: ganc *Ettmüller*. 162 ère *Ettmüller*.
169 = 210 E. *Ettmüller* S. 102. *Meisterlieder* 15, 39. den K: *fehlt E L. Ich verzeichne von hier an nur die Abweichungen von Ettmüller*. 173 ouch goles richs *Ettmüller und E L: gebessert nach K*. 175 geschach *Ettmüller: besser vielleicht* dem schach. 177 so K: wart betrogen *E L und Ettmüller*. 179 so K: dâ wart ouch *E L und Ettmüller*.
188—211 = 78ª F. *Ettmüller* S. 128. *Im kurzen Tone*. 206 Der nie leuen F: den nie sin lûne *Ettmüller*. 208 Als F: Sam *Ettmüller*. 209 wagen *Ettmüller*.
212 = 27 C. *Ettmüller* S. 151. *Meisterlieder* S. 332. *Diese und die folgende Strophe sind im grünen Tone*. 217 mir C K: ouch F J und *Ettmüller*. ûf C: ze J K und *Ettmüller*. 219 gedencke K, von gedanken C J und *Ettmüller*, mit denken F. 220 tücke K, dügge C, zucke *Ettm. und* J, zubte F. 223 des *alle Hss*. min herze C, mym hertzen K, min leben J. swer J K, swere C. *Ettmüller mit F* des gienc min leit entwer; *vgl. Meisterlieder, Anm*. zu 52ª, 12. 225 kranke C F: swache J K und *Ettmüller*. 230 doch schaz in tugent ist gên mir ein kumber *Ettm. mit J:* doch *fehlt C K F. Die meisten Schlusszeilen dieses Tones haben männliche Cäsur nach der vierten Silbe*.
231 = 109ª J. *Ettmüller* S. 151. 231. 234 Vrowe *Ettmüller*. 239 etc glücke *Ettm*. 242 was ez *Ettm*.
250 = 110b J. *Ettmüller* S. 180. *Im zarten Tone*. 255. 260. 267 bei *Ettmüller je zwei Zeilen*. 266 magel *Ettmüller*.
268 = 7b F. *Ettmüller* S. 202. *Im neuen Tone; ebenso die folgenden*. 272 sende sweren F: sende swere *Ettmüller*. swêren *ist infinitiv*. 275 *Ettmüller vermuthet in der Anmerkung* in êren vrô. dô *könnte für* dou, tou *stehen;* in dem touwe swanzen, waten *sind in der Lyrik häufige Bilder. Oder ist an das* alts. thau, ags. dheav '*Sitte*' *zu denken?* vgl. *Graff* 5, 87. *Ein Substant. muss in* dô *liegen, denn zu jedem der andern Begriffe* Zucht, Sälde, Klarheit, *ist ein Substant. beigefügt*. 276 vol *Ettmüller*. 279 Êre *Ettmüller*. 280 lust bernde F: heil lust berndiu *Ettm*. 284 enwart *Ettm*. kein lip; umb sich *Ettmüller*.
285 = 8ª F. *Ettmüller* S. 203. 287 da von F. gleich F. *Ettm*. doch ich ir glîche nie gesach. 297 der ir volbluomte *Ettmüller*. 301 diu reine klâre mit *Ettmüller*.
302 = 31 n. *Ettmüller* S. 225. *Priamelartiger Spruch im vergessenen Tone*. 305 nâchgebûren *Ettm*. 306 ungewizzenlichen *Ettm*. 307 alie *Ettm*. 308 man sin *Ettm*. und n. ingert n, gert *Ettm*. 310 alten (: walten) *Ettm*. 312 valsche *Ettm*. 313 sal is dem alles n: sol dem ez allez *Ettmüller*.
314 = 4b F. *Ettmüller* S. 232. *Im goldenen Tone*. 319 nâch dir *Ettm*. 322. 330 *sind die Pausen von Ettmüller übersehen worden*. 326 ein des F und *Ettm*. 327 swerung F und *Ettm*. 328 dîner *Ettm*.
334 = 339b C. *Ettmüller* S. 244. 343 dîn hôhe kunst, Virgilius *Ettm*. 352 Sælde kerel C, Sælde kêrt *Ettm*.
353 = 339b C. *Ettmüller* S. 244. 355 rehte eime affen C: reht als ein affe *Ettmüller*.

LXXX. Marcgrâve Otte von Brandenburc mit dem pfîle.

1—21 = 10—12 C. *Hagen* 1, 22ª. *Bodm*. 1, 4b. Rument C. 9 die ich C. 20 aber C.

LXXXI. Herzoge Heinrich von Presselâ.

1—55 = 4—8 *C. Hagen* 1, 10ª. *Bodm.* 1, 3b. *Wackern.* 803, 31.
4 iclage *C.* 11 dur *C.* 15 liebe *C.* 16 wanne *C.* 19 an m: fehlt *C.*
23 *ff.* dien *C.* 27 vogelin *C.* 28 gegen *C.* 30 swenne *C.* 31 und
Fm: fehlt C. 33 dir m: mir *C F.* 38 schaffene *C.* 40 dur hitze *C.*
53 ir *Hss. und Ausg.*

LXXXII. Herzoge Jôhans von Brabant.

Ich habe von seinen schönen Liedern ein paar aufgenommen, wiewohl sie nach ihrer niederländischen Fassung nicht eigentlich in den Kreis dieses Buches gehören. In der Herstellung habe ich mich an Hoffmann von Fallersleben (in *Pfeiffers* Germania 3, 154—161) angeschlossen.
1—36 = 1—3 *C. Hagen* 1, 15ª. *Bodm.* 1, 7ª. 3. 11 ende *Hoffm.* 14 trooste *Hoffm.* 16. 28 ghenade *Hoffm.* 29 *die entsprechenden Verse sind auftaktlos:* in senender noot *Hoffmann und C.*
37—57 = 4—6 *C. Hagen* 1, 15b. *Bodm* 1, 7ª. Eens *Hoffm.* 39 bogaerkyn *Hoffm., der dem Verse eine Hebung zu wenig gibt. Eher wäre* 45 *die verkürzte Form anzunehmen, weil die entsprechenden Verse auftaktlos sind.* 42 die ander sanc na *Hoffm.* 46 dat soete *Hoffm.* 51 dalreschoonst *Hoffm., mit einer Hebung zu wenig. Der klingende Ausgang vertritt die vierte Hebung: vielleicht aber ist das Reimwort* saen *ausgefallen.* 55 woudese *Hoffmann.* haren *Hoffm.* 56 stâ : staen *Hoffmann.*
58—81 = 7—9 *C. Hagen* 1, 16ª. *Bodm.* 1, 7ª. 59 woutvoghelkinen *Hoffmann.* 61 sien *müsste zweisilbig gelesen werden: im Refrän ist* siet *einsilbig, daher wohl* sien *verschlnen.* 62 under *ist zu streichen: es belastet den Vers und ist für den Sinn nicht nöthig.* 70 neen vrou Venus *Hoffmann: um eine Hebung zu kurz. C hat* nein frouwe Venus. 75 ende beidemal *Hoffm.* 78 dats al te haert *Hoffmann: zu kurz.*

LXXXIII. Künie Wenzel von Beheim.

1—50 = 1—5 *C. Hagen* 1, 8ª. *Bodm.* 1, 2ª. 2 so *F:* ze lielichte betaht *C.* 10 wem es *C.* 16 gegen *C.* 21 als *F:* alsam *C.* 23 ir *F: fehlt C.* 31 endarf *Hagen:* darf *C.* zwâr *vergleicht sich mit* gæb din munt 8, 8 *C.* 32 hat *C.* 37 dien *C.* 41 pfleg *F,* pflegê *C.* 43 hett *F:* hat *C, vgl.* 32. 44 mis *C.* 46 min *F: fehlt C.* 47 von gesprechen *ist wunsch und tac abhängig: 'nicht anzureden vermag.'*

LXXXIV. Wizlâv.

1—60 = 29—31 J. *Ettmüller* S. 42. *Ich gebe den Text nach Ettmüllers Herstellung ins Niederdeutsche und verzeichne nur Abweichungen.* 2 for *Ettm. und so immer* f *im Anlaute.* 12 fogelin *Ettm.* niwen *Ettm. immer.* 15 *ein Adject. muss gestrichen werden, weil der Vers sonst zu lang ist. Den Auftakt zu ergänzen, den die entsprechenden Zeilen haben, lese man* und dorch de rêne werde wif. 21 meije sik *Ettm.: vgl.* 28. 75. 24 kumber *Ettm.* 27 minningllet *Ettm.* 29 wunnengllet *Ettm.* 30 maked ûs en niwen gôt *Ettm.* 31 unden meijen *Ettm.* 32 scalle *und* untfalle

40 *sind mit zwei Hebungen zu lesen.* 33 manich *Ettm.* 42 wol *Ettm.*
44 mik *Ettm.* 48 wal *Ettm.* 54 dik : mik *Ettm.* 58 wringet *Ettm.*
61—84 = 44. 45 J. *Ettmüller S.* 50. 68 maneger *Ettm.* 79 mic
Ettmüller.

LXXXV. Grâve Kuonrât von Kilchberc.

1—32 = 1—4 *C. Hagen* 1, 23ª. *Bodm.* 1, 12ᵇ. 9 diu *fehlt C.* 13
suesse *C.* 14 suesse *C.* 19 tugende *C.* 20 herzeklichen *C.* 25 nu sin
herze *C.* 27 eht truren *C.* 29 ein lieplich *C.* 31 si ist *C.* 32 swanne *C.*
33—85 = 5—9 *C: in D unter* Nithart 30—34. *In der Folge von D
habe ich die Strophen gegeben. Hagen* 1, 24ª. *Bodm.* 1, 13ª. 40 die ich
C. 41 *die letzte Zeile jeder Strophe ist daktylisch.* 43 baidiu *B:* beide
C. 45 vrŏden *B*, frŏide *C.* 46 nun beschiht es *C*, fŭget si des *B.*
48. 49 *so B, aber gar für* dô: der mir volleklich. an die minneklichen riet
C. 56 liehtiu *B:* liehten *C.* 60—63 nack *B:* wenne sol ir roter munt
m. e. k. l. swere mich *C.* 64 Lihte *C.* 69 minnen wert *C.* 75 Swenne
B, Swanne *C.* 76 vraget *B C.* 77 sis baʒ *B:* irs *C.* 78 So *B:* Si *C.*

LXXXVI. Grâve Wernher von Hônberc.

1—21 = 10—12 *C. Hagen* 1, 64ᵇ. *Bodm.* 1, 25ª. 2 fúr in *C: von
Hagen gebessert.* 3 triuleleht: *ein Lieblingswort Gottfrieds von Neifen.*
4 het *C.* 5 Wunder an ir *C.* 8 enwære *Hagen:* were *C.* 13 hessúlich
C. 14 solt *C.* 19. 20 wert *C.*

LXXXVII. Meister Jôhans Hadloub.

1—84 = 1—7 *C. Hagen* 2, 278ª. *Ettmüll.* S. 1. 6 gewande *C.*
pilgerin *C.* 10 einen *C.* 11 tage (: klage) *und* wider : nider, wesen :
genesen 53. 57 *klingend gebraucht: sehr häufig bei Hadloup, vgl. C* 78. 93.
147. 148. 150. 174. 178. 182. 193. 13 duchte *C.* 15 næhte (: dæhte):
die Hs. nechte : dechte. næhte *wohl als* 'Nâhe' *aufzufassen: wenn von*
naht (*also* nähte : dæhte), *dann muss es heissen* in der nähte. 19 dür
habe ich durchgängig geschrieben, weil der Dichter dür : vür *reimt.* 20
balde *C.* 21 gegin *C.* 22 kême *C.* 25 si im *C.* 29 si in *C.* 31
tiefe *C.* 34 ie rehte wurde *C.* 35 frowe *fehlt, wohl durch den gleichen Auslaut von* owe *zu erklären*, *C.* 37 getorste *C.* 43 gnaden *C.*
52 gewalteklíche *C.* 58 danne *C.* 59 ginesin *C.* 61. 63 sehe : brehe
C. 68 sl *Hagen: fehlt C.* 82 das si die reinen *C.*
85—147 = 24—32 *C. Hagen* 2, 281ª. *Ettmüll.* 3. 89 zitkleit diu
leiten *C.* 94 Des ir *C.* 95 an hiuten lint der kalte wint tuot dicke
wê 167 *C.* 97 dien: *diese schweizerische Form ist für Hadloub durch den
Reim* dien : gevlien 73 *C gesichert.* 103 tete si *C.* 104 sül *reimt Hadloub auf* mül 85 *C.* 107 muge *C.* 111 *die meisten entsprechenden Zeilen
der Stollen und des Abgesanges in diesem Liede so wie in C* 8—20. 230—240
sind auftaktlos: hier muss man lesen doch send ich mln herze ir und mln
triuwe gar. 143 *ist zu sprechen* gsunt. 122 umbevieng. 127 zewâre
Hagen: zwar *C.* 134 doʒ : do das *C.* 136 duchte *C.* 138 úmbeviengúmbevie *C.* 139 kússet *C.* 140 we mir *C, nach Bodmer* was mir. *vielleicht steht* we mir. 142 hânt (: bant); *ähnliche Reime C* 106. 192. 202.
146 hilfet *C.*

148—187 = 13.) — 137 C. *Hagen* 2, 295b. *Ettmüll.* 24. 153 wunnenklichen C. 154 abeř C. 158 ouwen C 165 camandré C. 166 das es C. 169 bendichten C. 175 krankú C. 179 ane C. 184 aber C. 187 vorgan C.
188—222 = 39—43 C. *Hagen* 2. 283a. *Ettmüll.* 6. Ein *ganz ähnliches Lied, ungefähr auch derselben Zeit angehörend, findet sich in Uhlands Volksliedern S.* 718. 190. 192 notig C. 200. 201 *vgl. Wackernayel in Pfeiffers Germania* 5, 313. 209 bedunkel *Hagen:* dunket C. 213 jemerlichen C: *die Reime zeigen nur die klingende Form in* liche C 81. 126b. 141. 143. 191. 222 das si iemer C.
223—255 = 62—64 C. *Hagen* 2, 286a. *Ettmüll.* 11. 227 wol *fehlt* C. 229 Ellén gemeinet: *ebenso zu betonen ist* si swigén dar zuo 234. *und auch* 238. 241 *nach der hs. Ueberlieferung.* 234 *vielleicht* SI swingen dar zuo. 238 vnd rüfte C. 241 das ich vor Ellen bejage hinte ere C. 247 Ellen abe C. *Entweder* Ellen lâze *oder* bittent Chuonzen Ellen abe lâzen (: âne mâzen) *dünkt mich die richtige Lesart.*
256—320 = 75—79 C. *Hagen* 2, 287a. *Ettmüll.* 13. 257 gesinde C: *diese und ähnliche Kürzungen bei dem Dichter belegen die Reime* lint : sint 25 C: wint 167. grüen : küen : blüen 88. klein : bein 167 : inein 188. 265 glostende C. 266 türste C. *wie* terme 267. 267 ingewant C; *vgl.* 165 C. 270 dar inne C. 272 sprechinz C. 275 Hande C: *die Besserung ist bedenklich, weil der Wirt immer mit* du *angeredet wird. Vielleicht* Hanen entefüeze. 280 hœrt C. 287 und mache C: mache *wäre wie die zu* 229 *bemerkten Fälle: auch in diesem Liede* sorgén 358. stubun C. 294 *der Auftakt ist nicht zu dulden: wohl* dáz nẽnt si, *wie* gẽnt *für* gebent 110. *Auch* dams *für* dâ man es *begegnet* 342 *und* 108, 10 C. 295 Welt: *diese Form bestätigt der Reim* 185 C. 300 sis *Hagen:* sus C. sản *wie* umbevân C 26. 30. 137. 188. 302 diu antlüt, *muss zweisilbig gelesen werden, da der Vers auflaktlos ist. Besser* d'antlüt; *vgl.* d'arn 353. *Auch* diu amsel 316 *ist so zu lesen.* 313 sament: *diese Form belegt der Reim* (: schament) 89 C. 316 kamfte C: *oder* kamfte : samfte.
321—353 = 91—93 C. *Hagen* 2, 289b. *Ettmüll.* 16. 322 dirne, *dagegen* dirnen 348. 325 eile *verstehe ich nicht: vielleicht* geile. 342 stalte C. 346 dâ wirt *fehlt* C: *Hagen* wirt dà. 353 die ern C.

LXXXVIII. Der von Bûwenburc.

1—30 = 7—9 C. *Hagen* 2, 261b. *Bodm.* 2. 180a. 2 *fraglich ist, ob die zweite und fünfte Zeile jeder Strophe daktylisch oder trochäisch ist: sie lassen sich auf beide Arten lesen. Fehlerhaft in beider Hinsicht ist* 25, *wo, wenn man daktylisch liest, geschrieben werden muss* wer saz bî gote *und bei trochäischer Lesung* wer gesaz bî gote am râte. 5 manigem C. 6 ahtent: *auf der zweiten Silbe zu betonen.* 12 in getuon C. 15 manigem C. 15 trôibe C. 20 do wart C. werlte C. 21 *Vgl. Museum für altdeutsche Literatur und Kunst* 2, 78. 80. *mhd. Wb.* 1. 7. 25 rate C. 30 dir merer muot C.

LXXXIX. Der Guotære.

1—50 = 1—5 J. *Hagen* 3, 41a. *Die Idee zu diesem Gedichte entlehnte der Dichter wohl zunächst Konrad von Würzburg, mit dessen* 'Welt Lohn' *es an mehreren Stellen stimmt.* 3 vur ym ge J. 5 hatte J. 6 her ne sach J. *vgl.* Konr. 67 daz man nie schœner wip gesach. 7 *auch hier kann man* vür in *schreiben, wie* 3. 9 has *J.* du wære eht ie mln dienestman *Konr.* 130. 10 dar umbe bin ich komen her *Konr.* 141. hie kume ich dir 212. 14 diu Werlt geheizen bin ich *Konr.* 208. 15. 16 ich wil dich gerne lâzen sehen waz lônes dir geziehen sol 150. lônes solt du sin gewert 210. 16 *vielleicht* sich, disen lôn, *denn alle Verse haben Auftakt.* 17 sus kêrte si im den rücke dar, der was in allen enden gar bestecket und behangen mit ungefüegen slangen, mit kroten und mit nâteren. ir lip was voller blâteren 213 *ff.* 19 *vgl. Konr.* 225. 226. 22 der sie *J.* 23 wie sie *J.* sie gestalt *J.* 24 der is gra der is blint sone *J.* 25 sie sicht mit *J.* 27 leitet die *J.* 29 liebe *J.* alle syne *J.* 30 tuche sich sent sie ym *J.* 31 han: lan *J.* 36 boret *J.* 37 kerker *J; vgl. Meisterlieder* 184, 30 *Lesarten.* set: get *J.* 39 wa ist ir *J.* 41 Nu da *J.* 43 eyne *J.* 44 alle *J.* 48 diu] die *J.* 50 straze *J: die Kürzung* strâz, *ist wie lêr im Reim* 11 *J.*

XC. Der Dürner.

1—40 = 1—5 *C. Hagen* 2, 336ª. *Bodm.* 2, 209ª. 1 sich *C.* 3 vergich *C.* 5 finde ich *C: umgestellt, um einen Auftakt zu gewinnen.* 8 mir ist *C.* 9 Wisse *C.* 10 wengel *C.* 31 berueret *C.* 39 cz *Hagen: fehlt C.*

XCI. Hêr Kuonrât von Altsteten.

1—30 = 11—13 *C. Hagen* 2, 65ᵇ. *Bodm.* 2, 48ª. 3 *der Auftakt fehlt: vielleicht* daz er sol. 6 ir sint *C.* 7 bruefent *C.* bringet *C.* 8 brunen *C.* 17 sunt *C.* 18 kel *C.* 20 jugenden *C.* 21 wünschent *C.* 27 so zehant *C.* 30 wünschent *C: aus der nothwendigen Kürzung wird* et, *nicht* ent, *wahrscheinlich.*

XCII. Kristân von Lupin.

1—21 = 7—9 *C. Hagen* 2, 20ᵇ. *Bodm.* 2, 16ª. *Des Dichters Heimath bezeichnet schon C durch den Zusatz* ein Düring. 1 si schœne si herzeliebe *C.* 3 gewalteklichen *C.* 5 mê *fehlt C.* 6 niht *Hagen: fehlt C.* 10 erschriken *C.* 12 ein *Hagen: fehlt C.* selkes *C.* 13 an *fehlt C.* 14 die sint wisser *C.* 17 ir *Hagen: fehlt C.* armen *C.* 18 könd *C.* 21 *wohl* habe dir daz.

XCIII. Hêr Heinrich Hetzbolt von Wizensê.

1—12 = 4—6 *C. Hagen* 2, 23ª. *Bodm.* 2, 18ª. wünschent *C, immer* nt. si *C:* sie (ea) *reimt auf* wie 12 *C.* si: mi *C.* 2 loslichs *C.* 4 *vielleicht* wirt. 6 dur *C.* das ich tet unrecht hophegarten *C: Elision über den Inreim hinüber.* 8 die wile das wir *C.* schöne glanz, *ein Name, der auch* C 13. 16. 21 *wiederkehrt, ist als Versteckname nach Art der provenzalischen Dichter zu betrachten. Aehnlich ist gebildet* Bel Vezer *bei Bernart von Ventadorn,* Mahn 1, 14. 17. 9 Recht *C.* und vor prüvet *fehlt, ebenso den vor* lip 10: *wenn mit Recht, dann sind die erste und zweite Strophenzeile zu zerlegen. Dagegen spricht jedoch die Elision* 6. 10 tougem *C.* und die] die *C.* genade *C.* 12 genade *C: vgl. mitteldeutsche Gedichte* 2, 163. 557.

13—36 = 22—24 C. *Hagen* 2, 25ª. *Bodm.* 2. 19ª. Nu ist C.   15 bringen
C.   16 künt C.   24 jehen C.   . 27 alsam es spreche C.   35 ichz] ich
das C: *alle Verse sind auftaktlos.*   36 so sis doch C.

XCIV. Regenboge.

1—13 = 1 C.   *Hagen* 2, 309ª.   *Bodm.* 2. 197b. *Meisterlieder* 71, 27.
*In der Briefweise, seinem bekanntesten und beliebtesten Tone; ebenso der
folgende Spruch.* tribent *usw.* C.   úch immer C.   3 sunt C.   wies C.
4 die drie die söltin C.   7 und *Hagen:* fehlt C, so *K.*   8 bœses fehlt C:
vgl. K.   9 drie C.   10 wênt C.   13 sint C.
14 = 5 C.   *Hagen* 2. 309b.   *Bodm.* 2. 198ª.   tugend C.   16 diu erste
C.   17 lengi C.   21 stêtt C.   23 milti bi der küschen C.   24 keisrin
C.   26 dôrt C.

XCV. Albreht marchschal von Raprehtswile.

1—33 = 1—3 C.   *Hagen* 1, 342ª.   *Bodm.* 1, 189ª.   7 geeret C.   9 muos
C.   10 den C.   18 Mit türen varwen zwo C.   22 schant C.   26 dar
in C.   29 Kemm ich nach C.   30 frömde *Bodmer. Der Sinn ist 'Komme
ich noch in ihren Gerichtsbann, in ihren Umkreis, dann weiss ich was ge-
schieht: d. h. wenn mir die Gelegenheit wird, so werde ich sie nicht unge-
nützt vorübergehen lassen.'*

XCVI. Hêr Otte zem Turne.

1—27 = 15—17 C.   *Hagen* 1, 344b.   *Bodm.* 1. 191ª.   4 flûk C.
11 han C, *vgl.* 21. 2 hânt : bant.   21 sl *habe ich geschrieben, wiewohl
kein beweisender Reim vorliegt, nach Analogie benachbarter Dichter und
weil der Dichter* sl 25 *im Hiatus auf der Hebung braucht.*   23 wan C.
25 e doch C.   27 herzen C.
28—57 = 18—20 C.   *Hagen* 1, 344b.   *Bodm.* 1, 191ª.   42 spilnde C.
47 hohet C.   49 lüftes C.   51 dú vil C.

XCVII. Heinrich von Muglin.

1 = *Müller* S. 11.   2 brâcht *Müller.*   5 *keine Lücke bezeichnet Müller.*
8. 10 brante : kante *Müller und Hs.*
19 = *Müller* S. 17.   23 troum *Hs. und Müller.*   25 vorchte *Hs. und
Müller.*   31 sante *Hs. und Müller.*   33 in nicht lâz *Hs. und Müller.*
36 wut, *wohl Druckfehler, Müller.*
37—60 = *Müller* S. 28.   *Vielleicht nur zufälliger Anklang an den ersten
Dichter dieser Sammlung, den Kürnberger,* 1, 31—42.   39 des ich forchte
Hs. und Müller.

XCVIII. Namenlose Lieder.

1—6 *in der Münchener Hs.* cod. Tey. 1008, Bl. 114b. *MF.* 3. 1.
5 slusselin *Hs.*   6 dar inne *Hs.*

7—22 = 70 *M. Carm. Bur. S.* 210. *Schade S.* 146.   21 vil *fehlt M und Schade.*
23—28 = 60b *M. Carm. Bur. S.* 188. *Wackern.* 218, 4.   26 alsen *M.* Die lateinische Nachbildung gibt auch den Gedanken treu wieder:
    Floret silva nobilis
    floribus et foliis.
    ubi est antiquus
    meus amicus?
    hinc equitavit:
    eia, quis me amabit?
29—33 = 60a *M. Carm. Bur. S.* 185. *MF.* 3, 7. alle *M.* 32 *Eleonore von Poitou*, 1124 *geboren*, 1154—1204 *als Gemahlin Heinrichs II Königin von England. Aehnlich sagt ein lateinisches Lied, Carm. Bur. S* 143 placet plus Francie reginā.
34—38 = 69b *M. Carm. Bur. S.* 209. *MF.* 3, 12.
39—43 = 38 Niune *A. MF.* 3, 17.   40 dú *C:* din *A.* und *ist mit* rôse *zu verschleifen.*   42 holder geselle *AC.* holder selle *Haupt.*
44—49 = 13 Walther von Mezze *A. MF.* 4, 1.   44 so *Haupt:* iarlant licht *A.*   46 Vil *Haupt:* so vil *A.*   47 ich *Haupt: fehlt A.*   48 menegen *A.*
50—58 = 46 Niune *A. MF.* 6, 5.   52 so *Haupt:* verwandel *A.*   57 wers *A.*
59—64 = 9 Walther von Mezze *A.* Dir enbûtet *A.*   62 mer *A.*   63 si *fehlt A.*
65—82 = 10—12 Walther von Mezze *A. MF.* 6, 14.   72 nahes *A.* 76 sanfte *A.* sanfte daz, mîm *Haupt.*   77 hân *Lachmann:* gan *A.* 'Ich werde noch machen, dass du weinen sollst.'
83—87 = 190 Nifen *C. Haupt* 52, 25.   85 anderen *C.*   87 mis *C* und *Haupt.*
88—92 = 42 Walther von der Vogelweide *A. Lachmann S.* XIII. *Wackern.* 199, 9.   89 mir ist *A. Wackern.* mir ist leit deichs ie gesach. 92 klagen *Lachm. u. Wackern.* hinter der Cäsur.   92 mir *Wackern.: fehlt A. Lachmann* diu man mir tuot.
93—96 = 59b *M. Carm. Bur. S.* 185. *Wackern.* 219, 15. in dem herzen *M* und *Wackern.*   96 mir ist liep daz, si *M* und *Wackern. Die lateinische Nachbildung S.* 184 *zeigt, dass der ersten, zweiten und vierten Zeile nur sechs Hebungen zukommen. Die lateinische Strophe ist aber so zu schreiben:*
    Jam jam rident prata, jamjam virgines
    jocundantur, terre ridet facies;
    estas nunc apparuit,
    ornatusque florum lete claruit.
97—106 = 5—6 Kaiser Hainrich *BC. MF.* 4, 17, *doch nicht in Langzeilen.* danney *Haupt:* danne *BC.* richer *B.* alle die *BC.*   98 gueteliche *B.*   100 sô verre *C: fehlt B.*   101 ir *C:* in *B. Haupt bezeichnet die Lücke nach* ir.   106 das si wellent in *B.* geviele *B.* alle *B.* nie niemanne *B,* nie nieman *C. Haupt* nie man.
107—116 = 7—8 Kaiser Hainrich *BC. MF.* 4. 35.   alre *B:* aller *C* und *MF.* liebeste *B,* liebste *C: Haupt* liebeste *und dem entsprechend auch alle andern Halbzeilen mit vier Hebungen.*   108 alle die ich *B* und *Haupt.* 69 verliuse *BC* und *Haupt.*   110. 111 so *Haupt:* den mühte mir got in alle der welte *B,* den mühte mir in al den welten got *C.*   111 minnecliche *fehlt B.*   112 daz ich *BC* und *Haupt.*   115 merkent *BC:* merke et *Haupt.* 116 edel *BC.* leit *BC* und *Haupt.*
117—123 = 81b *M. Carm. Bur. S.* 228.   120 al] gar *M.*   123 ih pin sin an *M.*

124—131 = *Hattemer* 3, 596. *Pfeiffers Germania* 5. 67. virlorn.   126 velsu. ie] zo.
132—138 = 69 *M. Carm. Bur. S.* 207.   136 chome *M.*
139—111 = 70ᵇ *M. Carm. Bur. S.* 212. einer muss zu sande *in der Aussprache hinübergezogen werden, wie ir in dem Liede Neitharts* (XXV, 259), *mit dem auch der strophische Bau der vier ersten Zeilen genau stimmt.* 143 si iu *M.*   147 *hier beginnt nach Angabe der Hs. der Refrän. Die lateinische Nachbildung S.* 211 *weicht ein wenig ab.*
152—158 = 59 *M. Carm. Bur. S.* 184.   158 wohl ich tuon im.
159—162 = 60 *M. Carm. Bur. S.* 186.   161 chunne *M.*   162 iren süze liebe *M. Die lateinische Nachbildung hat in der vierten Zeile Auftakt: doch glaube ich nicht, dass zu schreiben ist* nâch irme, *eher* nâch ir vil süezen.
163—168 = 61ᵇ *M. Carm. Bur. S.* 190.   165 menigen *M.*   168 volgelen *M. Die lateinische Nachbildung stimmt auch im Gedanken*
    Estas non apparuit
    preteritis temporibus
    que sic clara fuerit:
    ornantur prata floribus.
    aves nunc in silva canunt
    et canendo dulce garriunt.
169—175 = 65ᵇ *M. Carm. Bur. S.* 200.   172 stûden *M.*
176—180 = 56ᵇ *M. Carm. Bur. S.* 177. *Lachm. zu Walther* 39, 1: *ein Gegenstück zu Walthers Strophe*, XXI, 532 *ff. Die lateinische Nachbildung stimmt auch im Gedanken der ersten Strophe. Zu bemerken ist, dass hier der zweite Dactylus regelmässig durch einen Trochäus vertreten wird, was im lateinischen Liede und bei Walther nicht der Fall ist.*   178 hân] an *M.* 180 nimmer mer *M.*
181—189 = 57 *M. Carm. Bur. S.* 178. Springer *M.*   183 den *M.* 185 *ein der fehlt M.* heiden *M.*   186 senediu *M.*   188 si ist *M.*
190—197 = 29 *M. Carm. Bur. S.* 179.   193 tugende *M.*
198—207 = 58 *M. Carm. Bur. S.* 181.   200 *schöne fehlt M; ich wollte dieser Zeile vier Hebungen geben: aber die lateinische Strophe* 103, 5 (*denn nur diese stimmt*) *hat auch nur drei.*   202 wol] wir *M.*   204 zimel guoten chinden *M.*   205 chinphen *M.*   207 ih weiz, wiez ir gevalle *M: Kürenberg* 58 in weiz wiech ir gevalle, *wo die Hs. auch wies hat.*
208—215 = 58ᵇ *M. Carm. Bur. S.* 183.
216—227 = 61ᵇ *M. Carm. Bur. S.* 191.   227 obz alle wibe biezen *M.*
228—233 = 65 *M. Carm. Bur. S.* 198.
234—239 = 67 *M. Carm. Bur. S.* 202. aver *M.*   236 selbeme *M.* 239 *im lateinischen Liede sind die beiden letzten Zeilen demnach in eine zusammenzuziehen; ohne Cäsur, wie man aus der vierten Strophe sieht.*
240—247 = 68ᵇ *M. Carm. Bur. S.* 206.   241 *im lateinischen Liede steht in Zeile* 2, 4, 7 *weiblicher Reim, der für zwei Hebungen gilt:* méa méns cláta = trœstent iuch der sumerzit.   242 chumit *M.*   244 vrowe *ist vocat. plural. und nicht mit Hagen in* vrowen *zu ändern.*
248—255 = 69ᵇ *M. Carm. Bur. S.* 208. *Das lateinische Lied gibt auch den Gedanken wieder.* Veni, veni, venias, ne me mori facias, *und* Rosa rubicundior, lilio candidior *etc.*   251 chum chum *M.*   252. 255 roservarwer *M.*
256—262 = 70ᵇ *M. Carm. Bur. S.* 211. *Bei Schmeller sind die ersten vier Zeilen in je zwei zerleyt. Das lateinische Lied beweist die Zusammenfassung.* besten *M.* 3 rüsen *M.*   259 sih *M.*
263—274 = 71 *M. Carm. Bur. S.* 213. *Wackern.* 217, 7.   263 ir

fehlt M: denn die Betonung vil liebé *ist nicht wahrscheinlich.* 169 raine *M und Wackern., aber die Hs. scheint* ai *für* ei *nicht zu kennen.* 270 mih *M.* 273. 274 *fehlt M: beide Zeilen sind Refrän. Im lateinischen Liede steht hier ebenfalls ein deutscher und alterthümlicher* Mandaliet, mandaliet, mîn geselle kumet niet. 275—280 = 71b *M. Carm. Bur. S.* 215. 279 stet *M. Der Wächter, der aber hier noch Freund der Liebenden ist (daher die Anrede* vil liebe 277), *spricht: es ist erste Strophe eines uns verlornen Tayeliedes, wie die meisten der Münchener Hs. nur einzelne Strophen verlorner Lieder sind.* 281—296 = *Anzeiger* 1833, 72. *Hagen* 3, 468ee; *nach einer Leipziger Hs.* Mûohte. 282 wer nu. 284 das ist raine not. 285 niemer sol. 286 arme. rûwe. 287 rûwe. 288 leide. 289 Tattalus. 290 turst. tûn. 291 tôfte: *ich habe* troufte *als 'Guss' verstanden, gebildet mit der Silbe* de. 292 menger leyge und einer tieff se. 294. 295 tût. 295 *zweimal.* 296 edele. 297—304 = *Hagen* 3, 468q (*Heidelb. Hs.* 349). *Das Versmass ist daktylisch.* Lebenes. 298 da bi ist. engestlicher. 300 manige. 301 im *fehlt.* grœzer. 302 ist niht gewiszer. 303 daz ieman wirdet. 304 sit daz. so we der sele tuot. 305—344 = 40—43 *a. Hagen* 3, 426a. virhole *a.* 309 der tac *gehört als Subject zu zwei Verben.* 315 sang ist grûs *a.* 317 min trurin und clage *a.* 318 hinnan *a.* 320 wiltu du *a.* 321 nûwun *a.* 322 hinnan *a.* 324 kúndit *a.* 340 wenne last *a.* 342 din *a.* 345—434 = *Haupt, Neidhart S.* XL—XLIII. *Ich verzeichne nur die Abweichungen von seinem Texte.* 348 wunne *Haupt.* 368 das ist *Hss.:* dast *Haupt.* 395 so c: *Haupt mit C* sî bietent im ir hende. 419 über *Haupt.* 435—448 = *Haupt, Neidhart S.* XLVI fg. 442 fasst *Haupt als zur Rede der Mutter gehörig; ebenso* 450. 458. 459—474 = *Haupt, Neidhart S.* 217 (zu 86, 30). *Erwiderung auf Neidharts Spott, oben* 711 *ff.* 462 *parodische Ausdrucksweise für das gewöhnliche* sam mir mîn lîp. 463 Zelle: *nach Haupt das Dorf Zell, südwestlich von der Perschling* (426). 472 sinem *Haupt.* 474 er ez *Haupt.* 475—558 = *Haupt, Neidhart S.* 227—229. 478 ein c: *fehlt bei Haupt.* 493 *Haupt interpungiert nach* haz, *nicht nach* sich. 520 vaters c und *Haupt.* 528 zene c und *Haupt.* 530 enhalp *Haupt.* 544 des c: es *Haupt. Das Lied mag wohl jünger sein als die zunächst folgenden, ich habe es aber von den vorhergehenden nicht trennen wollen.* 559—590 = *Haupts Zeitschrift* 4, 573. *Klagelied auf den Tod Ottackers von Böhmen, der* 1278 *in der Schlackt auf dem Marchfelde fiel. Ueberschrift* Cantilena de rege Bohemie. 560 weint. 561 usser. 563 nite. 564 sin. 566 her. 567 man *fehlt.* 571 cristen ir leidin. 572 er gegen. 573 Er was ein. 574 adler. 578 den witwem. 579 tegen. 580 ie *fehlt.* 581—616 = *Uhland, Volkslieder S.* 853, *nach einer Münchener Handschrift.* 585 pluomen, noch gruenen. 586 fogelin. 592 trage] clage. 601 nunne. 606 wenn. 609 fogelin. 610 vielleicht dâ von muoz ich jæmerlîche scheiden. 611 trûgin. 617—640 = 223—225 *D. Hagen* 3, 421b. *Vgl. Reinmar von Zweter,* XL, 13 *ff. R. Köhler in Pfeiffers Germania* 8, 18 *ff.* 619 hemde wiz ganzer. 620 wol *Hagen: fehlt D.* 621 einen. 624 vngebar. 625 vrowe. 626 diu bekenne. 627. 8 stæte vor disiu. 628 uch. 631 tugende. 632 von rehte *fehlt.* 638 suln. 640 dar inne. 641—670 = *altd. Blätter* 2, 125. *Wackernagel* 997, 5. *Geistliche Umdichtung von Steinmars* (LXXVI) 51—100. 642 do. 645 mit den cronen.

646 do. 647 sv sich. 653 quinc. 654 meu. 656 su ist. *Wackern.* fliuch, (die welt ist gar unreine) ir valsches leben. 20 das tu. 25 dine. 28 bese.

671—694 = *Altd. Blätter* 2, 126. *Wackernagel* 998, 12. iorlunc nume. 675 innefrolin. 682 er *ist mit* hiure *zu verschleifen, ebenso* 703. 705. alles. 683 wisen engele. 685 und da. 689 stundent. 690 phliget. 653 die mage.

695—715 = *Altd. Bl.* 2, 129. *Wackernagel* 999, 8. Wenc. wenent. 702 alse am. 703 suoze mins. 704 hellen. 706 *so Wackernagel:* nv enweis ich *Hs.* 711 berzeme lei *Hs.:* bertem leide *Wackern.* 712 furwac.

716—755 = *Münch. Hs. cym.* 717, *Bl.* 50b. *Hoffmann*, *Kirchenlied* (*2. Ausg.*) *Nr.* 21. *Nach der Handschrift.* 718 entwiche *Hs. und Hoffmann.* 719 han in sin *Hs.:* hán in *Hoffmann.* 721 minem *Hs.* erbiutet *Hs. und Hoffm.* 722 iedoch *Hoffmann.* ich in als hin dan *Hs. und Hoffm.* 726 din *Hoffm.:* die *Hs.* 73) selbers. 732 allererst *Hs.:* allerst *Hoffm.* 737 laze da *Hs.* 740 was. 741. 747 selber. 746 samest. 748 Nû *Hoffm.* gesange *Hs. und Hoffm.* 749 mæde. 750 diu sele *Hs. und Hoffm.* 751 wie clar ich bin in drivâltigem schine *Hs. und Hoffm.* 752 samet *Hs.* lenger *Hs. und Hoffmann.*

Glossar.

â an Imperat. Subst. und Partikeln angehängt, neinâ, herâ, wichâ.
ab, abe, aber aber; abermals.
abe herab; von.
aberelle schwm. April 7, 129.
adamas stm. Diamant 88, 21.
afterriuwe stf. Reue hinterher 16, 24.
afterslac stm. Schlag von hinten 79, 18.
ahî Interj. hei 21, 213.
ahten schwv. Sorge tragen 87, 260. aht ich zeime spil, stelle ich gleich einem Spiele 30, 153.
æhten schwv. verfolgen, ächten 38, 173.
æhter stm. Verfolger 21, 256.
al häufig zur Verstärkung dienend.
al, obgleich 27, 2.
ald, alde, alder, oder.
alles, allez, adv. gen. u. acc., gänzlich, immer.
alrêrst, alrêst, alrest zuerst; nun erst.
als, alse, so; ebenso; wie; so wahr als; sobald, wenn.
alsam, ebenso; eben so wie.
alsô, ganz so; ganz so wie.
alsus, so.
alte schwm. der Läufer im Schachspiel 40, 156.
alten, alden schwv. alt werden 25, 191.
alters eine ganz allein.
alwære albern.
âme stf. ein Maass, Ohm 25, 129.
âmer stm. Ambra 79, 24.
ande schwm. Zorn 21, 484.
anden schwv. ahnden 24, 21.
anderhalp andrerseits.
anderthalben anderwärts 25, 474.
anderswâ anderswo.
anderswan dasselbe 47, 205.

ane an.
âne ohne; ausser; valsches âne ohne Falsch 7, 73. âne sîn frei sein; âne tuon befreien.
ænec beraubt 15, 219.
anehanc stm. die sich an Pflanzen hängende Feuchtigkeit 22, 106. 36, 109.
ange adv. sorgfältig 21, 6. 87, 3.
angestlich Angst bringend 26, 24.
arebeit, stf. Mühsal, Noth.
arke Kasten 21, 284.
arman statt armman 16, 29.
armen schwv. arm sein 21, 294.
ars stm. podex.
âsmac stm. schlechter Geschmack 79, 78.

bâbest stm. Pabst.
bâgen stv. sich bâgen, sich zanken 79, 305.
balde schnell.
balt kühn; m. gen. eifrig zu 40, 137.
baltlich kühn 33, 108.
baneken schwv. spazieren 47, 196.
bar m. gen. bloss, beraubt.
bære stf. das sich Zeigen 74, 8.
barmenære stm. Erbarmer 21, 433.
barn stn. Kind 38, 60.
baz besser; mehr.
bedunken, prät. bedûhte, unpersönl. schwv. dünken.
begân, begên stv. besorgen 87, 191; erreichen 3, 65. sich begân, sich ernähren 87, 191.
begeben stv. m. acc. u. gen. frei lassen, überheben 15, 320.
begrîfen stv. erfassen, ergreifen; ertappen 13, 40.
behaben schwv. behalten; erhalten.

behalten *stv. aufheben; bei sich behalten.*
beherten *schwv. durchsetzen* 21, 387.
behûsen *schwv. mit einem Hause versehen* 25, 576.
beide, beidiu *mit* und, *sowohl — als auch.*
beiten *schwv. m. gen. warten; m. dat. Frist geben* 30, 148. 52, 5.
beize *stf. Beize, Jagd mit Falken.*
beizen *schwv. mit Falken jagen.*
bejagen *schwv. erreichen, erringen; refl. sich ernähren* 36, 161.
bejehen *stv. mit gen. u. dat. versichern* 18, 160.
bekennen *schwv. erkennen; kennen.*
bekêren *schwv. verwandeln.*
bekleben *schwv. bleiben* 79, 71.
bekomen *stv. begegnen, geschehen.*
bekrenken *schwv. herabsetzen, schwächen* 24, 23. 25, 566.
bekurn *schwv. zur Prüfung herbeiziehen* 67, 27.
belîben *stv. bleiben.*
bendic *fest gebunden, unterthan* 73, 29. 30.
bendicte *eine wohlriechende Pflanze* 87, 169.
bêr *stm. Eber* 1, 26.
berâten *stv. versehen; refl. einen Entschluss fassen.*
bereiten *schwv. bezahlen* 13, 35; *refl. m. gen. sich womit versehen* 25, 347.
berihten *schwv. belehren; mit etwas versehen, ausstatten.*
bern *stv. tragen, hervorbringen;* schaten bern *Schatten geben* 21, 521.
bernde, *partic. tragend, bringend.*
beschehen *stv. geschehen.*
bescheiden *stv. mit acc. u. dat., acc. u. gen., auseinandersetzen, sagen.*
bescheiden *partic. verständig.*
bescheidenheit *stf. Verständigkeit.*
bescheidenlich *gebührlich, verständig.*
bescheidenlîche *nach Gebühr.*
bescheinen *schwv. zeigen.*
beschürn *schwv. verscharren* 67, 28.
besenden *schwv. holen lassen.*
besinnen *stv. erdenken* 96, 56.
besitzen *stv. in Besitz nehmen.*
besliezen *stv. einschliessen.*
besme *schwm. Ruthe.*
besnaben *schwv. stolpernd hinfallen* 11, 29.
besorgen *schwv. sorgen für, sorgsam beachten; intr. Sorge tragen.*
bestân, bestên *stv. bleiben; angreifen, bekämpfen; zukommen.*
bestæten *schwv. befestigen.*
beste *adv. aufs beste.*
besten *schwv. binden, schnüren.*
bestrûchen *schwv. straucheln* 11, 29.
bestümbeln *schwv. verstümmeln* 42, 108.
besunder *insbesondere, einzeln; besonders.*
beswæren *schwv. belästigen, betrüben.*
betagen *schwv. den Tag abwarten; den morgen* 14, 350.
bete *stf. Bitte.*
betelich *was zu bitten ziemt.*
betragen *schwv. refl. sich nähren.*
betrâgen *schwv. unpersönl. langweilen, verdriessen.*
betwungen, bedwungen *partic. traurig, sorgenvoll; erzwungen.*
betwungenlîche *adv. sorgenvoll.*
bevâhen *stv. umfangen.*
bevelhen *stv. empfehlen.*
bevinden *stv. erfahren.*
bevor, bevorn *vor, vorher.*
bewarn *schwv. verhüten; sich vor etwas hüten* 15, 578.
bewarten *schwv. beobachten* 21, 255.
bewenden *schwv. wenden; anwenden.*
bewinden *stv. umwinden* 1, 37.
bewîsen *schwv. m. acc. u. gen. erweisen* 85, 12.
bezîte *bei Zeiten.*
bî *bei; durch.*
bickelmeister *stm. Aufseher beim Würfelspiel* 25, 517.
biderbe *bieder, brav.*
bien *prät. von* bannen.
bieten *stv. unschulde, unschuldig zu sein behaupten.*
bilde *stn.* wîbes bilde *umschreibend für* wîp 23, 5.
bilden *schwv. vorstellen.*
bilgerîn, bilgerîm *stm. Pilger.*
binden *stv. das gebende umlegen;* wol gebunden, *mit gutem gebende.*
bis, *imper. von* wesen.
bisem *stm. Bisam.*
bisen *schwv. umherrennen wie Rinder* 71, 151.
bispel *stn. Gleichniss, Fabel.*
bîten *stv. warten m. gen.; Frist geben m. dat.*
biunt *stf. von den Gemeinderechten befreites, eingehegtes Feldstück* 98, 608.

blâ *blau.*
blangen *st.* belangen, *schwv. verlangen* 64, 57.
blâvuoʒ *stm. geringere Falkenart* 97, 53.
blecken *schwv. sichtbar werden* 40, 20; gebleckel *sichtbar* 14, 246.
blic *stm. Glanz.*
bliclich *glänzend* 22, 105.
blîde *schwf. Kriegsmaschine zum Schleudern von Steinen* 70, 29.
blîde *fröhlich* 7, 159.
blîdeclîchen *adv. fröhlich* 33, 320.
blippenblap *stm. Schwätzer* 30, 129.
blîschaf *st.* blîdeschaft *stf. Fröhlichkeit* 7, 8.
bliuwen, blouwen *stv. schlagen.*
blüejen *schwv. blühen.*
bluot *stf. Blüthe.*
boie *stf. Fessel* 71, 142.
bolle *schwf. Knospe* 69, 36.
boln *schwv. schleudern, werfen* 11, 60.
borge *schwm. Waffenstillstand?* 21, 504.
bœse *schlecht, feige.*
bôsen *schwv. schlecht werden* 77, 42.
brâ *stf. Braue.*
brehen *schwv. leuchten, funkeln.*
breme *schwm. Bremse* 42, 85.
bresten *stv. brechen; gebrechen.*
brief *stm. Brief; Urkunde.*
brîs *st.* prîs *stm. Preis.*
brîsen *stv. schnüren.*
brœde *gebrechlich, schwach.*
brœde *stf. Gebrechlichkeit.*
brüeven *schwv. wahrnehmen; leiten; veranlassen.*
bû *stm. Bau; Bebauung.*
büezen *schwv. wegschaffen, stillen* 16, 53; *m. dat. u. gen. einem helfen von,* 21, 242.
bûman *stm. Landmann.*
buoʒ *stm.? Abhülfe, Beseitigung* 21, 94. 28, 24.
buoʒe *stf. Genugthuung.*
bürn *schwv. gebühren.*
burt *stf. Geburt.*
bulze *schwm. Kobold, Gespenst* 21, 309.

c *s.* k.

dâ *da, dort; wo.*
dahte *prät. von* decken.
dams = dâ man es 87, 342.
danc *stm.* âne, sunder danc, *wider Willen.*

dannoch *damals noch, jetzt noch;* noch 15, 305; *ausserdem* 21, 262.
dar *dorthin, hin.*
dâr = dâ 7, 59.
dast = daʒ ist.
dehein, dekein *irgend ein; kein.*
dehsen *stv. Flachs schwingen* 36, 189.
deich *für* daʒ ich.
deis *für* daʒ es.
deist *für* daʒ ist.
deiʒ *für* daʒ eʒ.
der *rel. der; wenn einer.*
der, *geschwächt aus* dâr, *auch* dir, *beim relat. zur Verstärkung.*
dêr *für* daʒ er.
dermel *stn. Gedärme, Darmwurst* 76, 25.
des *deshalb; desto.*
dês, dêst *für* daʒ ist.
dêswâr *das ist wahr, fürwahr.*
deʒ *für* daʒ eʒ.
dicke *oft.*
diech *für* die ich.
diehel *stn. demin. von* diech, *Schenkel* 47, 48.
dien *für* den, *dat. plur.*
dienen *schwv. verdienen, durch Dienst erwerben;* nâch, dienen um etwas zu erreichen 33, 100.
diet *stf. Volk.*
dieʒen *stv. rauschen* 21, 25.
dillen *schwv. mit Brettern belegen* 41, 2.
dingen *schwv. hoffen.*
dingen *schwv. ausbedingen; unterhandeln.*
dir *s.* der.
dirre, *dieser.*
dis *für* dins, dînes 87, 231.
diu *instrum. von* daʒ, *desto;* ze diu zu dem Zwecke 8, 194.
dô *damals; da, darauf; als.*
dô *stn. für* tou 79, 275.
dol *unsinnig* 16, 45.
doln *schwv. dulden.*
dôn *stm. Melodie.*
dormieren *schwv. schlafen* 27, 38.
dörper *stm. Bauer* 87, 224.
dörperheit *stf. bäurisches Benehmen* 28, 57.
dörperlich, dörpellich *bäurisch.*
dræhen, drejen *schwv. duften* 27, 27.
dremel *stm. Balken* 41, 2.
drewen *schwv. drohen.*
drien *schwv. verdreifachen.*
dringen *stv. drängen; verdrängen; sich drängen.*

drischelstap *stm.* Stab des Dreschflegels 25, 388.
drîstunt, *dreimal.*
drivelde *stf. Dreifaltigkeit* 98, 751.
drô *stf. Drohung;* dröu *dasselbe.*
drû *stf. Fessel, Falle* 30, 101. 42, 104.
drumbe *für* dar umbe.
drumen *schwv. abschneiden.*
duht *nd. für* tugent.
dûhte *prät.* von dunken.
dulz, dulze *süss.*
dûme *schwm. Daumen.*
dur, dür, durch *durch;* um—willen; durch da; *deswegen.*
durchgründic, *der alles ergründet* 67, 1.
du; *stm. Geräusch,* Ton.

ê, *präp.* vor, *m. gen.; adv.* vorher, früher; *conjunct.* ehe.
ê *stf. Gesetz, Schrift;* Ehe.
ebene *adv. passend, recht, gleichmässig.*
ebenhêr, *gleich vornehm* 40, 157.
ebenhinzen *schwv. refl. sich frech an die Seite stellen* 25, 728.
ebenhûs *stn. Wohnung zu ebner Erde, Parterre des Hauses* 25, 504.
ebenkristen *stm. Mitchrist.*
ecke *stf. Schneide, Kante.*
egerde *stf. Brachland.*
egge *für* ecke.
eht, et, ot, nur, *nun einmal, doch.*
ei, *stn.* Ei; *bildl. das Geringste.*
eiden *schwv. in Eid nehmen.*
eigen, *urspr. partic.,* eigen, *leibeigen.*
eigen *stn. Eigenthum; Grundbesitz.*
eigenlich, *eigen.*
eile? 87, 325.
eine *adj. m. gen. frei von.*
eine *allein.*
einest *einmal.*
einhalp *auf der einen Seite.*
einlif, *elf.*
einzeclingen *dat. plur. einzeln* 69, 79.
eischen *schwv. stv. fordern.*
eist *für* e; ist.
elbe *stf. Elfe.*
ellen *stn. Stärke.*
ellende *in der Fremde; fremd.*
eltiu *plur. neutr.* von alt 16, 9.
en *negat. für* ne; *geschwächt für* in; *enklit. für* den.
enbern *stv. entbehren.*
enbîten *stv.* warten 98, 249.
enbîzen *stv. frühstücken; geniessen.*

enblanden *stv. mühselig werden lassen* 33, 103.
enblecken *schwv. sichtbar machen.*
enbor, *empor, in die Höhe.*
ende *stn.* da; ist ein ende, *das steht fest* 21, 742. 15, 247.
endecken *schwv. aufdecken.*
endehaft, *entschieden, aufrichtig.*
endelîchen *adv. entschieden, sicherlich.*
enein *aus* in ein, enein werden m. *gen.* eins, *einig werden über.*
enent *jenseits* 87, 352; enunt her von *jenseits her.*
engegen *präp. m. dat.* gegen.
engelten *stv. m. gen. für etwas Strafe leiden, durch etwas zu Schaden kommen.*
engesten *schwv. entkleiden* 76, 120.
enkein, *kein* 15, 456.
enthalten *stv. aufnehmen* 27, 29.
entrennen *schwv. auftrennen.*
entrihten *schwv. in Unordnung bringen.*
entsagen *schwv. vorenthalten; refl. sich entziehen, lossagen* 18, 35.
entsehen *stv. durch den Blick bezaubern* 14, 28. 29.
entslîfen *stv. entfallen.*
entstân *stv. verstehen; refl. gewahr werden, einsehen: m. gen.*
entweder, *einer von beiden.*
entwenken *schwv. entweichen, untreu werden* 16, 17.
entwer, *quer, verkehrt.*
entwerfen *stv. sich auflehnen, refl.* 83, 34.
entwonen *schwv. sich entwöhnen* 21, 965.
enunt *s.* enent.
envor, *zuvor* 25, 407.
enzît, enzîte, *bei Zeiten.*
êr = ê.
eralten *schwv. alt werden.*
erargen *schwv. geizig werden.*
erarnen *schwv. verdienen, verschulden.*
erbarmherze, *barmherzig* 30, 140.
erbeiten *schwv. m. gen. erwarten.*
erbeitsælic, *Mühsal habend* 47, 204.
erben *schwv. vererben* 14, 19; *sich vererben* 21, 363.
erbîten *stv. m. acc. u. gen. durch Bitten jemand wozu bewogen.*
erblappen *stv. dumpf niederfallen.*
erblenden *schwv. blind machen.*
erblüejen *schwv. refl. aufblühen.*
erbolgen, *part. v.* erbelgen, *erzürnt.*

erborn, part. *geboren* 76, 58.
erbürn *schwv. erheben* 98, 499.
êrest *erst* 21, 140; *von êrest zuerst* 18, 116.
ergeben *stv. übergeben, anvertrauen* 22, 66; *intr. einträglich sein* 15, 166.
ergetzen *schwv. entschädigen.*
erheben *stv. aufrichten.*
erhellen *stv. ertönen.*
êriz *stn. Erz* 3, 164.
erjeten *stv. von Unkraut reinigen; bildl.* 34, 161.
erkennen *schwv. kennen; kennen lernen.*
erkerren *stv. aufrauschen.*
erkiesen *stv. ausersehen.*
erklenken *schwv. erklingen lassen* 69, 39.
erkomen *stv. erschrecken.*
erkrüpfen *schwv. den Kropf füllen, sättigen* 73, 11.
erlâzen *stv. m. acc. u. gen. einem etwas erlassen.*
erleschen *schwv. auslöschen.*
erliechen *stv. ausleeren* 76, 28.
erliegen *stv. durch Lügen entziehen* 8, 52. 30, 137.
erliutern *schwv. hell machen* 22, 106.
erlouben *schwv. refl. m. gen. sich eines Dinges entschlagen, es aufgeben* 14, 339. 36, 95.
ermanen *schwv. m. acc. u. gen. erinnern.*
ermeien *schwv. refl. sich erfreuen* 90, 13.
ermen *schwv. arm machen* 21, 224.
ern *für er en.*
ern *schwv. pflügen* 94, 5.
erne *stf. Ernte* 38, 69. 87, 321.
ernenden *schwv. sich wagen, an* 8, 130.
erren *für irren.*
erscheinen *schwv. auslegen* 90, 22.
erschellen *stv. erschallen.*
ersehen *stv. refl. sich spiegeln* 14, 366.
ersnellen *schwv. ertappen, fangen* 25, 562. 45, 16.
êrste *zuerst.*
erstœren *schwv. aufregen* 57, 22.
erstriten *stv. an e. erkämpfen.*
erteilen *schwv. urtheilen; m. acc. u. dat. durch Urtheil zuerkennen.*
ertœren *schwv. zum Thoren machen.*
ertwingen *stv. erzwingen.*
erværen *schwv. in Gefahr bringen.*
ervarn *stv. durchwandern.*
ervinden *stv. ausfindig machen.*
ervlougen *schwv. auffliegen machen.*
ervûlen *schwv. verfaulen.*

erwachen *schwv. aufwachen, m. gen.* 33, 22.
erwagen *schwv. in Bewegung setzen* 25, 138.
erwegen *stv. refl. m. gen. aufgeben, preisgeben* 35, 52. 97, 3.
erwegen *schwv. bewegen* 97, 30.
erwenden *schwv. abwenden; m. gen. abbringen von.*
erwern *schwv. vertheidigen* 14, 282; *verwehren* 22, 124.
erwinden *stv. ablassen; ein Ende nehmen.*
erzenîe *stf. Arzenei.*
erziugen *schwv. beweisen* 42, 29.
erzornen *schwv. Zorn erregen* 3, 147.
êst *für ez ist.*
et *s. eht.*
eteslich, etelich, *irgend ein.*
eteswenne, etewenne, *irgend einmal, manchmal.*

f *s. v.*

gâch *adj. mir ist gâch, ich eile.*
gadem *stn. Gemach.*
gæhe *adj. eilig.*
gâhen *schwv. eilen.*
gæhes *adv. gen. eilig.*
galm *stm. Schall.*
gamandrê *eine Blume* 47, 11. 87, 165.
gan *præs. von gunnen.*
gân, gên *stv., part. gegân neben gegangen: abe gân m. dat. u. gen. verweigern; ane gân, kommen über* 7, 158; *beginnen* 14, 24.
ganze *schwm. Gänserich* 25, 403.
gar *adv. gänzlich.*
garnen *st. gearnen, schwv. büssen* 25, 762.
garwe *adv. gänzlich.*
gast *stm. Fremder; machent mich gast m. gen. berauben mich* 43, 36.
gebære *adj. angemessen* 36, 89.
gebären *schwv. verfahren, sich benehmen.*
gebe *stf. Gabe* 42, 14.
gebende *stn. Fessel* 73, 33; *Kopfschmuck der Frauen.*
geberlt, partic. *mit Perlen geschmückt* 89, 11.
gebite *stf. geduldiges Warten* 15, 132.
gebraht *stm. Lärm* 25, 325.
gebûr *stm. gebûre schwm. Bauer.*
gedagen *schwv. verschweigen.*
gedinge *schwm. Hoffnung.*

gedingen *schwv. hoffen.*
gediute *stn. Auslegung.*
gedranc *stm. Gedränge.*
gedw — *s.* getw —.
gebaben, gehillu *schwv. refl. sich benehmen, sich befinden;* an, *sich an jemand halten* 8, 86.
gehaz *adj. hassend.*
geheize *stn. Versprechen.*
geheizen *stv. versprechen.*
gehelfe *schwm. Helfer, Gehülfe.*
gehiure, *lieblich.*
geil *froh; üppig.*
geile *stf. Fröhlichkeit.*
geilen *schwv. refl. sich freuen.*
gein, gên *für gegen.*
gel, *gelb.*
geláz *stn.* gelæze *stn. Benehmen.*
geleben *schwv. m. acc. erleben.*
gelfen *stv. schreien, lärmen.*
gelichen *schwv. gleichstellen, vergleichen, mit dat.,* ze.
geliep *stm. f. Geliebter, Geliebte; plur. Liebende.*
geligen *stv. daniederliegen.*
gelinge *schwm. Gelingen, Erfolg.*
gelingen *stv. unpersönl. m. dat. Erfolg, Glück haben.*
gelouben, *schwv. refl. m. gen. von etwas abstehen.*
gelt *stm. Bezahlung; Eigenthum.*
gelten *stv. bezahlen.*
gemach *stm. n. Bequemlichkeit, Ruhe.*
gemeine *stf. Gemeinschaft; Gemeinde.*
gemeine, *gemeinschaftlich, allgemein.*
gemeit, *froh.*
gemellich, *scherzhaft, lustig.*
gemuot, *gesinnt.*
gên *für* geben.
genâde *stf. Gnade; Dank.*
genâden *schwv. gnädig sein.*
genc, *imper. von* gân.
genenden *schwv. sich erkühnen, Muth fassen.*
genesen *stv. am Leben bleiben; mit dem Leben davon kommen.*
genieten *schwv. m. gen. sich befleissen, seinen Sinn auf etwas richten.*
geniezen *stv. m. gen. Nutzen von etwas haben, keinen Schaden erleiden; Gegensatz von* engelten.
genôte *adv. unablässig.*
genôz *stm. Genosse; m. gen. gleich an Werth und Wesen.*

genôzen *schwv. refl. sich vergleichen,* ze, 21, 633.
genuht *stf. Fülle.*
genuoc, plur. genuoge, *viele.*
ger *stf. Verlangen.*
gêr *stf. Duft* 84, 80.
gerich *stm. Rache.*
gerinc *stm. Anstrengung.*
geringe. *leicht.*
gern *schwv. begehren, m. gen.,* an; die gernden *die nach Lohn verlangenden Spielleute.*
geruochen *schwv. m. gen. bedacht sein.*
gerüste *stn. Anzug* 25, 465.
geselle *schwm. Gefährte, Freund, Geliebter.*
gesigen *schwv.* an *g. m. dat. besiegen.*
gesinden *schwv. zum Gesinde, Diener machen.*
geslaht *adj. wol g. wohl geartet, schön; m. dat. geartet für.*
geslouffe, *behend* 87, 328.
gestalt *partic. gestaltet, beschaffen.*
gestân *stv. beistehen; m. gen. in etwas beitreten, beistimmen.*
gesten *schwv. schmücken, kleiden.*
gesten *schwv. Gast werden, frei werden von, m. gen.* 79, 327.
gestopfel *adj. struppig.*
gestränze *stn. Herumstreichen.*
gestrîten *schwv. m. dat. Stand halten.*
geswîchen *stv. m. dat. im Stiche lassen.*
geswîe *schwm. f. Schwager, Schwägerin.*
getar, *präs. von* getürren.
getelinc *stm. Bursche; Bauernbursche.*
getelôse, getelœse *stf. Ausgelassenheit* 25, 540, 38, 290.
getriuwe *adj. getreu, zuverlässig.*
getschen *schwv. schreien.*
getürren, *prät.* getorste, *sich getrauen.*
getwanc *stm. stn. Zwang.*
getwerc *stn. Zwerg.*
gevage, *froh. zufrieden.*
gevar, *gefärbt, beschaffen.*
gevære, geværic, *auflauernd, hinterlistig, feind.*
gevêch, *feindlich.*
gevriunden *schwv. zum Freunde, zur Geliebten machen.*
gevüege, *passend, anständig; leicht.*
gevügele *stn. die Vögel.*
gevuoc, *passend.*
gewahen, *prät.* gewuoc, *stv. gedenken.*
gewære, *zuverlässig, aufrichtig.*

gewæte *stn. Kleidung, Rüstung.*
geweide, *adj. sich woran weidend* 98, 709.
gewerbe *stn. Thätigkeit.*
gewerp *stm. Bewerbung.*
gewern *schwv. gewähren.*
gewinnen *stv.* an g. m. dat., *abgewinnen.*
gezemen *stv. zukommen.*
geziuc *stm. Zeuge.*
gickelvêch, *buntscheckicht.*
gie *für* gienc.
giege *schwm. Thor, Narr.*
gigen gagen, *Refrän eines Wiegenliedes; eigentl. Verba: sich hin und her wiegen.*
giht 3. pers. präs. *von* jehen; gich *imper.*
gimme *stf. Edelstein.*
gist, git *für* gibest, gibet.
git *stm. Habsucht, Geiz.*
gitekeit *stf. dasselbe.*
giuden *schwv. prahlen.*
glanz, *adj. glänzend.*
glas *stn. Fenster* 22, 33.
glast *stm. Glanz.*
glesin, *gläsern.*
glesten *schwv. glänzen.*
glien *stv. schreien.*
glôse *schwf. Auslegung.*
glosten *schwv. glühen.*
gn- *s.* gen-.
gnagen *stv. benagen.*
gogelheit *stf. ausgelassenes Wesen.*
gou *stn. Gau.*
gouch *stm. Kuckuck; Thor.*
göuchelin *stn. demin. v.* gouch.
gouchen *schwv. wie der Kuckuck schreien.*
gouchgovolt *stm. Thor, Narr.*
gougelvuore *stf. Treiben von Possen, betrügerisches Wesen.*
govenanz *stm. Zusammenkunft zu Spiel und Tanz.*
grâ, *grau.*
grâl *stm. die Abendmahlschüssel Christi, das Kleinod der Gralkönige.*
grâmazîe *schwf. Grammatik.*
grande *adj. stark* 47, 45.
granze *stf. Bewilligung* 47, 96.
gransprunge, *adj. dem das Barthaar keimt.*
grasemügge *schwf. Grasmücke, als Schelte* 25, 98.
grât *stm. Gräte.*
grâwen *schwv. grauen.*
grien *stm. Kiessand.*

griez *stm. dasselbe.*
grînen *stv. den Mund verziehen, knurren.*
grîs, *grau.*
grîse *stf. graue Farbe.*
groie *stf. Schlachtruf, Losung.*
guggaldei *stm. Kuckuck.*
guggouch *stm. dasselbe.*
gülle *schwf. Lache?* 38, 384.
gülte *stf. Schuld.*
gumpelman *stm. Possenreisser.*
gun- *für* geun-.
gunnen, *gönnen.*
guot, *gut; nützlich;* vür guot nemen m. acc., *mit etwas zufrieden sein.*

haben *schwv. halten, schätzen; intr. Stand halten.*
hacke *schwf. Hexe.*
haft *stm. Fessel; was fest hält.*
hæle, *glatt* 87, 116.
halten *stv. behaupten; im Spiel gleichviel einsetzen als der Gegner; Stand halten.*
hanht *prät. von* bengen.
hant *stf. Art.*
hantgetât *stf. Geschöpf.*
har *für* her.
harnschar *stf. Leid.*
harte *adv. sehr.*
hasehart *stm. Würfelspiel, Hasard* 78, 38.
haz *stm.* lâzen âne haz *gern geschehen lassen.*
hazlîch, *feindselig.*
heben *stv. anheben; sich h. sich aufmachen.*
hei *Interj. vor Ausrufungssätzen.*
heie *schwm. Pfleger* 63, 80.
heien *schwv. hegen* 91, 3.
heilbernde *heiltragend* 63, 6.
heiligeist *für* heilic geist.
heime *stf. Heimath* 25, 298.
heime *schwm. Heimchen* 40, 50.
heimlich, *heinlich, vertraut.*
heimüete *stf. Heimath.*
heis, *heiser* 14, 257.
hel, *hell; durchsichtig* 73, 8.
helfelîch, *hülfreich, helfend.*
hellemôr *stm. der Schwarze in der Hölle: Teufel.*
hellen *stv. eilen* 21, 479.
hengelboum *stm. Balken um etwas daran aufzuhängen* 41, 4.
her *her; bisher.*
hêrebernde, *Heiligkeit an sich tragend.*

hêren *schwv.* hêr machen, hêr halten;
  verherrlichen.
herte, *hart.*
herteclich, *hart.*
herzesêr *stn. Schmerz des Herzens.*
hî *Interject., was* hei.
hil *imper. von* heln.
himelstroum *stm. Himmelstrom* 63, 9.
hin, *dahin; fort.*
hînaht, hînt *adv. diese (vergangene oder
  kommende) Nacht.*
hinder *präp.* hinder sich treten, zurück
  treten.
hinder *adv.* zurück; hin hinder 24, 15.
hinnân, hinnen, hinne *adv. von hinnen;*
  hinnen vür, *hinfort.*
hinne *für* hie inne.
hirngupfe *schwf. Kopfbedeckung unter
  dem Helme* 98, 544.
hiubelhuot *stm. Haubenhut* 25, 565.
hiure, hiwer, hiuwer *adv. in diesem
  Jahre, heuer.*
hiuze, *munter, frech.*
hô *für* hôch.
hôchgemuot, *hochgestimmt, freudig.*
hôchgezît *stf. Fest.*
hôchvart *stf. Hoffart.*
hôhe *adv. hoch; sehr.*
hœhen *schwv. erheben, erfreuen.*
hœne, *an Ehren kränkend; hochfahrend;
  erzürnt.*
honegen *schwv. Honig geben.*
hoppaldei *stm.* bäurischer *Tanz* 98, 379.
horden *schwv. aufhäufen* 38, 286.
hœren *schwv. gehören.*
hoveherre *schwm. Herr des Hofes, Fürst.*
hovelîch, *hofgemäss.*
boveliegen *stv. bei Hofe lügen.*
hovemünich *stm. Mönch der wie am
  Hofe lebt.*
hoverîbe *stf. Hure.*
hövesch, *hofgemäss, fein gesittet.*
hovestæte, *adj. an dem* hovesite *fest-
  haltend.*
hovestrich *stm. Hofmelodie* 98, 987.
hovewart *stm. Hofwächter, Hund.*
hû *stm. Hohn* 30, 104.
hübesch *so viel als* hövesch.
hübeschen *schwv.* hofieren 57, 17.
hügelîch, *freudig* 96, 36.
hügeliet *stn. Freudenlied* 29, 4. 42, 100.
hügen *schwv. freudig sein* 95, 1.
hulde *stf. Erlaubniss.*
hulden *schwv. huldigen.*

huobe *schwf. Acker; Hufe.*
huote *stf. Hut; Aufsicht, Bewachung.*

ie *adv. immer; je.*
iemer, immer, *immer; je.*
iender, *irgendwo; nach* daz *für* niender.
ienoch, *immer noch.*
iesch *prät. von* eischen.
igelvar *adj. wie ein Igel aussehend* 40, 191.
ih'm, ih'n *für* ich im, ich in.
iht, ieht, *irgend etwas; irgendwie; nach*
  daz *für* niht.
in, ine *für* ich ne.
in *für* en.
In, in, *ein, hinein, herein.*
ingesinde *stn. Dienerschaft; Diener.*
ingewant *stn. Eingeweide* 87, 267.
inme *für* in dem.
innân, *inwendig* 21, 932.
innen werden, *kennen lernen, erfahren;*
  innen bringen, *kennen lehren.*
inner *präp. m. at. innerhalb.*
ir- *für* er-.
i'r *für* ich ir 2, 41.
irm *für* ir im.
irre *irrend; ungewiss.*
irren *schwv. stören, hindern.*
iuwel *schwf. Eule.*
iuwelnslaht, *eulenartig.*

jâ, *bekräftigend, wahrlich.*
jârlanc, *von jetzt an das Jahr hindurch,
  zu dieser Zeit des Jahres, in diesem
  Jahre.*
jehen *stv. prät.* jach, *sagen, sprechen;
  m. dat. u. gen. von einem etwas aus-
  sagen, ihm etwas zugestehen, beilegen,
  anrechnen;* ze, *nennen.*
jenenther, *von dort her.*
joch, jô *Interj. der Bekräftigung.*
jungest, *letzt;* ze jungeste, ze jungest,
  zuletzt, zum letzten Male.

kafse *st. schwf. Reliquienbehälter* 42,
  105.
kalde *stf. Kälte* 7, 77.
kâle *stf. Qual.*
kalle *stf.* Plaudererin, Sängerin 95, 7.
kallen *schwv. schwatzen.*
kampflich, *zum Kampfe gehörig.*
kapfen *schwv. schauen, gaffen.*
kappe *schwm. Kapaun.*
kel *schwf. Kehle.*
kemenâte *stf. Frauengemach* 33, 284.

keppel *stn. kleine Kappe.*
kern *stm. Spelt* 79, 158.
kerner *stm. Kirchhof* 89, 37.
kerren *stv. grunzen* 79, 55.
kiben *schwv.?* zanken 78, 4.
kiche *schwrni. das Keuchen* 25, 569.
kiesen *stv. prät. kôs, wahrnehmen; auswählen.*
kieser *stm. Wähler* 66, 28.
kindesch, *jugendlich, jung.*
kint *stn. von kinde, von Kindheit an; von den kinden* 13, 1.
kipfeltsen *stn. spöttische Benennung eines bäuerischen Schwertes* 98, 513.
kitze *stn. Zicklein.*
kiuwen *stv. kauen.*
klâ *plur. klâwen schwf. Klaue.*
klaffe *stf. Geschwätz.*
klaffen *schwv. schwätzen, plaudern.*
klagebære, *zu beklagen.*
kleine, *fein, niedlich; wenig, nichts.*
kleine *adv. dasselbe.*
kleinen *schwv. klein sein* 87, 233.
kleit *für klaget.*
klemmen *schwv. klammern, festhalten.*
klenen *schwv. kleben* 25, 300.
klobe *schwm. gespaltenes Holz zum Vogelfangen* 34, 20.
klôse *schwf. Knospenhülle* 83, 21.
klôsenære *stm. Klausner.*
klôstergiege *schwm. Klosternarr* 79, 38.
klôz *stm. Klumpen.*
kluft *stf. Spalte.*
knabe *schwm. Knappe, Jüngling.*
knüllen *schwv. schlagen, erschlagen* 87, 292.
kokatrille *schwm. Krokodill.*
kollier *stn. Halsbekleidung, Koller.*
komen *stv. prät. quam, kom; hin k., davon kommen; m. dat. sich schicken; begegnen, sich ereignen.*
conträte *stf. Gegend* 47, 62.
kopf *stm. Becher* 76, 28.
kor *stf. Versuchung* 40, 107.
koste *stf. Kostenaufwand.*
kötzelin *stn. demin. von kotze, Rock von grobem Wollenzeuge.*
krâ *stf. Krähe.*
krac *stm. Scharte.*
kradem *stm. Lärm.*
krage *schwm. Kragen, Hals; als Schimpfwort, Thor* 25, 464.
kräme *stf. Kramladen.*
krämesîde *schwf. Seide wie sie in der kräme verkauft wird.*

kranc, *schwach, m. gen.; schlecht.*
kranc *stm. Schwäche.*
krenken *schwv. schwächen, erniedrigen.*
krenzeleite *stf. das Kranzführen* 50, 35.
krieche *schwf. Vogelkirsche* 37, 20.
krônebære, *zur Krone berechtigt* 40, 140.
krot *stf. Kröte.*
kruft *stf. Höhle.*
kulde *für kuolde stf. Kälte* 84, 79.
kulter *stn. Bettdecke.*
kumber *stm. Betrübniss, Kummer.*
kûme *adv. mit Mühe, kaum.*
künde *stf. Kunde, Kenntniss; k. gewähen m. gen. kennen lernen* 15, 276.
kündec, *bekannt.*
kunden *schwv. kund werden* 69, 17.
künne *stn. Geschlecht.*
kunnen, *können anom. v. können; mit, womit umzugehen wissen.*
kunt, *bekannt; einheimisch.*
kuppeln *schwv. fesseln* 73, 28.
kür *stf. Wahl; Beschaffenheit.*
kurc, *ausgezeichnet.*
kürsenære *stm. Kürschner* 40, 140.
kurteis, *höflich.*

lâge *stf. Nachstellung.*
lâgen *schwv. nachstellen.*
lân *für lâzen.*
lancstæte, *lange dauernd* 17. 14.
langen *schwv. lang werden.*
lanke *st. schwf. Hüfte.*
laster *stn. Schande.*
laz, *lässig, träge.*
lâzen *stv. lassen; unterlassen; liegen lâzen, sagen dass jemand lügt; refl. sich verlassen.*
leben *schwv. m. gen. von etwas leben.*
leben *stn. Leben, Lebensart.*
lebermer *stn. sagenhaftes geronnenes Meer* 69, 86.
lêch *stm. für lîhen.*
lechelære *stm. der immer lacht.*
lecheliche *adv. freundlich.*
lecken *schwv. duften* 76, 37.
lecker *stm. Schmarotzer.*
legen *schwv. hin legen, daniederwerfen.*
lêhbart *stm. Leopard* 40, 54.
leich *stm. Gesang aus ungleichen Strophen zum Saitenspiel und Tanz* 29, 4. 33, 133.
leiden *schwv. leid werden.*
leiden *schwv. verleiden.*
leisten *schwv. befolgen: erfüllen.*

leit *für* leget.
lengern *schwv.* hinausschieben 53, 7.
lêr *stf.* Wange 84, 77
lesen *stv.* sammeln, m. dat. u. ausgelass. obj. (bluomen) 25, 219.
lespe *stf.* Lippe.
lest, leizte, *superl. von* laz.
lidic, ledig.
lie *für* liez.
liebe *stf.* Freude; Anmuth; Zuneigung; Gefallen.
lieben *schwv.* lieb machen.
liechen *stv.* pflücken 37, 21.
liehten *schwv.* hell werden 7, 2.
liehtvar, adj. hellfarbig.
liep *stn.* Freude; Liebster, Liebste.
liezen *stv.* wahrsagen 42, 24.
lîhen *stv.* leihen; zu Lehen geben.
lihte *adv.* leicht; vielleicht.
limen *schwv.* zusammenleimen, vereinigen.
limmen *stv.* knurren, brüllen.
linc *adj.* link, falsch 79, 215.
line, lîn *stf.* Fenster.
lingen *stv. unpers.* glücklichen Fortgang haben 20, 40.
lînlachen *stn.* Tuch von Leinen.
lîp *stm.* Leib; Leben; *umschreibend* mîn lîp ich *etc.*
lirc *adj.* link 79, 65.
lit *stn.* Glied.
lît *für* liget.
liuten *schwv.* läuten.
loben *schwv.* loben; geloben.
lôch *stn.* Gebüsch 25, 260.
lônen *schwv. m. acc. u. gen.* lohnen.
lôs *adj.* frei; locker; betrügerisch, zuchtlos.
losen *schwv.* horchen.
lôsen *schwv.* fröhlich sein; schmeicheln, heucheln.
lœsære *stm.* Erlöser.
lôslîch, fröhlich 53, 20.
lœtic, vollrichtig 79, 154.
loter *stm.* Taugenichts, Possenreisser.
louben *schwv.* sich belauben, Laub treiben.
lougen *schwv.* läugnen.
lucken, lücken *schwv.* locken.
lüen *schwv.* blöken, brüllen 79, 59.
lüften *schwv.* in die Luft heben.
luoder *stn.* Schlemmerei 76, 10.
luodern *schwv.* ködern 34, 16.
lützel *adj.* klein; *neutr. subst.* wenig, nichts.
lûzen *schwv.* lauschen.

mâc *stm.* Verwandter.
machen *schwv.* machen bî m. *gen.* frei machen 43, 62.
magenkraft *stf.* grosse Kraft.
maget *stf.* Jungfrau.
man *stm.* Geliebter.
mâne *schwm.* Mond.
manen *schwv. m. acc. u. gen.* erinnern.
mânet *stm.* Monat.
mangelich, jedermann.
marc *stf.* Mark, halbes Pfund.
marc *stn.* Ross.
mære, berühmt: herrlich; lieb.
mære *stn.* Kunde, Nachricht.
marke *stf.* Grenze, Grenzland.
marner *stm.* Seemann.
mars *stm.*? Teufel? 86, 11.
mâse *schwf.* Narbe, Mal.
massenie *stf.* ritterliche Gesellschaft.
mat *stm.* Matt im Schachspiel.
materje *stf.* Stoff.
mâze *stf.* Mass; Angemessenheit; Art und Weise; ze mâze, in einer mâze, wenig, gar nicht 18, 63. 140. 20. 113.
mâzen *schwv. refl. m. gen.* sich mässigen, sich enthalten.
mê *für* mêr.
megetîn *stn.* Jungfrau.
meiden *stm.* Wallach 57, 13.
meie, meige *schwm.* Mai.
meien *schwv.* Mai werden; fröhlich sein, sich belustigen.
meil *stn.* Fleck; Befleckung.
mein *stm. n.* Falschheit.
meinen *schwv.* meinen; lieben.
meister *stm.* Meister; Gebieter.
meistern *schwv.* beherrschen 16, 36.
meisterschaft *stf.* Herrschaft.
meistôt, zum grössten Theile todt 46, 66.
melde *stf.* Verrathung eines Geheimnisses.
melden *schwv.* verrathen; nennen.
menege, menigin *stf.* Menge.
menen *schwv.* einspannen (Zugvieh).
mêr, mê, mêre *adv.* mehr; je noch; fortan.
mêren *schwv.* vermehren; *intr.* wachsen.
merkære, merker *stm.* Aufpasser.
merlîn *stn.* Amsel 25, 327.
mermelîn, marmorn.
messetac *stm.* Jahrmarkt.
metten, mettin *stf.* Frühmesse.
mez *stn.* Mass 21, 280.
mezzen *stv.* beurtheilen.
mî *für* mir.

michel *gross; neutr. adv. sehr, viel;*
    gen. adv. um vieles.
mie *für mir* 93, 2.
miete *stf. Lohn.*
mieten *schwv. bezahlen.*
milte, *freigebig.*
milte *stf. Freigebigkeit.*
milwe *schwf. Milbe.*
min, *weniger.*
minne *stf. Liebe;* in der minne bei der
    Liebe Gottes 36, 177; *Gegenstand der*
    Liebe 36, 211.
minnebære, *zur Minne tauglich.*
minnenvar, *lieblich aussehend.*
minnerlln *stn. Liebhaber;* in verächt-
    lichem Sinne 38, 414. 76, 8.
minnewise *stf. Minnelied* 57, 10.
minre, *kleiner, geringer; neutr. adv.*
    weniger.
minnest: daz minnist, *das kleinste,*
    nichts.
mis *für* mins, mines.
missekēren *schwv. umkehren.*
missemachen *schwv. zu nichte machen*
    98, 496.
missepris *stm. Schande.*
missesprechen *stv. unrecht sprechen.*
missewende *stf. Tadel.*
miteslüzzel *stm. Nachschlüssel.*
morne, *morgen.*
müejen *schwv. bekümmern, verdriessen.*
müellch, *lästig.*
müezen *anom. v. müssen; conj.* in
    Wunschsätzen, mögen.
mügen *anom. v. mögen; vermögen.*
mül *stf. Mühle* 21, 183.
mun *für* mügen.
münchen *schwv. refl. Mönch werden.*
muot *stm. Gesinnung, Meinung.*
muoten *schwv. verlangen, m. gen.,* an,
    ze, *Satz mit* daz.
muowen *für* müejen.
mürden *schwv. morden* 37, 14.

nâ *für* nâch *und* nâhe.
nâch *adv. beinahe.*
nâch *präp. nach; Gemässheit, Aehn-*
    lichkeit bezeichnend; Streben, Sehnen.
nâchgebūr *stm.* nâchgebūre *schwm.*
    Nachbar.
nâhest, *adv. jüngst* 98, 72.
næhen *schwv. nahen.*
næhte *stf. Nähe.*
nan *für* nam.

nat *nd. für* naz.
ne, *Negation;* in beschränkenden Sätzen
    mit conj. es sri denn dass, wenn nicht.
nehtent *dat. plur.* in vergangener Nacht.
neigen *schwv. niederbeugen.*
neinā, *verstärkt* nein, *s. â.*
nern *schwv. erhalten.*
neve *schwm. Neffe; Verwandter.*
nider *nieder; m. accus.* 14, 360.
nidere, *niedrig* 21, 605.
nidetât *stf. gehässiges Thun.*
nieman, niemen, *niemand.*
niene, *nicht.*
niender, niener, ninder, *nirgend; nie-*
    mals; auf keine Weise.
nieten *schwv. m. gen. sich anstrengen,*
    sich bemühen um; geniessen.
niftel *schwf. Nichte; Muhme.*
nīgen *stv. sich neigen; m. dat.* vor.
niht, *nichts; m. gen.* kein; *nicht.*
nim *präs.* von nemen.
nīt *stm. Hass, Zorn.*
niut *für* niht.
niuwan, niewan, niwan, *nichts als, nur.*
niuwe, *neu.*
niuwe *stf. Neuheit, Frischsein.*
niwet *für* niht.
nōne *stf. neunte Stunde (nach 6 Uhr*
    Morgens).
nœtec, *bedürftig.*
nœten *schwv. m. acc. u. gen., nöthigen zu.*
nōthaft, *dürftig, arm.*
nüehter, *nüchtern.*
nust *für* nu ist.

obe *adv. wesen, überlegen sein.*
obe, ob, *wenn;* waz ob, *wie wenn —?*
    vielleicht.
obez *stn. Obst.*
och *für* ouch.
œde, *eitel, abgeschmackt.*
ontfermen *schwv. erbarmen* 82, 70.
orīōn *stm. Orion* 23, 3.
ort *stn. Ende; Spitze; eine kleine Münze,*
    Viertelloth.
ōstergloie *schwf. Frühlingslilie* 47, 13.
ouchen *schwv. refl. sich vermehren, sich*
    breit machen 79, 66.
ougen *schwv. zeigen.*
owē, owī *Interj. der Klage, des Er-*
    staunens, des Wunsches.

parolle *f. Rede* 47, 51. purol *stm. das-*
    selbe 47, 66.

persône *schwf. Figur* 47, 43.
pfaden *schwv. gehen* 77, 53.
pfant *stn. Pfand;* ze pfande stên, *verpfändet sein.*
pfâwe *schwm. Pfau.*
pfenden *schwv. pfänden; berauben.*
pflegen *stv. m. gen. thun, treiben; oft blos umschreibend; Gewalt haben.*
pfliht *stf. Theilnahme; Sorge; oft zur Umschreibung.*
pflihten *schwv. streben; refl. mit ze, sich verpflichten.*
pflt *für* pfliget.
ph — *s.* pf.
pîment *stn. gewürzter Wein* 7, 71.
pin *stm.* pine *stf. Pein; Anstrengung.*
pînen *schwv. refl. ûf, sich bemühen um.*
pînruot *stm. (oder statt* pinruote) *wehthuende Ruthe* 77, 40.
piscot *stm. Schiffszwieback* 47, 230.
pistel *schwf. Epistel* 66, 19.
pitîtmangier, *fein essen* 42, 7.
plâniure *stf. Aue* 47, 31.
poisûn *stm. Liebestrank* 7, 67.
povel *stm.* peuple 42, 6.
prime *stf. die erste Stunde (6 Uhr Morgens).*
prîsen *schwv. verschönen, verherrlichen.*
prônieren *schwv. hervorbringen* 27, 39.

ram *stm. Widder* 66, 1. 5.
râmen *schwv. m. gen. zielen, trachten.*
rampf *prät. von* rimpfen.
rappe *schwm. Rabe* 79, 54.
rât *stm. Rath; Hülfe; Abhülfe;* rât tuon *m. gen. entbehren können.*
rât *stf. Rath* 21, 315.
ræze, *scharf; keck, muthig.*
rê *stm. Leichnam* 42, 87.
rêch *stn. Reh.*
recken *schwv. ausrecken.*
reht *stn. ze* rehte, *wie es sich gebührt.*
rehte *adv. recht, genau, sehr.*
reichen *schwv. erreichen.*
reie, reige *schwm. Reigentanz.*
reien, reigen *schwm. tanzen.*
reiger *stm. Reiher* 42, 50.
reit *für* redet.
reit, *kraus.*
reizelklobe *schwm. Lockfalle.*
ren *stn? Rennthier* 66, 1. 5.
renne *schwf. Rinne* 41, 16.
rennen *schwv. laufen lassen.*
respen *schwv. zusammenfassen* 34, 7.

reste *stf. Ruhe* 47, 140.
rîcheit *stf. Macht.*
rîchen *schwv. reich machen; reich werden.*
ridewanzen *schwv. den ridewanz tanzen* 25, 445.
riechen *stv. rauchen.*
rîfe *schwm. Reif.*
rîhe *schwf. Dachreihe* 25, 504.
rihte *stf. grade Richtung.*
rîlîch, *reich.*
rîmen *schwv. zusammenreimen* 46, 47.
rimpfen *stv. refl. sich krümmen, ein gerunzeltes Gesicht machen.*
ringe, *adj. leicht.*
ringen *schwv. leicht machen, erleichtern.*
rippe *stn. Rippe* 76, 49.
rîs *stn. Zweig; Zuchtruthe; Strick.*
rîse *stf. Schleier* 39, 6.
rîsen *stv. fallen; herabträufeln.*
riuschen *schwv. rauschen.*
riutel *stf. Pflugräute* 25, 389. 495.
riuwe *stf. schwm. Traurigkeit.*
riuwec, *traurig; reuig.*
riuwen *stv. schmerzen.*
riviere *stf. Fluss* 47, 29.
roch *stn. Thurm im Schachspiel.*
rœseleht, *rueseloht, rosig.*
rôsevar, *rosenfarbig.*
rouwe *statt* riuwe.
rû, *rauh;* rûch *dasselbe.*
rûchen *schwv. rauh sein* 87, 303.
rüde *schwm. grosser Hatzhund.*
rüegliet *stn. Scheltlied* 29, 5.
rûmegazze *schwm. Gassenräumer,* Spottname *eines Schwertes* 25, 519.
rûmen *schwv. verlassen, räumen; m. dat. u. acc. (ez,* lant).
rûnen *schwv. raunen, flüstern.*
runze *schwf. Runzel.*
ruochen *schwv. geruhen; besorgt sein; sich kümmern; unpersönl. m. acc. kümmern.*
ruomesære *stm. Prahler* 38, 403.
ruowe *stf. Ruhe.*
ruowen *schwv. ruhen.*

sâ, *sogleich, alsbald.*
sache *stf.* âne sache, *ohne Schuld.*
sage *stf. Aussage.*
sagen *schwv. sagen; anschuldigen.*
sagrære *stm. Sacramenthäuschen.*
sal, *dunkelfarbig, trübe.*
sælde *stf. Glück, Heil.*
sældebære, *beglückt.*

salûieren *schwv. grüssen* 47, 69.
salwen *schwv. trübe werden* 77, 46.
sam, *ebenso; so wie; als ob*.
sam *präp. mit*.
samet, samt, *mit*.
sân, *sogleich*.
sanfte *adv. leise, leicht*.
sant, mit 23, 30.
sar *stn. Harnisch* 79, 64.
sarewirke *schwm. Harnischmacher* 79, 64.
saste *prät. von setzen*.
saz *stm. Sitz* 79, 222.
sâze *stf. Hinterhalt* 21, 21.
schach *statt* geschach.
schâch *stn. Schach, Schachbieten*.
schâcher *stm. Räuber* 69, 67.
schâchzabel *stn. Schachbrett, Schachspiel*.
schalchaft, *boshaft*.
schalcheit *stf. Bosheit*.
schalten *stv. schieben* 76, 138.
schamevar, *schamhaft gefärbt, roth*.
schantieren *schwv. singen* 27, 40.
schanze *stf. Glückswurf*.
schanze *stf. Schanze, Befestigung*.
schapel *stn. Kranz von Blumen, Bändern; Kopfschmuck*.
scharn *schwv. gesellen* 96, 51.
schât *aus* schadet.
schatzer *stm. Geldsammler* 42, 87.
schehen *stv. geschehen* 8. 40.
schehen *schwv. mit den Augen zwinkern* 98, 384.
schellec, *scheu* 73, 25.
schemelich, *schamhaft*.
schernen *schwv. spotten* 30, 107.
schicken *schwv. zurechtmachen*.
schiere, *adv. bald*.
schifgereise *schwm. Reisegefährte zu Schiffe* 40, 159.
schilhen *schwv. schielen, blinzen* 81, 36.
schimpf *stm. Scherz*.
schimpfære *stm. Spötter*.
schimpfen *schwv. scherzen*.
schimpfliet *stn. Spottlied* 29, 5.
schîn *adj. offenbar, sichtbar;* schîn tuon *zeigen;* werden, *sich zeigen*.
schîne *schwm. Glanz* 14, 239.
schînen *stv. sich zeigen* 17, 35.
schirmen *schwv. sich mit dem Schilde decken*.
schiuhen *schwv. scheuen*.
schiure *stf. Scheuer*.
schoc *stm. Windstoss* 47, 239.
schochen *schwv. aufhäufen* 76, 27.

schône *adv. von* schœne.
schouwe *stf. das Schauen; Anblick*.
schrage *schwm. Gestell oder Tisch, auf dem die Spielleute stehen* 25, 365.
schrê *stm. Schrei* 42, 85.
schrê *prät. von* schrîen.
schric *stm. Auffahren; Schreck*.
schrîen, schrigen *stv. prät.* schrê, *schreien*.
schuldehaft, *schuldig*.
schülle *schwm. ein Scheltwort* 38, 382.
schult, schulde *stf. Schuld; Ursache; von schulden, mit Recht*.
schüpfen *schwv. stossen, treiben* 16, 7.
schure *stf. Kraft* 79, 261.
schûwl *Interj. des Scheuchenden* 79, 85.
sê, *Interj. siehe*.
sedel *stn. Sitz*.
seilen *schwv. anknüpfen; jâmer s. unglücklich sein* 79, 31.
seit *für* saget.
selch, selk, *solch*.
selderin *stf. Miethwohnerin* 76, 53.
selle *schwm. Geselle* 70, 30.
selten *adv. selten; niemals*.
selwen *schwv. refl. sich trüben* 69, 56.
semelîchen *adv. ebenso* 4, 8.
semmir, semir, *so wahr mir — helfe*.
senede *stf. liebendes Verlangen*.
senede, sende, *part. v.* senen, *schmerzlich verlangend; verliebt*.
senelich, *verliebt*.
senfte *stf. Sänftigung*.
sêr *stm. stn.* sêre *stf. Schmerz*.
sêren *schwv. verwunden*.
sêren *schwv. Schmerz empfinden* 25, 281.
sicherheit *stf. Versicherung*.
sichern *schwv. m. dat. Unterthänigkeit geloben* 43, 41.
sider, *adv. nachher*.
sîdîn *adj. von Seide*.
sîgen *str. sinken*.
sigenunft *stf. Sieg, Triumph*.
sin *für* si in.
sin *stm. verständige Handlung*.
sinder *stm. Metallschlacke* 79, 320.
sinewel, *rund* 39, 9.
sinneclich, *verständig*.
sinnen *stv. m. gen. begehren* 25, 468.
sint daz, *da, causal*.
sippe *adj. verwandt*.
sist *für* si ist.
sît *adv. nachher; seitdem;* sît daz, sît caus. conj. *da, sintemal*.

sitech *stm. Papagei.*
siuche *stf. Krankheit.*
siuften *schwv. seufzen.*
siuftebernde, *seufzenbringend.*
slā *stf. Spur, Fährte.*
slac *stm. bildl. tödtlicher Schlag* 8, 154.
slahen *stv. schlagen.*
slahte *stf. Art.*
slān *für* slahen.
sleht, *grade, glatt; aufrichtig; neutr. subst.* 30, 103.
slichen *stv. leise gehen.*
sliefen *stv. schlüpfen.*
slihte *stf. Gradheit.*
slinden *str. verschlingen.*
slôz *stn. Schloss, Schlussstein.*
slôzgewalt *stm. Macht des Verschliessens* 46, 51.
smac *stm. Geruch.*
smal, *klein, dünn.*
smeichen *schwv. schmeicheln.*
smeicher *stm. Schmeichler.*
smiegen *stv. schmiegen.*
smieren *schwv. lächeln.*
smucken *schwv. an sich drücken.*
smutzemunden *schwv. schmunzeln* 25, 528.
snal *stm. das Zuschlagen der Falle* 45, 21.
sō *adv. häufig zur Hervorhebung eines vorangehenden Begriffes, für uns unübersetzbar; zur Bekräftigung von Bitten und Behauptungen; wie; sobald, wenn;* sō wer *für* swer 7, 150. 154. sō lange, *da so lange* 12, 11.
solden *schwv. besolden.*
soldenære *stm. Soldkrieger.*
sost *für* sō ist.
soum *stn. Saumthier.*
spæhe, *klug, schlau.*
spān *stm. hobelspanförmige Ringelung der äussern Haare* 25, 408.
sparn *schwv. versparen.*
spehen *schwv. betrachten.*
spel *stn. Märchen, Erzählung; Lüge; leeres Gerede.*
spengen *schwv. aufspannen.*
spiln *schwv. fröhlich sein; leuchten.*
spiz *stm. Bratspiess.*
spor *stn. Spur.*
spot *stm. Scherz.*
sprechen *stv. m. dat. einen nennen; von einem sprechen.*
sprenzelære *stm. Stutzer.*

sprenzelieren *schwv. sich stutzerhaft gebärden.*
spriu *stn. Spreu.*
spuot *stf. glücklicher Fortgang.*
spürn *schwv. der Fährte des Wildes nachgehen* 16, 20.
staben *schwv. den Eid vorsprechen.*
stadelwīse *stf. in einer Scheune gesungenes Lied.*
staffel *stm. Bein eines hölzernen Hausgeräthes.*
stahelberteclīch, *hart wie Stahl* 34, 158.
stampenīe *schwf. Singstück* 70, 28.
stān, stēn *stv., imper.* stant; bī stān *m. dat. u. gen. beitreten;* lā stān, *lass sein, höre auf;* stā bī, *tritt zur Seite;* stān, *sich verhalten.*
stat *stn. Gestade.*
stat *stf. Stätte, Ort, Platz.*
state *stf. Gelegenheit, Vermögen;* ze staten stēn, *gestattet sein.*
stæte, *treu, beständig; m. gen.* 15, 383.
stæte *stf. Treue, Beständigkeit.*
stætekeit *stf. Beständigkeit.*
stæten *schwv. befestigen.*
stegereif *stm. Steigbügel.*
stel *schwf. Firmament.*
stellen *schwv. partic.* gestalt, *beschaffen; gerichtet.*
stetschen *schwv. stottern* 87, 325.
stige *stf. Stall für Kleinvieh* 3, 65.
stigele *schwf. Vorrichtung zum Uebersteigen einer Hecke.*
stimel *stm. das Antreibende, stimulus,* 79, 258.
stiure, stiuwer *stf. Hülfe, Beistand; Steuer.*
stiuren *schwv. unterstützen.*
stoc *stm. Almosenstock.*
stocwarte *schwm. Gefängnisswärter.*
stōle *stf. Stola; geistliche Gewalt.*
strāfen *schwv. tadeln; m. gen.* 83, 21.
strāle *stf. Pfeil.*
strichen *stv. putzen, schmücken.*
strit *stm. Streit; Wettstreit;* āne strīt, *ohne Widerrede, sicherlich;* ze strīte, *wetteifernd;* den strīt lāzen *einem gegen jemand im Streite unterliegen,*
strūben *schwv. rauh emporstehn.*
strūchen *schwv. straucheln.*
stubenheie *schwm. Stubenhocker* 25, 679.
stuche *schwf. Muff* 87, 302.
stunt, stunde *stf. Stunde; Zeit; Mal;* under stunden, *bisweilen.*

stuot *stf. Heerde von Zuchtpferden.*
sturm *stm. Kampf.*
sûl, *plur.* siule *stf. Säule.*
süln *anom. v. schuldig sein.*
salte *schrf. Salzwasser.*
sumber *stm. Handtrommel.*
sumbern *schwv. die Handtrommel schlagen.*
sumelich, *irgend einer; plur. einige.*
sûmen *schwv. refl. zögern.*
sumerlate *schrf. diessjähriger Schössling*, Wasserreis 47, 11.
sumerwât *stf. Sommerkleidung* 87, 163.
sun *für* suln.
sunder *adv. abgesondert, besonders; präp. ohne*, sunder âne 2, 56.
sunderdröu *stf. besondere Drohung* 25, 744.
sunne *schwm. stf. Sonne.*
suone *stf.* suon *stf. Urtheil, Versöhnung.*
suontac *stm. Tag des Urtheils.*
supfen *schwv. schlürfen* 42, 37.
sûren *schwv. betrübt sein* 71, 179.
sus, *so; auch* sust.
sûsâ *Interject.* 34, 151.
swâ *aus* sô wâ, *wo auch, wo.*
swach, *schlecht.*
swachen *schwv. abnehmen;* swach machen, *verringern, herabsetzen.*
swal *stf. Schwalbe.*
swanc *stm. Bewegung.*
swanne, *wenn.*
swanz *stm. Schleppe.*
swanzen *schwv. einherstolzieren; übermüthig reden* 54, 11.
swar, *wohin auch.*
swâr *so viel als* swære 7, 114. 118.
swære, *betrübend; lästig.*
swære *stf.* swærde *stf. Schmerz, Leid.*
swaz *neutr. von* swer.
sweiben *schwv. schweben* 47, 155.
sweigen *schwv. zum Schweigen bringen.*
sweimen *schwv. schweben, fliegen.*
swelch, swel, *welch auch, welch.*
swenne, *wenn.*
swer, *wer auch, wer.*
swer *schwm. Leid, Schmerz.*
swern *stv. schwören.*
swern *stv. schwären, schmerzen.*
swie, *wie auch, wiewohl.*
swigen *stv. schweigen; partic.* geswin 36, 115.
swinde, *stark.*
swingen *stv. intrans. fliegen.*

tageliet *stn.* tagewîse *stf. Tagelied, Morgengesang des Wächters.*
tehtier *stn. Sturmhaube* 25, 382.
teil *stn.;* ein teil, *ein wenig.*
tempern *schwv. mischen.*
templeis *stm. Tempelritter, Gralritter.*
terze *stf. dritte Stunde (nach 6 Uhr Morgens).*
timmer, *trübe.*
tirmen *schwv. bestimmen.*
tiure, tiuwer, *werthvoll; vortrefflich, herrlich; selten (iron. nicht vorhanden)* m. dat. 33, 59.
tiuren, tiuwern *schwv. werth machen, hochschätzen.*
tiutsch, tiusch, *deutsch.*
tjost *stf. Zusammenrennen zweier Ritter mit den Speeren.*
to *nd. für* ze, zuo.
tobic, *unsinnig* 87, 14.
tolde *schwm. f. Wipfel.*
tœren *schwv. zum Thoren machen.*
tœrsch, *thöricht, närrisch.*
tôtreis, *adj. todtbringend* 40, 38.
touben *schwv. betäuben* 30, 83.
toubieren *schwv. musicieren, von* tuba, 47, 25.
tougen, tougenlich, *geheim, verborgen.*
tougen *stn. Geheimniss.*
toup, *öde, leer.*
træge *adv. zu* træge, *langsam, verdrossen.*
tratz, *ausrufend:* trotz *(sei dir geboten)* 25, 394.
trefs *stn. Unkraut* 79, 116.
trehtîn *stm. Herr, Gott.*
trei *stm. eine Art Tanz* 98, 518.
treie *schrf. Wamms.*
treit *für* treget.
treten *stv. tanzen.*
tribelslage *schwm. dasselbe* 36, 159.
tribelwegge *stm. Schlegel; in obscönem Sinne* 36, 163.
trimontâne *stm. Nordstern* 63, 60.
triuteleht, *liebenswürdig.*
triutelich, *lieblich.*
triuten *schwv. lieben; liebkosen.*
triuterinne *stf. Geliebte* 33, 30.
triuwe, trouwe *stf. Treue; Versprechen;* in triuwen, *in Wahrheit.*
triuwen *schwv. trauen.*
tröschel *stf. schwf. Drossel.*
trœsten *schwv. refl. m. gen. hoffen auf, sich verlassen auf.*

tröstlich, *trostbringend.*
trouf *stm. Träufeln, Traufe.*
troufte *stf. dasselbe* 98, 291.
trügelichen *adv. betrügerisch, falsch.*
trum *stm. Klotz* 97, 23.
trünne *stf. Haufen.*
truoben *schwv. trübe werden, sein.*
trût, *geliebt; subst. Geliebter, Geliebte.*
trûtgeselle *schwm. Geliebter.*
trûtgespil *schwf. liebe Gespielin.*
trûwen *für* triuwen.
tschoie *stf. Freude.*
tuft *stm. Thau; Reif.*
tügen, *anom. v., präs.* touc, *prät.* tohte, *nützen, helfen.*
tump, *unerfahren, dumm.*
tuon *anom. v.* thun; *beschaffen sein; häufig an Stelle eines vorausgegangenen Verbums mit Rection desselben; part.* getân, *beschaffen.*
turren *anom. v., präs.* tar, *prät.* torste, *den Muth haben, wagen.*
türse *schwm. Riese.*
tûsentstunt, *tausendmal.*
twahen *stv. waschen.*
twanc *stm. Zwang.*
twellen *schwv. verweilen, bleiben.*
twerhes *gen. adv. von* twerch, *quer, schief* 18, 159.
twingen *stv. zwingen.*
twinglict *stn. drängendes (zur Milde) nöthigendes Lied* 29, 5.

û *für* in.
übellichen *adv. böse.*
überec, *überflüssig.*
übergulde *stn. Uebergoldung.*
überbôre *stf. Uebermuth* 21, 499.
überkomen *stv. überwinden.*
übermüeder *stn. Leibchen über dem Hemde* 25, 436.
überoben *schwv. übertreffen* 38, 154.
überschînen *stv. bescheinen* 32, 17.
übersitzen *stv. überwinden* 32, 31.
überval *stm. ein Theil der Kleidung; Mantelkragen?* 25, 248.
übervlüzzic, *überströmend* 63, 64.
überwegen *stv. überwiegen* 32, 32.
überwîzen *schwv. an Weisse übertreffen* 40, 55.
ûf, *präp. Ziel, Zweck, Erwartung bezeichnend.*
ûffen *präp. statt* ûf 38, 173. 203.
uht: aluht und uht, *ganz und gar* 27, 28.

umbe *präp. um; wegen, in Betreff.*
umbehende *adj. statt* unbehende, *Ungeschicklichkeit* 66, 5.
umberieren *schwv. fallen?* 25, 574.
umbeslîfen *stv. sich tanzend umherbewegen* 39, 5.
umbesweif *stm. Umschweingen.*
umbetribe, *die einen zum Besten hat* 25, 600.
ummer *für* immer.
unberâten, *partic. unversorgt, unversehen.*
unbescheiden, *partic. unverständig.*
unbesungen *partic. ohne Gesang.*
unbetwungen *partic. frei von Sorge.*
undâne *stm., haben, keinen Dank haben. m. gen.* 21, 606.
undere, *unfreundlich* 68, 9.
unde; *häufig am Anfang von bedingenden Sätzen in Frageform.*
ünde *stf. Welle.*
under *adv. dar* under, *dabei, dazwischen.*
underscheit *stm. genaue Bestimmung* 79, 133.
undersnîden *stv. bildl. mischen* 43, 175.
understân *stv. verhindern.*
undertreten *stv. verhindern* 98, 524.
undervâhen *stv. auffangen.*
underwinden *stv. refl. m. gen. über sich nehmen wofür zu sorgen, etwas zu thun oder zu leiden.*
underziunen *schwv. durch Zäune trennen* 3, 35.
unendelich, *sein Wort nicht erfüllend* 68, 13.
unêren *schwv. beschimpfen.*
ungebærde, ungebære *stf. trauriges Benehmen, Befinden.*
ungebîte *stf. Ungeduld* 12, 21.
ungedâht: *mir ist u., ich denke nicht daran* 15, 29.
ungelimpf *stm. Unziemlichkeit* 98, 354.
ungemeilet, *unbefleckt.*
ungemeine, *nicht gemeinsam, fremd.*
ungemüete *stn. Leid, Betrübniss.*
ungerete *stn. Mangel.*
ungeschiht *stf. Unglück; von ungeschihte, unglücklicherweise.*
ungespilt, *part. ohne gespielt zu haben.*
ungesprochen, *part. ohne gesprochen zu haben.*
ungetrunken *part. ohne getrunken zu haben.*
ungeverte *stn. Reisebeschwerde.*

ungevüege, unartig, unanständig.
ungewizzen part. unwissend; ungewizzen leit, Leid das man ohne Wissen zufügt.
ungewon. ungewohnt.
unguot, böse; enpfie ze unguote, nahm böse auf 20, 91.
unhô adv. unhô heben, gering achten.
unledec, nicht frei, m. gen.
unmære, gleichgültig; gering geachtet.
unmæren schwv. gleichgültig sein.
unmâz, masslos 21, 261.
unmilte, nicht freigebig.
unminne stf. unrechte Liebe.
unnôt stf. nicht noth.
unprîs stn. Tadel.
unrât stm. Mangel, Noth.
unreht, unrichtig; ze unrehte, auf unrichtige Weise.
unsælde stf. Unglück.
unsanfte adv. nicht leicht.
unschemelich, keine Schande bringend.
unsich acc. von uns 26, 57. 40, 101. 56, 13. 87, 157.
unstate stf. Schade.
unstæte, unbeständig, untreu.
unstæte stf. Unbestand.
unstetelich, ungeschickt.
unt— für ent—.
unverdürnet, part. durch Dornen nicht unwegsam gemacht.
unverlân, part. unaufgegeben.
unverspart, unerspart.
unverwizzenlich, unverständig.
unvil adv. selten; nie.
unvrômede, vertraulich.
unvrowelich, unweiblich.
unvuoge stf. Unziemlichkeit, Rohheit.
unvuore stf. üble Lebensweise.
unwæge, nicht nützlich.
unwîp stn. die den Namen eines Weibes nicht verdient.
unwîse stf. schlechte Melodie.
unze, bis; so lange als; die wîle unz, so lange.
unzîtic, unreif 98, 386.
urborn schwv. sehen lassen.
urloup stn. m. Erlaubniss; namentlich Erlaubniss zu gehen; Abschied.
ursprinc stm. Hervorspriessen.
ûzer präp. aus.
ûzreise stf. Lied beim ritterlichen Auszuge.

vâhen stv. mit ze, anfangen.
vaht prät. von vehten.
faitiure stf. Gestalt.
val, entfärbt, fahl; blond.
valde stf. Falte, Zusammenfaltung.
valwen schwv. val werden.
vancnisse stf. Gefangenschaft.
var, gestaltet; farbig.
vâr stf. Hinterlist; vâre stf. ze vâre stân, auflauern, aufpassen.
vâren schwv. m. gen. auflauern; gefährden; streben nach.
varn stv. verfahren, handeln; sich verhalten; wol, sich wohl befinden; varnde, vergänglich; varndez guot, bewegliches Gut.
varwe stf. Farbe.
vastenkiuwe stf. Fastenspeise.
vaz stn. Gefäss; bildl. 43, 103.
vederspil stn. Vogel, der zur Beize abgerichtet ist.
vêhen schwv. hassen.
veige, zum Tode bestimmt.
veile, fril, verkäuflich.
veimen schwv. schäumen, reinigen.
veiz, feist.
velschen schwv. verleumden.
velwen schwv. val machen.
vên für vêhen.
vende schwm. Bauer im Schachspiel.
ver— für vür—.
verbern stv. aufgeben; vermeiden.
verbieten stv. beim Spiel ein höheres Gebot als der Gegner thun.
verbliden schwv. fröhlich sein.
verbunnen anom. v. missgönnen.
verdagen schwv. verschweigen.
verdenken schwv. refl. sich besinnen; verdâht, in Gedanken verloren.
verderben stv. zu Grunde gehen.
verdriezen stv. verdriessen; überlang dünken; verdrozzen, verdriesslich, langweilig.
verdringen stv. verdrängen; m. gen.
vereinen schwv. an, einzig richten auf, 72, 21; refl. sich entschliessen, m. gen.
vereiten schwv. durch Brand verwüsten.
vergâhen schwv. refl. sich übereilen.
vergân, vergen stv. m. acc. vorübergehen, entfliehen.
vergeben stv. m. dat. vergiften.
vergelten stv. zurückbezahlen.
vergezzen partic. gottvergessen.
verguot statt vür guot 49, 26.

verhaben *schwv. verwehren.*
verhengeu *schwv. den Zügel schiessen lassen; zulassen.*
verholn, *verborgen*; verholne *adv. dasselbe.*
verhouwen *stv. hauend verwunden.*
verirren *schwv. irre führen.*
verjehen *stv. sagen.*
verkêren *schwv. umwenden; ändern.*
verkiesen *stv. wegsehen, nicht beachten.*
verklagen *schwv. verschmerzen.*
verkrenken *schwv. beschimpfen.*
verkunnen *anom. v. refl. m. gen. verzweifeln an, verzichten auf.*
verlâzen, verlân *stv. unterlassen;* in verlâzen, *einlassen;* an, *überlassen;* sich verlâzen, *sich hingeben.*
verliesen *stv. verlieren; zu Grunde richten.*
verligen *stv. zu lange liegen.*
verlisten *schwv. durch Klugheit übertreffen.*
vermezzen *stv. m. gen. sich erkühnen, sich anheischig machen.*
vermügen *anom. v. refl. vermögen, Kraft haben.*
vernent, vernet, vert, *im vorigen Jahre.*
verpflegen *stv. m. gen. aufgeben.*
verre, *fern.*
verre *adv. fern; sehr.*
verreden *schwv. refl. falsch reden, mehr sagen als man wollte.*
verren *schwv. entfernen.*
verrîden *stv. umkehren.*
verschalten *stv. verstossen* 28, 44.
verschamt, *schamlos.*
verschelken *schwv. zum Knechte machen, unterjochen.*
verschorn *schwv. verscharren.*
verschrôten *stv. zerschneiden; fehlerhaft schneiden.*
verschulden *schwv. verdienen.*
versehen *stv. ersehen, sehen* 82, 44.
verseit *für versaget.*
verseneu *schwv. sich in Seelenschmerz vertiefen.*
versêren *schwv. verwunden.*
versigelen *schwv. verschlagen werden.*
versinnen *stv. refl. zum Bewusstsein kommen; m. gen. bedenken, beobachten, wahrnehmen;* als ich mich versinne, nach meiner Einsicht.
verslinden *stv. verschlingen.*
verslîzen *stv. hinbringen (Zeit).*
versmâhen, versmân *schwv. gering,*

verächtlich dünken, m. dat.; m. accus. 20, 93.
versnîden *stv. tödtlich verwunden.*
verspâten *schwv. versäumen* 84, 38.
versperren *schwv. zusperren, verschliessen.*
versprechen *stv. verreden.*
verstân *stv. über die rechte Frist hinaus stehen bleiben und verfallen.*
verstein *stv. stehlen.*
versûmen *schwv. vernachlässigen.*
verswachen *schwv. verringern* 10, 37.
vert *s. vernet.*
vertân, *part. verflucht.*
verteilen *schwv. durch Urtheil absprechen* 10, 38.
vertragen *stv. m. dat. u. acc. einem etwas hingehen lassen.*
vervâhen *stv. helfen, nützen; empfinden, wahrnehmen.*
vervarn *stv. irrefahren.*
ververscheu *schwv. imnl. erfrischen* 82, 77.
verwâzen *stv. verwünschen.*
verwegen *stv. refl. verzichten, m. gen.*
verwen, verewen *schwv. färben.*
verwendeclîchen *adv. sich umdrehend* 25, 555.
verwerren *stv. partic. verwarren, verworren.*
verwîzen *stv. zum Vorwurf machen.*
verzalt, *part. von verzellen, verurtheilt, verdammt* 43, 26.
verzîhen *stv. verweigern, abschlagen; refl. m. gen. sich lossagen; m. dat. sich entziehen.*
verzwicken *schwv. befestigen; sicher zielen* 98, 434.
vezzel *stm. Band zum Befestigen des Schwertes.*
fîden *schwv. refl. sich verlassen* 79, 311.
vie *prät. von vâhen.*
viereggot, *vierschrötig.*
vil *neutr. subst. m. gen. viel; viele.*
vil, *vile, sehr; viel.*
villen *schwv. geiseln.*
vimel *stm. Strahl* 79, 257.
vingerlîn *stn. Fingerring.*
vingerzeige *schwm. der, auf den man mit Fingern zeigt* 12, 20.
viol *stm. Veilchen.*
violieren *schwv. veilchenartig machen.*
vîren *schwv. feiern.*
vîretac *stm. Festtag.*
virne, *alt* 77, 17.
viur, viuwer *stn. Feuer.*

viarin, *feurig.*
vlê, vlêhe *stf. Flehen.*
vliesen für verliesen.
vlins *stm. Fels.*
vlíʒ *stm. ze vlíʒe, sorgfältig.*
vlíʒen *stv. refl. sich bemühen, befleissen,* m. gen.; mit an 75, 45.
flôrieren *schwv. intr. sich schmücken* 98, 728.
vluc *stm. Flug; Flügel.*
vlust *stf. statt verlust.*
volbedenken *schwv. durch Denken ergründen* 13, 15.
volblüemen *schwv. vollständig preisen, verherrlichen* 19, 297.
volenden *schwv. zum Ziele kommen* 28, 33.
volge *stf. Beistimmung.*
volle *stf. Fülle.*
volleist *stf. Beistand.*
volloben *schwv. vollständig loben.*
volschœnen *schwv. vollständig schön machen.*
von *präp.* von zorne, vor Zorn etc.
vor — für ver —.
fôres *stm. Forst* 47, 19.
vorhte *stf. Furcht.*
vrâʒ *stm. gefrässiger Mensch.*
vrech, *keck* 93, 25.
vreischen *prät.* vriesch *stv. erfahren.*
vreise *stf. Schrecken, Gefahr.*
vremde, vrömde, *seltsam* 21, 356.
vremden *schwv. entfremden; meiden.*
vrendebære, *freudenreich.*
vrevellîchen *adv. verwegen;* vrevenlîche, *frech, kühn.*
vrewen *schwv. freuen.*
vriedel *stm. Geliebter.*
vrîen *schwv. frei machen.*
vriesch *prät.* von vreischen.
vrîlîch *adv. frei, unbehindert.*
vrist *stf. bestimmte Zeit.*
vriundinne, vriwendinne *stf. Geliebte.*
vriunt, vriwent *stm. Freund, Geliebter.*
vrô *für* vrou, *Frau.*
vrochten = vürhten.
vrömde = vremde.
vrôn, vrône, *heilig.*
vrônebære, *mit Heiligkeit verbunden.*
vrônekôr *stm. heiliger Chor.*
vrœnen *schwv. erhöhen* 64, 41.
vrœren *schwv. frieren machen.*
vrouwe *schwf. Frau; Dame, Herrin, Geliebte.*

vröuwelin *stn. Mägdlein.*
vröuwen *schwv. freuen.*
vrüeje *adj. früh auf* 3, 56.
vrume *schwm. Vortheil, Nutzen.*
vrümekeit *stf. Vortrefflichkeit.*
vrumen *schwv. nutzen.*
vrümen *schwv. schaffen.*
vruot, *verständig, weise; brav; munter.*
vruot *stf. Gedeihen* 38, 141.
vüegen *schwv. bereiten, zu Wege bringen, zufügen; passen, gebüren.*
vûl, *verfault.*
vuoge *stf. Schicklichkeit; Bequemlichkeit.*
vuore *stf. Lebensart, Lebensweise.*
vür *präp. bezeichnend Schutz, Stellvertretung, Vorzug.*
vur — für ver —.
vürder *adv. hinweg.*
vürgedanc *stm. Vorherdenken, Vorbedacht.*
vürspan *stn. Spange, die das Gewand vorn zusammenhält.*
wâ, *wo.*
wac *prät.* von wegen.
wâc *stm. Woge, Fluth.*
wâfen *stn. Werkzeug; Waffe.*
wâfen *Interj. wehe.*
wâfenâ, *dasselbe* 8, 19.
wæge, *gewogen; gut, tüchtig.*
wagen *schwv.* wiegen 36, 211, *intr. sich bewegen.*
wâhebûf, *allegor. Name, Wohebauf, Wohernehmen* 74, 1.
wæhe, *zierlich.*
wahen, *prät.* wuoc *stv. erdenken* 67, 44.
wahsen *stv.*, abe, *abnehmen.*
wæjen *schwv. wehen.*
wal *stm. Wogen, Aufwallen.*
wal *stm. Wall.*
wallen, *prät.* wiel, *stv. kochen, wogen.*
walten, walden *stv. prät.* wielt, m. gen. *Gewalt haben über; besitzen, haben.*
waltwis, *waldkundig* 71, 163.
wan, *nur, ausser; wäre nicht.*
wan, *denn, weil; warum nicht; in Wunschsätzen.*
wan *für* man.
wân *stm. Hoffnung; Meinung; Wahn.*
wande, *vollere Form von* wan, *denn, weil.*
wânde, *prät.* von wænen.
wandel *stm. Aenderung; Fehler, Makel.*

wandelbære, *mit wandel behaftet, böse.*
wane, *Nebenform von* wan.
wanger *stm. Küssen* 87, 168.
wankel, *unbeständig.*
wankelmuot, *adj. unbeständigen Sinnes.*
war, *wohin.*
wâr: ze wâre, zwâre, *fürwahr.*
warn *schwv. Acht haben.*
warten *schwv. schauen; warten, erwarten m. dat.*
wasten *schwv. verwüsten.*
wât *stf. Kleidung.*
wætlich, *schön.*
wâz *stm. Geruch.*
wê, *mit nâch, Sehnsucht bezeichnend.*
wec: under wegen lâzen, *unterlassen, bleiben lassen;* ze wege, *fort.*
weder, *welcher von beiden.*
weder *unflect. neutr. adv. im ersten Gliede einer Doppelfrage, utrum* 21, 354.
wegen *stv. in Bewegung setzen, wiegen; schätzen,* kleine, ringe; *intr. sich bewegen, richten.*
wegen *schwv. schütteln.*
wegewerende, *Weghindernder, Wegelagerer.*
weibelruote *schwf. Stab des Gerichtsboten; Schwert* 25, 541.
weich, *schwach.*
weideganc *stm. Gang zur Jagd.*
weien *schwv. wiehern* 79, 59.
weinen *schwv. m. acc. beweinen.*
weise *schwm. ein Edelstein in der Kaiserkrone; die Kaiserkrone selbst.*
wellen *schwv. wallen* 34, 101.
wellen *schwv. wollen; m. gen. von.*
wen für weln, wellen.
wen für wan.
wende *stf. Umkehr;* âne wende, *unläugbar.*
wendec, *rückgängig.*
wenden *schwv. richten; aufhören machen, benehmen; einen von etwas abhalten m. acc. u. gen.;* wenden ze, *auslegen.*
wenen *schwv. gewöhnen, m. gen.*
wengel *stn. Wängelein* 14, 308.
wenken *schwv. wanken.*
went für wellent.
wentschelieren *schwv. hin und her wandeln, mit tadelndem Nebensinne.*
wepfen *schwv. hüpfen.*
wer *stf. Wehr, Gegenwehr, Vertheidigung.*

wer *schwm. der Gewährleistende; Bürge.*
werben *stv. intr. zurückkehren; handeln, verfahren, m. adv. ergehen* (21, 85); *trans. ausrichten (namentlich von Boten); trans. erwerben.*
werc *stn. Geräth, Rüstzeug.*
werdecliche *adv. auf würdige Weise.*
werdekeit *stf. Würde, Herrlichkeit.*
werden *stv.* vür werden = verwerden, zu Grunde gehen 30, 11.
werfen *stv.* ûf w. *aufmachen.*
werlt, werelt *stf. Welt;* zer werlde, *auf der Welt; Ausruf* al die werlt.
werltlich, *weltlich.*
werltsüeze *stf. Süssigkeit der Welt.*
wern *schwv. währen, dauern.*
wern *schwv. m. acc. u. gen. gewähren.*
werren *stv. hinderlich sein, verdriessen; unpersönl. m. dat.*
wert, *würdig, werth.*
wert *stm. Würde, Werth.*
wert *stm. Insel, Werder.*
werwort *stn. Vorwand, Ausrede* 38, 242.
wes, *warum.*
wesen *stv. sein;* bî, *helfen, beistehn.*
wesue, weste *prät. von* wizzen.
weten *stv. zusammenjochen, verbinden;* ze, *mit.*
wette *stn. Pfand.*
wibel *stm. Kornwurm.*
widemen *schwv. ausstatten.*
wider, *wiederum; zurück;* wider unde vür, *hin und zurück.*
widerglesten *schwv. widerstrahlen.*
widersagen *schwv. aufsagen; Fehde ankündigen.*
widersæze, *widerspänstig.*
widerspenic, *widerspänstig, widerwärtig.*
widerstrît, *im Wetteifer.*
widerteilen *schwv. durch Urtheil absprechen.*
widerwende *stf. Umkehr* 66, 7.
widerwinden *stv. refl. sich entgegenstellen, w. gen.*
widerzæme, *missfällig, verhasst* 78, 16.
wiel *prät. von* wallen.
wigen wagen, *schaukeln, wiegen* 36, 209.
wiht *stn. Ding;* ein wiht, *ein Nichts.*
wihteclich, *jegliches Ding* 42, 93.
wihtel *stn. Kobold* 30, 154.
wilde, *fremd, unbekannt.*
wilde *stf. Wildniss.*
wilden *schwv. fremd sein* 31, 14.
wildenære *stm. Jäger* 45, 19.

wîle *stm. Schleier (der Nonnen).*
wîle *stf.* bî wîlen, under wîlen, *manchmal; die wîle, so lange;* kurzewîle, *Unterhaltung, Kurzweil;* wîlen, wîlent (dat. plur.) *ehemals.*
winden *stv. wenden.*
winster, *link.*
wint *stm.* ein wint, *ein Nichts.*
wint *stm. Windhund.*
wîp *stn. Weib; Gegensatz zum Mann; zur Jungfrau.*
wirden *schwv. werth halten* 40, 150.
wirs, *adv. schlimmer.*
wirser, *adj. schlimmer.*
wis *imper.* von wesen.
wîse *stf. Melodie.*
wîsel *stm. Führer* 25, 331.
wîsen *schwv. leiten; anweisen, belehren m. acc. u. gen.*
wiste *prät.* von wizzen.
wite *stm. Holz* 87, 203.
witenân, *adv. weit und breit* 52, 11.
witzec, *klug, verständig.*
wîzen *stv. zur Last legen, verargen, vorwerfen.*
wolken *stn. Wolke.*
wonen *schwv. wohnen; gewohnt sein.*
worgen *schwv. ersticken.*
wort *stn. Wort;* wort und wîse, *Text und Melodie* 21, 244.
wortel *stn. demin.* von wort.
wû *Interj. wehe* 30, 98.
wunden *schwv. verwunden.*
wunder *stn. Menge. Unmasse;* wunder schrîen, *sehr viel schreien.*
wunderalt, *sehr alt.*
wunderlîchen *adv. sehr* 21, 978.
wunderswanz *stm. wunderbares Kleid* 73, 17.
wunnen *schwv. voll Wonne sein; sich freuen* 63, 25.
wunsch *stm. Vermögen etwas aussergewöhnliches zu schaffen; Inbegriff des schönsten und vollkommensten.*
wuocher *stm. Frucht.*
wuot *prät.* von waten.
wurz *stf. Kraut.*
wurzen *schwv. wurzeln.*

zabelspil *stn. Brettspiel.*
zadel *stm. Mangel.*
zâfen *schwv. schmücken.*
zage *schwm. Feigling.*
zâî, zahî *Interj. hei.*

zal *stf. Rede, Erzählung.*
zam *prät.* von zemen.
zam *adj. m. dat. unterthan, ergeben.*
zant *stm. Zahn.*
zart *stm. Liebkosung, Lust.*
ze *präp. zu; verweilen: in; Bestimmung, Zweck: als.*
zeche *stf. Reihenfolge;* ze zeche, *der Reihe nach* 25, 449.
zechen *schwv. sich verfügen* 25, 474.
zehant, *sogleich.*
zeisen *schwv. rupfen, zausen* 25, 573.
zellen, zeln *schwv. zuzählen, zuerkennen* 98, 196; ûz gezelt, *zu Ende gezählt, zu Ende* 30, 49.
zemen *stv. ziemen; gefallen* 22, 11.
zemen, *zusammen* 87, 339.
zer *stf. das Verzehren;* bî dulteclîcher zer, *geduldig alles ertragend* 21, 482.
zerhouwen *stv. aus verschiedenem Tuch zusammensetzen (Kleid)* 25, 477. 36, 175.
zerinnen *stv. unpersönl. m. gen. u. dat. ein Ende nehmen.*
zeriuten *schwv. zerzausen* 98, 473.
zern *schwv. refl. zu Ende gehen* 72, 106.
zerren *schwv. reissen.*
zerslifen *stv. zerfallen.*
zerswingen *stv. auseinanderdehnen.*
zeschellen *stv. zerreissen.*
zese, *flect.* zesewer, *recht.*
zetal, *herunter, hinunter.*
zevieren *schwv. zerreissen.*
ziere, *schmuck, schön.*
zieter *stm. Vordeichsel* 98, 534.
zîhen *stv. m. gen. zeihen, beschuldigen.*
zil *stn.* den brichet er daz zil, *die übertrifft er* 29, 10.
zinsen *schwv. als Zins geben.*
zirkel *stm. goldener Reif.*
zîse *schwf.* zîsel *stm. Zeisig.*
ziser *schwf. Kicher* 47, 234.
zît *stm.* 28, 86.
zîteline *stm. Zeitling, der früh da ist* 98, 367.
zîtkleit *stn. Winterkleid* 87, 89.
ziuc, ziuch *stm. Ausrüstung.*
zocken *schwv. ziehen, zerren.*
zogel *stm. der, welcher zieht;* der schatzes zogel, *der Schatz an sich zieht, sammelt, der reiche* 79, 236.
zogen *schwv. hinhalten; ziehen, reisen.*
zorn *stm.* zorn wesen lâzen *m. refl. dat. sich erzürnen.*

zu md. für ze, zer.
zucken, schwv. prät. zucte, zuhte, ziehen, wegreissen.
zügelbreche schwm. der den Zügel zerreisst 25, 735.
zügeliet stn. Lied mit besonders langen Zügen des Fiedelbogens? 29, 4.
zuht stf. Anstand, Wohlerzogenheit, Artigkeit u. s. w.
zunge schwf. Sprache; Volk; Land.
zürnen schwv. trans. zürnen über, auszanken 16, 77.

zweien schwv. refl. sich paaren; sich entzweien.
zwî stn. Zwrig.
zwieren schwv. verstohlen blicken.
zwinken schwv. blinzeln.
zwir, zweimal.
zwischen : under zwischen, dazwischen.
zwiu, zwû, zu welchem Zwecke.
zwivellich, ungewiss, zweifelhaft.
zwivellop stn. zweideutiges Lob.

Namenverzeichniss.

Absalôn 79, 174.
Achilles 79, 181.
Adâm 67, 42. 48. 79, 169.
Adelber, Name eines Bauern, 25, 389.
Adelhalm, ebenso, 25. 451.
Adelheit, Name einer Bäuerin, 47, 108.
Aist, Dietmâr von, Dichter, 2.
Albreht s. Jôhansdorf. Raprehtswîle.
Alexander 79, 175.
Alexander, der wilde, Dichter, 71.
Almân, Deutscher, 21, 216.
Alram, Name eines Knechtes, 57, 4.
Altsteten, Kuonrât von, Dichter, 91.
Amôr, Amûr 43, 48. 71. 85. 85, 22.
Aene, Aisne, Flussname. 72, 111.
Anehalt, herzoge von, Dichter, 27.
Aristotiles, von einem Weibe geritten: Beziehung auf einen oft erwähnten Schwank, 79. 179.
Arsiure, Name eines Windes, 47, 240.
Artûs 63, 78. 79, 183; an letzterer Stelle mit Bezug auf die Erzählung vom Zauberbecher oder Zaubermantel.
Asabel, berühmt durch seine Schnelligkeit, 79, 182.
Atze. Gêrhart. Ritter am thüringischen Hofe. 21, 323. 355. 359, 360.
Ave, Name einer Bäuerin, 25, 468.

Babilôn 63, 32.
Barbarîe, Ländername, Berberei 47, 226. 243.

Becheláre, Pöchlarn, der Wohnort Rüdigers, 3, 23.
Beheim, Beheim, Böhmen, 40, 146. 63, 81. 98, 561. Wenzel von B. Dichter 83.
Beier, Beiger, Volksname, Baier 25, 179. 66, 24. von Beiern, Land, 25, 48.
Berhtel demin. von Berhte, Bertha, Name einer Bäuerin, 25, 328.
Berne, Verona, Sitz Dietrichs, 42. 113.
Berngêr s. Horheim.
Bîgenôt, allegor. Name, Bezeichnung eines Dürftigen, 74, 3.
Bliggêr s. Steinach.
Bodensê 72, 105.
Boppe, Name eines Dichters, 70; eines Bauern, 98, 381.
Botenlouben, Burg in Unterfranken, 36. 100. Graf Otto von B., Dichter, 26.
Brâbant 72, 126; Jôhans von Br., Dichter, 82.
Brandenburc, Markgraf Otto von, Dichter, 80.
Brennenberc, Reinmâr von, Dichter, 46.
Burkart s. Hôhenvels.
Bûwenburc, der von, Dichter, 88.

Damen, Herman der, Dichter, 78.
Darbiân, allegor. Name: Bigenôt von Darbiân, Bezeichnung eines Dürftigen. 74, 3.
Davît 79, 172.
Diethôch, Name eines Bauern, 25, 339.

Bartsch, Deutsche Liederdichter.

25

Dietmâr s. Aist.
Dieterich *(von Bern)* 42, 113; *eine unbekannte Persönlichkeit*, 21, 348.
Dijâne, *Name eines Sterns*, 63, 58.
Dômas, *Damascus*, 17, 37.
Dürinc, *Thüringer*, 21, 119. Durnge lant, *Thüringen*, 49, 41. hof ze Düringen 21, 74.
Dürner, *Dichter*, 90.

Eberhart der meier 25, 400.
Ebrôn 67, 40.
Eckehart, *der getreue Eckard*, *Pfleger der Harlunge* 42, 115.
Egge, *Name eines von Dietrich von Bern getödteten Riesen* 42, 120. 69, 96.
Elbe, *Flussname*, 21, 791. 25, 587. 47, 167.
Elêne von Kriechen, *Helena*, 69, 88; *Name einer Bäuerin* 25, 341.
Elle, *Name einer Bäuerin*, 20, 59. 87, 229.
Else, *ebenfalls*, 20, 59.
Elsemuot, *ebenso*, 98, 401.
Enêas 79, 289.
Engelbolt, *Name eines Bauern*, 25, 468.
Engellant, *England*, 98, 32.
Engelmâr, *Name eines Bauern*, 25, 366. 398. 98, 535. 550.
Engelram, *Name eines Bauern*, 98, 497.
Enzeman, *ebenso*, 98, 517.
Eppe, *ebenso*, 25, 387. 393. 98, 414.
Erkenbolt, *ebenso*, 98, 411.
Erkenpreht, *ebenso*, 25, 535. 574.
Eschenbach, Wolfram von, *Dichter*, 22.
Ezzelingen, *der Schulmeister von*, *Dichter*, 73.

Galle, *Gallus:* der truhsæze von Sente Gallen, *Dichter*, 30; *derselbe als todt beklagt* 46, 67.
Gamuret, *Ritter der Tafelrunde*, *Vater Parzivals* 47, 157
Gebechenstein, *Ortsname*, *Giebichenstein:* Heinrich von, 3, 9.
Gebehart, *Gebhard*, 3, 33.
Gebewin, *Mannsname (von* win, *Freund)*; *Wortspiel mit* win 76, 15.
Gedrût, *Dichter (Frauenname)*, 56.
Geltâr, *Dichter*, 57.
Geppe, *Name einer Bäuerin*, 25, 328. 387.
Gêrhart, *Gerhard*, 21, 323. 355.
Gisel, *Name einer Bäuerin*, 25, 328. 370.

Götelint, *ebenso*, 25, 397.
Gotfrit s. Nifen.
Gumpe, *Name eines Bauern*, 25, 387.
Gunderam, *ebenso*, 25, 514.
Gundrât, *Name einer Bäuerin*, 25, 328.
Gunthart, *Name eines Bauern*, 25, 337.
Guotære, *Dichter*, 80.
Guotenburc, Uolrich von, *Dichter*, *dessen Tod beklagt* 46, 76.

Hadewic, *Hedwig*, 25, 373.
Hadloub, Jôhans, *Dichter*, 87.
Hamle, Kristân von, *Dichter*, 32.
Hanegöu, *Hennegau*, 72, 126.
Hardegger, *Dichter*, 45.
Hartman s. Ouwe. 18, 141.
Heime, *Held Dietrichs von Bern*, 42, 120.
Heinburc, *der von*, *als sangeskundiger Herr gerühmt*, 42, 65.
Heinrich s. Gebechenstein, Mekelenburc, Missen, Muglin, Presselâ, Rugge, Stretelingen, Teschler, Veldeke, Frowenberc, Vrouwenlop, Wizensê.
Heinzlin, *Spielmann*, 37, 8. 13.
Herger 3, 38.
Herman der Damen, *Dichter*, 78.
Hezbolt s. Wizensê.
Hildemâr, *Name eines Bauern*, 25, 711. 98, 462. 465.
Hiltbolt s. Swanegou.
Hiltegunt: *fingierter Name von Walthers Geliebter mit Beziehung auf die Dichtung von Walther und Hildegunde* 21, 750.
Hilträt, *Name einer Bäuerin*, 25, 328.
Hôhenburc, *Markgraf von*, *Dichter*, 19.
Hôhenvels, Burkart von, *Dichter*, 34.
Hoier, *Graf Hoier von Mansfeld?* 40, 83.
Hônberc, *Graf Wernher von*, *Dichter*, 86.
Horheim, Berngêr von, *Dichter*, 12.
Hûc s. Werbenwâc.
Hûsen, Walther von, 3, 8; *sein Sohn Friedrich*, *Dichter*, 8; *dessen Tod beklagt* 46, 73.

Iedunc, *Name eines Bauern*, 25, 339.
Irenber, *ebenso*, 98, 465.
Irmengart, *Name einer Bäuerin*, 47, 110.
Isalde, *Tristans Geliebte*, 12, 4. 33, 84.
Isenach, *Eisenach*, 21, 324.
Isengrîn, *Name des Wolfes*, 42, 101.
Iwân, *Ivein*, *Ritter der Tafelrunde*, 79, 26.

Jessê 63, 41.
Jêsus 21, 885. 98, 724. 726.
Jiute, *Name einer Bäuerin*, 25, 370; demin. Jiutel 25, 328; Jiutelin 98, 401.
Jôhans s. Brâbant, Hadloub.
Jôhansdorf, Albreht von, *Dichter*, 11; *als todt beklagt* 46, 73.
Jûnô 79, 33.
Jûpiter 97, 20.

Kamvoleis, *Stadt in Waleis (Wolframs Parzival)* 47, 158.
Kanzeler, *Dichter*, 77. 77, 21.
Kerlinc, *patronym. zu* Karl 31, 33. 51. 80.
Kilchberc, *Graf Konrad von (Kirchberg), Dichter*, 85.
Clies, *Ritter der Tafelrunde*, 43, 49.
Klingen, Walther von, *Dichter*, 64.
Klinsor, genant von Ungerlant, *sagenhafter Dichter*, 78, 28.
Kobelenze, *Koblenz*, 47, 136.
Kolmas, der von, *Dichter*, 13.
Kotzel, *Name eines Spielmanns*, 98, 486.
Kraft s. Toggenburc.
Krîde, *Kreta*, 47, 216.
Kriech, *Grieche*, 71, 139. 141; dat. plur. *Griechenland* 21, 127. 69, 89; *als Bezeichnung des Ostens* 98, 310.
Kriemhilt, *Gemahlin Siegfrieds und Etzels*, 42, 116.
Kristân s. Hamle, Lupin.
Krumpolt, *Name eines Bauern*, 98, 405.
Küenzel, *demin. von* Kuonze, *Name eines Bauern*, 98, 399; Küenzlîn, *Name eines Spielmanns*. 37, 1. 13. 15.
Cundwiramûr, *Gemahlin Parzivals*, 79, 291.
Künegunt, Kunigunt, *Name einer Bäuerin*, 25, 367. 47, 122.
Kunzich, Knnzechen, Wahsmuot von, *Dichter*, 55; *verspottet* 56, 1.
Kuonrât, künic, der junge, *Konradin, Dichter*, 65.
Kuonrât von Würzeburc, *Dichter*, 69; *von einem Millebenden gerühmt* 78, 30; *als todt beklagt* 79, 267.
Kuonrât, künic, *Konrad IV.* 49, 36.
Kuonrâts. Altsteten, Kilchberc, Landegge.
Kuonze, *Abkürzung von* Kuonrât, *Name eines Bauern*, 87, 226 ff.
Cupidô 38, 302.
Kürenberc, der von, *Dichter*, 1; Kurenberges wîse 1, 17.

Landegge, *Konrad Schenk von, Dichter*, 72.
Lateran, *päbstlicher Pallast in Rom*, 21, 225.
Lavîne, *Lavinia, Gemahlin des Aeneas*, 43, 57.
Lengebach, *Bach im Erzherzogthum Oesterreich*, 25, 305.
Levandûn, *Name des Ostwindes*, 47, 242.
Liehtenstein, Uolrich von, *Dichter*, 33.
Limpurc, der Schenke von, *Dichter*, 44.
Lîningen, *Leiningen: Graf Friedrich von, Dichter*, 31.
Liukart, *Name einer Bäuerin*, 25, 528.
Liutolt s. Seven.
Liutpolt: *Herzog Leopold VI. von Oesterreich*, *als todt beklagt* 15, 206; Liupolt, *Herzog Leopold VII. von Oesterreich*, 21, 212.
Lôch, *Lochheim im Rheingau*, 26, 4.
Ludewîc: *Ludwig I. von Baiern*, 21, 151; Lodewîch, *Ludwig II. von Baiern*, 66, 30.
Lüenz, *Burggraf von, Dichter*, 35.
Lûnet, *Dienerin Laudinens, der Gemahlin Iweins*, 79, 27.
Lupin, Kristân von, *Dichter*, 92.
Lurlenberc, *Lorleiberg*, 42, 11.

Mangolt, *Name eines Bauern*, 98, 546.
Marhvelt, *Ebene an der March in Oesterreich*, 25, 734.
Marîâ 63, 1.
Marke, *Steiermark*, 25, 750.
Marner, der, *Dichter*, 42; *angegriffen* 66, 11; *als todt beklagt* 78, 23.
Megdeburc, *Magdeburg*, 21, 111.
Megenwart, *Name eines Bauern*, 25, 360.
Megenze, Meinze, *Mainz*, 25, 476. 78, 35.
Meinlôh s. Sevelingen.
Mekelenburc, *Meklenburg: Herzog Heinrich von*, gerühmt 79, 168.
Meljôth, *Romanheld*, 43, 47.
Mergersdorf, *Dorf in Oesterreich*, 57, 5.
Metze, *Metz*, 78, 35; s. Walther.
Mezzol, *Name des Nordwindes*, 47, 244.
Missen, *Meissen: Markgraf Heinrich von, Dichter*, 53.
Missenære, *Dietrich von Meissen*, 21, 150; der Missener, Misner, *bürgerlicher Dichter*, 69, 82. 78, 30.
Môrungen, *Heinrich von, Dichter*, 14.
Muglîn, *Heinrich von, Dichter*, 97.
Mülnhûsen, *Mühlhausen: Wachsmuth von, Dichter*, 52.

Nazarêt 63, 51.
Nibelunc, *Geschlechtsname:* der Nibelunge hort 42, 11. 125.
Nîfen, *Ortsname,* 42, 46; Gotfrit von Nîfen, *Dichter,* 36.
Nîthart, *Dichter,* 23; *Strophen gegen ihn* 98, 467; *sein Tod beklagt* 42, 58. 78, 18.
Niuwenburc, *Neuenburg, der von, Dichter* (vgl. Nr. 9), *als todt beklagt* 46, 71.

Occident 47, 240.
Oftertingen, *der von, sagenhafter Dichter* 78, 24.
Olofern, *Holofernes,* 79, 178.
Orient 47, 239.
Osterlant, *Oesterreich,* 25, 312. 691.
Osterriche, *Oesterreich,* 21, 85. 21, 210. 25, 342. 40, 146.
Otacher, *Ottokar II. von Böhmen; sein Tod beklagt* 98, 565.
Oetingnre, *patronym. Ötlinger,* 3, 30.
Otte, *Kaiser Otto IV, getadelt* 21, 263. 270, 273.
Otte s. Botenlouben, Brandenburc, Turn.
Ouwe, Hartman von, *Dichter,* 18.

Palerne, *Palermo,* 47, 89.
Pallas 43, 59. 79, 33.
Pâris 71, 168. 79, 30.
Paris 43, 105.
Parzivâl 40, 122. 43, 45. 79, 185.
Pâwel, *Paulus,* 66, 19.
Persenicke, *die Perschning, in Oesterreich,* 98, 464.
Pfât, *der Po,* 8, 184. 20, 98.
Philippes (*vocat.* Philippe), *Philipp von Schwaben,* 21, 48. 97. 111.
Picardie, *Picardie,* 72, 127.
Presselâ, *Breslau: Herzog Heinrich IV. von, Dichter,* 81.
Pülle, *Apulien,* 31, 37. 47, 193; *von Pülle künec heisst Friedrich II.* 21, 293.

Randolt, *Name eines Bauern,* 25, 337.
Ranz, *ebenso,* 98, 483. 522.
Raprehtswile, *Rapperschwyl: Albrecht Marschall von, Dichter,* 95.
Regenboge, *Dichter,* 94.
Regensburc, *Burggraf von, Dichter,* 5.
Regimâr, Reimâr, Reinmâr: 1. *Reinmar der Alte, Dichter,* 15; *sein Tod beklagt* 21, 366. 374. 46, 69. 78, 18; 2. *Reinmar von Zweter, Dichter,* 40; *beklagt* 78, 18? *citiert* 78, 60; *zugleich mit dem vorgenannten beklagt* 42, 57. 3. *Reinmar der Videlære, Dichter,* 29. 4. *Reinmar von Brennenberg, Dichter,* 46.
Reinhart, *Name des Fuchses,* 42, 95. 102. 104.
Rietenburc, *Burggraf von, Dichter,* 6.
Rîn, *Rhein,* 8, 15. 144. 183. 17, 33. 20, 98. 26, 4. 31. 27, 8. 40, 145. 42, 1. 9. 47, 135. 69, 84. 72, 104. 98, 461. *von der Elbe unz an den* Rîn 21, 291. 25, 587. *von dem mer unz an den* Rîn 98, 30.
Riuwental, *Reuenthal, im Besitze Neidharts,* 25, 6. 41. 204. 243. 247. 293. 415. 487. 502. 571. 98, 459; *als allegor. Name* 87, 200.
Riuze, *Volksname, Russen (plur. von* Rûz), 42, 115.
Rômânie, *Landname,* 47, 241.
Rôme, *Rom,* 21, 53. 920. 42, 40. *von Rôme vogt, Friedrich II.,* 21, 293. *der künec von Rôme, Rudolf I.,* 68, 16.
Rôtenburc, Ruodolf von, *Dichter,* 43.
Rubîn, *Dichter,* 51; *als todt beklagt* 42, 58. 46, 75. 78, 18.
Rüedegêr, *Markgraf Rüdiger von Bechlaren,* 3, 22.
Rüedelîn, *Demin. von Ruodolf, Name eines jungen Bauern,* 30, 129.
Rugge, Rucke, Heinrich von, *Dichter,* 10; *sein Tod beklagt* 42, 57. 46, 72.
Rumpolt, *Name eines Bauern,* 98, 405.
Rûmzlant *aus rûme daz lant, Dichter,* 66, 67.
Ruodolf, *König Rudolf I.,* 68, 29; *Name eines Bauern* 87, 225. *s.* Rôtenburc, Fenis.
Ruoprëht, *Name eines Bauern,* 25, 390. 395; *eines Knechtes* 57, 4.
Ruother, *König Ruther, sagenhafter Langobardenkönig (Rotharis),* 42, 114.

Sahse, *Sachse,* 21, 119. 66, 17.
Sahsendorf, *der von, Dichter,* 89.
Sal, *Saale,* 43, 105.
Saladîn, *Saladin,* 17, 37. 18, 87.
Salomôn 63, 76. 79, 173.
Samsôn, *Simson,* 79, 170.
Sant, *Gegend in Franken,* 35, 57.
Scharpfenberc, *der von, Dichter,* 54.
Schelle, *Frauenname,* 25, 522.
Schrîber, *der tugenthafte, Dichter,* 24.

Sêne, *Seine*, 72, 110.
Sevelingen, Meinlôh von, *Dichter*, 4.
Seven, Savene, Liutolt von, *Dichter*, 28; *Strophe auf ihn* 29, 1.
Sîbant *aus* Sigebant, *Name eines Bauern*, 25, 337.
Siene, Hôhiu, *Hohensiena in Italien*, 25, 488.
Sigebêr, *Dichter*, 63.
Sigemâr, *Name eines Bauern*, 25, 536.
Sigfrit, *Siegfried von Niederland*, 42, 110.
Singûf, *Dichter*, 67.
Siôn 63, 31.
Sirêne 42, 135. 69, 87.
Siuftenhein, *Seufzenheim, allegor. Name*, 87, 200.
Sorgenrein, *Sorgenrain, ebenso*, 87, 201.
Spervogel, *Name zweier Dichter*, 3. 16. 16, 14.
Steimâr, *Dichter*, 76. 76, 18. 89.
Steinach, Bligger von, *Dichter*, 17.
Steinberc, *Gräfensteinberg in Baiern*, 3, 12. 13.
Stolle, *Dichter*, 68; *unbekannte Persönlichkeit* 21, 207.
Stoufen, *Heinrich von*, 3, 10.
Stretelingen, *Heinrich von*, *Dichter*, 61.
Süezkint, der jude von Trimberc, *Dichter*, 74.
Sunburc, Friderich von, *Dichter*, 62.
Sunburgære, Fridrich der, *derselbe; sein Tod beklagt* 78, 19.
Suonegge, *Suneck: der von*, *Dichter*, 59.
Swâp, *Schwabe*, 25, 180. 38, 142. 66, 17; *dat. plur. Schwaben* 72, 114; Swâbenlant 72, 125.
Swanegou, Hiltbolt von, *Dichter*, 20.
Swendeler, *Verschwender, allegor. Name*, 78, 36. 39.

Taler, *Dichter*, 37.
Taubûser, *Dichter*, 47.
Tantalus 98, 289.
Tegersê, *Tegernsee, bair. Kloster*, 21, 339.
Terramêr, *Vater von Willehalms des Heiligen Gemahlin Arabel (Giburc)* 79, 293.
Teschler, *Heinrich*, *Dichter*, 60.
Tîr, *Tyrus: von Tîr die werden (so ist zu lesen), Dido* 79, 289.
Tirol 78, 35.
Titurel, *Gralkönig*, 42, 133.
Toggenburc, *Graf Kraft von*, *Dichter*, 48.

Tremundâne, *der Norden, von Italien aus gerechnet* (tramontana) 47, 239.
Triere, *Trier*, 78, 35; der sumer von Triere, *sprichwörtlich*, 8, 138.
Trimberc *s.* Süezkint.
Tristram, Tristran, Tristrant, *Tristan, Fürst von Parmenie, Geliebter Isaldens* 7, 65. 12, 2. 83, 84.
Troie, Troyâ, *Troja*, 71, 141. 79, 180.
Trôstberc, *der von*, *Dichter*, 75.
Trœstelîn, *Ritter am österreichischen Hofe*, 25, 700.
Tschampenige, *Champagne*, 52, 11.
Tschimêre, *Chimäre*, 42, 140.
Tulnære velt, *Ebene um Tuln in Oesterreich*, 25, 705.
Tuonouwe, *Donau*, 47, 169.
Türkîe, *Türkei*, 47, 227. 243.
Turne, Otte zem, *Dichter*, 96.

Übelher, *Name eines Bauern*, 98, 511. 522. 527. 536.
Unger lant, *Ungern*, 21, 792. 78, 28.
Uolant, *Name eines Bauern*, 25, 339.
Uolrich, *Ulrich, s.* Guotenburc, Liehtenstein, Wintersteten.

Valwe, *Volksname, Kumane*, 98, 570.
Veldeke, *Heinrich von*, *Dichter*, 7; Heinrich der Veldeggære, *beklagt*, 42, 58.
Venediære, *Venetianer*, 40, 133.
Venis, *Graf Rudolf von*, *Dichter*, 9; der Venis, *derselbe, beklagt*, 42, 57.
Vênus 81, 5. 45. 82, 70. 85, 21. 98. 19. 231.
Virgilius, *Virgil: Bezug auf ein Liebesabenteuer* 79, 176; *auf die ihm beigelegte Zauberkunst* 79, 343.
Vlæminc, *Flamländer, fein gebildeter Mann*, 25, 752. 57, 14.
Flandern 72, 127.
Vogelweide, *Walther von der*, *Dichter*, 21; *seine Armuth* 30, 108; *sein Tod beklagt* 30, 115. 42, 55. 46, 76.
Vranke, *Franke*, 25, 180; *dat. plur.* Franken, 18, 88. 21, 149. 25, 49.
Vrancrîch, *Frankreich*, 72, 107. 127.
Vrêne, *Name eines Bauern*, 25, 337.
Frideliep, *Friedlieb, Name eines Bauern*, 25, 397.
Friderich: *Friedrich II., deutscher Kaiser*, 21, 565; *Friedrich der Katholische, Herzog von Oesterreich*, 21,

85; *Friedrich der Streitbare, Herzog
von Oesterreich,* 25, 575. 686. 695.
736; *Name eines Bauern* 25, 406;
eines Knechtes 57, 4; *s.* Hûsen, Lî-
ningen, Sunburc.
Vriderûne, *Name einer Bäuerin,* 25,
343. 98, 451.
Vrômuot, *allegor. Frauenname, Perso-
nification des Frohsinns,* 25, 330.
342. 345. 680.
Frowenberc, *Heinrich von, Dichter,* 23.
Vrouwenlop, *Heinrich, Dichter,* 79;
Angriff gegen ihn 78, 52.
Vruot, Fruote, *sagenhafter König von
Dänemark,* 3, 7. 63, 75.

Wahsmuot, *Dichter; als todt beklagt* 42,
58. 46, 75; *s.* Kunzich, Mülnhûsen.
Wâleis, *einer aus Valois; Bezeichnung
eines höfischen Mannes,* 57, 41.
Walh, *der Wälsche, Italiener,* 21, 214;
dat. plur. Wälschland, Italien, 25,
719. 36, 173.
Walther *(von der Vogelweide), Dichter,*
21, 955; *beklagt* 78, 18; *s.* Hûsen,
Klingen, Metze, Vogelweide.
Walfrit, *Name eines Bauern,* 25, 338.

Wazlab, *Wenzel I. von Böhmen,* 63, 80.
Wenzel II. *von Böhmen, Dichter,* 83.
Werbenwâc, Hûc von, *Dichter,* 49.
Wernhart von Steinberc 3, 11. 14. 19.
Wernher, *Bruder, Dichter,* 41; *s.*
Hônberc.
Wiene, *Wien,* 41, 9. 72, 45.
Wildonje, *der von, Dichter,* 58.
Willebolt, *Name eines Bauern,* 98, 550.
Wilze, *Volksname,* 42, 118.
Winden, *Winnenden in Würtemberg,*
36, 84.
Wintersteten, *Ulrich von, Dichter,* 38.
Wirzeburc, Würzeburc, *Würzburg; s.*
Kuonrât.
Witege, *Held Dietrichs von Bern,* 42,
120.
Wizensê, Heinrich Hezbolt von, *Dich-
ter,* 93.
Wizlâv, *Fürst von Rügen, Dichter,* 84.
84, 56.
Wolfram von Eschenbach, *Dichter,* 22;
als todt beklagt (Wolferam) 78, 28.

Zelle, *Zell, Dorf in Oesterreich,* 98, 463.
Zweter, Reinmâr, Regimâr von, *Dich-
ter,* 40; *Angriff gegen ihn* 42, 20.

Druckfehler.

Lies Wip unde 1, 59. hal 21, 554. meine 54, 25. des 64, 75. reinen 83, 12.
Punkte sind ausgesprungen 21, 236. 25, 441. 78, 12; zu tilgen 15, 139. 22, 60. 38, 119.
Kolon setze 98, 206. Endlich sind mehrfach z und ʒ, die im Manuscript nicht gesondert
waren, vertauscht.